清华学报
独立精神丛书

雾里看花
谁的期刊 谁的评价

朱 剑 著

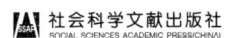

社会科学文献出版社
SOCIAL SCIENCES ACADEMIC PRESS(CHINA)

目 录

序 一 ·· 仲伟民 / I
序 二 ·· 张耀铭 / V

上编　学术研究　谁人评说

学术评价、学术期刊与学术国际化
　　——对人文社会科学国际化热潮的冷思考·················· 3
科研体制与学术评价之关系
　　——从"学术乱象"根源问题说起······················· 24
重建学术评价机制的逻辑起点
　　——从"核心期刊"、"来源期刊"排行榜谈起··············· 43
量化指标：学术期刊不能承受之轻
　　——评《全国报纸期刊出版质量综合评估指标体系（试行）》········ 61
歧路彷徨：核心期刊、CSSCI的困境与进路
　　——"三大核心"研制者观点述评····················· 92
摒弃排行榜：走向科学评价的第一步······················ 130
颠倒关系的再颠倒：学术期刊编排规范与"评价权力"关系辨析 ······· 138
大数据之于学术评价：机遇抑或陷阱？
　　——兼论学术评价的"分裂"······················· 143

下编　学术期刊　何以定位

高校学报的专业化转型与集约化、数字化发展
　　——以教育部名刊工程建设为中心····················· 167

构建互联网时代学术传播的新秩序
　　——以高校学术期刊发展战略为中心……………………… 208
学术共同体、学术期刊体制与学术传播秩序
　　——以媒体更迭时代人文社会科学期刊转型为中心………… 236
传播技术的变革与学术传播秩序的重构………………………… 257
学术新媒体：缘何难以脱颖而出？
　　——兼及学术传播领域媒体融合发展…………………………… 287
青年研究期刊与青年学的构建…………………………………… 308
中国高校学报传统析论
　　——兼论高校学报体制改革的目标与路径……………………… 329
如影随形：四十年来学术期刊编辑的身份焦虑
　　——1978～2017年学术期刊史的一个侧面 ………………… 355

后　　记……………………………………………………………… 417

序 一

朱剑让我写个序。我明知这序不好写,但我没有推辞。为何?因为我觉得除我以外,大约没有更合适的人选了。这话听起来颇不自量,似乎有点狂。但与我俩熟悉的朋友,大约可以理解,也不会说我狂妄,因为我说的是实情,无一丝狂妄侥幸之意。

我2005年到学报工作,至今已逾12年,但与学报界的诸多资深同行相比,我在学报界的资历不算深,因为在学报工作超过30年的,大有人在。也就是在2005年,即在我调动之前不久,有幸认识了朱剑。当我开始有调动工作的想法并征求朋友意见的时候,第一个明确反对我从《历史研究》调到《清华大学学报》的,就是朱剑。尽管他当时反对的理由没有细说,大约那时我俩尚未发展到无话不谈的火候,但是后来我终于理解了他为何反对我调动。当然,工作调动纯粹是我个人的私事,我有自己的考虑及需要,但从学术研究以及期刊发展来看,他不赞成我调动有充分的理由,这与他对期刊的思考和理解是一以贯之的。关于这一点,我后来的体会越来越深刻。

初到学报工作,特别不适应,因为专业期刊和综合性期刊的风格差别实在太大。专业期刊尽管也是水平参差不齐,风格多样,但相对来说特点鲜明,读者和作者对象相对明确和固定。在我接触了大量综合性学术期刊尤其是学报之后,其差异及混乱程度还是超出了我的想象,一度对学报极其悲观。那时我开始明白,朱剑劝止我调动工作,是诚心诚意的。从此,我开始注意他的一言一动,向他学习。

综合性学术期刊的问题非常多。比如注释方式,那时绝大多数学报采取的是的"中国学术期刊(光盘版)检索与评价数据规范"(CAJ – CD/T1 – 1998)格式,这个只是为检索和统计方便而制定的注释规范,完全违背学科研究范式,尤其不符合人文学者的研究习惯。可是,这样的格式竟然堂而皇之成为基本推荐规范，并在全国学报及其他综合性期刊上大力推广实行。如此之荒唐，是我无论如何无法容忍的！因此我主持《清华大学学报》后的第一项工作，就是废除上述注释规范，而改为《历史研究》及《中国社会科学》的注释规范。我的这个做法首先得到了朱剑的理解和坚定支持。此后，我和多位志同道合的期刊同行组织召开了编排规范学术研讨会，越来越多的期刊抛弃了光盘版规范，注释方式向各学科研究范式回归。以此为标志，开始了我们十几年的合作和友谊。

朱剑第一篇标志性且有影响的文章是《徘徊于十字路口：社科期刊的十个两难选择》（《清华大学学报》2007年第4期）。尽管他没有将此文选入论文集中，因为他私下对我说，此文有些观点过时了，但我认为这是一篇非常重要的文章，不选有点可惜。一是此文首次全面指出了学报（其实不限于学报）的多种疑难杂症，比如综合性还是专业性、全面出击还是有所取舍、开门办刊还是自我封闭、依靠专家还是编辑办刊、重选题策划还是重文字编校、匿名审稿还是编辑审稿、执行编排规范还是执行评价规范、重评价指标还是重独立风格、纸质版还是电子版、面向市场还是拒绝经营等，这些问题困扰了学报几十年，很多问题至今仍未化解；二是此文开启了学报界讨论期刊改革问题的高潮，带动了学报界同行的深入思考，为此很多学报设立了专门的栏目；三是此文标志着朱剑以学者和主编的双重身份，开始全面深入思考中国期刊界和学术界存在的种种问题，此后他文思泉涌，不可阻挡，连续发表了多篇有关期刊改革及学术评价的重量级论文。

我说撰写本书序言非我不可的重要原因之一，还因为朱剑的论文大多是我逼出来的，我几乎清楚他的每一篇论文的生产经过。朱剑喜欢说，喜欢辩论，但不喜欢写成文字，这让我很着急。于是，我就经常逼他写，明确告诉他某期留了版面，必须完成任务。有时已到二校样，他仍然没有交稿，把我急得够呛。当然，他每次都没有让我失望，更没有让我开天窗，而且每次都写得非常漂亮。说到这里，我应该先向大家再交代几句：朱剑的文字功底极好，几乎无需编辑费心；他的排版技术一流，每次都是自己排好版，也不让我们的技术人员费心。我想，即使他与我没有任何关系，他不做主编，而纯粹作为一个作者，他一定也是一位最受编辑部欢迎的作者。

还有，作为《清华大学学报》的负责人之一，我对朱剑充满感激之情。因为他的绝大多数精彩的论文发表在《清华大学学报》上，这些论文为

《清华大学学报》赢得了声誉，产生了广泛的影响。我到《清华大学学报》主持工作后，便设立了"期刊与规范"（后改为"期刊与评价"）栏目，这个栏目之所以能够长期坚持，最主要的就是因为有朱剑的支持。如果朱剑不写文章，没有这么多精彩观点的阐发，这个栏目不可能办，或者即使能办，也不可能长久，不可能如此出彩。

朱剑的文章集中发表于 2007~2018 年这 10 年多的时间，而这 10 年是中国学术期刊发展变化最快最多的 10 年。他的关注点主要集中在学术期刊与学术评价两个方面，因此论文集也就分为上编学术评价和下编学术期刊两个部分。众所周知，中国的学术评价实际就是期刊评价，因此这两个部分实质上是无法截然分开的，上下两部分有紧密的逻辑关联。

朱剑之所以在 10 年间写出如此之多的高水平论文，是因为他有扎实的知识积累、长期的认真思考和丰富的实际工作体验，更是因为他有很强的使命感和责任感。他希望中国的学术期刊和学术研究能够走出目前的困境，希望中国能够办出高水平的学术期刊，并走向世界，从而带动中国学术的发展。为此，他不断地鼓与呼，不断地阐发新的想法。朱剑的论文如此之重要，影响如此之大——如果忽略了他的研究，这个时段的学术期刊和学术评价的学术史是否会有所逊色？这么说，我认为一点也没有夸张。如果不信，就请读读他的文章，或者就读其中一两篇也可以，我相信不会让你失望的。

就我与朱剑十几年的交往，感觉他撰写这些主题的论文，是基于以下三个方面的动因。一是因为中国学术期刊的痼疾，尤其是综合性学术期刊的痼疾，最典型的是高校学报的痼疾。简单说，包括学报在内的综合性期刊的根本缺陷，是其内容的庞杂，边界不清，表面上看各学科无所不包，而实质上却是与学科发展和学术界的实际需求脱节，不符合学术研究的规律，也自外于国际学术界和国际期刊界。对此，朱剑的分析非常全面、深刻。二是目前中国的学术评价本质上只有所谓"量化"的期刊评价，学术期刊本来只是学术媒介和学术平台，而今却背负了学术评价的责任，学术评价将学术期刊分成三六九等，给学术期刊的发展带来诸多的问题。朱剑对学术评价进行了深入研究，提出了很多精彩的观点。三是中国的学术期刊在发展过程中与现行体制的关系复杂，为此，朱剑同样做了非常深刻的思考，为有关部门、为学者、为同行提出了很多有参考价值的意见。以上三点也足以说明朱剑的使命感和责任感之强。

朱剑还有一个非常可贵的优点，即他努力把理论与实践结合在一起。在我们交往的这十几年中，我们一起做了很多有意义、值得回忆的事情。比如关于期刊数字化，我们做了两次有重大意义的尝试，一次是2011年创办的"中国高校系列专业期刊"，另一次是两年前开始尝试的"域出版"。这两次尝试共同的特点是，先酝酿和提出理论，反复讨论，提出思路，然后再设计出具体方案，而这个过程的设计师就是朱剑，他的理论和思路就体现在他的论文中。我所能做的，就是与朋友们一道，将朱剑的理论和方案去实施。从这一点来说，我们两个是非常好的搭档，或者可以说是黄金搭档。当然，基于各种各样的原因，这些理论和探索并不是十全十美，有时会遇到挫折，有时会推倒重来。在这个过程中，我们分享成功的喜悦，分担失败的痛苦，但最让我们欣慰的是，我们收获了友谊，结交了朋友，带动了业界的深入思考。

文如其人，这一点在朱剑身上得到了充分体现。朱剑的文章，逻辑思路简明清晰，揭示问题敏锐深刻，分析研究扎实可靠。所以，他的文章广受欢迎，尤其受到年轻朋友的欢迎和追捧。在工作和生活中，朱剑为人正直，敢说敢做，不计较个人得失，因此，他具有强大的人格魅力。基于前者，年轻朋友把他誉为学报界的最强大脑，甚至被称为学报界的"教父"；基于后者，他被称为学报界的"男神"，魅力四射。我想，这两个称呼，他是有资格担当的。

是为序。

仲伟民

2018年3月11日

序 二

其实，我与朱剑教授相识很晚。在此之前只是久闻其名，未见其人。江湖传说，他是一个昼伏夜行、特立独行的主编，也是一个提问刁钻、批评辛辣的"剑客"。2005年早春，我随教育部"名刊工程"专家组去《南京大学学报》中期检查，第一次见到现实中的朱剑。他长得玉树临风、一表人才，汇报条理清晰、不卑不亢，感觉是一个有思想、有个性的人物。此后在不同的会议上碰到，经常共赴一地座谈发言，再到坐在一起喝茶、聊天。就这样从相识到相知，我们对学术评价、学术期刊的改革发展、媒介融合的理念及进路在大逻辑上都有着很多的共识。这也是我愿意写下这篇小文的初衷和动机。

《雾里看花：谁的期刊，谁的评价》分"上编　学术研究　谁人评说"、"下编　学术期刊　何以定位"，收录16篇文章，共40余万字。这本书，有料，有干货，有自己的理论和思想，可谓雪泥鸿爪。不但清晰完整地展现了朱剑近十年来呕心沥血、上下求索所取得的学术成果，也代表了中国当下学术评价与学术期刊研究的水平。在中国语境的"期刊改革"浪潮中，是一个更可以亲近、更具有参考意义的范本。也就是说，他提供的研究与思考，虽然尖锐，但更具冲击力，也可能走得更远，更值得深入挖掘。

毫不谦虚地说，朱剑这些论文我以前大多看过。这回汇集成册，再次拜读，仍有"一览众山小"的感觉：雄辩与自信，分析与解构，专业与深刻，责任与情怀，跃然纸上。他是一个有理想、有情怀，并且还有勇气的学者型主编，读他的文章，的确可以闻到荷尔蒙的气息。窃以为，这本书有以下三个特点：

一是独立思想。学术文章不仅是学术与知识的载体，更是思想的载体。然而在学术沦为政治附庸和意识形态工具的年代，任何真正学术所要求的独立见解都成了"异类"。这种逆向示范贻害无穷，导致新世纪的中国知识界官云亦云，诠释和重复"权威"的东西被认为是最安全的"治学"之路。流风所及，形形色色的听命文章和低水平重复之作便大行其道。朱剑不是一个随波逐流之人，而是一个思想者。"我思故我在"，这是他的追求，也是他的存在方式。在这背后是专心致志、心无旁骛的思考，在自己熟悉的研究领域发出思想的灵光。在这个物欲横流的年代，他不被名利绑架，所以也就不需要去应付和说客套话，因此他的时间变得富足，空间变得自由，思想变得独立。于是就有了一系列创新观点的提出，比如"评价蜕变说"、"评价权力说"、"学术传播中心转移说"、"构建学术传播新秩序说"、"学术新媒体说"、"编辑身份焦虑说"等等，一时独领风骚。学术界与期刊界不少研究者，或下载，或引用，积极地传播他的观点。这也说明一个真理：独立的思想是期刊生命的血液。据中国知网数据统计，截至笔者撰写本文时，《高校学报的专业化转型与集约化、数字化发展》下载1845次，被引170次；《学术评价、学术期刊与学术国际化》下载1806次，被引60次；《重建学术评价机制的逻辑起点》下载1859次，被引56次；《科研体制与学术评价之关系》下载1376次，被引34次。对于"小众"的学术话题来说，这样的数据尤为难得。能够紧紧抓住这样的高被引作者，让同行不得不羡慕嫉妒恨《清华大学学报》主编仲伟民教授，这也印证了"热闹的马路不长草，聪明的脑袋不长毛"颇有些道理。

　　二是批评精神。国内学术界有一个现象，就是缺少严肃的学术批评。同行之间缺少学术商榷，学术会议缺少学术争鸣，学术期刊缺少学术批评，你好我好大家都好，表面和谐的下面，却潜藏着种种弊端。朱剑对学报时弊的批评，不留情面；对科研体制弊端的抨击，不遗余力；对扭曲的学术评价的批判，更是一针见血。几年前，我俩出席上海的一次学术研讨会，一家外国知名评价机构负责人在台上夸夸其谈、自我标榜。朱剑坐听风雨，不动声色，互动时抽丝剥茧、环环紧扣、连珠发问，面对这样专业的切磋，演讲者瞠目结舌尴尬之极。他是一个比较理性的人，批评的内容未必宏大，如国家、民族、人类之类，即使对量化指标的批评，对科研体制的反思，也都是从细节入手，但寄托却深远，包含着对当下学术期刊人的生存境遇深刻的同情与理解，可谓"知我者谓我心忧，不知我者谓我何求"。有锐气的批评，意味着拒绝浅薄与平庸，意味着对事不对人，意味着见庙拆庙、见佛杀佛。

但朱剑绝对不是堂吉诃德式的中世纪骑士，分得清纸上与人间。也许现实生活中，他可以远离庙堂，寄居陋室，然而他的精神世界是宽广的，最不缺乏的是批评的勇气、责任和正义感。

三是编研一体。学术期刊从 17 世纪中叶在欧洲诞生时，采用的就是"编研一体"模式，中国也不例外。民国最引人注目的变化是大学与刊物的结合，大学教授创办的《新青年》、《学衡》、《国学季刊》、《燕京学报》、《清华学报》、《禹贡》、《食货》等，给新时代带来了新思想、新气象。斗转星移，风云变幻，"编研一体"的传统并没有因此而中断。教育部"名刊工程"中的许多学报主编，是由如王学典、吴承学、汪涌豪等知名学者在担任，教书育人、钻研学问、编辑刊物，目标迥异，但却成绩斐然。朱剑编刊 36 年，殚精竭虑，废寝忘食，把对学术的厚爱，生命的眷恋，全都倾注在了一篇篇论文的推敲之中。但他不是编辑匠，而是一个思想者，体现在三个方面：第一，倡立"专栏特约主持人"制度。特色栏目在学报界的相继推出，也暴露了学术期刊编辑在知识结构、前沿意识和学术水平方面的不足。为了弥补这一短板，朱剑在《南京大学学报》2000 年第 1 期率先推出了"本专栏特约主持人"。邀请知名学者做专栏主持人开风气之先，其做法逐渐得到学术界和期刊界的广泛认可。2004 年之后，多家大学学报相继推出了"栏目主持人"制度，从而提升了学术期刊的内容质量，也促进了学术期刊与学术共同体之间的血脉关系。第二，"网刊"设想的提出。朱剑在《清华大学学报》2010 年第 5 期发表《高校学报的专业化转型与集约化、数字化发展》一文，首次提出了高校名刊学报专业化转型和集约化、数字化发展可行性方案，即对各刊纸质版发表的文章进行同步数字化编辑重组，打破校域界限，成立联合编辑部，创立若干一级学科专业期刊，组成期刊群。教育部袁贵仁部长阅后批示，嘱教育部社科司进行研讨，"中国高校系列专业期刊"（简称"网刊"）的尝试也由此拉开了序幕。到 2015 年，加盟网刊的学术期刊达到了 140 余家，有《经济学报》、《政治学报》等专业刊 12 个，《三农问题研究》、《儒学研究》等专题刊 7 个。"网刊"取得了很好的效果，不仅提高了收录文章的下载量、引用率，而且还提高了原发期刊的影响力。第三，奠定了"域出版"的理论基础。2015 年 3 月，朱剑在清华大学主办的"首届学术期刊文学编辑论坛"上明确提出："专栏是在线数字传播的最佳单元。"朱剑认为，"专栏学科边界和问题边界最为清晰，可以完美对应学术共同体,是最合适的共同体交流平台;依托专栏可以实现编辑与专家完美结合,由专家担任的专栏主持人可以组织学术研究,甚至引领学术研究,以专栏为单元的学术传播最具影响力;专栏最能体现编辑思想、编辑理念和编辑不可替代的作用;专栏最能发挥综合性学报的优势,具有持续发展的能力;专栏也是最佳跨校合作单元"。应该说,这是朱剑对学术期刊数字化多年思考的结晶,由此也奠定了"域出版"的理论基础。"域出版"是高校学术期刊界与北京超星公司双向互动、合作创新的产物,也是思想与技术、专域与渠道、内容与平台融合的新尝试,值得我们期待。

学报是中国学术期刊的重镇,云蒸霞蔚,人才辈出。作为二次文献的编辑,能够与学报结缘 30 年,这是我的荣幸。我与学报有五层关系:第一,读者关系。学报是我多年来的必读刊物,尤其是办得好的。第二,作者关系。我的大学毕业论文就是在学报上发的,感恩之情铭记于心。近年来先后在《清华大学学报》、《四川大学学报》、《澳门理工学报》、《中国青年社会科学》、《云梦学刊》等刊物上发表文章,得到提携。第三,编者关系。学报是二次文献的衣食父母,每种文摘刊物表面的光鲜靓丽,都有学报编辑后面的默默奉献。第四,阅评关系。我是教育部"名刊工程"、"名栏工程"的评审专家,每次参评都是一次学习的机会。第五,朋友关系。学报研究会的五任理事长杨焕章、潘国琪、龙协涛、武京闽、蒋重跃教授,我都熟悉。退休或卸任的黄颂杰、蔡德贵、高瑞泉、徐杰舜、程郁缀、张积玉、何明、何一民、胡智峰、王道平、崔月琴、尤红斌、姜胜利、赵仁康、罗骥、邓乐群、杜振吉等主编,我也熟悉。现在在岗的主编、编辑,有不少可以交心的朋友,与他们相处乐以忘忧,不知老之将至尔。所谓缘分,就是遇见了该遇见的人,并能够与之共享人生的悲欢,这我深有体会。

近年来我转换身份,回到了文人的老本行——写文章,研究媒介融合与学术期刊。参考朱剑的文章,时有醍醐灌顶、茅塞顿开之感,也曾多次引用过朱剑的观点与见解。我在《澳门理工学报》发表过 5 篇学术文章,其中《重建学术期刊的公信力和权威性》(2015 年第 2 期)、《媒介融合:学术期刊转型发展的新趋势》(2017 年第 4 期)两篇,刘泽生总编辑都是找朱剑审读的。朱剑认真审读,严格把关,以"损友"的身份提建设性的修改意见,使拙文增色不少。

我与朱剑认识十几年,以文论道,交流心得,为可与庄语的朋友。生活中，他是一个正直义气的人，也是一个沉静谦卑的人。不论我在位不在位、在岗不在岗、退休不退休，他都一视同仁，与我保持真挚的友谊。那一年的秋天，去南京开学术会议。朱剑利用周日时间，陪我们走一段山路，赏一溪清流，饮一杯老酒。这让我百般感怀，在金陵即赋诗一首，抒发感情。现录于此，以志纪念：

> 会朋访古乐悠悠，登高栖霞满目秋；
> 执事领路谒名寺，佛院煮茶禅自由。
> 北风暮吹惊红叶，寒雁南飞览旧楼；
> 曲桥枫连送归客，友情常在水长流。

哲学家蒙田说过，真正的学者，就像田野上的麦穗。麦穗空瘪时，它总是高傲地昂着头。麦穗饱满而成熟时，它总是低垂着脑袋。朱剑何尝不是田野上的一株成熟的麦穗？

最后以袁枚《汉江遇风》中的两句诗与朱剑共勉：黄昏渐喜惊涛停，远远渔歌唱夕阳。

是为序。

张耀铭
2018 年 3 月 18 日落笔于京城藏晖阁

上编
学术研究　谁人评说

学术评价、学术期刊与学术国际化

——对人文社会科学国际化热潮的冷思考

如果说近年来有什么话题让学术界、学术期刊界及其管理者共同热议的话，那么，除了学术评价，就该是学术国际化问题了，而这又是两个多少有些关联的问题，此热带动彼热也就成了顺理成章的事。但不同的是，学术界在学术评价问题上纷争不息，尤其是对现行学术评价机制诟病连连，莫衷一是；而学术国际化则既热火，又统一。君不见，各大名校及科研机构争相开展国际学术合作，争相主办国际学术会议，争相以在国际学术榜期刊发表学术论文的数量相标榜，同时还纷纷创办英文学术期刊，而传统的中文学术期刊也在向国际规则积极靠拢……这一切，所为者何？学术国际化是也。人文社会科学也不例外，一派大潮初兴的忙碌景象。笔者身为学术期刊编辑，在为学术国际化击掌叫好的同时，却不免有几丝困惑、几分不解，请恕笔者愚钝，提出来以就教于方家。

学术国际化与学术体制

何谓"国际化"？在今天，这似乎是一个简单得不能再简单的问题了，从政治、经济到社会、文化等各领域各行业，无一不在谈论和使用这一概念。但为了讨论问题的方便，我们还是来大致界定一下这个概念的基本含义。据说这个词来源于资讯行业，而"百度百科"给出的解释是："国际化（internationalization）是设计和制造容易适应不同区域要求的产品的一种方式。它要求从产品中抽离所有的与语言、国家/地区和文化相关的元素。"[1] 这显然是一个关于软件产品国际化的定义，但它确实

---

[1] 百度百科·国际化，http://baike.baidu.com/view/2062916.htm。

表述了作为知识产品的国际化最本质的属性。与国际化相对的是"本土化"。所谓本土化，指的是"了解某一产品，并为在某一目标地点（包括国家/地理区域和语言区域）出售和推广使用之目的，使之符合当地的语言和文化习惯"。显然，后者是因应前者而产生，国际化意味着某种知识产品在这个世界的所有国家和地区（至少在主要国家和地区）的通行无阻，而本土化则要求即使是国际化的知识产品在进入某一特定国家或地区时，也应做出适应当地语言、文化、风俗、习惯的改变，唯其如此，这个产品才能站住脚，才能有前途。可见，国际化和本土化原本是一枚钱币的两面，后者既是对前者的对抗，更是对前者的补充，离开了对方谁都不能单独存在。

何谓"学术国际化"？笔者没有找到现成的定义。按照"国际化"的逻辑，因为学术研究也是以知识产品（专著、论文、报告等）的形式呈现其最终成果的，所以，以科学的方法、普世的价值观念、无障碍的语言、规范的样式在国际公共学术平台上展示和交流学术研究过程及其创新成果，能为国际学术界所接受或应用，这应该就是学术国际化了。同样，学术国际化也离不开学术本土化，特别是人文社会科学，尊重国际化所及的所有国家和地区的学术文化传统才能确保文化的多样性不因国际化而消失，而国际化的规范做出本土化的适应性改造是必不可少的。因此，彼此尊重、平等对话、开放合作、保护个性等都应该是学术国际化题中应有之义。但这样的"国际化"到目前为止还只能停留在理想中。一方面，所谓"科学方法"、"普世价值"、"无障碍语言"、"规范样式"、"公共平台"等等，其实都是相对的和有限度的。另一方面，国际化不是无源之水、无本之木，它既要有其原点，也要有所依托：要有人为其搭建平台、确立标准、制定规则、拓展地盘、规定语言。换句话说，国际化需要有"先行者"、"领航者"和"执法者"。毋庸讳言，在国际学术界，构建这一交流平台并为其确立标准、制定规则、颁发准入证者，乃"先进"的西方学术界。当这样的"国际学术"强势进入非西方的国度和地区时，却鲜见有本土化的改造，因此，迄今为止，非西方的"本土"学术要"蝶化"为"国际化"的学术，都需要一个脱胎换骨的过程。其实，从某种角度而言，百多年来的中国现代学术史就是一部国际化的历史，早在19世纪末中国渐渐融入世界体系时，"国际化"就已成为中国现代学术的宿命。

在近年学术界日渐热衷的"中国学术国际化"之前，我们更多听到的是另一个直白的说法——"与国际接轨"。所谓"接轨"，就是或者"拿来主义"的直接"移植"，或者改变自己以适应他人。说到移植，自然科学自不待言，社会科学各学科大多也是脱胎于西方学术，因为中国原本没有这些东西，一张白纸，可以直接画上西方"最新最美"的图画；人文学科的情况稍稍复杂一些，因为中国毕竟有着五千年的文明史，有着深厚的传统底蕴，尽管20世纪初叶的许多学者可以视传统为敝屣，弃之唯恐不及，但去其糟粕、取其精华还是渐入人心了，完全抛弃传统断难做到，改弦易辙则不可避免。无论是自然科学、社会科学的移植，还是人文学科的改造，"接轨"的过程和结果都是为西人所"化"。

"与国际接轨"和"国际化"是关于中国学术与国际（西方）学术关系的两个核心概念。尽管在20世纪的大部分时间里，我们都是在谈论如何与国际接轨，但近年来，"与国际接轨"的呼声渐趋平息，只是间或听到，而"国际化"的号角则不断吹响。虽然后者并没有完全取代前者，但这种趋势还是明显的。两相比较，"接轨"的指向十分明确，就是要改变自己的"轨距"以与国际通行的"轨道"对接上，为的是跟上世界前进的步伐，故接轨是单向度的、纯接受形的，很少有讨价还价的余地。而"国际化"的意涵则要丰富得多，其一，国际化表达了强烈的输出愿望，即要使中国的知识产品走向世界，让世界听到中国的声音。其二，国际化隐含了修改现行国际规则的可能，因为国际化背后还有着本土化的一面，既可以是"以人变己"，也可以是"以己律人"。虽然在绝大多数情况下，国际化就是接轨，但在某些学科，特别是人文社会科学领域，就可能有程度不同的对国际规则的修改。国际规则也是在不断地改变的，谁掌握话语权，谁就能以自己的规则部分乃至全部地替代已有的国际规则，故国际化不一定就是单向的，也可以是双向的。可见，"国际化"对"接轨"的替代固然是缘于全球化时代的到来，但中国国力的增强、世界地位的提高更是这一替代产生的直接原因，而且从中也折射出政府意志和学者心态的微妙变化。当今中国已一改积贫积弱的旧貌，在国际政治、经济、军事、外交舞台上正扮演着越来越重要的角色。相对而言，中国在国际人文社会科学界的地位与大国的身份却极不相称，甚至令人汗颜。"国际化"对"接轨"的替代正是在这一情境下发生的。这种概念的更替，的确带有某种历史必然性。在这一背景下，国际化显然是对接轨理念的扩展，而不是作为接轨的后续程序出现。换句话说，尽管接轨仍不可避免，但国际化将与之并行，即于接轨的同时，就应该考虑国际化。

其实，"国际化"也好，"接轨"也罢，谋求的都是改变一方而迎合另一方，故都离不开一个"化"字。但到底谁"化"谁？如何"化"？能决定这两个问题的，显然不是某个或某几个学者、某一本或几本学术期刊，而必须是学术共同体的共识；而更具决定权的，则是行政权力部门。之所以如此，盖缘于中国的学术体制。中国的现代学术体制历经了晚清、民国和共和国三个时期的构建历程，不管在哪个时期，学术国际化的动力都始终来自两个方面：其一，来自学术共同体内部。中国现代学术共同体从产生的那一天起，就与"国际"结下了不解之缘，无论是第一代中国现代学人的诞生，还是现代学科在中国的确立，均拜西学东渐之赐。除了一些特殊年代之外，国际化的冲动从来都不缺乏。其二，来自国家行政权力部门。百多年来，国家行政权力对学术研究的介入可谓不遗余力，形成了以行政为主导的国家学术体制。从晚清"落后就要挨打"的教训、"师夷长技以制夷"的梦想，到民国时期"科学救国"的期望，直到新中国制订"四个现代化"蓝图和改革开放以来"科学技术是第一生产力"、"科教兴国"的国策，国家行政权力对于学术国际化特别是科学技术国际化都是积极倡导的。来自学术共同体内外的两种力量相互影响，共同铸就了中国学术国际化的历史和现实格局。当我们考察学术国际化问题时，都不能忘了这一学术体制的特殊背景。

在整个20世纪的大多数年代里，谁"化"谁和如何"化"的问题都比较清楚，一言以蔽之：与国际（西方）接轨，无论是学术共同体内部还是国家权力部门对此皆无太大疑义。而最近一波始于改革开放的国际化热潮，实延续了过去"接轨"的惯性。"中国重新启动了它与西方学术界对接之旅……众多曾被取消的学科开始恢复，并再次移植和嫁接了一些西方国家的新兴学科，在基本完成了初期的'比较'与'借鉴'的任务后，欧美的学科建制开始被容纳、消化和吸收，以至于西学再次成为学术界的主宰话语系统，并引申为学术认可过程中的重要量度标准，如英语能力和水平、研究水准、SCI指标等。"[①]

[①] 阎光才：《中国学术制度建构的历史与现实境遇》，《北京师范大学学报》（社会科学版）2008年第6期，第26页。

但这一次的接轨也表现出了不同于以往的鲜明特点，那就是对输出的高度重视，无论是"英语能力和水平"，还是"SCI指标"，都是与输出高度相关的要素，对向世界输出中国学术知识产品的执着追求清晰地表达了1990年代以来中国政府的意志和学术共同体的愿望。"接轨"就是在这一背景下向"国际化"转换的，这是我们理解近十多年来中国学术国际化进程的一把钥匙。

那么，在这一过程中，是谁对政府意志和学术共同体产生了决定性的影响？现实中的"学术国际化"又是一种什么样的情景呢？

学术国际化与学术评价

为了行文方便，笔者姑且将1990年代前称为"接轨"阶段，将此后称为"国际化"阶段。当笔者试着比较这两个阶段学术研究特别是人文社会科学研究的不同点时发现，无论从学术共同体内部还是从国家权力机关的角度来看，在"接轨"阶段，我们以外来的或传统的观念和方法从事以本土为主的研究，其成果主要在国内学术平台发表，至于是否为国际学术界认同和接纳，我们虽然也很重视，但并不特别在意，很少刻意而为；而在"国际化"阶段，虽然仍然多是以外来的观念和方法从事以本土为主的研究，但我们已变得非常在意国际学术界的评价和看法，不仅如此，我们还有着在国际学术平台发表成果的强烈愿望和切实行动，并将此视为唯一可以量化的"国际化"程度指标，甚至将此作为评判学术成果质量高下的最重要标准。学术国际化的内容已不单单是与国际接轨，而变得复杂起来。在由简单到复杂的变化之中，专业的学术评价机构及依托于这些评价机构的文献情报学研究人员（为行文方便，以下一律简称为评价机构）在学术共同体和行政权力部门之间发挥了独特的作用。

首先，我们不难发现，评价机构成功地将学术国际化与学术评价联结在了一起。最近这十多年来，评价机构一直在不停地向人们灌输着这样的理念：只有在国际上公认的学术平台发表学术成果，才算步入了国际化的殿堂，才算得到了国际承认；要实现学术国际化，这既是捷径，也是必由之路。而所谓公认的国际学术平台，通常就是评价机构十分推崇的SCI、

SSCI、A&HCI 三大科学引文索引收录的学术期刊。① 据说，均由美国科学情报研究所建立的这三大索引系统的宗旨和标准都是差不多的，那就是"始终坚持收录全世界最具影响力的学术期刊"，故"在国际学术界得到了高度认同"。不难发现，通过对公共学术平台的缩减，评价机构已将学术国际化简化成了在三大引文索引收录期刊发表论文这种单一性行为。而这一简化，对近十多年来的学术国际化产生了重大而深远的影响。

然而，仅有评价机构的推崇是远远不够的，还必须得到行政权力的首肯和支持。"今天，国际化对于中国学术界而言有着更为特殊的复杂内涵，它的确代表了学术界所谓与国际接轨的一种姿态，但在这种'主动'姿态背后的主要推手却依旧是政治与国家。"评价机构对行政权力部门的偏好拿捏得十分准确到位。"特别是在上世纪 90 年代后，虽然中国学者对国际学术界的参与表现出极大的热情，因而其活动内容具有普遍主义的取向，但是，在由非学术力量所主导的制度框架下，他们的活动目的却不得不带有工具性色彩。学术界所出现的种种现象，譬如追求论文发表数量、对短平快项目的偏好、对 SCI 以及其他核心期刊的青睐、对学术团体中权力和身份的追逐等，都与这一背景存在关联。"② SCI 正是在这样的情形下走红我国自然科学界的。伴随着自然科学的国际化，以在 SCI 学术榜期刊发表论文作为评判自然科学研究质量的标准得到了行政权力部门的默许，在自然科学界已是不成文的规则，成为国内各种评价机构制作大学和专业排行榜的主要依据，甚至成为政府部门分配学术资源的重要依据，故为国内各高校和科研机构主动或被动地不懈追求的目标。

但是，以 SSCI 和 A&HCI 学术榜作为人文社会科学的评判标准，国内才刚起步，尚未普及。之所以如此，原因之一是意识形态等因素让 SSCI 和

---

① SCI 即《科学引文索引》（Science Citation Index），SSCI 即《社会科学引文索引》（Social Science Citation Index），A&HCI 即《艺术与人文科学引文索引》（Arts and Humanities Citation Index），均为美国科学情报研究所（ISI）建立的引文数据库。SCI 覆盖了生命科学、临床医学、物理化学、农业、生物、兽医学、工程技术等学科；SSCI 覆盖了经济、法律、管理、心理学、区域研究、社会学、信息科学等学科；A&HCI 覆盖了语言与语言学、文学、哲学、宗教与神学、古典研究、历史、考古、艺术与建筑、表演艺术等学科。三大数据库均设定了各自的来源期刊，亦即通常所说的"学术榜"。

② 阎光才：《中国学术制度建构的历史与现实境遇》，《北京师范大学学报》（社会科学版）2008 年第 6 期，第 27 页。

A&HCI 尚缺乏明确的政府"推手",难以发挥像 SCI 那样的魔力;另一个原因则在于来自学术共同体的疑惑,榜上的中文期刊或研究中国问题的英文期刊寥若晨星,不仅国内很多"权威期刊"、"一流期刊"榜上无名,而且国内学术"大腕"也鲜有在这些期刊上发表大作的荣幸。[①] 因此,要让 SSCI 和 A&HCI 称霸中国的人文社会科学界,获得政府的支持和学术共同体的认可是不可或缺的必要条件。通过评价机构对量化评价的神化[②]和各种排行榜的发布,这样的努力似乎已初见成效。我们不难推论,一旦 SSCI 和 A&HCI 这个"在国际学术界得到了高度认同"的"国际化"的唯一标准得到政府和学术共同体的一致认同,那么,迫切要做的就只剩下两件事:其一,努力争取在 SSCI 和 A&HCI 收录的国际学术期刊上发表文章,但要做到这一点远较自然科学困难,在中国和"国际"之间,毕竟横亘着语言、文化和政治因素等巨大障碍。因此,其二,要让更多本土期刊加入到 SSCI 和 A&HCI 学术榜中去,而后者更能让国际化一劳永逸。

其次,我们发现,由于评价机构的强势介入,学术国际化以极为单一的方式与国际学术话语权联结在了一起。在"接轨"时期,我国的人文社会科学界立足本土,重视借鉴,基本是"中体西用",学术成果质量的优劣高下,与"国际"无多大关系;到了今天的"国际化"时期,我们作为后来者要"确立在世界学术中的相应地位",评价机构告诉我们,学术成果质量的优劣高下,得由"国际"说了算,而这个"国际"就是三大索引系统。但问题在于,至少到目前为止,只要我们认同三大索引系统这样的"国际化标准",除了妥协,别无选择,道理很简单,所有的标准和规则都由"先行者"和"领航者"说了算,"准入证"攥在人家手里,我们几无话语权可言。我们能做的,其实还是"接轨",或者更确切地说是"全盘接受",只不过是在"国际化"的面纱下"接轨"(接受)而已。这样的"国际化"对于提倡本土和个性特征的人文社会科学研究,与其说是对接轨的扩展,还

[①] 何小清:《建国以来我国人文社会科学学术研究国际化发展学科分析》,《东岳论丛》2008 年第 3 期,第 24~31 页。

[②] 在 2009 年 4 月于南京大学举行的"2009 年首届人文社会科学评价暨第 5 届科研绩效评价学术研讨会"上,一位来自上海某著名高校的文献情报学教授大会发言的开场白就是:"最不靠谱的定量评价也比最靠谱的定性评价靠谱。"这种明显有违常识的言论竟然博得了一个满堂彩!

不如说是倒退。因为我们不仅失去了表达内容、表达方法和表达形式的自由，更为可怕的是，我们还会失去表述观点和思想的自由，我们必须在接受或者告别"国际"之间做出抉择，但不管做出哪一种选择，我们都已将国际学术话语权拱手相让。

再次，我们还可以发现，学术评价机构通过对成果鉴定和学术资源分配的成功介入，将学术国际化与学术利益联结在了一起。笔者并不否认我们的学术研究有着崇高的精神和道德追求，但毕竟已到了一个不讳言利的时代，况且巧妇难为无米之炊，没有资源，何来研究？没有研究，何来成果？没有成果，何来利益？在国际化的话语之下，学术评价机构之所以能将学术评价与利益结合成浑然一体的公开的秘密就是各种排行榜，尤其是SCI、SSCI和A&HCI期刊榜。此时"国际化"的意义已不同于以往的"接轨"，在"以刊评文"、定量评价、唯我独尊的学术评价机制之下，谁与"国际""对接"上了，更准确地说是谁被"国际""接纳"了，虽然他是否就因此具有了在国际学术界的话语权尚难预料，但可以肯定的是，他就能挟SCI、SSCI和A&HCI以号令国内学术界，将国内学术界的话语权牢牢地握在自己的手中，对学者个人和学术期刊个体来说，都是如此。这将意味着什么，想来学术同道都心知肚明，无须笔者饶舌。

改革开放以来，自然科学的国际化比人文和社会科学要先行一步。自然科学国际化自然离不开政府的大力倡导和学术共同体的协同一致，而做出直接贡献的当然是科研人员，但我们不能忘了，专业评价人员也是立下了赫赫功劳的。他们首先从学术评价的角度，引入了SCI学术榜和大学排行榜等，并将此等同于国际化的标准，为政府对科研部门进行管理提供了一整套极具操作性的办法，同时也凭此将自己送上了学术研究活动的中心，成为学者眼中的"指挥棒"。而将自然科学国际化经验引入人文社会科学，在很大程度上也要归功于他们。从据说是与国际接轨的文末参考文献引证规范到学术期刊的编排规范的制定，从引入SSCI、A&HCI到创设CSSCI和其他类似的数据库及相应的排行榜，从学术质量评估到学术资源分配，他们的身影无处不在，而且往往充当主角。他们已同样成功地将自己变身为人文社会科学研究的"指挥棒"。在学者、期刊和评价机构之间，一种颠倒的关系就此建立起来。

评价机构原本属于学术研究机构，为学术共同体的一分子，但他们的所作所为，已突破了学术共同体的成员资格而凌驾于学术共同体之上，成为行政权力部门与学术共同体之间的桥梁。他们也从不讳言，他们工作的主要目的之一，就是为政府行政管理部门服务。① 不仅如此，他们因为擅长排名而直接或间接地参与了学术资源的分配，成为学术权力的一部分，"指挥棒"的效能更加突显。如果我们稍稍追究一下这些评价机构人员的学术背景，不难发现，其中的绝大多数都出身于自然科学和文献情报学，从而在人文社会科学界出现了这样一个奇观：如何从事学术研究，如何撰写学术论文，如何编辑学术期刊，本专业的学者说了不算，而必须由这些几乎从未有过除文献情报学以外学术研究经验、从未有过人文社会科学期刊编辑经验的评价人员（其中很多还是自然科学出身）来予以指导，来制定规范，② 而人文社会科学的国际化更是离不开他们，今天人们热议的学术国际化进路，与他们的"贡献"是分不开的，他们正在试图使人文社会科学复制自然科学国际化的过程。

可见，唯有评价机构既能号令学术共同体，又能影响政府意志，引导学术国际化当然非它莫属了。但是，在我们追随着评价机构渡到这样的"国际化""彼岸"时，等待着人文社会科学的又将是怎样的命运呢？

学术国际化与学术期刊

在积极倡导人文社会科学国际化的今天，审视一下先行一步的自然科学国际化的"遗产"是有必要的。国际化给科研创造的最好条件，就是拓展了学术视野，开通了与国际一流科研机构及科学家对话的渠道，从而带来了中国科学技术突飞猛进的发展和全面进步，在国际科学的殿堂里响起了中国学者的声音，在国际著名的学术期刊上有了越来越多的来自中国的学术论文，在自然科学领域，谁也不能再无视中国和中国学者的存在，这让每个炎黄子孙都备感鼓舞。但同时我们也应看到国际化过程中的一些遗憾之处。由于对 SCI 期刊发文量的过度看重，在各高校和科研机构乃至政府的重奖之

---

① 关于这一点，可参阅各评价机构网站主页的自我介绍中对自己功能和作用的说明。
② 参见姚申《学术期刊编辑规范与人文社会科学》，《清华大学学报》（哲学社会科学版）2007 年第 6 期，第 14~16 页。

下，中国学者在 SCI 期刊的发文量增速惊人，已在全世界位列前茅，但被引用情况却不如人意。更令人遗憾的是，中国的科技学术期刊在国际化的过程中几乎遭到了灭顶之灾。按照常理推论，一个国家的科学技术高歌猛进时，其科技期刊也应该有相应的快速发展，但事实正好相反。"中国学术论文已能顺利（地）在 30 多个主要科技国家的约 1500 种主流学术期刊上发表"，而中国学术期刊"在走向世界实现国际化的进程中却远不如中国学术论文走向世界那么顺畅"。① 一方面，优秀的文章都跑到外国的 SCI 期刊去了；另一方面，中国期刊进入 SCI 的决心不可谓不大，措施不可谓不力，为了进入 SCI，几乎什么事都可以做，可是 SCI 的大门对绝大多数中国期刊来说实在太难叩开。因此，在中国自然科学大步向"国际"迈进的同时，中国自然科学期刊却陷入了进退失据、左右为难的尴尬境地：既难进入 SCI，纵然历尽艰辛进入了也难受重视，又无法回到过去，优秀的来稿已难得一见。

以《中国科学》、《科学通报》这两家当年响当当的权威期刊为例，早在 2005 年 3 月，编辑这两个刊物的中国科学杂志社即与施普林格出版社签署了合作出版协议。"此举标志着代表中国自然科学领域最高学术水平的期刊——《中国科学》、《科学通报》在通向国际化的道路上又迈出了坚实的一步。"② 但在两个月后的 2005 年 5 月，时任两刊主编的周光召院士与 10 位正副主编却联合致信中国科学院领导："近年来，中国的科研评价体系产生了偏颇，片面强调影响因子的作用，对在国外发表的论文给予较高的认可度及高额奖励，导致国内许多高水平论文外流。"如把这两件事联系起来，不难看出最优秀的中国学术期刊在国际化的浪潮中竟也陷入了进退维谷的境地。据说主编们的信得到了中科院领导的高度重视，采取了多种措施以挽救两刊的颓势。然而，几年过去了，并未见明显起色，两刊竟然也闹起了优质稿源荒。"最近 10 年，受科技评价体系特别是片面追求影响因子的导向作用，和我国大多数科学期刊一样，两刊的发展陷入了低谷。"对于两刊的持续走低，2008 年新任主编朱作言先生慨叹："一个国家有没有好的科学体系、这种科学体系是否健全，其中一个重要的标志就是有没有高水平的科学

---

① 赵基明：《学术期刊国际化的内涵与保障措施》，《中国图书馆学报》2004 年第 6 期，第 83 页。

② 柯珂：《〈中国科学〉〈科学通报〉杂志日趋国际化》，《光明日报》2005 年 3 月 22 日。

期刊。一个世界级的科学大国，会有世界级的科学期刊。随着我国科技水平的发展，科技期刊的'低谷'成为我国目前科学体系中越来越明显的一根'软肋'，需要科技界相关领导高度重视。"① 令人感慨的还在于，两刊的多个专辑都是英文版，都已进入了SCI，而且多被列为约占SCI总数1/3的核心期刊，然而，就因为两刊是中国期刊，照样不被中国自己的学者看重。积极主动应对国际化的《中国科学》、《科学通报》尚且如此，更遑论一般大学学报了，多数已沦为本校硕士生、博士生练笔的园地也就不足为怪了。

不能说中国的科技期刊不努力，也不能说中国的科技期刊缺乏国际化的主动意识。很多办刊人都非常具体地研究了科技期刊如何实现国际化的问题，比如有人认为："科技期刊的国际化除了要实现语种的国际化，学术质量国际化，编校、装帧印刷、整体版式设计国际化，编委、审稿人和作者、读者群体的国际化外，最根本的是实现体制的国际化和运行机制的国际化。"② 国际化几乎成了哪儿都能贴的标签，不可谓不面面俱到了。面对办刊人不愿看到的现实，有人总结了科技期刊国际化过程中的问题和教训："对国家有关部门如何制定相应的发展政策和保障措施，更好地为中国科技期刊的国际化和可持续发展创造良好的内外部环境；如何拓展我国科技期刊的国外市场，提高发行量和广告收益；怎样减少优秀稿件外流；如何吸引和组约国外优秀稿件和高水平论文在中国自己的科技期刊上发表；怎样使中国的科技期刊国际化走向深入；如何打造中国自己的品牌科技期刊；怎样培养和造就一流的国际化办刊人才等方面的研究仍有待加强。"③ 这也可以说总结得很全面了。但是，他们恰恰都忘记了最重要的一点，那就是在学术国际化时学术期刊该如何应对评价机构和SCI。

这也许就是作为发展中国家的中国学术快速国际化所必须付出的代价。自然科学的国际化虽然付出了代价，但毕竟换来了中国在国际学术界影响的扩大，尽管是否一定要这样还是个可以讨论的问题，但结果终究令人鼓舞。

---

① 《改革中的〈中国科学〉与〈科学通报〉愿与中国科学一起成长》，《科学时报》2008年9月9日。
② 王凤产：《科技期刊国际化研究》，《佳木斯大学社会科学学报》2008年第3期，第169页。类似的观点在多篇关于科技期刊国际化的文章中都可以读到。
③ 贺晓利：《中国科技期刊国际化研究的现状、问题及发展思路》，《图书馆学刊》2008年第1期，第34页。类似的观点在前引赵基明的文章以及同类文章中也可读到。

笔者丝毫也不怀疑人文社会科学国际化的必要性，也热切地希望看到中国能早日"确立在世界学术中的相应地位"，但是如何实现国际化却是值得深思的。加强与国际学术界的交流，举办或参加国际学术会议，中外合作进行学术研究等，无疑都是国际化的有效途径，① 但似乎都不是立竿见影的办法。在评价机构的导引下，有些学者和期刊人已将在国际学术期刊上发表文章和创办英文期刊视为学术国际化最根本的办法。办 SSCI、A&HCI 刊和在 SSCI、A&HCI 刊上发表文章已大有成为人文社会科学国际化的主要内容和标志的趋势。与自然科学 SCI 热相仿，SSCI、A&HCI 热在人文社会科学界已见端倪，抛弃或改造中国原有的学术期刊的过程已经开始，这是不争的事实。许多著名高校已经或正在着手创办英文期刊；一些中文学术期刊不惜花费大量精力向"国际"靠拢，比如，除了将所有的标题、摘要、关键词译为英文外，还将注释和参考文献题名信息全部译为英文。这样做，无一不是为了打入 SSCI 或 A&HCI，因为这是"入门"的先决条件。他们期望付出就会有回报，他们中也确有能梦想成真的，只不过"国际化"成了"SSCI 化"、"A&HCI 化"罢了。

2005 年，由华中师范大学主办的《外国文学研究》终于成为被 A&HCI 收录的第一家中国大陆中文期刊，该刊主编欣喜之余，道出了过程的艰辛："在 2000 年，我们就在充分讨论的基础上制定了一个五年发展规划，其最终目标就是创造条件争取进入 A&HCI……我们用进入 A&HCI 这个目标把杂志全体编辑人员团结起来……实实在在地为实现共同的目标努力工作。"至于为什么会确定这样一个目标，该主编说："由于被三大引文索引收录的期刊是世界上最具影响力的期刊，因此在这些期刊上发表的论文就成为评价个人和学校的一个标准，而且也是世界大学排名的重要参数。不仅我国的学者十分看重三大引文索引收录的学术期刊，党和政府也十分看重。"② 真可谓一语道破天机。无独有偶，2009 年 7 月在复旦大学举行的"学术期刊与走向世界的中国研究"国际学术论坛在其会议邀请函中也指出："在 2007 年 SSCI 收录的

---

① 当然，在这些国际学术交流中，也不乏投机取巧之人，早在 10 年前就有学者专文揭露学术国际化中奇怪和丑恶的现象，读来令人瞠目（参见陈跃红《"学术国际化"种种》，《天涯》2000 年第 4 期，第 150～153 页）。

② 《抓住机遇 推动学术研究国际化——访〈外国文学研究〉杂志主编聂珍钊教授》，http://jpkc.ccnu.edu.cn/sj/2006/wgwxs/news/zzjy.htm。

1962 种期刊中，涉及中国问题和中国研究的期刊只有 11 种，其中只有两种为中国大陆地区学术机构创办和主持，这在一定程度上也说明了中国社会科学的国际化水准有待提升。"① SSCI 也与国际化水准直接挂上了钩。

可见，以自然科学国际化为蓝本，将 SSCI 和 A&HCI 作为突破口，实现人文社会科学的国际化并非虚言。若政府不予干预或者默许甚至鼓励的话，在这样的国际化战略之下，绝大多数人文社会科学期刊显然难逃重蹈自然科学期刊覆辙的命运。如果以此为代价，人文社会科学国际化能换来像自然科学国际化那样堪称辉煌的结果吗？

学术国际化与路径依赖

由于评价机构成功的操作，中国人文社会科学的国际化已有了一个参照系或者说榜样，那就是自然科学。自然科学国际化之所以迅捷，一个十分重要的原因是省略了自建有效的国际交流平台这一程序，而直接利用"国际公认"的交流平台——SCI，为此甚至不惜以自毁平台——中国自己的学术期刊为代价。这条路对于快速增加"国际公认"的科技论文"GDP"来说是非常有效的，但后遗症也是明显的，不仅是前文已述及的中国科技期刊的没落，更重要的是它会诱发学术不端和学术腐败。这是因为 SCI 发文量只是一个评价学术水平的间接指标，如同测量牛奶中蛋白质含量而使用氮元素含量这个间接指标一样，氮元素含量越高，牛奶质量就越好，殊不知，这就为三聚氰胺这样的多氮化工原料化身为"蛋白精"而在奶业大行其道提供了机会；同理，凡在 SCI 期刊上发表的就是好文章，SCI 发文量指标越高，其作者和由作者组成的团队的科研实力就越强，许多学术行为不端者就是为了在这样的评价体系中得高分而不惜抄袭、剽窃和造假。虽然我们不能简单地将学术不端行为完全归因于学术评价，但"以刊评文"的确是学术评价机制中的一大弊病。当牛奶行业改变了检测（评价）方式时，三聚氰胺立刻现出了原形；在多起与 SCI 期刊有关的学术造假事件被披露以后，从管理者到学术界都已在深刻地反思这一问题。然而，这并未能阻挡某些评价机构和

---

① 复旦大学社会科学高等研究院等：《"学术期刊与走向世界的中国研究"国际学术论坛邀请函》，2009 年 6 月。

学术期刊及学者对 SSCI 和 A&HCI 的热捧和追逐，他们力主的人文社会科学国际化，事实上已形成了对自然科学国际化的"路径依赖"。

退一步说，即使在自然科学国际化进程中，中国科技期刊地位的旁落是不可避免的牺牲，那么，循着自然科学国际化的路径，以同样的代价，即中国人文社会科学期刊无可奈何花落去，人文社会科学的国际化是不是也能取得足以令人欣慰的结果，似乎还得打几个问号。因为人文社会科学与自然科学是有着很大差异的。仅从国际化的视角来看，两者就存在着诸多不同，而这些不同都可能要求人文社会科学在国际化的路径选择上不能照抄自然科学。

（1）研究对象的不同。自然科学是没有国界的，比如数理化，不会有中国的与美国的、东方的与西方的之分，但人文社会科学则不同，其研究对象必然受到不同的国情和文化传统的制约，比如，同样是经济或社会问题，剥离了国情和传统，其研究对象还能成立吗？

（2）研究传统的不同。自然科学研究当然也有不同的传统，但一旦实现国际化，原有的传统就很容易而且也必须被剥离，而唯"科学"是从。但人文社会科学则不同，尤其是人文学科，从严格意义上来说，并非自然科学那样的"科学"，研究传统对人文学科来说是无法抛弃的，比如，西方哲学与中国哲学有着完全不同的研究传统，如果一定要抛弃中国哲学研究的传统而与西方哲学接轨，又怎能不出现方枘圆凿的困境？①

（3）研究规范的不同。现代自然科学的研究规范从根本上来说是划一的，无论是对研究方法还是对研究形式的规范都是如此，严密的逻辑推演和特定的论证及其表达方式是不可替代的。但人文社会科学则不同，除了逻辑推演之外，还讲究感悟，比如文史研究远不是逻辑思维可以完成的，离开了形象思维，还谈何文史研究？而形象思维又如何齐整划一？

（4）语言工具的不同。现代自然科学研究早已构建了英语平台，至少用英语可以无国界地说清一切问题。但人文社会科学则不同，比如中国古文字研究，如果以英语为唯一的语言工具难道不显得有几分怪异吗？

（5）价值判断的不同。纯自然科学研究很少涉及道德或价值判断这些

---

① 参见刘笑敢《"反向格义"与中国哲学研究的困境》，《南京大学学报》（哲学・人文科学・社会科学）2006 年第 2 期，第 76~90 页。

人文因素。但人文社会科学则不同，价值判断是绝对不可或缺的，比如对历史人物的研究，即使根据完全相同的资料，不同的研究者完全可能得出不同的结论，如果抽去了价值判断，人文社会科学还有存在的价值吗？

我们还可以排列出更多的不同来，但仅有这些已足够说明，人文社会科学有太多的不能抽去和归一的东西，它的国际化必定是有限度的，其标准必定是多元的，其平台必定是多样的，其语言必定是丰富的。更为重要的是，从理论上说，SCI 与 SSCI 和 A&HCI 虽然模样相仿，但实质上应该是截然不同的。因为 SCI 针对的是自然科学期刊，其规范和标准比较容易抽离人文因素，故也许是客观的，可以放之四海而皆准。但 SSCI 和 A&HCI 针对的是人文社会科学期刊，其研究对象是人类社会的方方面面，其规范和标准也就只能是无法剥离人文因素的主观性规范和标准。如果说 SCI 是让各国科学家摒弃个性向同一性集中，那么，SSCI 和 A&HCI 就应该保护个性和多元性的发散性存在。但是，到目前为止，SSCI 和 A&HCI 在这方面并不如人意。与其说它们确立的是什么样的文章和期刊才能"准入"的"规范"，不如说它们是在明示"不准入"的"禁律"。这个"禁律"，正是知识与权力关系的体现。凡要在 SSCI 和 A&HCI 发表文章的学者或要进入 SSCI 和 A&HCI 的期刊，无一不是无条件地服从这一"禁律"的，我们不难看到"禁律"背后所隐藏着的英语和西方霸权，它所要维护的正是所谓"话语的秩序"。而保护个性和多元，非其不能，实乃不为也。"几乎全部由主要英语国家的学者编辑的英文科学和学术期刊，说明期刊编辑、委员会成员以及大部分读者的研究范式和学术兴趣主导了这些期刊，并且在很大程度上统治了许多学科的研究日程和方法。世界上其他地方的学者若是想在这些有声望的期刊上发表作品，就必须与他们的兴趣相一致。"[①]这是一个来自英语国家学者的中肯之见。

其实，中医学的科学化和国际化已为我们提供了前车之鉴。中医学原本就是一个与中华文明史共生共长的独立的知识体系，只是到了近代随着西方科学医学的引进，中医学才出现了危机。近百年来，中医的废立问题争讼不息，欲灭中医者无不高举科学的大旗，而中医学界为了在现代生存则不得不自觉或不自觉地竭力地使自己跻身于现代科学的行列。但当中医学的主流学

---

① 菲利普·G. 阿特巴赫：《至尊语言——作为学术界统治语言的英语》，《北京大学教育评论》2008 年第 1 期，第 180 页。

者和管理者一厢情愿地试图将其纳入现代科学体系中时，却发现纵然费尽心机，也无法让阴阳、五行、运气、脏象、经络等中医学的经典理论能有个为西方医学所认同的"科学"解释。中医在现代社会的坎坷命运足以让我们在倡导人文社会科学国际化时引为教训。

仅以两年前发生的一件事情为例，2007年8月3日《人民日报》报道称："记者今天从中国中医科学院获悉：美国食品药品（监督）管理局（FDA）新近发布了一份指导性文件《补充和替代医学产品及FDA管理指南（初稿）》，将包括中医药在内的传统医学从'补充和替代医学（CAM）'中分离出来，首次认同中医药学与西方主流医学一样，是一门有着完整理论和实践体系的独立科学体系，而不仅仅是对西方主流医学的补充。"①恰恰是"科学"二字在国内学术界引起了一场风波。方舟子起而举报，揭露这"是一条欺骗国人的假新闻"，因为FDA发布的原文应该是"完整的理论和实践体系"，根本无"科学"二字。方舟子问道："中国中医科学院陈可冀院士是因为英文水平太差看不懂这份文件，还是有意造谣欺骗国人？这是不是再次证明了中医的'国际地位'是靠谎言打造的？"②笔者在此无意判定究竟是误译、误传还是造假，也无意讨论中医在现代社会是否有价值，只想指出，从此事件中不难看出中医科学院要把中医学打造成具有国际地位的"科学体系"的急迫心情和良苦用心。可见，在国际化的大潮下，是否得到"国际"的认可是何等重要，它已直接关系到一个有数千年历史和传统的学科的生死存亡。而在对待中医药的问题上，美国国家食品药品监督管理局的做法更为耐人寻味，它公开承认中医学作为一个独立于西方医学的理论和实践体系存在的价值，但正因为承认中医的独立，也就构成了以美国为代表的国际医学正统不接纳中医的理由。其实，中医为了实现"国际化"，不仅为自己贴上了"科学"的标签，而且积极向西医靠拢，主动地改变了很多，但在"国际"的眼中显然还远不够彻底，只有哪天中医变得不再像中医而与西医没有差别时，它的国际化目标才会实现，所以还有漫长的路要走。但真的走完这条漫漫长路后，中医还是中医吗？还是在美国发行的《侨报》

---

① 《美国首次认同中医药学为独立科学体系》，《人民日报》2007年8月3日。
② 方舟子：《举报假新闻"美国首次认同中医药学为独立科学体系"》，http://house.focus.cn/msgview/1013/96277881.html。

的社论说得中肯："对中医及传统文化来说，比国际认可更重要的应该是自信。"① 的确，自信、自立和国际化同等重要，没有自信、失去自立的国际化只能是邯郸学步。

与中医学相比，中国人文学科和部分社会科学学科从研究对象到研究传统都更加具有不可磨灭的中国传统印记，更加应属独立于西方的知识体系，在国际化的进程中，更加应该以我为主。否则，我们历尽艰辛换来的国际化又有什么意义？

结语　我们需要什么样的学术国际化？

现在让我们再回到本文开头讨论的"接轨"与"国际化"的概念问题，并对上述分析做一小结：中国学术知识产品的国际输出与国际承认是政府倡导和学术共同体追求的学术国际化的目标。但对自然科学国际化的路径依赖事实上使人文社会科学在"国际化"的口号下却难以逾越单向度的接轨，而评价机构及部分期刊和学者如此推崇 SSCI 和 A&HCI 索引系统，正是在寻求行政权力之外引导甚至掌控学术研究的正当性理由。由于学术评价本质上属于学术共同体自己的事情，行政权力部门不便直接为此制定标准，② 而学术共同体因种种原因一时又无法建立起具有公信力的评价机制，于是，评价机构乘虚而入，填补了这一"真空"，形成了一种"学术评价权力"。行政部门不便作为，学术共同体不能作为，评价机构勇于作为的情形就此形成。但事实上，眼下单一的以文献情报研究人员组成的评价机构根本不具备独立评判人文社会科学研究质量的能力，因此只能从他们熟悉的索引系统出发，将三大索引系统描述为评判学术质量和通向"国际"的唯一正确的标准和路径。他们正是以三大索引系统这种高度的单一性来消解学科和文化传统的差异性，从而否定或轻视这种差异性与所谓国际标准之间的紧张。他们

---

① 《中医需要谁认可？》，《侨报》（美国）2007 年 8 月 4 日，转引自陶世龙《是谁在"拿个洋东西当圣旨"？——"美国首次认同中医药学为独立科学体系"的闹剧所见》，http://www.100md.com/html/DirDu/2007/08/16/48/09/71.htm。

② 比如，新闻出版总署就曾声明："我国新闻出版管理部门尚未从各类学术期刊的学术水平这一角度制定过标准，因为衡量学科众多的学术期刊的学术水准是一件非常复杂、难度非常大的工作，不是新闻出版管理部门可以简单地作出评价的。"（《新闻出版总署报刊司关于学术期刊有关问题的答复》，《传媒》2002 年第 11 期，第 6 页）

的所作所为已使"学术国际化"背离了其原本意义而产生了异化。于是，原本只是图书情报学某种导向的三大索引系统，现在却要成为所有学科的固定范式，在这种范式之下，所谓国际标准对本土研究的适应性改造根本无从谈起。用这种水土不服的硬性国际标准来对中国本土研究进行"规范"，其结果将不可避免地演变为对中国学术特性与传统的压制和排斥，中医学的悲剧和《中国科学》、《科学通报》的困境必定会在所有与中国历史文化相关的学科和学术期刊重演。这几乎注定了本土研究与所谓国际标准之间未来更为激烈的紧张性。对于人文社会科学来说更为严重的是，受到损害的不仅仅是学术期刊，人文社会科学本身必然会陷入尴尬甚至危险的境地。

需要特别声明的是，向 SCI、SSCI、A&HCI 期刊投稿，或者使自己的期刊加入三大学术榜的行列，是学者和期刊的自由和权利，笔者无意指责，而 SCI、SSCI、A&HCI 期刊作为公共学术平台的身份也无须质疑，但它们绝不是唯一的，更不是公共平台的全部，至少到目前为止，我们看不出制作 SSCI、A&HCI 的美国科学情报研究所有任何接纳中国研究和中国期刊的诚意和应有准备，它对中国研究和中国期刊所设的种种"禁律"未见有任何松动的迹象。笔者所质疑的只是，在这样的情形下，我们有何必要将它们作为学术评价标准，进而视为或事实上作为学术国际化的唯一标准和路径？

对于中国的人文社会科学国际化，除了进军 SSCI 和 A&HCI 以外，我们还能做些什么，或者说还有什么更重要的事情应该做？有学者指出：

> "国际"不是"外国"，更不必是所谓"发达国家"。故"与国际接轨"也并不像有些人所理解的那样趋同于"发达国家"的学术，以致在研究的方向、题目和内容等都"思他人之所思，想他人之所想，做他人之所做"。"国际"本包括"我们"，"国际学术"亦然，毋庸"加入"。在这个共同的"国际学术"里，任何研究只要做得好，自然可算接轨。你不主动去接，别人迟早也会接过来……我其实赞成在研究中尽可能"思他人之所思，想他人之所想"，充分关注和考虑时间和空间的"异文化"取向对这一研究对象已经有和可能有的各种看法，并在论述中与之进行实质性的对话。未曾这样做的，只能说是在"学术"周围徘

徊,遑论是否"国际";只有在此基础上的研究,才可以说是真正"进入"了国际学术。①

在这里,形式化的"学术国际化"已成为一个"伪问题",实质性的"国际学术交流"才是一个"真问题"。笔者以为,"学术国际化"也好,"国际学术交流"也罢,两者所指原本是同一件事,主张的都是在中国学术与国际学术的关系问题上的立场,但在今天两者已有了本质区别:前者表达的是对"国际规则"的臣服,而后者诉求的则是不失自我的国际交流与承认。其实,"学术国际化"的命题本无错,只是被某些人有意无意地曲解了,造成了学术国际化的异化。如果坚持要吹起向"学术国际化"进军的号角,那么,后者也许是更值得去认真做的事。

笔者深知人微言轻,难以改变人文社会科学已经启动了的义无反顾地向SSCI和A&HCI进军以实现"学术国际化"目标的步伐,只能做些善意的提醒,在"国际化"时,要考虑下列问题:

第一,SSCI、A&HCI的公正性。笔者无意怀疑SSCI、A&HCI选刊人和办刊人的道德操守,但人文社会科学不可能像自然科学那样有硬性的判断标准,产生偏见和歧视的可能性远比自然科学要大。即使在国际自然科学领域,公正性的问题也不容忽视。《中国科学》主编朱作言曾言:"国外期刊特别是顶级期刊,对待来自中国的论文是特别'谨慎'的,不少国内优秀科学家都有体会。随着我国科学的发展,优秀科技成果和优秀论文将不断增加,如果没有我们自己的顶级科学期刊,对我国的科学发展、科学整体形象,甚至对科学家个人,都将是一个重大的欠缺。"② 自然科学尚且如此,更何况人文社会科学。因此,我们不妨先认真考察一下SSCI、A&HCI对中国学术的态度问题。

第二,文化的差异性。人文社会科学有众多学科,学科之间的差异性是客观存在的。即使是同一学科,在不同国家和地区也会因民族和文化及语言的不同而呈现出差异性。这与自然科学完全不同,自然科学的国际化是建立

---

① 罗志田:《史学前沿臆说》,《四川大学学报》(哲学社会科学版)2008年第4期,第32页。
② 《改革中的〈中国科学〉与〈科学通报〉愿与中国科学一起成长》,《科学时报》2008年9月9日。

在基本消除这些差异的基础上的，至少在同一学科的平台上，差异已不复存在。我们无法想象，没有了国家、民族、文化差异的人文社会科学是个什么样子。在西方强势的 SSCI 和 A&HCI 平台上，国际化的学术研究和学术期刊如何保持文化的独立性是我们应重点考虑的问题。

第三，规范的合理性。无论是要使期刊进入 SSCI 和 A&HCI，还是要在 SSCI 和 A&HCI 期刊上发表论文，都必须遵守它的规范，这是不言自明的。这些规范首先是形式上的，比如不论期刊为何语种，均要有英文摘要和关键词，所有的注释和参考文献题名信息一律要译为英文等，这些规范对于英文期刊来说，不难做到，但对于非英文期刊如中文期刊来说，除了统计和评价的意义外，对学术研究及其成果的传播并没有什么实际意义。一个不懂中文的学者，摘要、关键词及参考文献题名信息的英译于他的研究能有多大帮助？不仅如此，对于发表艰深学术论文的中文期刊来说，不是所有的摘要和参考文献都能准确地译成统一的英语的，这必然造成无法收拾的混乱。可见，这样的规范是不合理的"霸王"条款。至于涉及研究内容和方法等方面的规范，则更容易将编者的意志强加于人。因此，在我们遵守这些规范之前，还是先弄清这些规范是否合科学之理，是否合中国国情，有无本土化的必要。

第四，语言的多元性。语言的多元性是与人类社会的丰富性相对应的，正是对这种丰富性的研究，才彰显出人文社会科学的特殊价值。因此，用不同的语言对不同的对象进行研究不仅是可行的，而且是必要的。但以 SSCI 和 A&HCI 为标准的国际化事实上很少接纳非英语的研究成果和学术期刊。"如今，英语作为主要的国际学术语言的地位不可动摇——事实上，国家性的学术系统热情地接纳英语，以此作为国际化、参与竞争及晋级为'世界级别'的关键手段。然而，英语的统治地位使得世界范围内的科学日趋成为使用英语的主要学术系统为主导的霸权统治，并且给不使用英语的学者和大学带来了挑战。"[1] 可见，语言问题绝不是单纯的工具问题。

上述四个问题，均与我们的期刊和研究成果能否顺利进入 SSCI 或 A&HCI 有直接关系，后三个问题其实也是从事学术研究和办学术期刊的原

---

[1] 菲利普·G. 阿特巴赫：《至尊语言——作为学术界统治语言的英语》，《北京大学教育评论》2008 年第 1 期，第 179 页。

则问题。因为如果国际化果真等同于"SSCI 化"或"A&HCI 化",那么,能否"归化"也许直接关系到学者的切身利益和期刊在今后的生存境况,为了功利的目的,很可能会有人拿原则做交易,甚至很可能出现争相仿效的"竞争"场景。这是不难预料的。我们不妨听一听一位"国际学者"的忠告:

> 对于学术价值的评价,不应该仅仅根据 SCI 或其他外来机构的排名——也就是说,不应该将评价的权力交予外国人。尽管基于本国的评价不容易实现,这样做却很有必要。以本国语言发表的研究成果也需要支持。在国内和国际的出版活动之间做到适度的结合,这将有助于形成一个活跃的研究团体。最根本的是,要对本国的科学和知识团体的重要性有正确的认识。创造一种国内和国际的平衡状态或许并非易事,然而,知识的独立却取决于此。[①]

始于科学技术后来遍及经济、军事、政治、社会、文化各领域的与国际接轨让落后的中国告别了闭关锁国的时代,其间学术界对西学的译介、移植居功至伟;百余年后的今天,国际化的浪潮则可以让日渐强大的中国确立在世界不可替代的地位,而中国国际地位的真正确立却有赖于中国国际形象的成功打造,这与知识的独立是不可分割的,对此,人文社会科学学者更有着舍我其谁的责任。因此,处身于国际化热潮中的学术界实有必要时常冷静地反思:我们是走在正确的国际化道路上吗?

〔原载《清华大学学报》(哲学社会科学版) 2009 年第 5 期〕

[①] 菲利普·G. 阿特巴赫:《至尊语言——作为学术界统治语言的英语》,《北京大学教育评论》2008 年第 1 期,第 183 页。

科研体制与学术评价之关系
——从"学术乱象"根源问题说起

在2014年11月7日《中国社会科学报》一篇题为《学术成果问题根源于"评价体系"》的报道中，记者以"调查结果让人吃惊——"为引语，披露了其"对北京、上海、广东、湖北、山东、陕西、青海、甘肃、江苏、吉林等地100余位学者展开'学术成果问题反思大调查'"的结果：

> 71%的学者认为，目前中国哲学社会科学领域学术成果"存在多种不良现象"；
>
> 50.4%的学者认为，当前学术成果存在的主要问题是"数量与质量不成正比"；
>
> 48.7%的学者认为，"不合理的学术评价体系是当前学术成果问题存在的根源"。
>
> 而所回收的101份有效问卷显示，仅有3%的学者认为"不存在问题"。[①]

记者不禁设问："哲学社会科学领域学术成果究竟怎么了？"其实，这个问题早已萦绕于管理者和学者的头脑中。虽然报道中记者没有详细介绍调查取样的经过，我们无从知道调查对象的选择与确定、调查结果的统计与分析是否符合学术调查的规范，但是，这个调查至少再一次印证了：学术成果之"病"的严重与普遍已是多数学者的判断。那么，"病源"何在？该报道根据调查结果进一步指出："'不合理的学术评价体

[①] 唐红丽：《学术成果问题根源于"评价体系"》，《中国社会科学报》2014年11月7日。

系'、'社会大环境'、'学者自身的学术道德问题'等，被认为是学术成果问题的根源所在。"

笔者有幸被记者选中，成为这"100余位学者"中的一员，接受了问卷调查，与大多数接受问卷调查者一样，笔者也认为我国哲学社会科学领域在取得丰硕成果的同时，还存在着多种不良现象，但在什么是"病源"的问题上，与多数意见有些差异。笔者以为："评价也好，道德也罢，或笼统地归结为社会大环境，都只看到了问题的表象或某一侧面。当前学术成果存在的种种问题（根源）在于学术（科研）体制的不合理。"感谢记者，将这句话写进了报道，但因为这只是一次问卷调查，无法申述持这样观点的理由，所以，本文将对这一观点展开论述，不当之处，敬请方家指正。

一 "评价"是如何被指为"学术乱象"根源的？

《中国社会科学报》的上述报道，既不是第一次大概也不会是最后一次对哲学社会科学研究及其成果乱象的报道，来自学界和传媒的对科研或学术乱象的批评和报道早已屡见不鲜，只不过此前更多的是针对某具体个案或几个案例的报道和批评，而像上述报道那样在做了较多问卷调查后以数据的方式所呈现出的对宏观局面的批评尚不多见，[①] 因而让记者感到"吃惊"。

之所以有那么多的学者判定"目前我国哲学社会科学领域学术成果'存在多种不良现象'"，是因为不良现象或曰"学术乱象"的存在是非常明显的，"数量与质量不成正比"是一种道出了实情而又不失温和的表述，说得更直白的那就是学术泡沫泛滥，学术垃圾成堆，少数优秀成果都被淹没在平庸"成果"的汪洋之中了。问题虽然表现在"成果领域"，但成果只是科

[①] 其实，至少在2009年，中国科协"全国科技工作者状况调查"中就公布："近半数科技工作者认为当前学术不端行为是普遍现象。55.5%的科技工作者表示确切知道自己周围的研究者有过学术不端行为，多数人认为'学术评价制度不合理'、'社会大环境不好'、'监督机制不健全'是造成学术不端行为泛滥的主要原因。"（杨傲多：《第二次科技工作者状况调查显示 学术不端问题突出 制度建设亟待加强》，《法制日报》2009年7月14日）可见，在科技界存在着与哲学社会科学界同样的问题，而且学者们所认定的原因也是大致相同的。

研的结果,结果有问题,说明整个科研过程很可能都存在问题。事实也正是如此。科研过程中所表现出来的突出问题可以用"学风问题"来概括。大概从本世纪初开始,从政府到学界,越来越多的人加入到了谈论学风问题的队伍中来。为人们所共同谈论且痛心疾首的学风问题,集中表现在学术不端行为。教育部曾明确开列出"必须进行严肃处理"的学术不端行为:"(一)抄袭、剽窃、侵吞他人学术成果;(二)篡改他人学术成果;(三)伪造或者篡改数据、文献,捏造事实;(四)伪造注释;(五)未参加创作,在他人学术成果上署名;(六)未经他人许可,不当使用他人署名;(七)其他学术不端行为。"[1] 当学风问题比较普遍地存在于学术界时,乱象丛生也就不足为怪了。

如此"乱象"的原因是什么?"'不合理的学术评价体系','社会大环境','学者自身的学术道德问题'等",其实早已"被学界指为学术成果问题的根源所在",而且得到了行政权力部门的认同并出手予以整治。

笔者在2011年初的一篇文章中就曾回顾和评论了作为高校科研主管部门的教育部一系列整治学风问题的举措,这里不妨再简单地回顾一下。教育部于2002年2月和2005年1月,曾连续下发了《关于加强学术道德建设的若干意见》和《关于进一步加强和改进师德建设的意见》,阐述了"端正学术风气,加强学术道德建设的必要性和紧迫性",明确提出了"端正学术风气,加强学术道德建设"的"总体要求和主要任务"以及"主要措施"。[2] 此可谓试图从道德的层面来解决问题。2004年6月,教育部制定了《高等学校哲学社会科学研究学术规范(试行)》,从学术研究的基本规范到学术引文、学术成果、学术评价、学术批评等诸多方面制定了含义明确的原则条文,[3] 此可谓从道德规范到学术规范,再到评价规范的全面规范化治理。2006年5月,教育部决定成立"社会科学委员会学风建设委员会",作为"全国高等学校哲学社会科学学术规范、学术道德、学术风气建设的指导机

---

[1] 《关于严肃处理高等学校学术不端行为的通知》,教社科〔2009〕3号。
[2] 《关于加强学术道德建设的若干意见》,教育部网站,http://www.moe.edu.cn/publicfiles/business/htmlfiles/moe/moe_25/200407/943.html;《关于进一步加强和改进师德建设的意见》,教师〔2005〕1号。
[3] 参见《高等学校哲学社会科学研究学术规范(试行)》,教社政函〔2004〕34号。

构和咨询机构",① 此可谓建立和健全学风管治机构之举。2009年3月,教育部又发出《关于严肃处理高等学校学术不端行为的通知》,列举了从警告到开除等行政处分乃至"移送司法机关处理"等具体措施。② 此可谓进一步明确了严厉的惩治措施。与此同时,教育部官员还高调宣布要对学术不端行为"零容忍"、"一票否决"、"一查到底"。③ 短短数年时间,多项措施并举,无论声势还是力度都可以说是空前的。

在此前后,中国科学院、中国社会科学院也都有相似的文件或举措出台。比如,中国科学院于2007年2月发布了《中国科学院关于加强科研行为规范建设的意见》,中国社会科学院于2010年7月发布了《中国社会科学院关于处理学术不端行为的办法》,皆明确界定了哪些行为属于"学术不端行为",指定或建立了"学术不端行为的受理机构",并公布了学术不端行为的处理措施和程序。④ 作为学术成果主要发布平台的学术期刊界也积极行动起来,如2008年10月,五十家著名学术期刊"联手亮剑",发表了被称为"武汉宣言"的《关于坚决抵制学术不端行为的联合声明》。⑤

以上这一系列主要出自政府管理部门的举措不可谓不有的放矢,也不可谓不声色俱厉,连"移送司法机关处理"这样的极端和最后的措施都已提出,但结果又如何呢?不能说这些严厉的举措全然无效,但学风问题显然没有得到根治,或者说,学界并不认为在这些举措之下学风问题已有明显改观,不然,也不会出现本文开头所引用的报道。

在这一系列比较泛化的举措都不甚奏效的情况下,学者们逐渐将学风问题的根源聚焦于不合理的学术评价体系,许多人都认为是学术评价体系导致

---

① 《教育部社会科学委员会学风建设委员会章程》(教育部社会科学委员会第二次全体会议2006年1月17日审议通过),教社科厅[2006]2号。
② 《关于严肃处理高等学校学术不端行为的通知》,教社科[2009]3号。
③ 参见周济《标本兼治 惩防并举 全面推进高校学术道德和学风建设》(2009年3月15日),教育部网站,http://www.moe.gov.cn/publicfiles/business/htmlfiles/moe/moe_1204/200903/45481.html。
④ 参见《中国科学院关于加强科研行为规范建设的意见》,http://wenku.baidu.com/link?url=-AUR42L_7B4ywrmUF7mZo6J16b-0jbQ6qyZPBKzn4hbYfJfTVf2jXOjS2Zl07DSe5Eex_QlNO5uS9xAOpq2YRwQbud39nVVqsHDVZYoDfBG;《中国社会科学院关于处理学术不端行为的办法》,http://wenku.baidu.com/link?url=K8lcX40ibLDZ1_SA9UXFu9IrpvpiJymsCBSJCeQSGtPRFO2Yfq_XCQLv8BYFOG3R02quoE4akA_y-l0Tse0sYHP9lu8YNFqHyBDC4EPsl9q。
⑤ 参见王广、张梦薇、李春艳《五十家学术期刊联手亮剑"武汉宣言"直指学术不端》,《中国社会科学院报》2008年10月18日。

了今天学术研究的乱象。这样的看法似乎不无道理，因为评价在当下整个学术活动中的地位和作用都十分突出，举凡个人或集体项目申报、评审、结项，教师和科研人员职称、绩效的评定，学科、高校和科研机构的排名，都离不开评价，一切的好与坏、优与劣、成与败都由评价说了算，评价已成为左右所有学术活动名副其实的"指挥棒"。试想，在如此强势的评价之下，如果评价本身出了问题，那整个学术活动岂不是都会偏离正确的轨道？而在许多学者看来，今天的学术评价确实出现了十分严重的问题。这方面的言论和文章不胜枚举，比较有代表性的是余三定教授的观点："目前，学风浮躁、学术垃圾、学术造假等现象甚嚣尘上，原因何在？我认为，学术评价体系的错乱是一个重要原因。之所以要用'错乱'一词来描述目前的学术评价体系，是因为它已经大大超出了正常，呈现病态。"他列举了评价体系"错乱"而产生的三种"病态"："其一，过分量化，太重数量"；"其二，级别崇拜，太重'衣裳'"；"其三，本末倒置，违拗常理"。[1] 可见，在学术研究呈现出乱象的同时，评价的乱象更加令人触目惊心。在如此"错乱"的评价体系之面前，那些试图纠正学风问题的道德建设、规范建设等措施都显得苍白无力，不是对手，于是，评价体系的不合理才是学术乱象的根本原因成为多数人的共识。

可见，关于学术乱象，很多人都认为是由许多复杂的因素共同作用而形成的，但在诸如道德建设、学者自律、健全规范等措施都不怎么起作用的情况下，才逐渐地将学术乱象的根源归结为评价体系，或者寄希望于通过对评价乱象的整治来达到终结学术乱象的目的。比如，余三定教授开出的"药方"就是："面对学术评价标准的错乱，我们该怎么办？我认为，必须下重药、猛药。我建议：应该淡化、弱化学术评价，让那些靠搞学术评价活动捞钱、发横财的机构和人士转行去做实实在在的学术研究工作，以改良学术风气，恢复学术生态平衡。在学术评价方面，学术管理部门出台的政策越少越好，设的'法'越少越好，'折腾'得越少越好。"[2] 在此之前，他还曾提出过更重、更猛的"药方"："最好是暂停五到十年学术评价，以改良学术

---

[1] 余三定：《做学问莫买椟还珠》，《人民日报》2013年4月16日。
[2] 余三定：《做学问莫买椟还珠》，《人民日报》2013年4月16日。

土壤、学术风气,恢复学术的生态平衡。"① 似乎只要把评价问题解决了,或者干脆停止学术评价,一切问题也就迎刃而解,学术研究也就可从"乱"到"治"了。在这里,余三定教授矛头直指"那些靠搞学术评价活动捞钱、发横财的机构和人士",无疑,他看到了评价活动中的利益冲突和纠葛。其他对评价提出批评的学者,虽然言辞不如余三定教授那么激烈,但也都异口同声地将乱象之源归结为不合理的评价体系。

笔者也认为,不合理的评价体系的确存在,改革不合理的评价机制十分必要,但是,我们必须看到,改革不合理评价机制的呼声发出了已不下十年,重建学术评价机制的尝试十多年来也一直没有中断,但问题何以越来越严重?笔者以为,一些十分重要的问题被忽视了,那就是,"评价乱象"是如何形成的,或者说评价之乱的源头到底在哪里,评价是如何变得如此强势的,强势的评价又是如何作用于学术研究的,学界为何没有能力制约不合理的评价反而被它牵着鼻子走?不弄清这些问题,只是一味地试图通过改进评价方法来实现科学合理的评价,乃是治标而不治本的措施,是不可能正本清源,从根本上解决问题的。

二 "评价乱象"是如何形成的?

学术评价的历史可以追溯到学术研究的起源,有了学术研究就有了学术评价,只是在学术发展史上,当学术研究仅限于个人的兴趣或爱好时,对其评价主要体现在同行间的交流(赞扬、批评、引用等)之中,故表现为一种比较纯粹的学术活动。我们更多的是用"学术批评"来指称这样的学术评价。这样的学术评价即学术批评在学术发展中的作用是十分重要和不可或缺的,学术的每一个微小或重大的进步,都是在对前人或同时代人学术成果的继承、扬弃基础上的创新;继承和扬弃的过程,主要体现在学术批评,有了学术批评才有了学术创新。从这个意义上来说,没有学术批评也就不可能有学术进步,学术批评本身就是一种重要的学术研究。

可见,在历史上,学术评价有着两个显著特点:其一是学术评价与学术研究是不可分割的,学术评价从来都不是外在于学术研究的。换言之,学术

---

① 余三定:《谁在推动学术评价走向疯狂》,《云梦学刊》2013年第4期,第29页。

评价是学术研究的一个重要组成部分，缺失了学术评价的学术研究是不完整的。其二是学术评价和学术研究的主体是同一的而不是分裂的，学术研究的主体当然是学者，而学术评价的主体同样是学者，且多为同行学者，也就是我们今天常说的学术共同体成员。

然而，如果学术评价与学术研究的主体发生分裂，学术评价的主体不再是学术共同体成员，且学术评价脱离了学术研究而相对独立地外在于学术研究时，会发生什么样的情况？显而易见的是，由于学术共同体这一评价主体的缺位，评价的可靠性就不可避免地会大打折扣。如果这样外在于学术研究的学术评价获得了凌驾于学术研究之上并可对其发号施令的权力，又会发生什么样的情况？答案只能是，只要是有组织的学术研究，就不得不听命于权力者所发之号所施之令。如果以上两种情况同时发生了，会是什么样的结果？恐怕就会出现我们不愿看到但却不得不面对的评价乱象了。

我们也许很难为目前的评价乱象确定一个起点时间，因为这是一个渐变的过程，但有一点是明确的，那就是学术评价与学术研究的分离与学术资源发生变化是直接相关的。大致说来，哲学社会科学领域评价乱象的形成和蔓延与国家对社科研究投入的不断增加基本是同步的。国家的经济、社会、文化发展离不开学术研究的支撑，改革开放以来，随着中国综合国力的增强，国家对学术研究的投入也在逐年增加，特别是1990年代以来，国家对学术研究除了基础性的投入不断增加以外，对重大的或国家急需的科研任务以及与国家战略相关的科研建设的投入也在急剧增加，而在这方面的巨额投入更多的是以项目和工程的形式体现的。国家对学术研究定向定点的巨额投入导致了学术研究与国家战略从来没有像今天这样紧密地结合在一起。因此，对于学术资源（项目和工程）的分配和管理遂成为科研体制的中心。基础性投入是常态化、制度化的，与高校或科研院所的规模、建制等因素有关，故而是相对稳定和确定的资源；与基础性投入不同，项目和工程则是典型的排他性和竞争性资源，且数额巨大，比如著名的"211工程"、"985工程"、"2011计划"和国家自然科学基金、国家社会科学基金项目以及各部委、各省市的各种基金项目等。对于这些巨额投入的受方来说，这就是资源，就是机遇。因而，项目和工程遂成为必须争夺的最重要的学术资源和必须抓住的最重要的发展机遇。时至今日，一些重点高校和科研院所通过竞争所获得的来自国家财政的经费投入年均可以数十亿计，甚至远远超出了这些高校和科研院所得到的来自国家财政的基础性科研经费的投入。① 因此，获取各种项目特别是国家重大项目和工程已成为高校和科研院所的头等大事，与此相比，其他都显得不那么重要了，一切都可以为这个头等大事让路。

所有来自国家（从中央到地方各级政府）财政的对学术研究的投入（项目和工程）的分配权几乎无一例外地掌握在各级政府手中，而且，行政权力部门不仅负责立项以分配学术资源，还要负责所投放项目的日常管理和最终结项。由于所要分配的是竞争性资源，只有将资源分配给最有能力或最适合做这些项目和工程的科研单位或团队，才可能让资源发挥最大的效益，这就涉及如何从众多的竞争者（申报者）中挑选最终承担者，这实际上是一个评价问题；又由于项目和工程完成周期是一个相对较长的时间（3年至5年甚至更长），必须对项目和工程的进展顺利与否有所跟进和判断，这仍是一个评价问题；还由于项目和工程结束时，对其是否达到预期效果，必须有明确的判断，这也是一个评价问题。可见，只要学术资源以项目或工程的形式呈现，就离不开评价。

但要命的是，一般说来，行政权力部门的官员并不懂学术，他们对如何投放和管理学术资源必须有所依凭才能做出判断和决定。这个依凭就是学术评价——对学术机构（高校和科研院所）、学者学术能力及其学术成果（项目和工程）质量的评价。让评价直接为行政权力部门服务，这是出于科研体制的需要，也是学术评价不同于其历史上作用的一个新的功能。对学术评价的这一新的功能要求，实则意味着学术研究与学术评价的同一性因为行政权力部门需求的强势介入而开始被打破，由此带来了一系列前所未有的变化。

其一，学术评价的裂变。由于身份和目的的不同，行政权力部门与学界对学术评价的要求是不同的。前者可以不看过程，要的只是评价结果，且结果越简单越直观越好，因为只有简单直观的结果才便于分配和管理的操作。最简单直观且最"实用"的莫过于学术期刊排行榜和排名表。学术论文是

---

① 据《新京报》报道，"2013年，作为'211''985'序列的清华大学科研总经费最多，为39.31亿元，财政拨款为27.75亿元，占了70.6%，而非'211''985'的高校科研经费最多的西南石油大学，4.6亿元中仅有26.1%为财政拨款，约1.2亿元，两者科研经费所获的财政支持相差23倍多"（参见《"211""985"被指成高校"贫富分水岭"》，《新京报》2014年11月9日）。

学术成果的主要呈现形式，学术期刊则是学术论文的主要载体。对数量巨大、学科分属不同、其价值常常见仁见智的学术论文进行全面的学术评价、统一的价值判断是件十分困难的事，而通过对学术期刊进行分等分级，再依论文所发表的刊物等级来确定论文的质量，则可以让复杂的论文评价变得简单、直观、易行，并可直接作为分配和管理资源的重要依据，由此可见期刊排行榜和排名表对行政权力部门之重要意义，此亦即所谓"以刊评文"盛行的原因。对于学界来说，学术研究需要的不仅是评价的结果（结论），而且更看重评价的过程，而对学术研究内容层面的具体评价（评论）才是最重要的，这样的评价只有学术共同体的成员才可能完成，无论是过程还是结论都注定是复杂而专业的，绝非排行榜和排名表所能替代，没有专业知识和眼光的人也许连理解都做不到。因此，同一个评价，很难同时满足行政权力部门和学术研究的需要。于是，评价发生了第一层蜕变，评价就此分裂为两端：一种是主要甚至专为行政权力部门服务的评价；另一种是传承了学术批评，主要为更深入的学术研究服务的评价。今天所有对评价体系的批评和对评价乱象的指责，其实大约是针对前者。

其二，学术评价的工具化。"20 世纪以来，我国学术界经历了西方现代各种学术思潮的冲击和影响，这其中科学主义对我国学术思想界的影响不可低估。有学者指出，今天在中国影响最大、最能体现启蒙心态的是科学主义，而不是科学精神。科学精神是求真，力求拓展知识的新领域；而科学主义则是一种工具理性，认为科学高于一切，使得人们常常套用自然科学的标准来评价人文社科研究的过程及成果。这种做法会扼杀人文社会科学的创新性。"[①] 正是在这样的科学主义管理理念下，裂变后的学术评价发生了第二层蜕变：评价在成了资源分配的主要依据后，又成了科研管理的重要工具。作为管理工具的评价所需要的并非学术批评的科学精神，而是工具应有的良好的"操作性"，于是，期刊排行榜和排名表在很多时候也就成了管理者的首选，其结果是学术评价进一步与学术研究相分离。

其三，定性评价的混乱。从学术评价的本质属性来看，只有学术共同体才是理想的学术评价主体。所谓"学术共同体的评价"主要指的是"同行评议"，由于对本学科领域"胸有成竹"，学术共同体所采用的评价方法往

[①] 仲伟民：《破除学术评价对期刊发展的不利影响》，《光明日报》2014 年 11 月 3 日。

往是对评价对象进行直接分析和判断，故有"定性评价"之称。但是，定性评价是有条件的，那就是评价（学术批评）须在学术共同体的范围内进行，以保证评价的专业性；评价者与被评价者具有同等的地位，被评价者具有反批评的权利，而所有的学术共同体成员都有资格参与评价活动，评价呈现出一种透明开放、反复进行、绵延不绝的过程，以保证评价的自律性。离开了这些条件，定性评价的公平、公正就无法得到保证。在评价发生裂变后，作为行政权力部门分配和管理学术资源的评价已不再具备这些必不可少的条件，学术评价实际上就是一场场学术竞赛（评比），参与评价的专家充当了学术竞赛的裁判。裁判需要简单、明确、可操作的规则，不能跟着感觉走；裁判需要与运动员划清界限，不能既当裁判又当运动员；裁判还需要价值中立，不能有个人偏好，不能代表本人所在单位。而定性评价与这一切正好完全相反。因此，当以定性评价来决定资源分配时，遂出现了诚如李剑鸣教授所指出的现象："这些起源于欧美、并且长期行之有效的东西，却在中国发生了变异，甚至是'异化'。其中'异化'最明显、危害最严重的，莫过于'同行评议'。""权力支配，人情主导，标准缺失……三者只要居其一，都会使学术评价的意义受到严重损害"，"在我们当前的学术评价中，往往是三者一起发生作用，多路夹击，来自欧美的同行评议，怎么可能不水土不服以致彻底变质呢？"[①] 这样的评价还反过来影响到正常的学术批评。批评难免得罪人，也就难免在资源分配的定性评价（学术竞赛）中遭遇报复，传统的以学术批评为特征的评价就这样日渐式微了。事实上，为行政权力部门服务的评价已逐渐遮蔽甚至取代了评价的原有功能而上升为主要功能甚至唯一功能。在这里，评价发生了第三层蜕变：作为学术评价核心内容的学术批评日渐没落，作为学术共同体最突出特点的专业性和自律性已消失殆尽，深陷于学术利益泥淖的定性评价声名狼藉，一度几乎被逐出了评价领域。

其四，定量评价的走红。自1990年代初开始，随着评价对资源分配和管理介入的不断深入，定性评价因其主观评价的公正性开始受到越来越多的质疑而逐渐陷入了困境，以"科学"和"客观"的定量评价见长的专业评

[①] 李剑鸣：《自律的学术共同体与合理的学术评价》，《清华大学学报》（哲学社会科学版）2014年第4期，第74、75页。

价机构应运而生并迅速蹿红。评价于是发生了第四层蜕变：完全外在于学术研究的专业评价机构的出现使学术研究与学术评价的同一性彻底终结。不断问世的专业评价机构都有着一些共同的特征：其一是几乎均由从事文献情报工作的人员组成，除了其本专业以外，不是任何学术共同体的成员；其二是在明里或暗里都以为政府服务或被政府认可为主要目的；其三是通过采集各种形式数据，以量化评价的"客观"、"公正"、"公平"相标榜；其四是其主打产品即对学术期刊进行分等分级（如所谓"顶级期刊"、"权威期刊"、"核心期刊"等）的排行榜和排名表。尽管专业评价机构的第一个特征就决定了它不可能是学术评价适格的主体，直接采信这样的机构的评价结论已完全违背了只有同行专家才是最合适的评价主体这一学术评价的基本原则，但后三个特征正是行政权力部门最需要的，在同行评议痛遭诟病之后，专业评价机构终于得到了行政权力部门的青睐而上位。

其五，学术评价的权力化。评价原本是学术共同体成员的一种权利，推而言之，所有学术作品的读者、学术成果的应用者，都有评价的权利。但是，在学术评价裂变之后，为行政权力部门服务的学术评价日益从权利向权力过渡。虽说量化评价只是为行政权力部门提供了一种工具性的服务，但因其能提供行政权力部门需要的"客观"、"公正"、"公平"的排行榜和排名表，"母以子贵"，制作学术期刊排行榜的评价机构也因此而走红，由学术研究的服务者而摇身一变，成为学术舞台上的主角，排行榜和排名表则成为他们手中极具魔力的"指挥棒"，本意是服务于学术研究的评价成为凌驾于学者之上的支配力量，评价终于完成了第五层也是迄今为止最后一层的蜕变：成为一种权力——评价权力。

在经历了五层蜕变之后，今日的学术评价早已不是昔日的学术批评，从评价主体、评价目的到评价方法、评价标准、评价环境都发生了全面的变异，不仅完全脱离了学术研究，甚至变得与学术研究毫无内在关联，这样的学术评价出现问题是必然的。但评价乱象只是一种表象，透过这一表象，我们应该看到，在乱象的背后，是资源分配和管理而产生的利益驱动。

三 "评价"真的是"学术乱象"的根源吗？

"学术乱象"在历史上并不鲜见，但目前的"乱"与历史上的"乱"

相比,似乎有些不同于以往的特点:抄袭或剽窃历来为学人所不齿,加之极易被学术同行所识破,冒险而为者历来不多,所以,历史上很少像今天这样颇有些层出不穷的味道,甚至连校长剽窃、院士造假都已不再是稀罕事。但与如今庞大的科研队伍相比较,其实真正明目张胆进行抄袭和剽窃的人比例并不算高。随着科技进步,比如,"查重系统"的广泛使用,单纯地抄袭剽窃因逃不过用大数据进行比对的火眼金睛,将会日益减少。更值得忧虑的学术乱象是本文开篇所引述报道提及的科研成果"数量与质量不成正比",大量的低水平重复的平庸之作充斥学界,因其普遍,才更为严重。

从表面上看,不合理的评价确实是造成学术乱象的原因,在每一起学风问题的典型事件背后,都可以找到学术评价的影子——为了在学术评价中胜出以维护或争取与学术相关的利益而主动或被动地不择手段,甚至铤而走险,冒着极易被发觉的危险去抄袭和剽窃;更普遍的平庸之作泛滥问题,也与学术评价直接相关,制造这些作品,既是为了应付科研管理,也是为获取项目、实现晋升准备条件,与抄袭和剽窃比起来,平庸之作安全多了,只要与纯量化评价不问内容和过程只问数量和级别的要求相符,就可获得与学术相关的利益,特别是在被量化指标压得透不过气的时候,以平庸之作来应对评价(管理),在许多人都是不得已之举。的确,这一切都是因为评价。

但是,当我们将学术乱象的根源归结为评价时,却不得不面对一系列问题,那就是:评价是如何变得如此强势的,强势的评价又是如何作用于学术研究的,学界为何没有能力制约不合理的评价反而被它牵着鼻子走。其实,在上文关于评价乱象是如何形成的分析中,笔者已大致回答了这些问题。我们可以看到,随着学术评价的层层蜕变,一方面,评价变得越来越强势,而与学术研究则渐行渐远。脱离了学术研究的学术评价,更体现出了对行政权力的依赖,评价的地位每上升一个层次,也就意味着它与行政权力的结合又加深一个层次,这在学界应该是尽人皆知的"秘密"。评价机构正是通过行政权力部门的授权,或者其评价结果为行政权力部门采信,才变得如此强势,才具备了对学界发号施令的权威,堪比狐假虎威。另一方面,评价变得越来越简单,以至于简单到就一个排行榜或排名表。某些评价机构虽然设计了十分复杂的指标体系,但姑且不论这些指标及其复杂的加权运算是否合理,仅就其最终产品而言,无非期刊排行榜或排名表,无非用过去的文评现在的刊,再用现在的刊去评未来的文,仍难脱简单化、绝对化和以刊评文的窠臼。学术评价原本是一种复杂的学术活动，何以变得如此简单？正是评价机构出于对行政权力部门偏好的迎合。"不必告诉我为什么，只要告诉我是什么就可以"，排行榜和排名表恰恰符合这一要求。这样评价的荒谬，学界岂有不知？没有行政权力部门对它的青睐，学界何至于被它牵着鼻子走？

被评价牵着鼻子走除了出于对权力的屈服以外，还有利益的诱惑这一层原因。权力总是与利益相关，国家对于某些自然科学研究项目的投入动辄成百上千万甚至上亿元，对哲学社会科学研究项目的投入虽有所不如，但总量仍十分可观。国家对学术研究的巨大投入带来了中国学术、科研和文化事业的巨大发展，这是有目共睹的事实；毋庸讳言的是，同时也给高校和科研院所及其研究人员带来了收益，现实中的科研人员对名与利的追求当然是可以理解的，而正因为如此，名与利的杠杆在科研管理中也起着重要作用。在分析学术评价何以作用于学术研究时，我们可以看到一条清晰的权力和利益链（当然也是工作链）：

　　权力（资源）——评价（分配）——评价（管理）——科研（机构与人员）

链条的顶端是握有巨额学术资源分配权的行政权力部门，链条的底端是科研单位和学术界，串联起顶端和底端的是评价，而规约这一链条运转的则是科研体制。

行政权力部门因专业所限，并不能直接介入学术研究，要让这条链条运转起来，必须经过中介环节，这一环节就是评价。处于链条底端的高校和科研院所几乎无一不引入量化评价的指标，内部的利益分配越来越向科研项目、学术论文的级别和数量倾斜，学术研究已从随性的个人兴趣彻底转变成了硬性的"科研任务"。因为唯有这样，底端才能迎合顶端，才能从顶端获取更多的资源。可见，评价在这一链条中担当的是沟通顶端和底端双方的桥梁角色。桥梁的宽窄、高低其实是由处于链条顶端的行政权力部门设定的，评价机构只是根据这一设定，设计生产出了符合其要求的评价产品，且因其产品而跻身于学术权力场中，并实现自身的利益。与此同时，评价在这一链条中还担当着工具的角色，工具的型号、规格、尺寸当然是由行政权力部门设定的，评价机构只是通过对评价的打造，使其产品成为行政权力部门得心应手的工具。无论是桥梁的建造还是工具的打造，都是促使评价一层层蜕变的原因，原来的评价是担当不了桥梁或工具的，只有经过蜕变，桥梁才完成了建造，工具才完成了打造。

这样的桥梁和工具固然符合了行政权力部门的要求，但是否公平呢？诚如高翔研究员所指出的："过分偏重量化指标，看似客观、公正，其实隐含着深刻的不公……学术界存在着比较严重的功利主义倾向，追名逐利、急功近利现象蔓延，而学术评价机制的不健全、评价标准的不透明、评审过程的不公开、学术监督机制的缺位，导致权力寻租、金钱交易现象时有发生。"① 仅满足顶端的评价的不公平是不言而喻的，评价对行政权力部门的迎合固然是其异化的原因，但若没利益链的存在，就不会催生出这么多的评价机构；若没有规约利益链的科研体制的需要，评价也不至于如此走入歧途。

如前所述，以学术批评为特征的学术评价在历史上是学术研究的一个重要组成部分，曾为学术的发展起过非常重要的作用，在此不再重复，只想强调一点，那就是，即使在今天，学术进步仍然离不开学术批评，今天学术研究的低水平重复泛滥成灾，在很大程度上恰恰是因为学术批评的式微和学术评价的异化。学术评价发挥的作用无论是正面的还是负面的，都是有前提的，最重要的前提就是科研体制是否合理。学术评价在经历了五层蜕变后才使得那些以对期刊进行分等分级为最终产品的所谓评价机构脱颖而出，且自我标榜，欲号令天下，其背后的利益驱动是显而易见的。应该追问这一系列变化是如何发生的。上文的分析足以表明，促成学术评价蜕变的正是科研体制。我们可以说，有什么样的科研体制，就有什么样的学术评价；即使没有现成的，也会催生出服务于这一体制的评价体系。②

所以，只要利益链存在，单纯地改进评价方法就难以有效地遏制学术乱

---

① 高翔：《构建具有鲜明中国特色的社会科学评价体系》，《中国社会科学报》2014 年 4 月 18 日。
② 比如，原新闻出版总署就曾于 2010 年 7 月和 12 月分别颁布了《报纸期刊出版质量综合评估办法（试行）》和《全国报纸期刊出版质量综合评估指标体系（试行）》，由此在评价制度层面基本完成了具有"通适性"和"纯量化"特征的报纸期刊质量评价体系的打造。

象。最早的定量评价始于1990年代初的"核心期刊"评选,依据的是包括引文数据、文摘数据在内的量化数据,但对"核心期刊"的批评在1990年代即已产生。继之是2000年的"CSSCI来源期刊"评选,这是一个纯粹以引文数据为依据的期刊评选,在其制作者声称其具有评价功能之初,对它的质疑之声也就产生了。客观地说,这些质疑和批评大多是有道理的,评价机构也有不同程度的响应,从评价指标到方法以及在功能表述上都有所改进,但总的来说,这些批评和改进都没有取得明显效果,学术之乱一如从前。可见单纯的评价改革并不能取得理想的效果。

因此,将学术乱象的根源归结为学术评价,以为只要淡化甚或取消了评价,就能终止学术乱象,未免太过简单。终止学术乱象的关键不在于淡化评价或改进评价,而在于消除造成评价乱象的因素。学术评价只是科研体制运行中的一个环节,量化评价更只是学术评价的一部分,而且量化评价的价值也不在排行榜和排名表,而在于采集了各种信息的数据库。在很多时候,为何评价、谁来评价、如何评价等这些直接涉及评价结果是否公平、公正和合理的问题,并不取决于所谓评价专家,不管是从事定量评价还是从事定性评价的专家,而是取决于评价的组织者。换言之,评价的结果如何,更多的是取决于评价组织者的意志。在涉及资源分配和管理的诸种评价中,评价的组织者几无例外地都是行政权力部门,包括从中央到地方各级政府以及高校和科研院所的行政管理部门。规约这些行政管理部门行为的,是科研体制。因此,与其说是评价导致了学术乱象丛生,不如说如今的科研体制必然会带来评价乱象和学术乱象。学术之乱和评价之乱,其实是同源的。将评价视为学术乱象的根源,实际上遮蔽了科研体制对学术乱象之所以产生所应承担的责任。

四 改革不合理的科研体制是终止乱象的根本途径

学术利益客观存在,并不会因"淡化、弱化学术评价"就能免于争夺。公平竞争也不会引起不当得利,只会有利于学术的发展。因此,笔者坚持认为,改革不合理的科研体制是终止乱象的根本途径。

"体制是管理机构和管理规范的结合体或统一体。不同的管理机构和不同的管理规范相结合就形成了不同的体制。总之体制是国家机关,企事业单位的机构设置,隶属关系和权利划分等方面的具体体系和组织制度的总称。"① 今天的学术管理机构主要是行政权力部门,国家巨额投入的科研经费也无一不经行政权力部门之手而下拨,而管理规范无一例外也都出于这些部门。因此,行政权力部门对学术研究的进展和方向都起到了举足轻重的决定作用。一切的利益纠葛也都源出于此。

目前的科研体制基本属于"举国体制",这种体制的好处是集中力量办大事,社科研究的重大成果的获取大多离不开这一体制,或者可以说应该归功于这一体制,但问题也由这一体制而产生,因为"举国体制"必然"加剧学术行政化",② 学术资源的分配权力必定集中于行政权力部门。可以想见的是,只要这样的科研体制存续下去,学术评价和学术研究的局面就不会有根本性的改观。

仲伟民教授曾以《缘于体制:社科期刊十个被颠倒的关系》为题,深刻分析了期刊体制是如何造成社科期刊种种"颠倒关系"的,其中之一就是"学术期刊与评价机构之关系的颠倒"而使怪现象丛生。"造成上述怪异现象的直接原因也在于科学合理的学术评价机制的缺失,原本不具备独立进行学术评价资格的评价机构如此走红,而其背后也是不合理的学术期刊体制在作怪……这进一步说明了重建学术评价机制和改革学术期刊体制的重要与必要。"③ 李频教授在《数字时代社科学术期刊改革路径的思考》一文中也指出:"实践证明,政府因'有限理性'的刚性制约难以调整好社科学术期刊的结构,所以,管理体制改革是推进社科学术期刊改革的必由之路。"④ 学术期刊体制只是科研体制的一个缩影,目前科研体制的要害也在于行政权力部门垄断了所有的资源,并以学术评价为"指挥棒"来调动和管理学术研究。只要这样的科研体制不变,任何评价方法层面的改革都不会带来大家满意的结果。所以,笔者才认为:"评价也好,道德也罢,或笼统地归结为社会大环境,都只看到了问题的表象或某一侧面。当前学术成果存在的种种

---

① "体制",百度百科,http://baike.baidu.com/view/79359.htm? fr = aladdin。
② 熊丙奇:《警惕科研"举国体制"加剧学术行政化》,《东方早报》2010 年 6 月 3 日。
③ 仲伟民:《缘于体制:社科期刊十个被颠倒的关系》,《南京大学学报》(哲学·人文科学·社会科学)2013 年第 2 期,第 24 页。
④ 李频:《数字时代社科学术期刊改革路径的思考》,《南京大学学报》(哲学·人文科学·社会科学)2014 年第 4 期,第 55 页。

问题（根源）在于学术（科研）体制的不合理。"评价只不过是沟通行政权力部门与学术界的桥梁，或行政权力部门手中的工具，而桥梁和工具如何能成为乱象的源头？

在举国体制或科研体制不可能短时间内改变的情况下，要彻底终结评价之乱或学术之乱只能是不切实际的幻想，这是举国体制必须付出的代价。短时期内，这种代价是可以理解和承受的，但长此以往，必将从利大于弊逆转为弊大于利。随着国力的增强，投入的不断增加，这种逆转正在到来。因此，应该基于学术发展规律，改革和重建科研体制，其中的关键是管理体制和规范的改革和重建。

在科技界，科研体制改革早已不是一个新鲜的话题。2006年8月，中国科学院院士王志珍研究员就撰文指出："我国现行的科研经费管理体制存在两大突出问题。一是条块分割、政出多门，科研经费使用效率低……造成科研项目设置重叠，科研人员不得不将很多时间花在'跑'项目和应付评估上，极大程度地影响了科研成果的质量。二是政府既管经费，又管项目；既是出资人，又是'经营者'，容易造成决策不当、资源浪费乃至滋生腐败……中国还是一个发展中国家，我们浪费不起；中国正处在发展的关键时期，我们也耽误不起。对此，国家应予高度重视，不合理的科研经费管理模式必须改变。"[①] 在此前后，关于科研体制改革的呼吁和建议可谓层出不穷，如2010年10月，中国科学院院士郭雷研究员撰文呼吁："科学技术的发展直接受科研环境的影响，而科研管理体制对科研环境起着决定性导向和制约作用。当前，应尽快从宏观和微观层面对我国科研管理体制进行深化改革。"为此，他提出三点建议："设立国家科技宏观决策与协调机制，改革科技资源配置与管理办法"、"加快相关部门职能转变，既不能'越位'也不能'缺位'"、"遵循科技多样性客观发展规律，改革科技评价体系与科技奖励体制。"[②]

来自一线科研人员的呼吁终于得到了高层的响应，"如何让中央财政资金这一'好钢'，真正用在体现国家意志的科技计划、项目、基金这些'刀刃'上，如何从根本上解决项目管理'九龙治水'、财政资金'天女散花'、

---

① 王志珍：《点击科技体制改革》，《光明日报》2006年8月1日。
② 郭雷：《科研管理体制改革三建议》，《人民日报》2010年10月19日。

科研项目多头申报、科研人员'跑部钱进'、项目经费缺乏监督等一系列问题，直接关系到国家科技资源的配置和使用效率，也关系到创新驱动发展战略能否顺利实施。对这些问题，近期出台的《关于深化中央财政科技计划（专项、基金等）管理改革的方案》将会提出解决之策，被认为是对中央财政支持的科技计划、项目、基金管理体系的'重构'。"这个由科技部、财政部共同起草的《方案》宣布："按照转变职能的要求，政府部门不再直接从事资金的具体分配和项目的日常管理，而是抓战略、抓规划、抓布局、抓监督，具体管理工作交由规范化的专业机构负责。"[①] 这个方案实施的效果如何还有待观察，但这无疑昭示了科研体制改革的方向。科技界已先走一步，相信哲学社会科学科研体制的改革也会提上议事日程。

如果说来自高层的改革方案是一种"顶层设计"的话，那么，还需要有学术界的"底层响应"，而最好的响应莫过于通过重建学术民主，让学术评价回归正轨。科研体制的改革为学术评价的重建提供了某种可能。由于科研体制改革不可能一蹴而就，将是一个相对漫长的过程，而新的体制同样要面对资源的分配和管理问题，因此为分配和管理学术资源的评价也会长期存在。要使这样的评价回归正轨，首先，要明确不管是传统意义上的学术批评，还是为分配和管理资源服务的学术评价，其主体都应该是同一的，即学术共同体，专业评价机构并不具备独立的评价主体的资格。其次，要摆正定性评价与定量评价的关系，定量评价不能与定性评价相提并论，专业评价机构更准确的定位应该是评价数据的提供者，而数据只能是评价的工具。再次，为了维护和保证学术共同体评价的公开、公平和公正，有效避免在资源分配的评价中学术共同体既是裁判又是运动员所带来的问题，除了实行必要的回避制以外，更有赖于学术民主的真正实现，学术共同体通过学术交流、学术批评、学术评论来表达"民意"，并对评价进行监督。关于重建学术评价机制的以上观点，笔者已有专文论述，在此不赘。

在本文即将定稿之时，笔者看到了《国家新闻出版广电总局第一批认定学术期刊名单公示》，公示文稿称："为严格学术期刊出版资质，优化学术期刊出版环境，促进学术期刊健康发展……总局组织开展了学术期刊认定

[①] 韩霁：《中央财政科技计划管理改革启动？——政府将不再直管具体项目》，《经济日报》2014年10月21日。

工作。经过各省、区、市新闻出版广电局,中央期刊主管单位初审上报,总局组织有关专家严格审定,确定了第一批认定学术期刊名单,现予以公示。"① 在以"跨界"为重要特征的互联网时代,在传统媒体力图与新媒体平台融合发展的今天,总局此举的"政策隐语"是颇耐人寻味的,值得专文予以分析。这里只想指出:在学术论文与非学术论文、学术期刊与非学术期刊之间,既无必要也不可能划出一条明晰的界线(比如,被许多高校和科研院所誉为或定为"顶级学术期刊"的英国《自然》杂志一直辟有刊发科幻小说的专栏),这应该是常识,总局的官员不会不懂,但仍出台这样的政策,一定有自己不得已而为之的苦衷。排除"滥权"的可能,只有一个解释,那就是作为科研体制重要组成部分的学术期刊体制的制定者已被自己的设计拖入了"制度陷阱"。这为笔者所坚持认为的不合理的科研体制是学术乱象的根源提供了最新的例证。

(作者附记:本文初稿曾提交 2014 年 11 月 7 日在浙江金华举行的"第三届全国人文社会科学期刊高层论坛"并做大会发言,由衷感谢与会专家提出的宝贵意见,当然,本文的观点由作者负责)

〔原载《清华大学学报》(哲学社会科学版)2015 年第 1 期〕

---

① 《国家新闻出版广电总局第一批认定学术期刊名单公示》(2014 年 11 月 18 日),国家新闻出版广电总局网站,http://www.gapp.gov.cn/news/1663/231784.shtml。

重建学术评价机制的逻辑起点
——从"核心期刊"、"来源期刊"排行榜谈起

一 引言

20世纪末以来,学术评价一直是学界乃至社会各界热议的焦点问题,历十数年而不衰。似乎还没有哪个问题能在如此长时间内,在受关注的广度和热度上超越它。当然,学术评价问题的讨论也有起起伏伏,一般说来,两种情况的出现会导致稍有降温的学术评价热重又升温,直至达到新的热度:一是新一版"核心期刊"或"来源期刊"榜单发布时,其周期有的是四年一次,有的是两年一次;二是有影响的重大学术不端行为被曝光时,其周期无法预测,少则几个月,多则一两年,类似知名学者抄袭、院士造假、校长剽窃的事似乎总要曝出一两起来,令学人瞠目,更使舆论哗然。而由学术界诸多"小人物"层出不穷地制造的各种学术不端事件则令学术评价的讨论始终保持一定的热度。因此,关于学术评价的种种讨论,又多是围绕着"核心期刊"或"来源期刊"榜单和学术不端行为展开的。

2011年是《CSSCI来源期刊目录》和《中文核心期刊要目总览》及《中国人文社会科学核心期刊目录》新版发布之年。尽管《中文社会科学引文索引》(CSSCI)的研制者一直在解释,CSSCI来源期刊不同于核心期刊,但学术界和期刊界以及管理部门似乎一直不予理会,总是将其与另外两个"核心期刊"相提并论,合称为"三大核心"。这些"总览"、"目录"说白了就是个学术期刊排行榜,它们只有两点内容:一是哪些期刊进入了"核心";二是进入"核心"各刊的排名位次。但是,千万不要低估了它们对学术期刊乃至学术研究的影响。

每一次新版期刊排行榜发布后,期刊固然是几家欢喜几家愁,但为此而

不平静的绝不仅仅是期刊界，整个学术界都会受到牵动。学术期刊之所以纠结，皆因期刊的作者（学者）看重这个榜单；[①] 而学者之所以看重，又因为高校和政府行政权力部门往往以此为据来对学者们所发表的论文进行等级评定，[②] 即所谓"以刊评文"。实际上"以刊评文"已是行政权力部门处理绩效考核、职称评审、项目申报或结项等需要评审的事务的通行方法。就这样，一环套一环，一个期刊榜单，表面上只是对期刊的分级和排序，然其背后，却捆绑了学术链条上几乎所有人的名誉和利益：学者、期刊、高校、科研院所以及评价机构自身等等，无不牵涉其中。因此，此次所谓"三大核心"新版榜单一旦公布，可以想见的是，新一轮的关于"核心期刊"与学术评价的热烈讨论又将开始，其中当然不会缺少讨伐甚至漫骂的声音。

在不绝于耳的批评和讨伐声中，评价机构对于排行榜依然执着，似乎谁也挡不住它们每过一段时间必定重新发布一次。"CSSCI 来源期刊"与"核心期刊"确实不是一回事，前者只是 CSSCI 的数据源期刊，确定来源期刊仅是其工作的基础和必要程序，对来源期刊各种数据的采集、分析、研究才是其主要功能；[③] 而后者据说是为了指导图书馆订阅而编制的期刊目录，[④] 因此编制"核心期刊"榜单是其工作的结果。两者的工作程序正好相反，目的也不尽相同。但在现实中，特别是在管理部门和许多学者眼里，两者除了名称不同，其实是一回事：都是排行榜。与此相对应的是，尽管 CSSCI 采自来源期刊的数据很少有职业期刊评价者以外的人认真研究利用，尽管随着大型期刊数据库网站推出的包库订阅模式的普及，"核心期刊"的所谓指导

[①] 据《中国青年报》报道，北京大学《中文核心期刊要目总览》主编之一蔡蓉华承认，每 4 年一次的核心期刊评审，都是一系列"公关"与"反公关"的过程。每到评审时节，就有不少学术期刊的主编纷纷找到课题组，动员同学、同乡、师友等各路人马说情。因为对他们来说，刊物能否进入"核心期刊"的序列，是可能关系到刊物"生死存亡"的问题：一旦上榜，则身价陡增；而如果刊物本在"核心"序列中，却被新一版《总览》"除名"，则有如坠入深渊（参见《"核心期刊"评选的背后：主编们频频公关》，《中国青年报》2009年 4 月 27 日）。

[②] 各高校几乎都有专用于教师和科研人员业绩考核的学术期刊榜，而所谓"三大核心"排行榜正是各校制定自己的学术榜的主要依据。

[③] 参见《"中文社会科学引文索引"（CSSCI）简介》，南京大学中国社会科学研究评价中心网站，http://cssci.nju.edu.cn/news_show.asp?Articleid=119。

[④] 据《中国新闻出版报》报道，蔡蓉华在接受该报记者采访时一再强调，《中文核心期刊要目总览》不是评价标准，而是一本主要供图书馆期刊订阅工作参考的工具书（参见《谁念歪了核心期刊这本经？》，《中国新闻出版报》2009 年 5 月 5 日）。

订阅的功能早已丧失殆尽,然而,"核心期刊"和"来源期刊"每一新版的发布在学术界和期刊界引起的震动却越来越强烈,这种隔几年就会重复一次的景象的周期性也越来越明显。在这矛盾的表象背后,不难看到"核心期刊"排行榜的理论作用与实际所为已大相径庭。

随着批评之声的日趋高涨,学术评价的危机也日益显现,与各方改革学术评价机制的强烈呼声形成鲜明对照的是,现实中的学术评价改革却举步维艰,甚至从哪儿做起都不清楚。学术评价的话题重复了至少十年,改进却微乎其微,这不能不令人深思,问题到底出在哪里,或者说,从哪里突破,才能逐步解决学术评价问题,建立起真正科学合理的学术评价机制。本文意在通过对学术评价中无处不在的排行榜的分析,找到重建学术评价机制的合理起点。不当之处,敬请方家批评。

二 评价的危机:"以刊评文"难觅替代方案

叶继元教授给学术评价下的定义是:"学术评价是指根据一定的目的和标准,采用一定的理论和方法,对学术成果、人员、机构、学术媒体展开的价值判断活动,以衡量学术活动及其相关事项的有无、多少、作用和价值。"[①] 可见,学术评价的要义是对学术成果及其所有者进行价值判断。在学术发展史上,当学术研究仅限于个人的兴趣或爱好时,对其评价主要体现在同行间的交流(赞扬、批评、引用等)之中,故表现为一种比较纯粹的学术活动。但当外在于学术共同体的政府或机构成为学术活动的组织者,特别是成为学术资源及利益的主要提供者和分配者时,学术评价也就从学术活动演变为参与分配学术资源和利益的权力行为。"任何国家都需要通过评价来揭示其各学科学术研究的质量,促进本国的学术发展和提高全球竞争力。研究成果是学术评价的主要对象,无论定性评价还是定量评价,都是通过对以往研究成果作出价值判断,并在此基础上对未来的研究进行预测。"[②] 通过这样的判断和预测,学术评价直接与学术利益联系在一起。换言之,学术

[①] 叶继元:《人文社会科学评价体系探讨》,《南京大学学报》(哲学·人文科学·社会科学)2010年第1期,第103页。

[②] 王兰敬、杜慧平:《欧美人文社会科学评价的现状与反思》,《南京大学学报》(哲学·人文科学·社会科学)2010年第1期,第111页。

评价也就成为国家行政权力部门分配学术资源和利益不可缺少的依据和工具。改革开放以来，国家对学术研究的巨大投入带来了我国学术、科研和文化事业的巨大发展，这是有目共睹的事实；毋庸讳言的是，同时也给高校科研院所及其研究人员带来了收益，名与利的杠杆在科研管理中同样起着重要作用，而以非正当的手段追名逐利的具体表现就是学术不端和学术腐败。这种手段之所以得逞，当然是因为学术评价出了问题。

（一）危机的表象：被异化和简化了的学术评价

不管何种评价都离不开对学术研究的主要成果形式——论文的评价。对论文特别是对人文社会科学论文的评价，原本是件复杂的事，但现实中已变得十分简单，那就是"以刊评文"，即根据论文发表在什么级别的刊物上来确定其质量。这样一来，评价虽然变得简单而易于操作，但却发生了错位，由对论文学术价值的判断变成了追究论文的"出身"，为期刊定级和排序遂成为学术评价的要务。其实，期刊评价并不那么简单，与论文评价相比，其复杂性甚至有过之而无不及，但现实中也变得很简单——已被简化为期刊排行榜。将期刊排行榜用于论文的评价，无疑是评价的异化，因为其预设的前提是十分可疑的，即在横向上，视同一期刊发表的所有论文质量上无差异；在纵向上，视期刊的过去与现时无差异。这种在纵横两个方向上的简单化有可能使论文评价和期刊评价同时陷入荒谬的境地，终将使学术评价走入死胡同。

（二）危机的背后：评价机构与评价对象间双重的信息不对称

长期以来，学术评价一直是同行学者的事，但在专业评价机构诞生之后，这一传统被颠覆了，"核心期刊"、"来源期刊"榜单成了压倒一切的学术评价的利器；而数千种学术期刊各属什么级别，比如"权威期刊"、"核心期刊"等，基本上由发布这些期刊榜单的评价机构说了算。"母以子贵"，制作学术期刊排行榜的评价机构也因此而走红，由学术研究的服务者而摇身一变，成为学术舞台上的主角，排行榜则成为他们手中极具魔力的"指挥棒"，本意是服务于学术研究的评价成为凌驾于学者之上的支配力量，笔者称之为"评价权力"。

由于与利益直接相关的"评价权力"的产生，在评价者与被评价者之间，不可避免地呈现出博弈的格局。这场博弈的吊诡之处在于双重的信息不对称的并存：一方面，因专业的限制，评价机构仅依靠其自身，并无能力深入期刊的学术内容层面进行评价，对于各学科前沿问题、艰深问题的相关信息以及期刊编辑理论与技能的掌握和理解，评价机构与其评价对象（各专业的研究人员、期刊人）根本无法相比，在各学科成果以及期刊的评价方面，评价机构掌握的实质性信息远低于被评价者，这是第一重信息不对称。另一方面，评价机构通过对一些论文和期刊外在形式数据的统计来进行比较和排名，而被评价者对文献情报专业大多陌生，对专业评价机构所运用的评价原理与方法或者一窍不通，或者一知半解，加之各评价机构评价活动的过程缺乏透明度，对于许多评价的内幕被评价者一无所知，被评价者能看到的，仅限于评价的结果，即排行榜，故呈现出了另一重信息不对称。

在这双重的信息不对称中，第一重不对称即在专业信息方面的不对称是要害，它揭示了当今学术评价中普遍存在的由外行评价内行的实质。按照信息不对称理论，掌握更多信息的一方应处于优势，但在近年来评价机构与被评价者的博弈中，败下阵来的恰恰是掌握更多信息的一方，即被评价者，也就是各专业学者和期刊人。其中的奥秘就在于评价机构成功地将第二重信息与第一重信息相糅合，并对第二重信息进行了复杂的量化处理，形成了大量的形式数据，从而造成了占据信息优势的假象，而各专业学者虽握有多量的实质性信息，却无法以数据化的形式来表达。于是发生了优势与劣势的逆转，直接导致各专业学者失去了学术评价的话语权，甚至被逐出了学术评价领域，他们的学术成果的价值，只能由对文献情报学以外的专业基本不懂或不精的评价机构来评判，由此种下了种种恶果。

（三）危机的后果：学术诚信的缺失与学术批评的式微

在博弈中处于劣势的学者一方虽然从来没有放弃对量化评价的批判，但在批判无法奏效的情况下，迎合也就不可避免。在量化评价"浓缩"为排行榜后，迎合它并不是十分困难的事，部分学者和期刊人在研究和掌握了评价机构排行的方法后不惜进行数据造假，以谋取自身的利益，学术不端行为在很大程度上因此而起，学风问题于是凸显。同时，被评价者的迎合行为也将量化评价拖入了更深的危机之中，因为量化评价所依赖的是未经人为干预的客观数据,大量假造数据的出现,使得某些量化评价结果的荒唐可以一目了然,量化评价"客观"和"公正"的神话正面临着破灭的危险。

期刊排行榜的走红、"以刊评文"的盛行还伴随着另一个现象:正常的学术批评和学术评论的式微。与欧美学术刊物刊发较多的学术评论不同,中国的社科学术期刊上学术评论文章所占比例很小,其中还不乏由弟子、同仁友情撰写的八股式专事吹捧的所谓评论。公开发表的学术评论与批评文章是学术共同体进行学术评价最重要和最有价值的参考文献,与评价机构的定量评价相比,学术共同体无论是对期刊还是对论文的定性评价,都更依赖正常的学术批评,或者说,健康的学术批评是定性评价不可或缺的基础。学术批评式微的原因很复杂,非本文讨论的问题,在此仅想指出,在唯量化评价独尊的氛围下,本已很微弱且又难以量化的学术批评是无法与评价机构抗衡的。

学术诚信的缺失与学术批评的式微对于学术发展意味着什么,大概无须笔者饶舌了。

(四) 操作的困境:难觅"以刊评文"的替代方案

评价的危机使博弈双方的力量对比出现了微妙的变化,已有越来越多的学者投入了对现行学术评价机制的批判,2011年2月中国社会科学院发布的《中国法治发展报告No.9(2011)》蓝皮书中《中国学术评价机制调研报告》可谓学界林林总总观点的集合,该调研报告指出:"当今的学术评价体制被期刊分级制度所主导,制约了学术创新。期刊评价机制本应该促进期刊的良性发展,同时促使学者深入研究、写出精品,但是,该制度主导了学术评价以后,使得高校、科研机构过于追求量化,不仅以论文发表数量竞相排名,还将SCI等制度与职称的评定、科研经费的申请等挂钩。除了值得炫耀的排名外,没有证据显示这些论文对学术有多大的贡献……目前学术评价机制重数量,学术研究浮躁、学术不端现象突出……各种学术不端行为恰恰发生在论文发表环节。"[1]

面对来自学术界的压力,政府权力部门也公开表态要改革不合理的学术

---

[1] 《蓝皮书:学术评价被期刊分级制主导 制约学术创新》,中国网,http://www.china.com.cn/news/2011-02/24/content_21995539.htm。

评价制度，教育部近年来不断出台的各种治理学术不端行为的举措中，建立科学合理的学术评价机制（体系）都是最重要的内容之一。① 大力推进出版体制改革的新闻出版总署在部署期刊体制改革时，也将建立科学合理的期刊评价体系作为改革的必要条件之一。②

照常理推断，既然包括管理部门在内的各界都意识到了期刊排行榜带来的危害，期刊排行榜纵然不至于消失，至少也该失去它那"指挥棒"的魔力吧？但事与愿违，"以刊评文"照样大行其道，且有愈演愈烈之势，其实原因十分简单，那就是眼下还找不到一个比"以刊评文"更公平、更合理且具有操作性的学术评价替代方案。尽管各界都开出了治理学术评价问题的"药方"，但都是原则性的，具体落实起来困难重重。

2011年11月，教育部发布了《关于进一步改进高等学校哲学社会科学研究评价的意见》，该意见从"充分认识改进哲学社会科学研究评价的重要意义"、"确立质量第一的评价导向"、"实施科学合理的分类评价"、"完善诚信公正的评价制度"、"采取有力措施将改进科研评价工作落到实处"③等五个方面，阐述了教育部对改进学术评价的意见。这个意见，可谓集思广益的结果，是对近年来学术界对学术评价种种反思和建言的总结，但它仍然是原则性的。确立这些原则固然极有意义，但操作性的欠缺也是明显的，何时能出台与之配套的操作方案尚不得而知，而仅凭这些原则，很难将"以刊评文"逐出学术评价领域。改进学术评价，诚所谓知易行难。

（五）问题的关键：评价如何体现公正

笔者以为，"以刊评文"之所以难觅替代方案，关键的难点在于什么样

---

① 教育部关于治理学术不端行为的举措主要体现在多个曾大力宣传的文件中，如：《高等学校哲学社会科学研究学术规范（试行）》，教社政函［2004］34号；《教育部社会科学委员会学风建设委员会章程》，教社科厅［2006］2号；《关于严肃处理高等学校学术不端行为的通知》，教社科［2009］3号；等等，以及教育部官员的表态，如周济《标本兼治 惩防并举 全面推进高校学术道德和学风建设》（2009年3月15日），教育部网站，http://www.moe.gov.cn/publicfiles/business/htmlfiles/moe/moe_1204/200903/45481.html。

② 参见新闻出版总署柳斌杰署长、李东东副署长等近年来关于出版体制改革的一系列讲话、报告，新闻出版总署网站，http://www.gapp.gov.cn/cms/html/21/index.html。

③ 《关于进一步改进高等学校哲学社会科学研究评价的意见》，教社科［2011］4号。

的方案能让学术评价变得既公正而令人信服同时又具有可操作性。

显然，我们无法改变学术评价在学术资源和利益分配中举足轻重的现状，学术评价必定与权力和利益相关。与作为学者个人行为的学术批评不同，学术评价往往是一种组织行为，或者是须经组织（行政权力部门）认可才具有分配资源意义的活动。被评价者也不同于被批评者：对于学术批评，被批评者可以对批评者提出反批评，可以旷日持久地争鸣下去。但对于学术评价，被评价者却几乎没有这样的机会，也鲜有其他救济措施，因为纵然被评价者可以提出不同意见，那也得在评价活动的"事后"，对于"这一次"的利益分配来说，已无法改变。换句话说，如果说在学术批评中批评者和被批评者是一种平等或对等关系的话，那么，在学术评价中评价者与被评价者的关系很难维持在一种平等或对等的状态。因此，"公正"对于学术评价来说可谓第一要义。具有讽刺意味的是，"核心期刊"榜单、"以刊评文"之所以风行，恰恰是因为其"客观"、"公正"和操作的简便。

我们不妨回忆一下"核心期刊"排行榜权威地位形成的过程。被行政权力部门采信固然是其权威的直接来源，但将责任全部推给行政权力部门对排行榜的青睐显然是不公平的。从本质上说，学术评价的权利原不专属于这些主要由文献情报研究人员组成的制作排行榜的专业评价机构，而是属于学术共同体，同行评议应该是最令人信服的学术评价方法。虽然同行评议依凭的是学者的主观判断（即所谓"定性评价"），但并不是主观臆断，要保证这种判断的公正需必要条件的支持。这一点留待下文分析，这里要指出的是，正是因为必要条件的不具备，使本来就难免瓜田李下之嫌的同行评议在世风日下的社会大环境下，其公正性越来越难得到保证。而评价机构的量化评价则不同，自从1992年《中文核心期刊要目总览》首版推出以来，相继问世的专业评价机构不断高调推出的各种期刊排行榜，都是根据客观数据而制作，故能以"量化评价"的"客观"、"公正"、"公平"相标榜，如《中文核心期刊要目总览》（2008年版）制作时所采集的数据已达9种之多。这些期刊排行榜看上去很美，按数据排队，清楚简单，极易操作，童叟无欺，且从整体上看，上榜期刊的学术质量确实要好于非上榜期刊，这些都是排行榜终获行政权力部门采信，得以取代同行评议的很重要的原因。

所谓公正只能是相对的,绝对的公正是不存在的,至少在学术评价中是如此。来自评价机构和学术共同体的评价哪个更公正?在经过了从定性评价到量化评价再到重提定性评价这20年的一个轮回之后,定性评价与量化评价相结合已成了一个折中的说法。不过,在没有明确谁是评价主体这一前提的情况下,这种"两结合"的评价仍然似是而非。在笔者看来,学术界关于改革学术评价机制的种种议论中,让学术评价回归学术共同体为主体的评价是最有价值的,但是,以学术共同体为评价主体的评价如何才能确保公正,仍然是个悬而未决的问题。正是评价机构量化评价的相对"公正"打败了同行定性评价的相对"不公正",才有了今天的"以刊评文",那么,学术共同体又依凭什么来夺回失地,展示其"公正"?所以,尽管让学术共同体回归为学术评价主体的改革方向已为越来越多的人接受,但我们却无法找到回归的路径,这是期刊排行榜在一片非议声中挺立不倒的"秘密"所在。

三 回归学术共同体评价的主要障碍

在呼唤学术共同体回归为学术评价主体之时,我们不能不看到,学术共同体既然如此轻易地被逐出学术评价领域,要真正回归也就不是件容易的事。如前所述,同行评议,即以学术共同体为评价主体的实现,有待于必要条件得到满足,才能期望其科学和公正,不然,它的确有可能比量化评价更加糟糕。制约同行评议(定性评价)的因素是多方面的,社会风气、学术传统、学术体制、学术利益以及学者的个人道德修养、学术水准等等都可能影响到同行评议结果的公正,因此,同行评议的条件就是对这些有可能影响到评价过程和结果的因素均有制衡或约束的办法,要有科学的制度设计,要有严格的执行和监督机制,而这正是目前十分欠缺的。于是,在近年来的诸多评审、评比中,我们已见过太多的专家评议组、委员会之类的所谓同行评议,煞有介事地评头论足、投票表决,但其结果比起单纯的量化评价来未见得高明到哪里。这样的同行评议,既难以摆脱评价机构制作的各种排行榜的影响(排行榜仍然会在专家评议中发挥相当大的作用,有时甚至是决定性的作用),又无法杜绝徇私情况的发生,专家的学术水平和公信力也难以证实,只不过徒具同行评议的外表而已。这也是评价机构和专业评价人员最不服气同行评议的地方。①

尽管同行评议目前还存在着诸多问题，但是，正如韩启德先生所言："学术的评价、学术的标准、学术上的分歧，所有学术上的问题只有依靠学术共同体才有可能得到解决。尽管学术共同体也有可能做出错误的判断和决定，但没有别的更好选择。"② 韩启德先生一语道出了问题的实质——唯有学术共同体才具有评价学术的能力，尽管他们也会犯错误，而外在于各个学科专业的评价机构是不可能具有单独行使评价权力的能力的。

那么，如何才能使学术共同体的评价变得科学和公正，或者说如何才能使诸多影响其科学和公正的因素受到制约？唯一的途径就在于学术民主。但是，"在共同体人员数量极其庞大的今天，'广场式的民主'根本不具有操作的可能，一言九鼎的学术大师又不复存在，只能行'代议制'，即通过一定的程序遴选出共同体的代表，来进行具体的评价工作"。③ 因此，学术共同体通过学术交流、学术批评、学术评论表达"民意"和进行监督的平台对于评价的公正性来说可谓至关重要，而最合适的平台无过于学术期刊。笔者以为，真正能成为某一学术共同体交流对话平台的学术期刊至少必须具有三个特征：其一，学科专业或专题边界清晰；其二，对共同体成员全面开放并得到其认可；其三，具有鲜明的期刊形象和通达的传播渠道。如果这样的期刊大量存在，那么，学术民主就具备了最基本的条件，不同的学术共同体不仅有自己的表达平台，而且更有对于作为共同体代表参与学术评价活动（比如评奖或评审）的佼佼者的监督平台，使他们可以了解和代表"民意"，而不敢违背"民意"，如此，学术评价的公正才能得到保障，学术不端行为也才难以遁形。然而，令人遗憾的是，今天的人文社科学术期刊，却鲜有具备上述三个特征者。

（一）学术期刊的结构不合理

学术期刊从性质上可分为综合和专业（专题）两种期刊。现有的2700

---

① 在2009年4月于南京大学举行的"2009年首届人文社会科学评价暨第5届科研绩效评价学术研讨会"上，一位来自上海某著名高校的文献情报学教授大会发言的开场白就是："最不靠谱的定量评价也比最靠谱的定性评价靠谱。"这种明显有违常识却又常被现实所证实的言论颇有些黑色幽默的味道，当场即博得了一个满堂彩。这一场景给笔者留下深刻印象。
② 韩启德：《学术共同体当承担学术评价重任》，《光明日报》2009年10月12日。
③ 朱剑：《学术研究 谁人评说》，《光明日报》2010年8月17日。

多种社科学术期刊中多数是多学科综合性的，其最大问题在于，它们都不可能构成某一学科专业学者的公共平台而使其产生归属感。即使是被称为专业期刊的许多期刊，其学科边界也不很清晰，故都难以形成甚至不能形成有归属感的固定读者群。据袁培国教授的研究，在 CSSCI 来源期刊中，真正学科边界清晰的专业期刊所占比例可谓微乎其微（见表1）。

表 1　入选 CSSCI 来源刊 3 年以上的期刊发文学科数分类统计

期刊学科类别	多于20个学科	10~19个学科	5~9个学科	1~4个学科	合计
高校综合学报	41	2			43
环境科学		3	4	2	9
人文经济地理		6	2		8
社科综合期刊	43	4			47
心理学		6	1		7
统计学	1	3			4
体育学		4	3		7
教育学	1	19	11	1	32
图书情报文献学	1	14	4		19
新闻传播学	2	13	1		16
民族学	11	1			12
社会学		6	2		8
法学		9	12	1	22
政治学	16	21	3		40
经济学	2	54	21	1	78
考古学			4	1	2	7
历史学	12	14			26
文艺学	1	8	7	3	19
中国文学		12	3		15
外国文学		4	2		6
语言学		2	17	3	22
宗教学	2	3	1		6
哲学	3	8			11
马克思主义	4	7	1		12
管理学	5	20	4		29

资料来源：袁培国《中文文科期刊影响因子评价作用之反思》，《南京大学学报》（哲学·人文科学·社会科学）2011 年第 3 期，第 135 页。

袁培国教授总结道："一种期刊刊载多个学科的论文是中文人文社会科学期刊与理工科期刊的另一重大区别。在 SCI 的源刊中绝大多数都是学科边界清晰的专业期刊。但在 CSSCI 1998～2006 年的 600 余种来源期刊中，刊登单一学科论文的期刊只有 4 种，刊登 1 到 3 个学科论文的期刊只有 29 种。刊登 10 个或 10 个以上学科论文的期刊占 CSSCI 来源期刊总数的 72.3%，尤其是总数达 127 种的高校人文社会科学综合性学报和社会科学院、社会科学界联合会主办的社会科学综合性期刊中，刊登少于 10 个学科论文的期刊只有两种，其中一种是翻译论文期刊（已经被排除在来源期刊之外），另一种是财经大学的社会科学版学报。"[1] CSSCI 来源期刊当属学术期刊中的翘楚，其中竟有 72.3% 的期刊跨越了 10 个或 10 个以上的学科，这些期刊几乎不可能构成某一学科学术共同体的专业平台。如果说，这样的期刊仍然是一种公共平台的话，那么，每个学科所能占据的只能是平台上很小的一块，这还是就一级学科而言，若是细分到二级学科，平台的意义更要大打折扣。在如此的期刊结构之下，专业学者的交流必定受到限制，有价值和有分量的学术评论很少问世正是学科平台功能缺失的一种体现，学者与大多数期刊特别是综合性期刊的疏离是不可避免的，实际上，很少有学者关心众多的综合性期刊（这也与期刊的开放程度和数字化传播方式有关，下文将论及），疏离已是不争的事实。

（二）多数学术期刊的开放程度有限

"长期以来，社科期刊特别是高校学报是被这样定位的：它是主办单位（高校或院所）科研的窗口，是本单位科研人员发表学术成果的园地。这种说法最基本的内涵就是社科期刊应该是专门为本单位科研人员发表论文服务

---

[1] 袁培国：《中文文科期刊影响因子评价作用之反思》，《南京大学学报》（哲学・人文科学・社会科学）2011 年第 3 期，第 135 页。袁培国教授在该文中还提出了另一个十分重要的问题，那就是"期刊影响因子的学科专业特点"，他指出，"不同学科的期刊影响因子有着重大区别。这种差别来源于刊载论文的不同学科专业自身的特点……各学科论文之篇均被引次数间存在巨大差异……在同一学科的不同专业之间，篇均被引数也同样存在差异"。由于各刊所载论文的学科偏重大相径庭，期刊影响因子根本不具有简单的类比性，以期刊被引频次或影响因子来对综合性期刊或不同学科期刊进行简单排名不是一种科学的期刊评价方法。这也从一个侧面说明排行榜可能对期刊发展带来的负面影响，而单纯依靠评价机构是无法克服这种缺陷的。

的。这在高校学报界得到了更加肯定——教育部和新闻出版署都曾以文件的形式作出规定,甚至定出了内稿所占比例的下限。因此,自我封闭的问题在高校学报中尤为严重。"① 在"窗口"这一定位之下,期刊要反映本校本单位全体学者的成果,学科边界就不可能清晰,又何止不清晰,其实就是个学科大拼盘;只用内稿或优先刊发内稿的规矩则使其基本上是块本单位的"自留地",形不成开放平台,其学术公信力和学术交流功能的弱化乃至丧失是必然的。在学术国际化的大潮之下,学术已经可以跨越国界,却无法突破某些单位的"自留地",疏离甚至抛弃这样的期刊,遂成为学者(作者、读者)既无可奈何又是必然的选择。

(三) 学术期刊传播方式不合理

纸本综合性期刊几乎没有个人订户,发行量每况愈下已是公开的秘密,所谓"忠实读者"根本无从说起。在数字化浪潮之下,学术期刊的传播途径已由纸本过渡到数字化传播,但在各大型期刊数字化网站中,期刊已被肢解为单篇论文,连基本的期刊形式都已不复存在,其日常阅读功能也基本丧失,只能成为检索的对象,鲜明的期刊形象和引导学术也就无从谈起,学者与期刊的疏离更加彻底。

以上三种状况所造成的学者与期刊的疏离,是中国社科学术期刊界所独有的,由此也构成了学术民主进而构成了学术评价回归学术共同体评价的主要障碍,带来了学术评价所面临的独特难题:虽然学术期刊众多,但能作为某一学科平台的期刊却极度缺乏,没有平台,何以交流,何从评价,何来监督,甚至连学术共同体都难以真正形成,评价主体身份的回归又从何说起?

---

① 朱剑:《徘徊于十字路口:社科期刊的十个两难选择》,《清华大学学报》(哲学社会科学版) 2007 年第 4 期, 第 74 页。教育部于 1998 年 4 月 1 日发布的《高等学校学报管理办法》第 2 条规定:"高等学校学报是高等学校主办的、以反映本校科研和教学成果为主的学术理论刊物,是开展国内外学术交流的重要园地。"(教备厅 [1998] 3 号) 新闻出版署 1998 年 2 月 13 日发布的《关于建立高校学报类期刊刊号系列的通知》规定,内部学报转为正式学报的条件之一就是:"学报刊登的稿件, 2/3 以上是本校学术、科研论文或信息。"近年来,教育部和新闻出版总署对高校学术期刊(学报)都有重新定位。

四　建立合理的期刊体系是重建学术评价的逻辑起点

对于学者与期刊疏离的现状及由此带来的学术研究、学术评价方面的严重问题，学者们早已看得十分清楚。李伯重教授曾言："欧美学术界的评价机制比较简单，即同行评议，因此大家关注的都是专业期刊。像国内这样多的综合性期刊，在欧美学术界是不可想象的，也是难以生存的。"① 许纪霖教授在谈及中国学术期刊现状及其应有的作用时则指出："专业性刊物与综合性刊物在数量上不成比例。或许只有在中国，由于单位所有制缘故，才会有这么多综合性的大学学报或社科院、社科联综合刊物。而在北美的学术刊物中，这类横跨人文、社会科学十多个学科的综合性刊物寥寥无几，更多的是各专业学会或专业同人主办的专业刊物。每一个学术刊物的背后，都是一个空前活跃的学术社群，他们形成了一个非常专业的学术共同体，经常有自己的学术研讨会和学术交流，拥有非常专业的学术标准和学术行规，而学术刊物通常就是这些学术社群的标志，体现了他们独特的学术价值、问题意识、学科倾向和专业尺度。"② 试想一下，如果中国拥有这样"标志性"的学术期刊群，执行"非常专业的学术标准和学术行规"，那么，同行之间的学术成果的价值判断还会如现在这般地依赖期刊排行榜吗？评价机构还能如现在这般地凌驾于学术共同体之上吗？那些违规的易于被同行看穿的学术不端行为还能蒙混过关吗？同行评议在量化评价的专业评价人员眼里还那么不靠谱吗？

因此，要重建学术评价机制，就要结束学者与学术期刊相疏离的状况，建立合理的学术期刊体系是绕不过去的选择。这就需要从改变学术期刊不合理的结构和布局、增加学术期刊的开放度、改变数字化传播方式做起。首先要做的就是眼下众多的综合性期刊中的大多数实现专业化转型。唯有专业（专题）期刊，才能锁定同行学者，而唯有以专业（专题）期刊为主的合理期刊体系的建立，才能为学术共同体提供学术交流的专业平台，才能为以学术共同体为主体的合理评价提供基础。其次要做的是结束众多学术期刊封闭

---

① 转引自薄洁萍《告别"全、散、小、弱"》，《光明日报》2011年3月22日。
② 许纪霖：《学术期刊的单位化、行政化和非专业化？》，《文汇报》2004年12月12日。

和半封闭的办刊状态。封闭办刊是今天许多社科期刊学术公信力缺失和学术影响力不彰甚至几无影响的重要原因，主办单位将期刊视为"自留地"是与期刊追求真理、传播学术的使命相背离的，只能使期刊成为平庸之作甚至不端之作的温床。唯有开放办刊，才能赋予期刊鲜活的生命力。再次要做的是改变学术期刊数字化传播方式，要变单篇论文传播为以期刊为单元的整体传播（可辅之以必要的检索功能）。唯有如此，才能构建数字化时代为学者所认可的期刊形象。只有当上述三个方面变革付诸实施后，由本学科学者来评价本学科期刊和论文才有可能落到实处。

社科期刊的管理部门也从期刊发展的角度提出了以高校学报为代表的综合性期刊专业化转型问题。早在 2002 年，时任教育部副部长的袁贵仁就用"全、散、小、弱"来形容大多数高校社科学报的现状，并对学报进行重新定位，指出"学报是高校办的，但是并不意味着作者只是本校教师，读者只是高校学者，这是两个不同的概念。高校社科学报要为高等教育服务，也要为国内外学者服务，为一切对哲学社会科学感兴趣、有需要的读者服务"。为此，他为学报改革确定了"专、特、大、强"的目标，"专业化"是首要目标。他还为此提出了上中下三策，上策就是"全国高校统筹考虑，根据学校的传统、优势和特色，集中力量，由某一个学校牵头，依托全国性各专业委员会、学会，办高校社科学报各专业专刊，走学报整合之路。它是学报，但是各学科的专业学报。教育部支持有关高校牵头承办某专业的高校学报"。[①] 新闻出版总署对高校学术期刊也有新的定位。李东东副署长在谈及高校学报存在的问题时曾这样概括："一是封闭办刊、理念落后"；"二是缺乏专业特色，同质化现象严重"；"三是资源分散，出版力量单薄"。她为学报改革提出的第一条方略就是："要进一步优化高校期刊结构，鼓励高校期刊向专业化、特色化、品牌化方向发展。"[②]

可见，无论从学术评价、学术期刊发展的角度来看，还是从学术评价、学术期刊管理的角度来看，调整现有的期刊结构，建立合理的期刊体系，都

---

① 袁贵仁：《新世纪新阶段高校社科学报的形势和任务——在全国高校社科学报工作研讨会上的讲话》，《北京大学学报》（哲学社会科学版）2002 年第 6 期，第 11 页。该文也曾在《长沙大学学报》2003 年第 1 期发表，发表时删去了副题，文字也略有不同。

② 《新闻出版总署：高校学术期刊要集约化规模化发展》，中国新闻网，http://www.chinanews.com/edu/edu-zcdt/news/2009/12-23/2033460.shtml。

是建立科学合理的学术评价机制的必要条件,而调整的重点当在社科期刊的专业化转型,这是通往理想目标的必由之路上的第一步。

然而,我们不能不看到,在现有的社科学术期刊中,综合性期刊三分天下有其二,高校几乎是一校一综合性学报,而各省市社科院(联)的综合性期刊与高校也大致相同。如此庞大的同构同质期刊,不要说大部分,即使只是其中的一小部分的专业化转型都是十分困难的,除了体制的原因和主办单位及办刊人观念方面的原因外,技术方面的问题也难以解决,专业化转型难在告别过去,难在专业选择,难在合理布局。这也是总署曾多次下决心调整高校学报结构,最终不是中途放弃就是不了了之的原因所在。

尽管困难,期刊人并没有放弃努力,2011年初,由入选教育部"名刊工程"的17家综合性学报联合创办的"中国高校系列专业期刊"就不失为极有意义的尝试。这是一个集名校之力、学科边界基本清晰、完全开放,且以数字化的开放获取方式整体传播的专业期刊群体。[①] 创办后即受到学者的热烈欢迎和期刊同行的一致好评,亦得到管理部门的充分肯定。该系列专业期刊的创办,为综合性期刊的专业化转型提供了一个有意义的借鉴。当然,这仅仅是开始,而且这样的转型方式也许并不适合所有的综合性期刊。综合性期刊的外部特征虽然非常相似,但各刊所处的环境和内部机制却不尽相同,恐怕不存在一种能够适合所有期刊进行专业化转型的方法。

必须指出的是,以学术共同体为学术评价的主体是毋庸置疑的,但大可不必矫枉过正,量化评价还是有其独到作用的。只不过排行榜的风行,使得许多人甚至评价机构自己也以为量化评价的主要形式就是排行榜,其实,这是对量化评价的误读或片面理解。大多数评价机构的产品,除了排行榜外,还有其研制的期刊评价数据库,其数据如果运用得当,不仅对学术评价,而且对学术期刊和学术研究的发展都会起到难以替代的作用。可叹的是,大多评价机构仍沉浸于排行榜所带来的权力之中,对排行榜的热衷丝毫不减,比如某后起的评价机构干脆将其产品直接命名为《权威期刊、核心

---

① 有关"中国高校系列专业期刊"的详情,可访问其主页: http://www.sju.cnki.net/sju/default.aspx。

期刊排行榜》。① 同时令人欣慰的是，部分评价机构服务于学术研究和学者的意识开始觉醒，已在有意识地淡化期刊排行榜，而更多地向学术界宣传和推介其数据库。比如，CSSCI 的研制者始终强调其来源期刊不同于核心期刊，并一直努力向学术界推介其引文数据库，宣传这些数据可以为学术研究和学术评价起到问题导引和分析工具的作用；近年来，一些学者、期刊人以及 CSSCI 的评价人员已开始使用这些数据开展进入到学科层面的学术评价尝试。再如，中国知网在发布 2010 年版《中国学术期刊影响因子年报》的同时，还首次公布了"年报系列数据库"，将各类引用情况全部公布，研究者只要根据需要对库中相关数据做出分析和鉴别，就能得出远比排名有价值的结论。因此，对于评价机构来说，告别排行榜，并对学术共同体才是评价主体、量化评价只是起到辅助和工具的作用的承认，是量化评价走出目前误区的前提；而对于学术界来说，科学合理的评价体系的建立，则有待于学术共同体之评价主体地位的真正回归。

五 结语

回顾近十年来关于学术评价问题的讨论，不难发现，人们总是把目光停留在学术评价的方法上，总是希望能找到一个适用于一切评价的科学、合理、公正的方法或体系，以替代学术期刊排行榜，毕其功于一役地解决学术评价问题，但事与愿违，评价危机却越来越严重。一方面，固然因为学术评价从来都不是一个孤立的问题，事涉方方面面，与社会风气、学术传统、学术体制、学术利益等等紧密相连，在目前的学术体制和学术风气之下，指望

---

① 在诸评价机构中成立最晚的武汉大学中国科学评价研究中心（RCCSE）的主打产品就是"RCCSE 权威、核心期刊排行榜"。该中心宣传的五项评价目的中，为政府"提供决策依据"等赫然在目，而与学者相关的仅有"为所有作者选刊投稿提供快速通道"，只字未提为学者的研究服务（参见邱均平《中国学术期刊评价报告——RCCSE 权威、核心期刊排行榜》，http://wenku.baidu.com/view/d6c046bfc77da26925c5b002.html）。笔者于 2011 年 5 月有幸读到该中心"关于第二届中国学术期刊评价结果的通知"，告知新的期刊排行榜已经出炉，要求"在期刊的显著位置分别标注相应的等级称号，如'RCCSE 中国权威学术期刊'，'RCCSE 中国核心学术期刊'，'RCCSE 中国核心学术期刊（扩展版）'"，并且警告："对于长期不标注的期刊，我们将在下次评价中取消其权威/核心期刊资格。"在这里，能否成为"权威"或"核心"已取决于期刊对该中心的态度，这已明显违背了一个评价机构至少要遵循的客观、公正的准则。

学术评价独善其身是十分困难的，所以很多看起来很好的方案却不得不束之高阁。另一方面，则因为缺乏对导致学术评价乃至学术危机的直接原因的治理办法。这个直接原因就是学术平台的问题，具体地说，就是缺乏专业边界清晰、开放的、通畅传播的学术期刊群。没有这样的平台，说得严重一点，许纪霖教授所说的"非常专业的学术共同体"是否真实存在都要打一个问号，当然更谈不上"非常专业的学术标准和学术行规"了。近年来几乎所有的学术不端行为最终都暴露在发表这一环节足以证明这一点。

因此，如果说学术评价回归同行评议的大方向是正确的，那么，我们就不能不接受这样一个事实：科学合理的学术评价体系的重建将是一个漫长而艰难的过程。它的起点或者说第一步就是要调整学术期刊结构，建立起合乎学术发展规律、真正为学术研究服务的学术期刊体系。仅这一步就会充满艰辛，甚至很可能半途而废，但如果这一步能成功，新的期刊体系得以建立，学术共同体就能成为期刊的主人，期刊将不再为评价机构的排行榜所左右，那么，科学合理的学术评价体系就能以此为基础，一步步地建立、健全起来。而且，除了评价以外，今天的学术期刊所面临的其他问题，如：包括高质量的学术评论在内的高质量稿源、国际通行的同行专家匿名审稿制度、专业作者与读者群体的形成、通达的传播渠道，以及今天困扰学术界和管理部门的学风问题也可望逐步解决。

今天的学术评价问题看似出在评价机构，直接根源却在于期刊结构、定位和传播方式的极度不合理所导致的公共平台不能发挥正常功能的缺陷。可以预见的是，如果学术期刊体系得以重建、学术期刊开放程度和数字化传播方式得以改观，亦即学术期刊的公共平台正常功能得以逐步恢复，学术评价机构的排行榜纵然不会终止，也会逐渐淡出学术界的视野；而如果这一切都不予改变，学术共同体也就不能"归位"，不管每一版期刊排行榜问世时批评和讨伐之声有多猛烈，两三年后，下一版排行榜仍会在更猛烈的批评和讨伐声中隆重推出并继续走红，而关于学术评价问题的热议还会无休止地继续下去，继续感到很受伤的不仅是评价机构（因被讨伐）和学术期刊，更有广大的学者和他们的学术研究事业。

〔原载《清华大学学报》（哲学社会科学版）2012年第1期〕

量化指标：学术期刊不能承受之轻
——评《全国报纸期刊出版质量综合评估指标体系（试行）》

2010年7月，新闻出版总署颁布了《报纸期刊出版质量综合评估办法（试行）》[①]（以下简称《评估办法》），在这个文件中，总署规定了今后报纸期刊出版质量综合评估的基本原则、组织方式以及评估程序和办法等。12月，总署宣布该评估办法将自2011年1月1日正式施行，[②] 为此同时下达了《关于印发〈全国报纸期刊出版质量综合评估指标体系（试行）〉的通知》[③]（以下简称《通知》），将《全国报纸期刊出版质量综合评估指标体系（试行）》（以下简称《全国指标体系》）正式印发。这一个办法、一个通知和一个指标体系的精神是完全一致的，由此，总署在评价制度层面基本完成了关于报纸期刊质量评估（评价）体系的打造。

在拜读了构成这一评估体系的一系列文件特别是其中的指标体系后，笔者最深刻的印象就是，评估体系的制定者和颁行者希望通过一个看似全面的指标体系，对各类被评价的报刊在统一的尺度下进行打分，并仅凭加总后得分的多少直接排定各报刊的"座次"，从而可一目了然地区分优劣，实现分而治之，使优者获得更多资源而更优，而劣者则淘汰出局。显然，总署对这一评估体系在目前和将来报刊管理中的作用寄予了厚望，但这个评估体系特别是在这一评估体系中占据了重要地位的《全国指标体系》一旦全面用于

[①] 《报纸期刊出版质量综合评估办法（试行）》，新出字［2010］294号。
[②] 晋雅芬：《报刊出版质量综合评估办法明年1月施行》，新闻出版总署网站，http://www.gapp.gov.cn/cms/cms/website/zhrmghgxwcbzsww/eighteen/article-sj.jsp? channelId = 4008&siteId = 21&infoId = 765256。
[③] 新闻出版总署新闻报刊司：《关于印发〈全国报纸期刊出版质量综合评估指标体系（试行）〉的通知》，http://www.doc88.com/p-44058087174.html。

实践，① 真的能有总署所希望的功效吗？本文试图通过对这一评估体系在学术期刊质量评估（评价）中可能发挥的作用和产生的后果的简单分析，尝试性地回答这一问题。不当之处，敬请批评。

一 《全国指标体系》与学术期刊

1. 概念辨析：何谓"出版质量"？何谓"综合评估"？

在展开讨论之前，有必要先界定概念。第一个概念是"（报纸期刊）出版质量"。在《评估办法》、《通知》和《全国指标体系》中，"出版质量"可谓第一关键词，但这三个文件却都没有对"出版质量"做专门解释，显然不是疏漏，而是不言自明，无须解释。的确，所谓出版质量，当指出版物的质量，亦即报纸期刊的质量。但为何不用"报纸期刊质量"而要用"报纸期刊出版质量"这样的表述方式，大概是因为报纸期刊是产品，其质量如何，与其生产过程的各个环节是否完善有直接关系，换言之，当我们发现报纸期刊有质量问题时，一定是某个或多个生产环节出了差错，所以，强调出版质量，而不直接说报纸期刊质量，是更加注重生产环节是否合理。笔者以为，如果从管理者的立场出发，这是有道理的。但笔者在读了这三个文件后，本来觉得很清楚的"（报纸期刊）出版质量"这一概念，却变得模糊了，这与第二个概念或第二关键词"综合评估"有关。

关于"综合评估"，《评估办法》有专门解释："报纸期刊出版质量综合评估，是通过建立报纸期刊出版质量综合评估指标，对报纸期刊出版质量、经营状况等进行综合评估，综合运用市场、法律、行政等手段，建立实现报刊优胜劣汰的科学长效的管理机制。"② 读了这样的解释，笔者实在不得要领。这个定义大概有两层意思，第一层意思是说"出版质量综合评估，是……对报纸期刊出版质量、经营状况进行综合评估"，这就让人费解了，照常理推论，出版质量综合评估显然应该是对构成出版质量的生成于生产过程各环节的各种要素进行评估基础上的综合考量，在这里，却不但不解释出

---

① 尽管总署已宣布《评估办法》自2011年，新出字［2010］294号初开始在各省施行，但这样的评价实践至今尚未全面推开。
② 《报纸期刊出版质量综合评估办法（试行）》第2条，新出字［2010］294号。

版质量的构成要素，相反还多出了个"经营状况等"？它与"出版质量"是什么关系？如果说是并列关系，那所进行的综合评估就不仅仅是"出版质量"的评估，而是除了"出版质量"之外，还有其他项目，果真如此，这三个文件的标题都得改改了，至少得改成《报纸期刊出版质量及经营状况……》；如果说"出版质量"已包括了"经营状况等"，即"经营状况等"是"出版质量"的构成要素，那就无须也不能并列，但必须解释"经营状况等"是如何得以作为一个要素被包括在"出版质量"里的。以一般常识而言，经营状况既不属于出版质量，与出版质量也不一定有关系，比如学术期刊这样的小众刊物，其出版质量与经营状况有多大干系？进而问之：即使有一定关系，又有多大正相关关系？笔者如此咬文嚼字，并不是在吹毛求疵，而是该定义的第二层意思让笔者不得不较真。与第一层意思含糊不清不同，第二层意思非常明确，要"综合运用市场、法律、行政等手段，建立实现报刊优胜劣汰的科学长效的管理机制"，这是在说，要动用一切可能动用的手段，实现"优胜劣汰"，而且还是"长效的"。与此类同的表述还出现在《通知》中，在述说制定《全国指标体系》的目的时，《通知》说："旨在建立全面反映报刊出版活动全流程的质量与效果评价的指标体系，形成报纸期刊出版优胜劣汰机制……"所谓"全流程的质量"与笔者所说的"各环节质量"有些类似，但"效果评价"所指为何，联系其下文的"优胜劣汰"，大概就是《评估办法》所言的"经营状况等"了，只不过换了一种比较隐晦的表述方式而已。毫不夸张地说，这已是事关所有报纸期刊生死存亡的大事，所以不能不较真：到底是根据"出版质量"还是根据"经营状况等"来优胜劣汰？这是原则问题，对于学术期刊而言，尤其如此。

笔者以为，对于学术期刊来说，所谓出版质量，就是出版物的质量，它可以分解到学术期刊生产的各个环节，由多种要素构成；所谓综合评估，是对学术期刊生产过程各环节或各要素质量进行评估基础上的综合考量。唯有这样的出版质量综合评估，才能真正判断出版物之质量孰优孰劣，而不是夹杂其他项目的综合评估。笔者并不是说，其他项目不能评估，或不能根据不属于出版质量的其他项目的评估来奖优罚劣，但不能将其他项目评估等同于出版质量评估或将其他项目评估强行塞进出版质量评估之中，至于到底该根据出版质量标准还是其他标准来决定"优胜劣汰"，这是可以讨论的问题，但出版质量是主要标准则是无须怀疑的，至少对学术期刊应该如此。

与上述两个概念直接相关的，还有一个需要优先讨论的问题，那就是《评估办法》和《全国指标体系》对学术期刊来说是管理标准还是学术质量标准。早在1990年代中期，总署的前身新闻出版署曾制定过一系列社会科学期刊的评估办法，[①] 在这些评估办法中，也列出了"学术水平"子项。自此以降，各省市新闻出版管理部门据此进行了包括学术期刊在内的所有期刊的质量评估和定级工作。这些标准和评估工作对学术期刊可谓影响至深，在一定意义上，它们已成为学术期刊的质量标准和质量评估，由此引起了学术界和期刊界的关注，质疑和批评之声不断。为此，总署曾专门发表声明："迄今为止，我国新闻出版管理部门尚未从各类学术期刊的学术水平这一角度制定过标准，因为衡量学科众多的学术期刊的学术水准是一件非常复杂、难度非常大的工作，不是新闻出版管理部门可以简单地作出评价的……1995年，新闻出版署发布了《社会科学期刊质量管理标准》……虽然对学术理论类期刊的业务标准有要求，但都是一些原则性的，不能仅以此作为判断期刊学术水平高低的标准。"[②] 显然，总署认为，管理标准与学术质量标准是有明确区别的，所有这些由他们制定的标准都不是学术期刊的学术水平（质量）标准，而只是管理标准。

当我们今天重温这个声明时，就产生了一个问题：对学术期刊来说，总署新近制定的《评估办法》和《全国指标体系》，究竟是如同以前的管理标准，还是已上升为包括学术质量标准在内的系统标准？对此，总署未做正面解释。其实，总署有无解释已不重要，从《评估办法》所言，即要"综合运用市场、法律、行政等手段，建立实现报刊优胜劣汰的科学长效的管理机制"来看，其所做的评估，一旦落实，实际作用已无异于学术质量评估，因为，让一个学术期刊生（优胜），还是让其死（劣汰），其标准只能是它的学术质量而不是其他。如果仅是经营状况不佳等情况，是无须动用法律、行政等手段来置之于死地的，有市场调节就可以了。因此，当我们评论《评估办法》、《通知》和《全国指标体系》之作用于学术期

[①] 参见新闻出版署期刊司、新闻出版署教育培训中心编《期刊质量标准》，人民出版社，1998。

[②] 《新闻出版总署报刊司关于学术期刊有关问题的答复》，《传媒》2002年第11期，第6页。

刊时，只能将其视同学术质量标准或者学术质量标准占主导地位的系统标准。

2. 纯量化与通适性：《全国指标体系》的两大特征

在由《评估办法》、《通知》和《全国指标体系》构成的报纸期刊质量评估体系中，前两者主要是关于评价原则的阐述，而《全国指标体系》则是操作层面实际评价的依据。尽管该指标体系只是由量化的各分项指标组成的几页表格，但所有的评价原则、规则、方法和结果，都会产生或落实于这几页表格中，《评估办法》也明确将其规定为"实施报纸期刊出版质量综合评估的重要依据"，[①] 因而在该体系中占据了十分重要的位置。换言之，该指标体系的设置是否科学和合理，直接关系到评价的成败。故本文主要篇幅将用于对该指标体系的分析，并兼及对《评估办法》和《通知》的评论。

虽然《评估办法》允许根据评价对象的不同对《全国指标体系》的具体指标或赋值作适当变通，但在评价内容、评价程序、评价方法、结果形式等对评价来说最重要的几个方面，则没有任何变通的余地。也就是说，不管如何对报纸期刊进行分类，只要进行评价，所有类别的报纸期刊都要用这一套指标体系来打分和排序。因此，总署赋予了这个指标体系两个鲜明的特征：其一，纯量化；其二，通适性。那么，依据具有如此特征的指标体系能完成对学术期刊质量的科学评价吗？

如前所述，所谓质量评价，对学术期刊来说，不言而喻，评价的核心当然是它的学术质量。但是，令人感到奇怪和不解的是，在《全国指标体系》中，学术期刊的学术质量并不具有核心地位，这从学术质量所占的少得可怜的比重就可以看出，而评价方法之简单化更是到了令人惊讶的程度。在《全国指标体系》中，学术期刊与非学术期刊的质量评价指标，除了在一级指标"出版能力"下增加了一个"仅适用于学术期刊"的二级指标"学术水准"外，并无其他不同；在《评估办法》中，一一罗列了《全国指标体系》的"主要内容"，即一、二级指标，并一一做了解释，唯独对"学术水准"这个二级指标，既未列入"主要内容"，也无只言片语的解释。"学术水准"在这个指标体系中分量之轻、占比之少和如此不受重视，

[①] 《报纸期刊出版质量综合评估办法（试行）》第7条，新出字 [2010] 294号。

确实到了令人感到匪夷所思的程度。另一件匪夷所思的事是，专家依据《全国指标体系》给学术期刊打分时，甚至不必阅读被评价的期刊，因为大多数指标与作为评价对象的期刊已无直接关系，专家打分的主要对象成了各刊社或编辑部的各种报表、证书、总结，以及国内外各评价机构的统计数据、排名表或排行榜等等，唯独不必阅读期刊及其所刊载的论文。从上述两个"匪夷所思"中不难看出，该指标体系对于学术期刊来说，恐怕连"质量评价"都说不上。学术期刊的学术质量评价在《全国指标体系》中如此不受重视，其中的原因何在？这与其所具有的纯量化和通适性两个特征密切相关，而这两个特征很可能是在《全国指标体系》制定之初就被确定了的。

纯量化作为全国报刊质量评估的基本原则是在《全国指标体系》发布之前就在《评估办法》中予以明确了的，《评估办法》列出的评估工作"应坚持"的四项原则中，与评价方法直接有关的原则是："坚持分类实施、量化评估，对不同类别报刊实行区别对待、分类评估。同时将各评价指标予以量化，保证评估的科学性和客观性。"① 在这里，总署明确地将"分类实施、量化评估"作为评估的原则，并将"各评价指标予以量化"视为科学性和客观性的保证。这个原则对于非学术类的报刊是否适用，笔者没有做过相关研究，在此不作判断；可以确定的是，将这个原则用于学术期刊质量评价，则与学术界近年来形成的共识相左。近年来许多关于学术评价的研究都已表明，因为学术质量评价是学术期刊评价的核心，学术期刊特别是人文社会科学期刊评价遂成为学术评价中最为复杂的评价之一。对于像学术期刊质量评价这样的复杂评价，量化评价的作用只是辅助性的，不能指望用一套标准的量化指标体系来框定复杂评价。因为纵然这个指标体系设计得再全面和细致，也无一不是取自期刊及其所发表文章的外在形式，而难以深入到期刊的学术内容层面。为了弥补这一根本性缺陷，从事量化评价的一些专业人员一直尝试通过某些间接指标并进行必要的加权计算和推衍后，以复杂的数据形式来模拟内容评价，但迄今为止，还没有人能发明得到学界公认的取代深入到内容层面的定性评价的科学计算方法。也就是说，仅依靠纯粹的量化分析要完成独立的学术期刊质量评价，量化指标的设计者所面临的是难以逾越的

---

① 《报纸期刊出版质量综合评估办法（试行）》第5条，新出字〔2010〕294号。

障碍，他们所设计的仍然只是机械的指标而已。这样的量化指标体系，只能适合标准化流水线产品的评价，因为流水线产品从外形到内部结构都应该分毫不差、一模一样。针对外形和内容都十分标准的流水线产品，其质量评价指标当然也必须是分解到最小单元的统一量化指标。但是，将这种类似于工业流水线产品评价的指标体系用于学术期刊评价，碰到的最大问题是，作为评价对象的学术期刊远不似工业流水线产品那样"标准"，其从外部形象到内部结构都十分复杂且各不相同——优秀的学术期刊必定各具个性，甚至独一无二，而期刊的个性特征又是通过最能表明其价值的、与学科专业不可分割的学术内容和特点来彰显的，因此，内容的"非标准"是学术期刊不可或缺的本质特征之一，也是学术期刊评价最应该关注的特征，而量化评价对此显然有些无能为力。

笔者相信，在《评估办法》确定的量化原则和个性十足的评价对象——学术期刊之间存在的明显张力，《全国指标体系》的制定者不会看不到，他们面临着这样的抉择：要么为坚持纯量化而无视学术期刊的个性特征；要么尊重学术期刊的个性而放弃纯量化原则。他们的选择异常清晰，那就是前者。如此一来，有意弱化、忽略甚至舍弃学术内容的评价也就成了必然选择，这是学术期刊的学术质量评价在《全国指标体系》中不受重视的重要原因。

与纯量化特征一样，通适性作为全国报刊质量评估的另一个基本原则在《评估办法》中也是予以明确了的。当然，"通适性"三个字并没有出现在文件中，而是笔者对这一原则的简称，《评估办法》的原话是："报纸期刊出版质量综合评估指标体系是实施报纸期刊出版质量综合评估的重要依据，分别为'报纸出版质量综合评估体系'、'期刊出版质量综合评估指标体系'。"[①] 尽管区分了报纸和期刊两大类，但两个指标体系的设计思路并无二致，在评价实践中，这两个指标体系分别对所有的报纸或期刊都是通用的，所以说通适性是它们的共同特征应该是准确的。这种通适性原则是如何影响《全国指标体系》制定的呢？那就是在制定指标体系时必须满足适用于所有对象的评价这一要求。如果说，《全国指标体系》对期刊纷繁各异的内容和特点（即使同一类期刊，比如高校学报，其内容和特点仍然应各不相同）

---

① 《报纸期刊出版质量综合评估办法（试行）》第7条，新出字［2010］294号。

的有意弱化、忽略和舍弃，是因为纯量化评价对学术期刊这样的复杂对象的处理能力有限，那么，通适性则不仅如此，而且连尽可能针对学术期刊个性的补救措施也一并舍弃了。如前所述，量化评价往往通过一些复杂的数据运算和分析来补救其过于机械、刻板以及浮在表面的简单化的缺陷，正是出于对这些缺陷的补救，具体补救式的运算和分析除了要处理庞大复杂的数据以外，还必须针对不同的评价目的和评价对象来选择不同的数据采集和处理方法，方能具有针对性。也就是说，即使纯量化的评价，只要稍微考虑到被评价对象的个性，也不可能具有通适性。因此，标榜一个指标体系可以适用于所有评价，也就意味着连量化评价的所有补救措施也一并舍弃掉了。这是《全国指标体系》有意不重视学术期刊学术质量评价的另一个重要原因。由于有必须同时满足纯量化和通适性这个原因存在，前文所说的两个"匪夷所思"，也就毫不奇怪了。

需要特别指出的是，从《全国指标体系》表现出来的纯量化、通适性两大特征，可以看到其制定者对便捷管理的追求。便捷管理本无可厚非，但底线是不能违背学术评价和学术期刊的规律。在《全国指标体系》中，学术期刊的评价已被简化成不能再简单的座次表或排行榜，这已完全背离了科学规律，必将给学术期刊乃至学术研究带来损害。殊不知，正是这种已被大大弱化且抽离了内容和特点的通适性纯量化指标体系造成了其对学术期刊的评价结果难有说服力。近年来，擅长量化评价、热衷发布排名表或排行榜的某些期刊评价机构遭到了来自学界和业界的严厉批评，无不因此而起。

3. 颠倒关系的确立：《全国指标体系》对学术期刊的影响

笔者并非完全否定指标体系在学术评价和学术期刊评价中的作用，而是强调指标体系的作用是有限而不是万能的，而且副作用是难以避免的。在任何评价中，指标体系都自有其独特的作用，那就是为评价提供了一种工具。但这仅仅是工具之一种，如果以为有了某种工具就有了一切，那就错了；而将这种工具性的指标体系作为一切评价的指南和依据，那就错上加错了。

单纯的量化评价已遭到了许多批评，无须笔者一一复述。毋庸置疑的事实是，今天连以量化评价为业的一些专业评价机构也不得不承认，学术评价和学术期刊评价非单纯的量化评价所能胜任，对于这样的复杂评价来说，量化评价是不完全和有缺陷的。当然，他们同时也认为，单纯的定性评价

（同行评议）同样也有很大缺陷，因为主观性过强，受各种因素干扰的可能性极大，评价的公正性也难以保证。近年来，关于量化评价和同行评议孰优孰劣的问题一直争讼不休、莫衷一是，为解决这一难题，从管理部门到学术界以及专业评价机构都提出了定量评价与定性评价相结合的原则。之所以要"两结合"，一般的解释是这两种评价各有所长，也各有缺陷，故需要互补，以使评价变得相对全面和公正。这种已被普遍接受的观点貌似公允，其实似是而非。在实践中，所谓的定量评价与定性评价相结合往往是，或者分别做定量评价和定性评价（定性评价的结果也必须转换为"得分"），然后将两者各自所得的分数按一定比例相加，得出最终结果；或者引入专家按定量评价的指标体系进行打分，计总后的排序表即为评价结果。这样的"两结合"，与其说是结合，不如说是调和，甚至是对定性评价偷梁换柱（所谓的定性评价实际上仍然是改头换面的定量评价）。两种评价各自的长处未见得就一定得到了发挥，而各自的缺陷也没有被真正克服，只不过是一种折中，调和与折中的好处是使互不买账的两种评价通过抵冲之后，最终结果不致太过偏颇，但这样的结果却未必能准确反映期刊的真实状态。

《全国指标体系》显然属于上述"两结合"的后一种，即设立各项指标，引入专家来逐一打分，然后加总，对被评价的期刊按得分的多少进行排位，得分高者即为优刊，得分低者即为劣刊。这样的评价虽然有专家，却没有"定性"，只是基本沿袭了传统定量评价的做法，极为机械和简单，其本质仍然是纯量化评价。这样的评价，导向性也就非常单一和明确：优秀的期刊只能是一个模式，即全面符合标准的指标体系的那种模式。我们可以非常清楚地看到，不管《全国指标体系》制定者的主观愿望如何，在客观上就是在鼓励期刊迎合这些指标以在评价中获得高分。如果这样的指标体系不是停留在期刊的外在形式数据，而是能够深入到学术期刊内容层面并做出正确评判，那么，期刊迎合这样的指标也许尚有意义，至少不大会损害期刊的学术质量。但当指标体系只是停留在期刊的外在形式数据上（在目前和今后相当一段时间内对学术期刊的量化评价只能做到这个水平），将这样的指标作为学术期刊学术质量评价的唯一或主要依据则必然导致两个结果：一是本应提倡个性的学术期刊在统一指标体系的"指挥棒"下日益趋同；二是追求外在形式数据以提高在评价中的得分，必然带来数据造假——造假带来的"好处"是显而易见的,而指标体系却难以识别和剔除这些假造的数据。

这两种结果不仅与管理者进行评价的初衷南辕北辙,而且对学术期刊和学术研究来说更是一场灾难:学术期刊的编辑人不再关心学术研究和读者的需要,而把主要精力都放在了如何应对和迎合指标体系的要求。于是,在管理者、评价机构、学术期刊、学者之间建立起了一种"颠倒的关系"——原本的服务者变成了指挥者,学者必须迎合期刊、期刊必须迎合评价机构、评价机构则努力迎合管理部门。在这样层层颠倒的关系中,学术研究又怎能不被扭曲?在这样的指标体系之下,又哪来学术期刊的"做优做强"?

4. 理性的回归:谁是适格的学术期刊评价者

笔者以为,近年来以赋值打分为标志、以定量评价与定性评价结合相标榜的各种评价之所以大行其道,其原因在于,到目前为止,对学术评价和期刊评价的种种讨论往往集中于具体评价方法上,学术评价的改革也往往局限于评价方法的范围,而更为重要的谁是评价主体的问题却鲜有人关注。不明确谁才是适格的评价主体,纵然评价方法再科学,也很难得到正确的评价结论,况且,评价主体不明确,也不可能选择正确的(最适合评价目的)评价方法。在笔者看来,学术期刊适格的评价主体应该是也只能是来自学术共同体的成员,即学科专家,只有他们才有可能代表学术共同体的基本看法和立场,并选择最合适的评价方法,来对以为他们服务为宗旨的学术期刊做出科学公正的评判。评价机构或管理部门并不能因为其提供了评价工具或建立了指标体系或组织了某种评价活动而自动成为适格的评价主体。因为一般说来,评价机构既不懂期刊,也不懂各学科专业,只能涉及学术期刊的某些外在形式,而无力深入到学术期刊的内容层面进行令学术共同体信服的评价,故他们并不具备独立评价学术期刊的资格和能力,只能提供评价的辅助工具。管理部门从理论上说只是管理者和服务者,他们既无可能也无必要事无巨细地参与期刊的学术和业务活动,由于知识结构和工作性质的不同,他们也没有能力对学术期刊的学术质量进行评价,当然,为了管理的需要,他们可以是学术评价和期刊评价的组织者,但他们绝不是适格的学术期刊评价主体。

因此,笔者以为,纯量化的《全国指标体系》充其量只是为学术期刊评价做了某种准备工作,这种准备工作,既不是准备工作的全部,也不是评价本身。要对学术期刊进行评价,必须首先明确评价主体,那就是学科专家。学科专家所从事的评价工作,不是依凭指标体系进行打分,更不能被指标体系牵着鼻子走,而是代表学术共同体的意志,利用自身的专业知识,辅之以包括借助指标体系在内的必要手段,深入到内容层面,对被评价的期刊做出恰如其分的评价。评价结果的形式,也不应该是简单的座次表和排行榜,而至少应该是专业的评语和鉴定意见,这样才能让被评价者信服,也才能对被评价者改进工作起到实际作用;即使最终的评价结论是判定被评价者必须退出,也才能让他们退得心服口服。这样的内容评价,有可能与单纯按指标体系打分的量化评价指向相一致,但更多时候是有差异甚至是有很大差异的。那种按指标体系将分项得分简单加权相加所得出的座次表和排行榜早已背离了学术评价和期刊评价的本来意义,只能将学术研究和学术期刊引向歧途。近年来,以学术造假为特点的学术不端行为泛滥成灾,与这样的学术评价和期刊评价的盛行有着直接的因果关系。

二 《全国指标体系》难以克服的局限和极易产生的误导

以上笔者只是比较泛化地讨论了《全国指标体系》与学术期刊以及学术期刊评价之间的关系,而《全国指标体系》其实还为我们提供了一个可以具体分析的文本,我们不妨对它做些具体分析,看看这个指标体系将给学术期刊带来什么,又会使学术期刊失去什么。

1. 评价目的

我们知道,无论何种评价,评价目的的清晰明确都是具有决定意义的。"不同的评价目的决定着不同的评价标准和指标、不同的评价方法和评价专家的选择以及评价程序的确定,它是评价的龙头,分类评价的动因,规定、制约和导引着整个评价的方向和具体做法。目前的许多评价之所以出现问题,主要是因为评价目的不明所造成的。"[①] 如果评价目的是含糊而笼统的,那么,评价主体的确定、评价程序的设计、评价方法的选择等就会有极大的

[①] 叶继元:《人文社会科学评价体系探讨》,《南京大学学报》(哲学·人文科学·社会科学)2010年第1期,第103页。

随意性，评价结果也就难保科学和公正。不妨看一看《通知》所阐明的评价目的："旨在建立全面反映报刊出版活动全流程的质量与效果评价的指标体系，形成报纸期刊出版优胜劣汰机制，发现和警示不合格出版主体，鼓励和扶持优秀报纸期刊做优做强，全面提高报纸期刊出版产业的整体质量和效益，引导报纸期刊出版主体向规模化、集约化方向科学发展。"这个由行政权力部门主导的对"出版活动全流程的质量与效果评价"，显然包含了多种目的的评价，理应有不同的评价方法，但《通知》则试图构建一种能满足所有目的的笼统评价方法和指标体系。"该体系制定了全面评估报纸期刊出版质量综合表现的各项主要指标，分'基础建设条件'、'环境资源条件'和'出版能力'、'经营能力'四个板块、十七个类别约60余个具体指标。"《通知》规定评估专家必须"依据该体系提供的评估框架"进行期刊评价，专家虽然可对指标体系"再度开发"，但显然不能突破这个框架，这就意味着所有的评价行为都须按这四个板块来进行，四个板块也就成为比较典型的通适性指标。

笔者并不反对由总署主持学术期刊质量评价以及由此来实现学术期刊的优胜劣汰，所要质疑的是《全国指标体系》能否如实地评估期刊的学术质量。在《评估办法》和《全国指标体系》中，笔者看不到对不同的评价目的的区分。期刊评价的目的有多种多样，比如合法（规）性评估与质量评估就是不同目的的评价，而在《全国指标体系》中，实际上已将合法（规）性评估、所占资源评估和经营能力评估与质量评估合为一体。这些不同目的的评价在《全国指标体系》中成了不可分割的四大板块。看似四大板块各司其职、各有区分，但在这样简单的指标体系中，四大板块没有一块是能真正独立的。实际上，不管进行何种目的的评价，都要按这四大板块来打分加总，其实也就没了区分。更为要害的是，四合一的评价实际上是用简单的期刊外在数据排位取代复杂的学术质量评价；用其他三个评价来冲淡甚至取代学术质量的评价。笔者不能不说的是，由这样的"两取代"所形成的对学术期刊的导引，必定将学术期刊引入歧途，所谓的"千刊一面"和学术造假在这样的导向下只会愈演愈烈。

因此，用笼统的四板块指标来进行期刊评价对于学术期刊的优胜劣汰是会产生巨大偏差的，评价应该有具体目的，没有具体目的的评价是没有多少实际意义的。

2. 评价内容

与评价目的相对应的是评价内容，不同的评价目的，决定了评价内容的不同。在目的明确的评价中，因评价目的的制约，评价内容会有清晰的边界，合理的评价既不能越出内容的边界（如果越界，评价结果与评价目的就会不相符），又必须尽可能地覆盖边界内的方方面面（如果覆盖度不够，评价结果就会产生偏差），且还必须真正地深入到评价对象深层次的结构中去（如果只是浮在表面的评价，评价就容易为假象所蒙蔽，结果同样会出现偏差）。《评估办法》、《通知》所规定和《全国指标体系》所涉及的期刊评价内容有四大板块，即基础建设条件、环境资源条件、出版能力、经营能力，并将其统摄于"出版质量"之下。《评估办法》对四个板块的"主要内容"分别做了解释，这使我们可以比较方便地从评价内容的角度考察这四大板块能否满足合理的期刊质量评价的条件。

首先，我们会发现前已述及的《评估办法》对于期刊学术水准（质量）的内容只字未提。在中国目前总量约10000种期刊中，学术期刊约有6000种，占据了多半壁江山，但《评估办法》竟然没有将如此大比例的期刊群质量评价的关键内容——学术水准列为评价的"主要内容"，显然其覆盖面出现了重大遗漏，评价结果的偏差也就不可避免。之所以如此，从量化指标的角度看，学术期刊的个性因素和学术质量难以量化，即量化指标难以覆盖或容纳内容层面的学术质量评价是根本原因。①

其次，我们会发现，《评估办法》混淆了质量指标与其他指标的界限，如《评估办法》对第一板块"基础建设条件"做了明确解释："报纸期刊出版单位的基础建设是报纸期刊出版的先决条件。"显然，所谓"先决条件"亦即准入条件，只有具备了这方面的条件（不排斥还必须同时具备其他方面的条件），方可创办报纸或期刊，但在《全国指标体系》中，这却成了报纸期刊质量指标之一大板块，且条件越好，得分越高。这个评价内容就越界了，已与质量评价的目的不相符合。以此标准来评价期刊的质量，其实就是用所谓的管理标准来代替质量标准。这样做，不但不能科学地评价期刊的质

---

① 当然，在《全国指标体系》附件《全国期刊出版综合评估指标体系指标释义》中对此做了补救，解释了有关学术水准的8项指标。这8项指标无一例外都是形式指标，它们能否对内容评价起到替代作用，亦即这个补救是否有效，稍后在讨论指标设置时再予评论。

量,且连管理标准的执行都会出现偏差,因为作为管理标准来评价期刊的准入条件,显然不是比谁更豪华,而是看被评价者是否具备了应有的办刊条件,评判的结果分合格和不合格即可,合格者"过关",不合格者不准入,已入的则可启动退出机制,大可不必用百分制来"激励"各刊相互攀比。而当评价期刊的学术质量时,将办刊条件纳入计分范围,只会让豪华的办刊条件掩盖办刊者的庸碌无能。

再次,我们会发现,《评估办法》所列出的"主要内容",大多是表面的可以通过报表或量化数据来反映的,而相对缺乏能深入到期刊学术内容层面的指标。需要指出的是,并不是所有目的的评价都必须深入到内容层面,对于某些只需要简单结论的评价,使用纯量化评价基本可以满足评价的要求,就没有必要进行深度的内容评价,否则就是过度评价,过度评价一般并不会改变简单评价所得出的结论,却会增加评价的成本。仅以四大板块中的第一板块为例,当以准入与否作为评价目的时,凭一般的形式数据基本可以得出合格与否的结论,即使加入内容层次的评价,一般也不会改变合格与否的结论,但在出现特殊情况,比如出现重大编辑事故后,评价其是否仍具有准入条件时,形式数据就不够用了,就得进行内容层面的评价。这时,对于"体制机制建设"和"出版管理规范"这些项目的评价,仅看其有没有相应制度或制度的文本好不好就不够了,而必须考察其执行情况,这就是内容层面的评价了。这也从一个侧面说明了评价目的不同,则评价内容也会不同的道理。与准入条件这样相对简单的评价不同,质量评价特别是学术期刊的质量评价必须深入到内容层面进行,对一般的量化指标进行赋值打分是远不够的。

由此可见,单纯的量化指标体系,几乎无法避免评价内容的广度与深度方面存在的诸多问题,这些问题的解决,都有待于定性评价的介入。

3. 评价主体

在《评估办法》、《全国指标体系》和《通知》中都没有明确甚至没有涉及谁是期刊评价的主体这一关键性的问题,这是该评估体系的一个根本缺陷。尽管《评估办法》、《全国指标体系》和《通知》均多次提及"专家",似乎已给了专家以评价主体的身份,专家似乎也在该体系中发挥着重要作用,但只要仔细研读一下这几个文件,就会发现,专家在该体系中的身份实际上是十分模糊的,其作用也是十分可疑的。

首先，该体系没有对报纸期刊评价专家的人员构成有任何规定，各行各业都有专家，而能成为期刊评价主体的专家却是有限的，什么样的专家才具备从事期刊评价的条件，是《评估办法》、《通知》和《全国指标体系》不能遗漏的问题，可惜，我们却无法从几个文件中找到任何这方面的信息。

其次，由于没有期刊评价专家资格和条件的限定，也就不可能有公正和科学的专家遴选办法，每个具体评价应有各自不同的评价人员（尽管都是来自学术共同体），《评估办法》、《通知》和《全国指标体系》都没有针对不同的评价目的设立不同的评价专家的选择办法，对于公正评价不可缺少的专家库的构成更是没有只言片语。

最后，也是最值得讨论的是，专家在期刊评价中到底应该发挥怎样的作用。《通知》是这样确定专家在评估中的作用的：

> 评估专家组的职责有以下三个方面：第一，依据该体系（指《全国指标体系》——引者注）提供的评估框架，根据拟定评估的报刊类别进行再度开发，确定适用指标范围，科学赋予指标权重，将体系中的三级指标分解为可以采集或赋值的变量；第二，为一些需要专家赋值的变量打分；第三，监督评估工作全流程的客观公正性并对评估结果提出专业分析意见。

从以上表述可以清楚地看到专家在评估中的尴尬地位。如前所述，《全国指标体系》充其量只不过是评价的工具之一，然而，在这里，它却已凌驾于专家之上，成为专家评价的"依据"和"框架"，这是典型的"工具指挥脑袋"，于是，专家就成了只能按《全国指标体系》逐一打分，然后做加减法的机器，成了"工具的工具"，哪里还有什么评价主体的身份？专家在这个体系中所做的大部分工作，是按照机械的指标打分，这与他们的专业眼光和学识水平没多大关系，或者说，专家独有的学识和独到的眼光在这里几无用武之地，专家只是为了体现定量评价与定性评价相结合而"被出场"了。

当然，这样的规定似有其道理，即为了公正。这个道理说白了，也就是同行评议（定性评价）的"不靠谱"。近年来，同行评议受到的非议一点也不比定量评价少。这是因为"同行评议，即以学术共同体为评价主体的实现，有待于必要条件得到满足，才能期望其科学和公正，不然，它的确有可能比量化评价更加糟糕。制约同行评议（定性评价）的因素是多方面的，社会风气、学术传统、学术体制、学术利益以及学者的个人道德修养、学术水准等等都可能影响到同行评议结果的公正，因此，同行评议的条件就是对这些有可能影响到评价过程和结果的因素均有制衡或约束的办法，要有科学的制度设计，要有严格的执行和监督机制，而这正是目前十分欠缺的"。[①] 而在这一切都无法落实的时候，即使明确了专家评价主体的身份，在各种因素的影响下，其评价结果仍难做到公正。正是因为对同行评议的失望，才有了对定量评价的推崇。

但是，同行评议的不公正，并不是同行评议本身有什么错，而是实行同行评议的条件尚不成熟。在这样的情况下，自然有两种选择：一是积极创造条件；二是放弃同行评议，寻找其他替代办法。总署显然做了第二种选择，即把对包括学术期刊评价在内的所有报纸期刊的质量评价交付给定量评价，作为单纯定量评价的《评估办法》和《全国指标体系》的出台就是总署做了第二种选择的明证。

总署这样的选择是否明智？笔者以为，尽管同行评议有这样或那样的问题，但它毕竟是国际学术界所公认的学术评价唯一正确的办法，诚如韩启德先生所言："学术的评价、学术的标准、学术上的分歧，所有学术上的问题只有依靠学术共同体才有可能得到解决。尽管学术共同体也有可能做出错误的判断和决定，但没有别的更好选择。"[②] 所以，正确的选择应该是为同行评议积极地创造条件，而不是用根本无力独立完成对期刊学术质量进行评判的单纯量化评价来取代同行评议。

4. 评价方法

在明确了评价目的、评价内容和评价主体后，评价方法就成为评价是否公正合理的决定性因素。《通知》规定：

《报纸出版质量综合评估指标体系》和《期刊出版质量综合评估

[①] 朱剑：《重建学术评价机制的逻辑起点——从"核心期刊"、"来源期刊"排行榜谈起》，《清华大学学报》（哲学社会科学版）2012 年第 1 期，第 10 页。

[②] 韩启德：《学术共同体当承担学术评价重任》，《光明日报》2009 年 10 月 12 日。

指标体系》采用百分制计分方法。先经专家组确定各级指标的分值权重，再将采集的或赋值的变量以百分制计分，所得分值加权计算，最后得出各被评估样本的总分值并以百分制显示差异（保留小数点后两位数）。

这是一个比较典型的量化评价方法，笔者没有在上述文件中找到其他可供选择的方法，因此，这应该被看成该评估体系所认定的唯一评价方法。除了评价目的外，评价方法与评价内容总是相关的，不同的评价内容，选择不同的评价方法，只要评价内容不同，所采取的方法也就各异。这是常识。然而，该评估体系却只认同唯一的方法。这个方法可归结为以下五个关键词：指标、分值、打分、加总、排名。分数是核心，排名是目的。套用一句评价应试教育的话来形容这个方法，那就是：分、分、分，期刊的命根。学术期刊学术质量评估也就成了一场应试教育的考试。把应试教育移植到期刊评价中并非一无是处，对于期刊合法（规）性评价，这是一种最为实用和成本最低的评价办法，但把它运用于期刊的学术质量评价，就常常会出现枘凿不合的结果。因为学术质量很难用分数来称量。打分是一种将复杂问题简单化的方法，如果所有的学术问题都能简单化到如此程度，学术也就不成为学术了。

如果说，将对学术内容的评判简化为分数大大地简化了学术评价的复杂性，使丰富的学术内涵在简单的分数再现中丢失了许多重要信息，那么，将这些已失去重要信息的分项得分加总作为对期刊整体水准的判断，并且还要据此排名，以确定孰优孰劣，就使得这个已精确到"保留小数点后两位数"的评价结果很可能连基本的客观公正都做不到。

举一个尚不涉及复杂的期刊学术内容的简单例子。甲刊办刊条件优越，但学术质量一般；乙刊办刊条件一般，但学术质量优秀。如果让学者专家来评判，乙刊显然优于甲刊，但若按这个指标体系来打分，两刊的得分很可能相同，甲刊甚至可以高出乙刊。再如果甲刊有大量广告版面或收取高额版面费，来者不拒，收入丰厚；乙刊为保持整体形象，拒绝商业广告，不收版面费，那么，甲刊的得分肯定大大高于乙刊。数据再精确，又有何意义呢？当涉及复杂的学术期刊内容时，这样通过对变量的赋值以百分制计分的方法就更加苍白无力，这一点，下文再予讨论。

笔者注意到，在《评估办法》和《通知》中都强调了"分类评价"。只有同类才有比较价值，这已成共识，不过这也容易推导出另一个结论，就是只要是同类期刊，就可以通过指标体系进行赋值打分，以评出优劣高下。但这个结论用于学术期刊评价却往往得不到正确的结果，这是因为学术期刊本应有的个性十足的特殊性，加之中国学术期刊特殊的结构。个性问题前已述及，不再重复，仅讨论中国学术期刊的特殊结构。与发达国家学术期刊以专业和专题期刊为主不同，中国的学术期刊，特别是高校学报多为综合性期刊，一个期刊往往包含有多个乃至十数个一级学科，在人文社会科学期刊中，即使是一般常言的专业期刊，也多为一级学科期刊，在这些期刊中，跨学科现象比比皆是，更不用说每个专业期刊还要包含多个二级学科。[①] 由于每个一、二级学科在学术界拥有的研究机构和研究人数多少不一，以及不同学科引文习惯、与现实关联程度等多方面的情况大相径庭，即使按学科对期刊进行分类，一般的形式数据也根本不能反映专业期刊的真实学术水准，更不要说跨学科的综合性期刊了。所以，至少在目前和今后相当一段时间内，用统一的指标体系进行单纯的分类量化评价对绝大多数学术期刊的评价都仍缺少科学意义。因此，学术期刊学术质量评价的方法绝不是单一的，更不是靠一个统一的量化指标体系就能一锤定音的。

5. 指标设置

评价之于评价对象的作用最显著的就是其明确的导向性，定性评价和定量评价皆如此。只要有评价，特别是来自行政权力系统或由其组织的评价，主要靠政府拨款而生存的学术期刊必然受其引导并予主动迎合，其中的道理不言自明。而在以评优为目的并涉及优胜劣汰这样的"生死存亡"大问题的评价中，其导向作用就更为突出，期刊的迎合也就越发明显。但是，定性评价与定量评价的导向作用于评价对象的过程和结果却是不同的。具体到学术期刊评价中，理想的定性评价者从期刊的内容出发，经过理性的审读，对期刊的学术质量做出判断，这种判断往往会有比较丰富的表述；定量评价者却只能从期刊的外在形式指标出发，通过赋值后的运算，对期刊的得分进行

[①] 袁培国教授曾专门统计了中国人文社会科学期刊跨学科发文的情况，参见袁培国《中文文科期刊影响因子评价作用之反思》，《南京大学学报》（哲学·人文科学·社会科学）2011年第3期，第133~139页。

排位，以期刊的排位表达其对被评价期刊质量高下的判断，最终的结论往往极为简单直观。

对于定性评价来说，评价者的学识眼光、道德修养，以及学界是否拥有代表学术共同体意志的意见表达与监督平台及制度，在很大程度上决定了评价所产生的引导正确与否。只要有这样的平台和制度作保证，评价者的评价行为就会受到约束，其学识眼光和道德修养是可以有怀疑和批评的渠道的，他们做出的结论也是可以有质疑和商榷的余地的。尽管这种事后的批评和商榷在很多时候很难改变已做出的评价结论（特别是评奖或科研项目评审），但至少可以让期刊今后不受其误导。今天定性评价所表现出来的各种问题无不与共同体意见表达和监督的平台及制度的缺失有关，只要将这样的平台和制度构建起来，定性评价的缺陷就有望得到有效克服。

对于定量评价来说，评价指标的设置是否合理决定了评价所产生的引导正确与否，而这些评价指标往往与学术期刊的实际内容无直接关系，只取自其外在形式。所以，这些指标只能是期刊学术质量的间接反映，加之赋值所必然带来的不公平和有效信息的流失，其对期刊的引导很难体现在学术内容方面，也就很难促使期刊在学术质量方面有直接的改观。于是，这样的引导事实上只是让期刊明白如何做才能赚取量化评价的分数，而那些能有效赚分的举措（比如两家乃至多家期刊间的互惠引用）未见得真的能提高期刊的学术质量，相反有时还会有害于学术和期刊。因此，量化指标体系一旦简单地用于期刊评价，看似再多合理的指标，也会造成其设计者无法预料的后果。近年来，学术造假特别是数据造假泛滥，一些足以让国际学术界震惊的非常严重的事件大家已有目共睹了，如此局面，无法涉及学术内容的量化评价难辞其咎。因此，量化评价只能作为工具，而且，这种工具必须得到有效的控制，对其负面作用要时刻保持警惕并严加防范。

笔者以为，《全国指标体系》中多项指标的设计都会给学术期刊质量评价造成一定的偏差，并产生一定的误导，特别是有关期刊学术质量的一系列指标。以下举例分析之。

关于期刊的学术质量，《全国指标体系》共设计了"总被引频次"、"影响因子"、"他引总引比"、"基金论文比"、"Web 即年下载率"、"年获奖论文数"、"国际论文比"、"国际编委比"这八个形式指标，且不说这八项指标是否就能覆盖期刊学术质量的所有方面，即使每个单项指标，其与学术质量的必然线性相关度也是值得怀疑的。

"总被引频次"、"影响因子"、"他引总引比"这三个指标均与期刊所发表的文章被引用的情况有关。《全国期刊出版综合评估指标体系指标释义》（以下简称《指标释义》）规定了这三项指标的使用方法："由以国内外多家科研机构公布的相关数据加权平均得出，然后由专家赋值得分。"[①]这个被平均了的数据显然与引用的目的已毫无关系，这就意味着评估期刊学术质量时，不必管这些引用的具体目的和用途，只需将计次的统计数据加权赋值算出得分，即算完成该项评价。结论就是指标值越高，得分越高，质量越好，反之亦然。这就造成了上述三个数据成为期刊学术质量的绝对表征。虽然一个较长时段的被引用数据对于反映一个期刊的总体影响力是有一定意义的，数据与影响力、影响力与学术质量之间也的确具有一定的正相关关系，但是，正相关关系在很多时候并非线性的、可画上等号的，仅以这样的数据就来评论某一期刊学术质量的优劣，远未满足评价的充要条件。因为这些数据并没有进入到期刊学术内容的层面，表面的数据也不能反映引文的实质（比如正面引用、负面引用、中性引用、复杂引用、伪引用、歪曲引用等），更不能等同于学术质量；加之同类期刊学科结构并不完全相同，而不同学科的引文习惯对数据的影响过大，绝不能等量齐观。比如，某些学科的平均引文频次可以是另一些学科的数倍乃至数十倍，即期刊用同一篇幅发表一篇A学科的文章可能比发表一篇B学科的文章带来十数倍乃至几十倍的引文量。不对期刊所包含的学科做过细分析，不对引文的性质做具体分析，单纯的期刊被引频次和影响因子可能连表面的公平都无法做到，更不用说结论的科学与公正了。尽管对于这些数据，评价机构不仅可以做到精确到小数点后两位，精确到六位也不是难事，但如此利用数据，一开始就已失去了评价期刊优劣的意义。因此，引入上述三个指标来作为评价学术期刊的线索是可行的，也是应该的，但不加分析地将这些数据直接换算为得分却是不可取的。

此外，《指标释义》对上述三指标的某些解释也有可商榷之处，比如关于为何引入他引总引比，《指标释义》认为："他引总引比又叫他引率，指

---

① 《全国期刊出版综合评估指标体系指标释义》第3部分第4条。

某期刊的总被引频次中，被其他期刊引用次数所占的比例。考量期刊对外界的影响力度，以及用来杜绝一些期刊评估中的人为干扰方面越来越受到重视。"那些数据造假的高手看到这段释义文字一定要笑翻了。

不加分析地直接将数据换算为得分的做法在"基金论文比"、"Web即年下载率"、"年获奖论文数"、"国际论文比"、"国际编委比"这五个指标的运用中比比皆是。"基金论文比"、"Web即年下载率"均是"由以国内外多家科研机构公布的相关数据加权平均得出，然后由专家赋值得分"；"年获奖论文数"、"国际论文比"、"国际编委比"三项则直接"由专家赋值"。这几项指标与期刊的学术质量、学术影响、国际交流度和国际影响力确实都有关系，作为衡量期刊总体学术质量的评价线索当然是可以的，但是，如果仅仅是将数据直接换算为得分，那就是在鼓励这样一个逻辑：基金论文一定比非基金论文优秀，下载量高的论文一定比下载量低的论文优秀，获奖论文一定比未获奖论文优秀，国际论文比高的期刊一定比国际论文比低的期刊优秀，国际编委比高的期刊一定比国际编委低的期刊优秀。将高概率视为必然率，这种逻辑的荒唐大概不用笔者再一一批驳了。如果期刊学术质量评价如此简单，那又何必动用专家来评刊呢？会用计算器做加减法的小学生大概也是可以胜任的了。

除了指标设计不合理外，与指标相关的几个方面也都有值得商榷的地方。比如，上述八项指标是否就能覆盖期刊学术质量的方方面面？如何认识和评价这些指标与学术质量的相关度？是否所有的指标都可以转变为赋值计分的变量？如何弥补在转变过程中不可避免的信息丢失？是否应区分强制指标、倡导性指标和可选择指标，将这三类指标不加区分地混合在一起是否会影响期刊个性的发展？如何确保指标数据的真实性，抑或这些指标在抵御学术造假方面有何设计？如何处理学术期刊不断地发展与指标体系相对固化而必然产生的矛盾？如此等等，限于篇幅，笔者无法在此一一展开讨论，只想指出，如果对上述问题缺乏应有的思考，没有明确的结论，那么，关于学术期刊学术质量指标的设置必定会具有相当的随意性和盲目性，以上讨论已证明了这一点。如果仅是如此运用上述这八项指标，在笔者看来，甚至连为同行评议做参考的作用都会大打折扣，更不用说成为评价的"依据"了。

以上笔者仅对《全国指标体系》中有关期刊学术质量的指标做了简单

讨论，在其他部分的指标设计方面，类似的问题也普遍存在。仅举一个简单的例子。比如"环境资源条件"部分的"人员学历结构"和"人员职称结构"这两项指标用于一般的准入评估时尚可，但评估期刊环境资源条件优劣时，仅凭人员的学历和职称是不足以做出判断的。除了看编辑人员学历和职称外，更应该由评刊专家调阅编辑档案，对其编辑能力作全方位的、实事求是的评价。而像这样需要对评价对象做出科学的深入分析的具体评价，在《评估办法》和《全国指标体系》中几乎付诸阙如，专家要做的只是根据学历和职称这些极为直观的指标直接打分。

6. 评价结论

学术评价的结论总会以一定的形式予以公布，并通过一定的方式作用于评价对象，这是学术评价的意义所在。因此，一个具有公信力的学术评价结论绝不会仅仅是一个百分制下的具体分值或一个排名序号，而至少应该是一个具有详细文本的评估报告，其中应包含评委（评价者）产生原则和资格论证、必要的评价方法和过程的展示，评价资料及数据的采集方式和具体应用情况等，更重要的是根据评价目的，针对评价对象与此相关的各方面的具体评述（包括建设性意见和评语）。唯其如此，才能让评价对象信服并从评价中获益，才能让与评价对象相关的群体（在学术期刊评价中，这个群体就是学术共同体）的意志在评价中得到体现，并在评价后得到落实，从而实现评价的真实意义。

《评估办法》也明确规定了应对报纸期刊评估结果提供评价报告："评估专家组或评估机构根据综合测评结果，形成评估报告，报评估领导小组审核"，"各级新闻出版行政部门适时发布评估结果"。[①]《评估办法》没有对这个评估报告的具体构成要素和形式做进一步的明确规定，但从"根据综合测评结果"这样比较抽象的表述和整个评估体系对于评价方法的设定来看，这个报告无非根据《全国指标体系》进行分项打分的分值记录。这样的评估报告公之于众能在多大程度上促进被评价的期刊找到具体改进措施，或让公众信服，笔者不得而知，但有一点是可以肯定的，那就是它一定会迫使评价对象更努力地去开发可以获得高分的手段，以迎合这些指标。

---

① 《报纸期刊出版质量综合评估办法（试行）》第 8 条，新出字 [2010] 294 号。

7. 学术评价之"重"与量化指标之"轻"

对于学术期刊来说，判别其学术质量的高下，本是评价的重中之重，而一旦与优胜劣汰直接挂钩，则更形其重。任何学术期刊，都不敢对此掉以轻心。让学术期刊重视其学术质量，这原是评价的意义和责任之所在。与如此重大的意义和责任极不相称的是，在《全国指标体系》中，关于学术质量的指标设置却可谓轻而又轻。如果说只是学术质量指标占比太轻，那改变尚不困难，但拒绝同行评议的纯量化和用于所有期刊的通适性必然造成的指标体系片面化、简单化和碎片化，加之评价主体错位、评价目的模糊、评价内容漂浮、评价方法失当等等，这一切所造成的对学术质量的轻视、对学术评价的轻率，却不是对指标体系进行局部调整所能改变的。这样的指标体系，已背离了学术研究和学术期刊以及学术评价的规律，又如何能真实地再现学术期刊的学术质量？如果将这样的指标体系用于学术期刊评价，那么，这些看似面面俱到，实则支离破碎且几未涉及学术期刊本质的量化指标，真的会成为学术期刊"生命中不能承受之轻"，必将给学术期刊乃至学术研究带来难以避免的损害。

笔者还想指出的是，总署之所以如此看重一个统一的量化指标体系在期刊管理中的作用，是因为没有厘清评价指标与学术评价、学术评价与学术发展、期刊管理与服务学术等诸种重要的关系，以为有一个标准的指标体系，就能确保评价的客观、公正、科学、合理，就能实现期刊的优胜劣汰。殊不知，指标体系是担当不起这一重任的。评价的作用虽然重要和不可替代，但同时也是有限度的，只有在它该发挥作用的地方才能发挥作用，越出这一边界，它的作用可能就成了负面的，更不要说仅仅作为评价工具之一的指标体系了。尽管总署确立这一评指标体系的初衷良好，但不按学术研究、学术评价和学术期刊的规律办事，结果恐怕难免事与愿违。因此，要进行科学合理的学术期刊评价，并让评价能对学术期刊的发展起到良性的推动作用，还需要首先从管理者自身和学术期刊治理的源头做起。

三 《全国指标体系》与报刊体制改革

当我们在评说总署新确立的报纸期刊质量评估体系的同时，自然会注意到构成这一新的评估体系的一系列文件是在特定的背景下发布的，或者说这一评估体系是在特殊的时刻构建的，那就是即将拉开大幕的全国报刊体制改革。对照中共中央办公厅、国务院办公厅《关于深化非时政类报刊出版单位体制改革的意见》（中办发［2011］19号，简称"中办19号文件"）以及总署关于报刊体制改革的文件，初一看，这一评估体系的出台，似乎首先就是为报刊体制改革服务的，因为报刊体制改革和报刊质量评估两者的目的是一致的，都是要通过优胜劣汰，做大做强中国的报纸期刊；不仅如此，依据这个指标体系对改革后的报纸期刊的质量评估还将是长期的和常态化的，优胜劣汰将是一个持续性的动态化过程。① 但只要细细探究就会发现，报刊体制改革的导向与报纸期刊质量评估体系的指向并不是那么合拍。以下仅从两个方面来进行分析。

1. 市场化导向与单位制质量评估

目前，自上而下的报刊体制改革已经拉开了序幕，这场改革的一个鲜明特点就是要让报纸期刊彻底告别计划经济时代遗留下来的单位制特征，让过去单位所有的报刊成为独立的市场主体。在《关于深化非时政类报刊出版单位体制改革的意见》中关于改革的必要性是这样陈述的：

> 在社会主义市场经济条件下，非时政类报刊出版单位的现行体制制约了报刊出版业发展，存在数量过多、规模过小、资源分散、结构不合理、市场竞争力弱等突出问题，部分单位长期靠行政摊派、买卖报号刊号维持生存，有的成为部门和单位的"小金库"，助长了不正之风。这种状况既不适应社会主义市场经济深入发展的需要，也不符合社会主义文化大发展大繁荣的要求，迫切需要深化改革。

非时政类报刊出版单位体制改革的目标任务则是：

> 分期分批按照规范的程序转制，在清产核资的基础上，核销事业编制，注销事业单位法人，进行企业工商登记注册……整合出版资源，既

---

① 《报纸期刊出版质量综合评估办法（试行）》第6条规定："新闻出版行政部门结合报纸期刊年度核验和日常监管工作开展综合评估，评估工作至少三年开展一次。"

> 充分发挥市场在资源配置中的基础性作用，又有效发挥政府在资源配置中的引导作用……实行严格的报刊出版市场准入机制，从主管主办资质、内容导向、资本来源、资产规模等方面制定具体的市场准入条件，同时建立健全市场退出机制。①

2011年7月，新闻出版总署"吹响了""非时政类报刊出版单位体制改革攻坚号角"，柳斌杰署长在接受记者专访时再次重申了中办19号文件的精神，表示要"分期分批按照规范程序完成非时政类报刊出版单位的转企改制，使其成为能独立承担社会法律责任的市场主体"。②无论从"两办"关于报刊体制改革的纲领性文件，还是柳斌杰署长的表述中，都可以清晰地看出市场化的改革导向。

具体到学术期刊如何改革，中办19号文件未做明确说明，表示"科研部门和高等学校主管主办的非独立法人科技期刊、学术期刊编辑部，另行制定具体改革办法"。2012年7月，新闻出版总署发布了《关于报刊编辑部体制改革的实施办法》，这个办法在"转企改制"以外并没有新的改革路径，③也就是说，总署认为市场化导向也完全适用于学术期刊改革，或者说，市场化也是学术期刊改革的唯一路径和目标。该实施办法出台以后，在学术界和学术期刊界激起了巨大反响，反对和质疑的声音如此之多也许是总署始料不及的。对于学术期刊是否应进行市场化的改革，笔者已与仲伟民教授合作专文予以论述，④ 在此不再展开论述，只是指出，既然总署已决定将市场化作为学术期刊改革的导向，以打破传统的学术期刊单位制，使其成为独立的市场主体，那么，总署所颁行的《全国指标体系》同样应该坚持这一导向。这就涉及了一个不能回避的问题，那就是，如果坚持将"四大板块"作为

---

① 中共中央办公厅、国务院办公厅：《关于深化非时政类报刊出版单位体制改革的意见》，中办发［2011］19号。
② 柳斌杰讲话见吴娜《非时政类报刊出版单位体制改革攻坚号角已吹响——柳斌杰接受专访介绍非时政类报刊出版单位体制改革的热点问题》，新闻出版总署网站，http://www.gapp.gov.cn/cms/html/21/1006/201108/721385.html。
③ 新闻出版总署：《关于报刊编辑部体制改革的实施办法》（2012年7月30日），新闻出版总署网站，http://www.gapp.gov.cn/cms/html/21/508/201208/761738.html。
④ 仲伟民、朱剑：《中国高校学报传统析论——兼论高校学报体制改革的目标与路径》，《清华大学学报》（哲学社会科学版）2012年第5期，第20~34页。

出版质量综合评估的必不可少的内容（前文已论证，四大板块并非都属于期刊质量评价的内容，但在不同的目的下，对每个板块内容的评价还是有各自意义的），那么，对于作为独立的市场主体的学术期刊与单位制下学术期刊的评价是否完全相同？

答案显然是否定的。单位制下的学术期刊在办刊条件的保证、办刊环境的优化、办刊人员的构成等诸多方面，都是由主办单位而不是由不具备独立法人资格的期刊编辑部或期刊社所决定的，即使在直接关系到学术期刊质量的期刊定位乃至具体的选题策划方面，编辑部和期刊社的自主权都极为有限。在这样的办刊体制之下，期刊质量评估指标更多地指向期刊主办单位如果是相对合理的话，那么，成为市场主体后的学术期刊在上述诸多方面应该已拥有了较多的自主权，同时，也会更依靠市场来调节，是否能满足学术市场的需要以及对市场的适应能力理应成为评估的主要内容。在《全国指标体系》中，尽管已涉及资源、环境、市场等方面，但学术期刊与市场的特殊关系并没有得到应有的合理观照。必须指出的是，如果一定要让学术期刊成为独立的市场主体，那么，学术期刊与市场的关系必有其特殊性，而不会等同于一般商品，也不会等同于面向大众市场的期刊。在《全国指标体系》中，我们看不到能反映学术期刊与市场关系的能动指标，比如期刊的市场定位准确度、期刊对读者市场的细分能力、读者对期刊的归依程度、期刊通过市场化运作对学术研究的引领能力、期刊对市场变化的应对能力等，更看不到专为学术期刊而设计的市场化指标。不能不说的是，《全国指标体系》的制定者虽然看到了市场化的导向，也力图将之纳入评价指标体系，但他们并未能真正了解或预判改制后学术期刊特殊的市场定位，因此也无法制定相应的评价指标。他们的思维实际上还停留在单位制的学术期刊之中，这从该指标体系仅有的几个看似与市场相关、实则根本无法评判期刊是否建立了新型的市场关系的机械性指标中即可见一斑。

2. 数字化、集约化、规模化趋势与以纸本为中心、指向过去的评价指标

总署在《关于报刊编辑部体制改革的实施办法》中规定的包括学术期刊在内的报刊编辑部体制改革的指导思想和原则要求是：

> 报刊编辑部体制改革必须按照中央有关报刊出版单位体制改革的总体部署和要求，与调整报刊业结构、转变报刊业发展方式相结合，与实

现报刊业集约化经营、培育大型报刊传媒集团相结合，与推动传统报刊业向数字化、网络化现代传媒业转型相结合，与建立健全报刊准入和退出机制、科学配置报刊资源相结合。通过改革，解放和发展报刊生产力，破解报刊业"小、散、滥"的结构性弊端，实现报刊业转型和升级，推动报刊业又好又快发展，增强报刊出版传播能力。①

在这里，以往呈现出"小、散、滥"特征的孤立的学术期刊将被集约化、规模化和数字化的大型报刊传媒集团所取代，学术期刊界将面临全面的重新洗牌。笔者以为，学术期刊发展的集约化、规模化和数字化方向是毋庸置疑的，那么，《全国指标体系》与改革的大方向是否一致呢？进而言之，在大的变革即将来临时，作为配合革新的学术期刊评价机制的代表，《全国指标体系》的前瞻性又是如何？

在笔者看来，学术期刊的集约化，特别是规模化发展前景虽然光明，但尚有许多难关必须闯过，还有许多不确定因素，如果要求《全国指标体系》在这方面发挥实际作用也许过于苛求，但数字化的变革却已进行多年，从数字化的进程和可以预见的未来发展来分析《全国指标体系》是否具有必要的前瞻性则是合适的。

以数字化为中心的高新技术的深度介入，已经和正在给出版业带来一场史无前例的革命，出版业的新时代正在到来。对学术期刊来说，更是如此。从表面看，数字化不过是以网络传播的数据取代了纸质载体，似乎仅是传播介质的变化，但透过这一表面现象，不难发现数字化的革命绝不仅及于此，而是整个期刊业的所有方面都正在或必将发生影响深远的变化。有关这方面的研究和论述可谓十分丰富和清楚，无须笔者饶舌，在此只是特别指出数字化对学术期刊影响的复杂性。在多数人欢呼一场新技术革命到来的同时，必定会有一些人因新技术的发明和推广而失去原有的地位，甚至是饭碗。数字化对学术期刊来说，是一把"双刃剑"。一方面，数字化技术的全面介入惠及了学术期刊编辑出版整个流程中的所有人，每个从烟熏火燎的铅字排版时代走过来的人对此都会有切身体会，无须多言。另一方面，传统纸本期刊（即使扫描后实现了数字化转换）在学术传播中的中心地位也许会日趋旁

---

① 新闻出版总署：《关于报刊编辑部体制改革的实施办法》（2012年7月30日）。

落。如果说，学术论文是学术成果的主要形式，学术成果传播主要是学术论文的传播，那么，在纸本时代，作为学术传播最小单元的学术期刊，实为学术论文传播的最佳载体，论文不经学术期刊发表，根本无法进入广泛传播的过程，也就难以得到学界和官方的承认。在进入数字化互联网时代后，情况发生了改变，互联网的交互性在理论上使传播成了个人可以独立完成的行为，而公益性的学术论文开放存（获）取网站、单篇论文优先在线出版等新事物的出现，则在实践层面使个人的学术传播行为得以真正实现。对于学术传播来说，数字化时代与传统纸本时代最大的不同是，传播的最小单元已由期刊变成了论文，不仅在众多的论文在线网站，即使在体量庞大的期刊数据库网站，期刊也早已被拆解为一篇篇独立的论文，读者检索的结果不再是期刊而是论文。早在2005年笔者就曾针对这一现象撰文指出，"社科学术期刊已迷失在数字化的网络海洋之中"，[1] 如今，这一现象已变得十分明显，随着单篇论文的走强，期刊走弱的趋势已现端倪。

　　面对汹涌而来的数字化浪潮，学术期刊人理应有清醒的预判和恰当的应对，优秀的学术期刊人正是这样做的，他们早已伸开双臂，热情拥抱数字化这一新技术，努力改变期刊的样态，把工作的重心从纸本期刊转移到了数字媒体，其标志就是由纸本时代以编发最好的文章为己任到数字时代以做最好的传播为己任的转变。数字化则使他们如同插上了双翼，期刊平台在一定程度上已转变为网络平台，期刊的走弱虽然难以改变，但做最好的论文在线传播已使部分传统期刊社走上了数字化快速发展的轨道。一些依托于数字平台和协同创新的全新的数字化期刊已经问世，比如，由17家教育部哲学社会科学名刊工程入选期刊联合创办、与纸本综合性学报同步以数字形式出版的"中国高校系列专业期刊"已于2011年初创办，两年来，借助网络传播的优势，在线阅读和下载量已十倍于纸本期刊，其阵营正在不断壮大，且有多家高校专业期刊加盟。该系列专业期刊的成功创办，已显露了一个学术期刊群的全新样态，为高校期刊的数字化、集约化和规模化发展开辟了一条可行的路径。但是，仍有许多学术期刊，特别是社科学术期刊，仍将数字化看作外在于期刊编辑出版的因素，所有的工作，仍以纸本为中心，面对数字化潮

---

[1] 朱剑：《网络环境下社会科学期刊的迷失》，《吉林大学社会科学学报》2005年第4期，第23~24页。

流，应对乏术，纸本的发行量一降再降，而数字化则举步维艰。今天的纸本学术期刊已越来越远离读者，数字化阅读已成为普遍甚至是唯一的学术论文阅读方式，这已成不争的事实。在这样的情况下，谁能将学术期刊送入或推入数字化发展的快速路？期刊评价责无旁贷，应发挥其引导作用，但在现实中，评价所发挥的作用可谓微乎其微，不仅如此，甚至还起到了反作用。一个很能说明问题的事实是，在纸本学术期刊远离读者的同时，却仍然得到作者的青睐，为何如此，这不能不归功于"以刊评文"的量化评价。在各高校和科研机构的绩效考核、职称评定等与学术评价有关的一切评审中，在纸本"学术榜"期刊上发表论文是必要条件。这也从一个侧面说明，如今的许多量化评价，仍是以纸本学术期刊为中心。

那么，在总署大力推进期刊数字化的背景下出台的《全国指标体系》是否有所改观？答案却是否定的。《全国指标体系》虽然也涉及了数字化，但对数字化的理解与定位却都出现了不应该有的偏差。在《全国指标体系》中，"出版能力"（一级指标）下"出版规模"（二级指标）仅列出"年度总印数"等4项与纸本期刊相关的数据，[①] 期刊的纸本发行成了"出版规模"的唯一数据。当然，在"出版能力"（一级指标）下，并非没有提及数字化，而且将"数字出版"（二级指标）与"出版规模"（二级指标）并列，并设立了"纸质出版物数字化"和"年度数字出版收入比例"共两项三级指标。这固然反映了在制定者眼里，数字出版不宜计入"出版规模"，更反映了制定者眼里的数字化只是单纯为纸本服务的，或是纸本的副产品，编辑工作的中心仍应是纸本期刊，自然的，纸本期刊也就成了《全国指标体系》的中心。由此足见《全国指标体系》在具体评价指标构成方面，基本上是以纸本为中心的仅指向过去而不问未来的自我封闭体系。

必须指出的是，在设计指标体系时有一个问题是不能忽略的，即是构建一个开放性的指标体系还是一个封闭性的指标体系。我们知道，期刊的形式数据只能指向期刊的过去，故单纯的期刊形式数据量化指标体系往往容易呈现出封闭性。如何从过去的已发生推导出未来的将发生，是这样的指标体系

[①] 《全国指标体系》中与数字传播相关的指标还有在学术期刊"学术水准"指标项下列出的"Web即年下载率"，但因为期刊网络传播渠道多样化并存，已使其成为一个无法准确统计的数据，而且这个数据并未列于"出版能力"项下，这就造成了即使数字传播能力再强也与出版规模亦即出版能力无关这一荒唐结果。

难以解决的问题。从《全国指标体系》来看，其制定者似乎并未考虑机械性的指标体系如何应对日新月异的期刊发展前景这一问题，完全从传统期刊的模式来考量期刊的优劣。笔者以为，即使要建立一个标准的指标体系（其实并无此必要），它也必须是一个开放的体系，一个服务于学术研究和学术期刊发展的体系，一个能不断根据学术研究和学术期刊发展而自我完善的体系。对照这一要求，《全国指标体系》还差得很远。

从以上两方面的分析不难看出，至少对学术期刊来说，《全国指标体系》与中办19号文件所规定的期刊体制改革的方向并不那么合拍，这就产生了一个问题，积极倡导并直接部署报刊体制改革的新闻出版总署为何发布这样一个与改革大方向并不合拍的《全国指标体系》？笔者并不清楚这一指标体系的制定过程及其出台的台前幕后情况，只能从总署所发布的关于报刊体制改革的文件出发进行分析。最值得分析的文本当然是新闻出版总署2012年7月30日制定的《关于报刊编辑部体制改革的实施办法》，在这个文件中，以学术期刊为主的编辑部体制改革的大方向是明确的，且与中办19号文件精神完全一致，但这个大方向是针对所有报刊的，而不同性质的报刊需要通过制定各自的具体目标和选择各自的合理路径，来确保改革是朝着这个大方向迈进的。从中办19号文件对学术期刊"另行制定具体改革办法"的表述来看，首先，文件认同了学术期刊具有特殊性，应制定符合学术期刊特性的具体改革目标和路径；其次，这个具体目标和路径在"两办"制定这个文件时尚未明确，故要在明确后"另行制定"。所以，总署在制定《关于报刊编辑部体制改革的实施办法》时，仅有与中办19号文件一致的改革大方向是远远不够的，更重要的是，它必须明确包括学术期刊在内（或以学术期刊为主）的编辑部改革的具体目标和路径。但令人失望的是，《关于报刊编辑部体制改革的实施办法》"是个只谈手段不谈目标的办法，通篇都是'转企改制'，'转企'已成为目标与手段的二位一体。但严格说来，'转企'只是改革的路径或手段，但如今已被提升到了目标的高度，甚至取代了目标。那么，学术期刊改革的目标应该是什么？通过'转企改制'能否实现？这些核心内容在总署的文件中却没有说明"[①] 为何不予说明？

[①] 仲伟民、朱剑：《中国高校学报传统析论——兼论高校学报体制改革的目标与路径》，《清华大学学报》（哲学社会科学版）2012年第5期，第32页。

《评估办法》和《全国指标体系》也许能从一个侧面为我们解开这个谜,那就是,总署对这些关键问题的认识并不清晰。撇开《评估办法》和《全国指标体系》种种违背学术评价常识的设计不谈,仅从它们仍立足于单位制的纸本期刊而无力顾及学术期刊特殊的市场化转型和数字化、集约化、规模化的具体前景就可清楚地看出,其制定者并不知晓未来学术期刊发展的具体目标,当然就更不知晓通向目标的合理路径;而总署将这样的指标体系确定为在改革中特别是改革后评价学术期刊的依据,则进一步证明了笔者关于总署对学术期刊改革目标和路径缺乏清楚认识的判断。需要说明的是,笔者无意就此指责总署,形成于计划经济时代的学术期刊体制60年来几乎一成不变,造成了从总体的结构布局到编辑部内部的运行机制的重重困境,可谓积重难返,也许我们可以借鉴发达国家的学术期刊结构设定一个中国学术期刊的理想目标,但如何到达理想的彼岸却是一个不可能有简单答案的难题。笔者所要强调的是,在对目标与路径尚未形成基本共识之前,一刀切的"转企改制"这样的类似于"休克疗法"的毕其功于一役的手段必然带有极大的盲目性,绝不是学术期刊改革的最佳手段,而指望《全国指标体系》这样的量化评价来实现学术期刊"长效的"优胜劣汰,则无异于缘木求鱼。

〔原载《清华大学学报》(哲学社会科学版) 2013年第1期〕

歧路彷徨：核心期刊、CSSCI 的困境与进路

——"三大核心"研制者观点述评

自从北京大学图书馆等单位的《中文核心期刊要目总览》（以下简称《总览》）于 1992 年问世以来，学术界、学术期刊界围绕核心期刊的争议就没有平息过，随着中国社会科学院文献信息中心《中国人文社会科学核心期刊要览》（以下简称《要览》）和南京大学社科评价中心《中文社会科学引文索引》（CSSCI）在数年间的相继问世，相关讨论更形热烈。其中，出自各学科学者和期刊编辑的批评性评论尤其引人注目，无论是对《总览》、《要览》，还是对"CSSCI 来源期刊"，批评的矛头都主要指向其在学术评价和学术期刊评价中的负面影响，因为在这样的评价中，《总览》、《要览》和 CSSCI 所起的实际作用相差无几，都是凭借其期刊排行榜的简单、实用而成为"以刊评文"这种被简化了的学术评价的基础的。故而学术界、期刊界和管理部门对这三者就有了"三大核心"这样的通称，而不大在意《总览》、《要览》与 CSSCI 之间的差别。本文所要评论的正是这样的现象，所以沿用这样似乎已约定俗成的通称。

从"三大核心"研制者身份即可知其产品不过是文献情报学研究的成果，何以能越出其学科边界而在整个学术界引起如此巨大反响？这就不能不说到行政权力对学术活动的介入。随着中国经济的高速发展，国家对学术研究的投入逐年增多，来自国家财政的拨款成为最重要的学术资源。在理论上，这样的资源应该通过最合理的方式分配给最有能力的科研机构或研究者个人，方能发挥最大的效益；在实践中，资源首先以工程或项目的形式进行切割，然后通过类似竞标的程序评选出最合适的中标者。掌控和操作这一过程的当然是行政权力部门。行政权力部门的立项和分配以及后续的管理都必

须有一个公认的标准,但行政权力部门并不懂科研业务,这个标准只能通过专业人员来制定并执行,这个制定标准和执行的过程遂成为代表权力意志的学术评价。本文所讨论的即是此类评价,而不是学者之间的学术批评或一般意义上的用户对产品的评论。

学术评价并非中国所特有,只要有政府或机构的投入,评价就必不可少。在国际学术界,同行评议被公认为最权威的学术评价方式。但是,在中国 1990 年代以来不断恶化的学术生态环境下,同行评议早已不具公信力,而服务于政府资源配置的评价却不可缺少,这就使号称定量评价的核心期刊和 CSSCI 适时补位,其研制者也被视为或自认为专业评价机构。近 20 年来,评价机构的量化评价在政府主导的各种评价中已然发挥着不可替代的作用,被视为学术研究的"指挥棒"。

尽管遭到各方猛烈抨击,评价机构的期刊排行榜仍然每隔两三年就会高调发布,对铺天盖地的批评却很少有相应的回应,因此,在评价者与被评价者,即学者、期刊人与评价机构之间,并没有形成有效的学术对话。不过,笔者注意到,2011 年底,《澳门理工学报》开设了"总编视角"这一专栏,在此后的 4 年时间里,来自"三大核心"的主编或负责人皆曾在"总编视角"撰写长篇专文,阐述其产品的原理和作用。这就为我们提供了分析其观点及其产品的最新也是最全面的文本。本文意在通过对这些文本的解读,分析"三大核心"的意义与局限,明确其应有的定位和可能的作用,并就"三大核心"发展进路问题,提供一个思路。

一 核心期刊、CSSCI 的基本原理与适用范围

作为评价机构的负责人,"三大核心"的主编或负责人站在自己的立场来讨论评价问题是理所当然的,关键在于当他们试图将其产品越界推向整个学术界时,能否在共同的话语基础上与作为评价对象的各学科学者及学术期刊人形成对话并获得后者的认同。然而,难以平息的批评之声足以说明两点:其一,这样的越界已是事实;其二,这样的认同并不存在。从对"三大核心"的批评来看,首先遭遇的质疑是其产品是否具有科学的理论依据,其次是其产品能否合理和公正地评价学术和评价学术期刊,最后是"三大核心"的研制者是否具备对各学科的学术研究和学术期刊进行权威评价的

主体身份。本文所要分析的几个文本对此都有所回应，总的说来，同属核心期刊的《总览》和《要览》主编的观点更为相似，而 CSSCI 则有所不同，故本文对两者分开论述并予以比较分析。

（一）似是而非的理论依据："布氏定律""加氏定律"抑或其他

任何一个由文献情报学研究人员研制的评价产品，其研制者都会声称以一定的理论为依据，理论对评价方法与程序的成立固然是至关重要的，除此之外，还有一个更为重要的隐喻，即掌握评价理论和方法者自然就具有了评价主体的身份。所以，《总览》和《要览》的主编们在讨论其主持的评价项目时，大多没有直接切入评价主体身份这一多少令评价机构不大自信的话题，而是不约而同地从核心期刊的制作原理和方法说起。

1. 量与质的混淆：对"布氏定律"与"加氏定律"的解说

作为一种质量评价的核心期刊，其理论源头在哪里？《要览》主编姜晓辉《核心期刊的评价功能与作用》（以下简称"姜文"）一文是从1934年英国文献计量学家布拉德福发现文献集中与分散定律追溯起的，该定律显示："对某一学科或主题而言，将科学期刊按其登载相关论文数量的多少递减排序，这些期刊就可以分成对该学科或主题最有贡献的核心区，以及论文数量与核心区相等的几个区。""布拉德福定律的现实意义在于通过某个学科文章在期刊中的分布分析获取一定数量的核心期刊，从而减少读者面对众多期刊难以选择的迷茫，使读者选择专业期刊时更有针对性。"[①]"姜文"认为这是核心期刊的理论源头。在这里，"姜文"强调了文献分布的核心区，却模糊了核心区与质量的关系。但我们知道，一本期刊中，某学科载文量的多少，与其质量并无必然关系，"布氏定律"并不是一个关于期刊质量的定律，故与质量评价无关。

接着，"姜文"说到了1953年美国文献计量学家加菲尔德的发现："期刊论文被引用的情况也符合布拉德福定律，期刊的分布也有一个比较集中的核心区域和一个比较分散的相关区域，这就形成了著名的加菲尔德文献集中分散定律。这是加菲尔德对'布氏定律'的重大突破和发展。"依凭

[①] 姜晓辉：《核心期刊的评价功能与作用》，《澳门理工学报》2012年第1期，第 94~105 页。以下引自姜晓辉的论文皆为该篇，不再一一注出。

这一定律,加氏相继研制了SCI、SSCI和A&HCI等期刊引文数据库,"形成了一个多学科、国际性和综合性的引文索引体系和引文分析理论体系,为人们提供了一种全新的文献分析与检索途径"。显然,"加氏定律"只是说明得到较多引用的文献会集中在部分刊物上,这与核心期刊有何关系呢?"姜文"认为:"加菲尔德强调的引用关系本身带有天然的评价关系,是核心期刊具有评价功能的出发点。"在这里,"姜文"强调引文与评价的关系,却模糊了另一个重要关系,即引文与质量的关系。诚然,某学者对某文献的引用代表了该学者的某种评价,但学者引用他人的动机是复杂的,"从现有的实证结果来看,引用关系是基于文献之间的相关关系建立的,并不能直接证明引用关系完全体现知识增长的累积性"。[①] 所以,"加氏定律"只是指出了高效的引文索引和分析途径,充其量也只是说明被引用文献与其影响力之间具有某种相关关系,而影响力与质量是不能直接画上等号的,要证明某文献被引用的数量与其质量之间的关系并给出量化的描述,对引文的分析,即对引用者的引用动机、目的、内容和对被引文献的学术贡献或对引用者研究的作用的专业分析,都是必不可少的重要程序,未经这样分析的简单的数量统计、运算并不能直接说明被引文献的学术质量或学术贡献,故不能视为学术评价。

2. 量与质的转换:对"布氏定律"和"加氏定律"的"发展"

"布氏定律"和"加氏定律"所揭示的是期刊论文和引文分布的规律,而不是期刊论文质量分布的规律,因此,作为文献检索工具的理论依据是成立的,但作为用途与检索无关而只与评价相关的核心期刊的理论依据则是说不通的。若要勉强说"布氏定律""加氏定律"是核心期刊的理论依据,那就必须对这个理论加以改造,使其通过量与质的勾兑变得看起来像一个评价理论,而核心期刊的研制者正是这样做的。《总览》主编蔡蓉华和何峻合作的《论期刊评价之目的、方法和作用》(以下简称"蔡文")一文认为:"'布拉德福文献离散定律'和'加菲尔德引文集中定律'揭示了学科文献在期刊中的分布存在'集中'和'分散'的客观规律,为定量评价学术期刊奠定了理论基础。后人进一步研究证明,学科文献的被摘录、被转载、被

[①] 刘宇、李武:《引文评价合法性研究——基于引文功能和引用动机研究的综合考察》,《南京大学学报》(哲学·人文科学·社会科学)2013年第6期,第137页。

阅读等多种特征在期刊中的分布都遵循集中和分散的规律。"① 在这里,与"姜文"一样,"蔡文"将学科文献的集中与分散规律等同为质量分布规律,使之在核心期刊的理论中起到了基石的作用。除此之外,"蔡文"还创造性地将对学科文献的摘录、转载、阅读等带有一定目的性行为的简单计量都视为与引文计量一样的定量评价。于是,只要将这些数据累计后进行综合排序,就可以完成所谓的定量评价。在将数量与质量之间画上等号、让其可以自如转换之后,文献集中分散定律被改造成了质量集中分散定律,"布氏定律"、"加氏定律"终于"发展"成了核心期刊的理论依据。可见,这一"发展"的要害不在于增加了指标种类,而在于抽去了定量评价必不可少的程序——对数据的专业解读和分析,这个所谓的定量评价实际上也就成了只有数据而没有评价的单纯计量。

核心期刊研制者除了混淆了数量、影响力与质量的关系外,其"理论发展"的一个重要内容就是引入复合指标以掩盖其缺乏专业的数据解读和分析的局限,并造成增加了评价分量的假象。但是,从检索到评价的跨越并不是增加几个指标就能达成的,即使以所谓"指标体系"来看待核心期刊评选的复合指标,也不难发现,在作为排行榜依据的数量统计方面至少存在着两方面的问题:其一,这些增加的指标是否具有评价意义?比如被视为重要指标的"文摘量"、"文摘率","在激化学术期刊界的内部竞争的同时,也招致学术期刊界对文摘评价功能的质疑和批评:它们为何能够凌驾其他客观学术体系之上具有如此显赫地位"?实证研究也证明,文摘的数据是不足以用来评价期刊的。② 其他的指标或多或少也都存在类似问题。其二,依据复合指标制作排行榜所面临的普遍问题——如何加权?但凡组成复合指标的各单一指标的意义和价值是各不相同的,为了制作综合数据排行榜,必经加权运算这一程序,而加权却是一件极为主观的事,人为的干扰无以避免,最终的综合数据即使精确到小数点后若干位,对于制作者来说,稍稍修改一下加权方案就能轻而易举地予以改变,从而改变被评价者的排序,而对于被评

---

① 蔡蓉华、何峻:《论期刊评价之目的、方法和作用》,《澳门理工学报》2012年第2期,第112~123页。以下引自蔡蓉华等的论文皆为该篇,不再一一注出。
② 参见王文军《中国学术文摘:现状与展望——以"三大文摘"为中心的实证研究》,《清华大学学报》(哲学社会科学版)2013年第6期,第5~12页。该文指出,期刊被摘量与期刊学术质量并无正相关关系。

价者或使用者来说，脱离了实际内容的数据除排序外已毫无意义。如果说，量化评价的最大特点或优势是指标的"客观性"、"公正性"和"实用性"，那么，随着复合指标的加权，"客观性"、"公正性"和"实用性"也已打了很大的折扣。可见，加入复合指标与将引文数据直接用于评价，其逻辑推演的荒诞性是一脉相承的。

"加氏定律"的发现者加菲尔德对这种将检索理论发展为评价理论的做法虽然没有直接的评论，但他在 2009 年 9 月访问中国科学院与学者和媒体见面时反复强调了"分析"的意义："具有深入分析性的评估分析库，在某种意义上具有评估研究影响力的作用，但永远要记住 SCI 的主要功能是用于检索。"[①] 显然，只是为了给期刊排行而不是"深入分析性的评估分析库"的核心期刊的原理特别是用途与"加氏定律"并没有那么密切的关系。事实上，核心期刊从产生的那天起，与源于"布氏定律"、"加氏定律"的 SCI、SSCI 和 A&HCI 就是风马牛不相及的产品，前者是"评价"产品，形式是期刊排行榜；后者是文献检索工具，形式是引文索引数据库，评价作用即使存在，也只是其衍生功能，且必须通过"深入分析"才能实现。将核心期刊归附为"布氏定律"和"加氏定律"的产物，只是为其寻找一个理论上的合法性而已。可见，核心期刊之于学术评价，其理论依据并不像"姜文"和"蔡文"说的那般坚实可靠。

（二）模棱两可的适用范围：指导订阅还是评价期刊

与所有的产品一样，核心期刊当然也是为了满足一定的需要而产生，并在一定的范围内适用，那么，核心期刊是因何种需要而生，又有什么样的适用范围呢？

1. 指导订阅：最初的适用范围

"蔡文"谈到了核心期刊产生的背景："在文献爆炸的时代，人们获取有效文献的困难越来越大，社会需要快速有效查找文献的方法，于是文献情报工作者责无旁贷地承担起了这个任务，他们的研究在两个方面取得了重大进展。一是编制文献检索工具，使读者可以较方便地查找所需文献……近

[①] 《"SCI 之父"加菲尔德博士访问中国，接受采访为 SCI 正名》，http://www.eschina.org.cn/Article/9156.html。

20年来，随着网络信息技术的发展，各种文献检索资料库发展迅速……二是对期刊进行评价，使读者可以选用最有价值的期刊。""研究科学的方法，对期刊进行客观评价，成为图书馆界和情报界的重要任务之一。这类期刊评价研究，一般由图书情报部门主持，依据最初由国外传入而后在国内得到发展的文献计量学理论，采用文献计量统计方法进行评价，评价成果的名称也借用舶来术语'核心期刊'。"在这里，"蔡文"说得非常清楚：信息时代到来导致的获取有效文献的困难催生了新型的文献检索工具——文献检索资料库；选择有价值期刊的困难催生了指导订阅期刊的工具——核心期刊，而这两项工作，都是由文献情报部门及其工作者"责无旁贷地承担"的。

可见，从一开始，文献情报工作者对所从事上述两项工作的适用范围是清楚的，那就是提供文献检索服务和指导图书馆订阅期刊。与提供文献检索的单一性服务不同，指导订阅的工作涉及了对期刊的评价，但也仅是用"文献计量统计方法"生成的简单的评价结果，诚如"蔡文"所言："评价结果是学科核心期刊表、引文资料库来源期刊表和期刊引证报告等，主要供需要对期刊进行宏观评价的读者使用。"说白了，文献情报人员所做的期刊评价工作，就是综合各种期刊阅读量（率）和引文量（率）等数据的排行榜或排名表，并定名为"核心期刊"。被列入排行榜的期刊只不过是被关注的程度较高而已。对于图书馆来说，为满足多数人的阅读需要，参考排行榜大致是合适的，但同时还必须尽可能满足读者个性化的需要，排行榜对此就无能为力了，所以，各馆在参考排行榜的同时，还必须根据本单位学科结构、学科特色增订部分未入榜但质量甚至更为优秀的期刊做补充，不然，必然出现"千馆一面"的状况。因此，核心期刊即使在指导订阅方面，其功能也是有限的，只能作为参考，而不能作为标准。核心期刊的作用仅限于此，真理多走一步就意味着有可能成为谬误。

2. 越界：从指导订阅到学术期刊质量评价

如果核心期刊的适用范围仅限于指导订阅，社会各界也不会对其有如今这样的关注和争议，显然，核心期刊多走了不止一步。事实上，核心期刊研制者的切身利益恰恰在指导订阅之外。"蔡文"和"姜文"都认为，核心期刊有理由也有必要越出指导订阅的范围，而适用于学术期刊的质量评价。

"蔡文"的论证路径是这样的：首先，"期刊评价是科学技术发展到一定阶段，因社会需要而产生的一项科学研究活动，它随着社会科学文化的进步而产生、发展和繁荣，不为任何个人意志所左右"；其次，罗列了"三大核心"及类似评价机构的期刊定量评价项目，并分析各自的特点和作用，以间接地论证"文献情报工作者责无旁贷"的期刊评价主体身份；再次，论证这些定量评价项目构成了整体性的期刊评价；最后，综合以上几点可证明，核心期刊理应不限于指导订阅，而应该具有期刊评价的功能。顺着这个理路，"蔡文"通篇谈的都是期刊评价，而非仅仅是核心期刊，但通读全文不难发现，这个期刊评价实际上几乎就是越出了指导订阅功能而成为期刊学术质量评价意义上的核心期刊。

如果说，"蔡文"是从核心期刊发展史这一纵向路径来论证核心期刊适用范围扩展的合理性和正当性的话，那么，"姜文"则选择了核心期刊测度标准与学术质量标准这一横向比较的路径。

首先，"姜文"对核心期刊的适用范围做了解读："核心期刊常被解读为两种不同的概念……前者是指期刊群中学科情报信息的核心部分，主要为学术期刊的优化利用提供服务，其筛选过程一般要根据文献计量学的定理和统计原则进行；后者关注的是期刊的全面质量……其筛选过程是学术期刊的评优过程。"在这里，核心期刊的适用范围是两个，一个是为期刊的优化利用服务；另一个是对期刊全面质量的评价。但"姜文"不赞同这样的解读，因为两者之间"不存在同一关系"。在这个看似正确的出发点上，"姜文"已悄悄地将为订阅服务换成了为"期刊的优化利用服务"。当然，为订阅服务也是为期刊的优化利用服务之一种，但在逻辑上，前提被扩大了，优化利用并不仅指订阅这一项。

其次，在具体讨论核心期刊测度标准时，"姜文"立场却发生了重要的改变："它（核心期刊）的评选过程，也可以看作是对学术期刊质量的测度过程，因为根据其定义所选出的核心期刊，必须是'某学科或某领域学术使用率（含被引率、转摘率和流通率）较高、学术影响较大的期刊'。"在这里，通过将"使用率"、"影响力"与质量直接挂钩，使核心期刊评选与学术期刊质量测度联结在了一起，但仅仅是"使用率"和"影响力"数据是不够的，所以，"姜文"马上又小心地补充道，"上述定义显然不包含评优意义上的对学术期刊质量的全面认定"。虽然不是"全面认定"，至少也是部分认定了。

再次，既然核心期刊的"质量"与评优的"质量"不是一回事，即存在两个不同的质量标准,那么,核心期刊的适用范围还是不能扩展到期刊质量评价,所以,"姜文"又进一步说:"(核心期刊)的评选过程,实际上是用定量统计与定性分析相结合的方式对学术期刊的学术质量做一定向的评比。不难看出,核心期刊的内容质量要求不亚于通用的评优标准。"至此,原本说得很清楚的"不存在同一关系"的两个质量标准终于变成没有区分度的"同一关系"了。

最后,"姜文"成功地说明了:正是因为核心期刊"非常适用于反映学术期刊的学术应用特征,因而很快被整个学术界、科研管理界广泛接受和使用"。何为"广泛接受和使用"?显然不仅仅是订阅参考,而是用作另一层面意义的学术评价,现实中两者也是合而为一了。所以,"姜文"最后认定:核心期刊是"目前其他方法难以取代的行之有效的评价模式之一"。

"姜文"和"蔡文"路径虽有不同,目的却都一样,说到底,还是要把核心期刊的评选标准等同为学术期刊质量评价的标准,可谓殊途同归。这样,就能既保持核心期刊指导订阅的原始功能,又能使其适用范围大大拓展,顺理成章地将其等同为臧否学术期刊质量的评价结果。读到这里,笔者不得不佩服两文作者的这一番苦心。

(三) 数据库与排行榜:CSSCI与核心期刊的差异

从以上分析可知,《总览》和《要览》这两大核心期刊主编在其研制原理和评价意义方面的观点是基本一致的,那么,一般人眼中的"第三大核心"即CSSCI的研制者是否持有同一观点呢?我们不妨读一读CSSCI评价中心负责人王文军的《检索抑或评价:CSSCI功能论析——兼论构建引文索引数据库的若干问题》一文。

CSSCI之被列为"三大核心"之一,是因其也拥有一个期刊榜——《CSSCI来源期刊目录》,与《总览》和《要览》相比,《CSSCI来源期刊目录》是问世最晚的一个期刊榜,但近年来在学术评价中却大有后来居上之势,其中一个十分重要的原因就是在这个期刊榜的背后有着开放的引文索引数据库CSSCI,正是因为数据库的存在,使得"王文"在诸多问题上与"姜文"和"蔡文"的观点有了明显差异。

"王文"也将CSSCI遵循的理论溯源至"布氏定律"和"加氏定律",事实上,CSSCI就是对SSCI的模仿,只是将数据源的范围限定在中文人文社会科学期刊，故而是一个用于引文分析的数据库产品。与"姜文"和"蔡文"对《总览》和《要览》学术评价意义的反复论述及对隐含的评价主体身份的认定不同，"王文"重点根本就不在评价。之所以如此，是因为"姜文"和"蔡文"如此劳心费力地论述其产品意义，无非要证明和彰显自己存在的价值，但其产品不过是一个期刊排行榜，能有的作用也就是所谓"评价"了，把所有的希望都放在一个排行榜的意义论说上，不费一番气力当然不行；而"王文"却只需证明引文索引数据库的作用就足以证明自己的存在价值了。

"王文"是这样论证引文索引的意义的："引文索引反映了科学文献之间相互引证的关系和特点，通过分析科学文献之间的引用和被引用情况，可以揭示其数量特征和内在规律，从而发现科学文献之间的纵向继承与横向联系的形态，进而评估学科研究的发展规模和趋势。"[①] 可见，数量特征只是一个方面，内在规律更加重要，只有把握规律，才能找到联系，进而做出科学评估，而 CSSCI 能做的只是前者，后者是各学科学者的事，所以，不仅要有数据库，而且还必须以一定的方式开放。当然，由此我们亦可推论，CSSCI 并不具有独立的学术评价或学术期刊评价功能，其研制者也不具有独立的评价主体身份。这些对于核心期刊来说是头等重要的事，在 CSSCI 那里并不是那么重要，重要的是 CSSCI 是否具有引文分析价值的数据库。

当然，对于 CSSCI 与学术评价的关系，"王文"所持的并不是 CSSCI 的一贯立场，CSSCI 也有过大肆宣扬其评价功能的过去，从强调评价功能到强调服务学术功能的转变，对任何一个体会过权力滋味的机构来说，都是一个艰难的过程；对 CSSCI 来说，这个过程与其说已经完成，不如说刚刚开始，而促成这一转变的原因是多方面的，下文将予以分析。

二 核心期刊、CSSCI 的正面作用与负面影响

正因为在核心期刊和 CSSCI 研制者是否具有评价主体身份以及其产品作

---

① 王文军：《检索抑或评价：CSSCI 功能论析——兼论构建引文索引数据库的若干问题》，《澳门理工学报》2013 年第 2 期，第 125~133 页。以下引自王文军的论文皆为该篇，不再一一注出。

为评价结果能否合法地存在等一系列问题上,"三大核心"研制者的观点有诸多不同,所以,对于核心期刊、CSSCI的正面作用与负面影响的问题,他们又有一番颇具特色的论述。

(一) 核心期刊的评价作用能否成立

1. 核心期刊研制者认定的作用

关于核心期刊的作用,"姜文"以"中国人文社会科学核心期刊"的评选为例,通过对评选程序、方法和指标体系的分析,论证了核心期刊的"直接使用价值是为读者、作者和馆藏部门提供各学科使用率较高的少数学术期刊"。对于学术期刊而言,"核心期刊的评价功能既是积极客观的现实,也是极具应用价值的期刊发展推力……有利于期刊找出办刊中存在的问题及定位编辑方针"。尽管核心期刊评价只是按文献计量学的方法进行的统计排序,但在期刊评优中"也可以按需要进行任何形式的匹配应用,例如,作为地区部门评选优秀期刊的定量参考指标。它的客观评价功能是可以适应社会需要的"。"蔡文"的观点与此颇为相似,也从"为期刊采购、读者阅读和作者投稿提供参考工具"、"为引文资料库选择来源期刊"、"为期刊出版和管理部门评选优秀期刊"等三个方面分别论述了包括核心期刊在内的期刊评价项目的目的及其可能发挥的作用。

2. 核心期刊的作用能否成立

在现实中,核心期刊的确在这三个方面都曾经或正在发挥着作用,问题在于,我们应该如何看待核心期刊在这三方面所表现出来的作用和影响。

首先,关于"姜文"和"蔡文"共同提及的核心期刊对订阅的指导作用。这是核心期刊研制的初衷,但那还是在期刊出版的纸本时代。随着期刊数字化和互联网时代的到来,特别是随着中国知网等期刊数据库的包库发行模式的普及和搜索引擎功能的日益强大,读者的阅读习惯已发生了根本性的改变,由读"刊"演变为读"库",核心期刊指导订阅的功能已没有多少实际意义,至少与其问世之初相比已不可同日而语。仍然坚持述说这一功能在当下的意义,无非为核心期刊的存在找到一个"最低"合法身份和理由。他们所要论说的核心期刊作用的重点并不在此。

其次,关于"姜文"提及的"极具应用价值的期刊发展推力"。"姜文"是这样解释的:"在于把期刊放在宏观的学术贡献率中确定自己的位置和档次，也就是说，看看自己在学术发展中的价值有多大、作了多大贡献，同时可以通过核心期刊的评价指标确定自己的纵向进步程度，以及和同行的横向比较量度。"正是这样的推力"有利于期刊找出办刊中存在的问题及定位编辑方针"。我们来看看事实是否如此。核心期刊是否具有这样的功能或作用，主要看核心期刊给期刊编辑提供了哪些相关的有价值的信息。事实是，核心期刊的研制者能给读者或期刊编辑提供的就是每一版的《总览》和《要览》或与之类似的排行榜，从这些"榜书"中，除了各种统计数字和排序外，期刊实在不能得到更多的信息。比如，期刊编辑从这些书中也许可以知道本刊的被引次数，但却无法获知究竟是哪篇文章被引用、被谁在什么文章和什么刊物上引用，引用的目的是什么，是正面引用还是负面引用等等真正有用的信息，只能是知其然而不知其所以然。这样的信息除了鼓励期刊编辑关心自己的排名外，还能有什么呢？所以，所谓"推力"、所谓"找出办刊中存在的问题及定位编辑方针"云云，如果存在，也只是让期刊明白怎样做才能迎合核心期刊评选的偏好。如此说来，期刊"通过核心期刊的评价指标确定自己的纵向进步程度，以及和同行的横向比较量度"倒非虚言，这个"程度"和"量度"就是评价机构给打了多少分。核心期刊评选依据的是一套通用性的指标体系，如果从管理学视角来看，通用性指标体系都存在着"共性指标偏好的问题，即赋予不同单元之间的共性指标过高的权重，而忽视对独特性指标信息的使用"。[1] 尽管核心期刊的复合指标体系由多种指标构成，但并无针对不同期刊的个性化指标，其共性指标偏好十分明显。当被评价者无法改变指标体系时，就会研究其偏好并迎合之以求得高分。现实中，这种对评价机构指标偏好的研究在期刊界甚为普遍，甚至有期刊为了迎合这样的偏好而不惜造假，这样的例子不胜枚举。正是在这样的"推力"之下，原本应为期刊服务的评价机构却成了办刊的"指挥棒"，从而构成了"评价机构与学术期刊的颠倒关系"。[2] 跟随着这样的"指挥棒"来调整编辑方针，结果也就可想而知了，难怪有那么多的学者认为"不合理的学术评价体系是当前学术成果问题存在的根源"。[3] 至于"蔡文"所说

---

[1] 吴国灿：《业绩评价中企业高管认知偏差研究》，《企业研究》2010年第8期，第16页。
[2] 仲伟民：《缘于体制：社科期刊十个被颠倒的关系》，《南京大学学报》（哲学·人文科学·社会科学）2013年第2期，第26页。
[3] 唐红丽：《学术成果问题根源于"评价体系"》，《中国社会科学报》2014年11月7日。

"为引文资料库选择来源期刊",这其实与核心期刊无关,因为来源期刊自有其不同于核心期刊的评选标准和目的。

再次,关于"姜文"和"蔡文"共同提及的核心期刊在评优中的作用。与核心期刊之于期刊的作用同理,判断核心期刊对评优是否有作用、作用的大小以及是正面作用还是负面作用,关键是看其能为期刊评优提供怎样的信息。且不说核心期刊的"质量指标"与评优的"质量指标"有何本质不同,即使具有某些相通之处,我们仍然很难认定,一个对期刊编辑并不能真正发挥正面作用的核心期刊榜能对期刊评优有何正面作用可言。那些只有排序信息的所谓"定量参考指标"充其量也只是给予评优活动一个名次预设而已,这样的预设在更多时候、更多情况下,只会干扰评价的专业性、公正性和导向性,鼓励期刊把追求数据的好看作为努力的方向。在现实的各种评优中,这样的预设所带来的干扰随处可见,而且在不少的评优项目中,甚至起到了主导作用。不然,核心期刊又何来"指挥棒"效应?

由此可见,"姜文"和"蔡文"关于核心期刊作用的论述,要么已是明日黄花,风光不再,要么似是而非,令人生疑。

(二)如何看待各界对核心期刊的批评

如前所述,学术界对核心期刊和来源期刊的批评从来都没有中断过,特别是近年来,核心期刊和来源期刊每有新版的发布,几乎都会掀起新一轮的批评高潮。那么,《总览》和《要览》的主编们是如何看待这些批评的,又是如何看待自己产品的负面影响的?

1. 虚实之间:对批评的回应

"姜文"指出:"上世纪九十年代以后,核心期刊作为一种选刊工具得到较大发展,而作为一种评价工具则受到很多非议。""对核心期刊的批评意见主要集中在其评价功能方面。持批评观点者认为,核心期刊是用数量化的方法进行学术期刊评价,先天不足,难以承担复杂的学术评估使命,其负面影响大大扰乱了学术期刊的正常发展"。"姜文"认为最具代表性的批评来自钱荣贵,"(钱)列出的核心期刊七大负面效应是颇具代表性的批判意见:一曰核心期刊遴选是操纵我国学术期刊生存与发展的一只'黑手';二曰'惟核心期刊论'导致学术期刊的价值取向发生偏离;三曰庞杂繁乱的核心期刊遴选干扰了正常的编辑出版秩序;四曰核心期刊已成为某些学术期刊大肆敛财的金字招牌；五曰'以刊论文'的科研评价方式恶化了我国的学术生态；六曰此起彼伏的'核心期刊'遴选浪费了大量的物力、财力、人力；七曰要求研究生必须在'核心期刊'上发文，侵蚀了学子的学术精神"。对于这些批评，特别是钱荣贵列出的"七宗罪"，"姜文"评论道："应该说，批评者所谈到的核心期刊的负面影响，很多确有其客观依据，对这些负面影响有必要进行反思和匡正。如果撇去情绪化的言论，这些对核心期刊的分析和批评意见有利于全面了解和认识核心期刊在研究制作和实践中存在的问题，有利于找出实际应用中不良影响的症结所在。"从这段评论可知，姜晓辉所领导的评价机构不仅看到了批评，而且对批评颇为重视，至于他从批评中汲取了什么教训，下文再予分析。然而，不知为何，"姜文"忽略了钱荣贵在提出批评时是区分了核心期刊与CSSCI的，钱荣贵的所有批评都是针对前者而非后者："目前，我国已经建立起较为完备的'引文索引'体系，这就是中国科学院《中国科学引文索引》（SSCI）（原文如此——引者注）和南京大学的《中文社会科学引文索引》（CSSCI）。这两个引文索引能够为科研评价提供多方面服务，不失为一种较为科学的评价工具。"钱荣贵甚至将CSSCI没能发挥其应有作用归咎于核心期刊："之所以这两个体系没有能够充分发挥科研评价的功能，就跟'以刊论文'评价之风的影响有关。"①"以刊论文"正是钱荣贵所指核心期刊"七宗罪"之第五宗。

与"姜文"对学术界的批评有所回应不同，"蔡文"并未具体提及这些批评，不过，从文章的字里行间还是可以明确地感受到批评所带来的压力，但"蔡文"对这些批评表现得似乎不以为然："期刊评价研究在它的产生和发展过程中，一直伴随着争议、批评和指责。其实，期刊评价是根据一定的标准，采用科学的方法，对期刊内在质量、使用规律和发展特点等各方面进行分析、评价，目的是为了揭示期刊文献整体的或某一具有特征部分的内在客观规律，以更好地发挥和实现其科学价值和社会功用，是一项科学研究活动，不应该有任何值得非议之处，关键在于如何认识和对待这一研究的价值和作用，任意夸大或全盘否定都是不正确的。"有好的动机的科研活动并不意味着就一定会有成功的结果，这是常识，怎么就不能有任何"非议"呢？

---

① 钱荣贵：《"核心期刊"的负面效应、成因及消除策略》，《学术界》2002年第6期，第165页。

如此，还要学术批评干什么？

2. 关键问题：谁是评价主体

以"七宗罪"为代表的学者们对核心期刊的批评或者说批判的确不可谓不尖锐，但是，这些不失凌厉的批评，却多是停留在对核心期刊所造成的一些学术乱象的抨击，并未涉及问题的关键——这些核心期刊的制作者是否具备学术评价主体的身份以及其产品是否具有学术评价的功能。

"姜文"和"蔡文"都尽量不去直接触碰评价主体身份这一不无"敏感"的话题，实际上，对于核心期刊的原理和作用，以及适用于期刊质量评价的合理性讨论与专业评价机构的评价主体身份的认定是一体两面、互为表里的事。证成了前两者，后者也就不证自明了。从两文作者煞费苦心的论述中，我们还是可以明显地感受到一种身份的焦虑，因为只有同行评议才是权威评价的理念早已深入人心，从单一学科的研究者到整个学术领域的评价者的身份跨越毕竟是件很难令人信服的事。"独立的定量评价主要由专业评价机构作出，其评价主体的身份是十分可疑的。如果说，只有学术成果（作品）的阅读者和使用者才具备评价主体的资格，那么，评价机构既不是阅读者，也不是使用者，其对评价对象各种形式数据的统计大多与阅读和使用无关，应该是连起码的评价主体的资格也不具备的。"[①]

但是，评价机构之评价主体身份的获取并非取决于学术界，在笔者看来，只要评价机构坚持并得到行政权力部门默认其评价主体身份，钱荣贵所预言的"在不远的将来，目前这种异化的'核心期刊'现象必将终结"的那一天就永远也不会到来。所以，对钱荣贵的这个预言，"姜文"也不以为然："而事非所愿，近十年来'核心期刊'现象非但没有终结，而且越来越多，近期又有武汉大学'RCCSE 权威期刊和核心期刊排行榜'高调加入到评价队伍中。"说这个 RCCSE"高调加入"并不为虚，它不仅要评选"核心期刊"，还要评选"权威期刊"，并且直接以"排行榜"为自己命名。可以肯定的是，RCCSE 不会是最后一家，也许还会有更高调的加入，但万变不离其宗，这些评价机构的产品无一例外，都是期刊排行榜，最多也就是名

[①] 朱剑：《大数据之于学术评价：机遇抑或陷阱？——兼论学术评价的"分裂"》，《中国青年社会科学》2015 年第 4 期，第 70 页。

称各异、规模不一、排序有别，目的都是要争夺学术评价的话语权，要抢夺"指挥棒"，其背后是谁都可以看到的对学术利益的争夺。

（三）核心期刊负面影响的原因何在

1. 外界误用：因果颠倒的原因解释

尽管对于来自学术界的批评，核心期刊的主编们较少有系统的正面回应，但还是或多或少地涉及了核心期刊在学术评价活动中的负面因素。比如，"姜文"指出："在使用核心期刊的评价功能时应注意其局限性，并注意与具体的评价体系相结合。""蔡文"则说到定量评价的缺陷在于"缺乏权威经验"，比较隐晦地承认了专业评价机构对各学科研究和期刊编辑经验的缺乏导致的专业性欠缺，而我们知道，在学术评价中，这恰恰是不可或缺的。我们无法想象，一个缺乏本学科研究经验或期刊编辑经验的局外人，如何能够"责无旁贷"地承担起评价的重任，其所谓评价产品又是如何能够直接用来指导研究和办刊的？

除此之外，他们更多地将核心期刊这样的所谓定量评价产品的问题归因于外部环境。如"蔡文"说："影响期刊定量评价结果的因素很多，评价过程中哪个环节出现问题都会直接影响评价结果的质量，特别在'以刊评文'所产生的负面影响下，评价指标的资料质量呈下降趋势，使定量评价结果更加偏离客观实际。""蔡文"还引用苏新宁的话："客观地说，在20世纪90年代以前，定量评价期刊是科学可行的，资料也可以真实地反映期刊的学术水平与学术影响。但是，目前由于许多利益的驱使，出现了大量办刊不端行为，这就使人们开始怀疑定量评价的科学性和公正性。"[①] 当然，学术生态的变化和学术环境的污染必定会影响到学术评价的公正性，至于某一评价体系的科学性则不仅与环境有关，更与其自身的建构有关。评价机构不长的历史正好说明了这一点。在笔者看来，苏新宁的这段话，提醒了我们一个十分重要的事实，那就是1990年是一个十分重要的时间节点，在那之前，还没有核心期刊这样的评价机构，那时的"定量评价"只是一种方法，而不是一种独立的评价体系，只要正确使用，当然是可行的。在那以后，评价机构

---

① 苏新宁：《期刊评价的困境与思考》，《重庆大学学报》（社会科学版）2010年第6期，第79页。

问世了，事情就发生了变化，学术评价发生了分裂，定性评价和定量评价由一般的评价方法升格成为两种不同的评价种类，甚至成为两个独立的评价体系，所谓"大量办刊不端行为"就是在那以后才出现并蔓延的。这正是核心期刊的导向性所导出来的结果，两者之间的因果关系是很清晰的，把"大量办刊不端行为"说成是造成定量评价的科学性遭到怀疑的原因，恰恰是因果颠倒了。

2. 属性之辩：工具与标准的错乱

在这里，我们还要着重分析在"姜文"中有所提及，而在"蔡文"结尾处特别提及的一个重要观点："要特别强调的是期刊评价成果只能作为参考工具使用，不能作为标准使用。原因之一是任何期刊评价体系都不可能尽善尽美，只能从某些角度对期刊进行评价，因此，评价结果和客观实际从宏观而言是一致的，但具体到微观层面和各被评价个体，并不一定精确相符。原因之二是核心期刊或来源期刊在数量的选取上，虽然遵循一定的原则和规律，但没有绝对的界限标准。"这里的论证逻辑是有问题的。"期刊评价成果"是作为"工具"还是"标准"，与其是否"尽善尽美"并无关系，"工具"与"标准"之间并不存在"不完美"的作"工具"，"完美"的作"标准"这样的关系。从来就不存在因为不完美就成了工具，而完美就成了标准这样的事。换言之，工具再完美，也永远只能是工具，而标准再不完美也不会改变其属性而成为工具，只不过是个有欠缺甚至失败的标准而已。至于核心期刊或来源期刊在数量上没有绝对界限标准之说，与它们是工具还是标准之间，也不存在任何关系，况且，文献学意义上的"二八定律"对核心区所给出的大致界定标准也已为许多人所接受，这也是核心期刊之所以能问世和存在的"理论依据"。换言之，纵然对核心区有一个绝对的数量标准，核心期刊也不会因此而成为评价"标准"。

如果把"工具说"放在"蔡文"整篇文章中看，则不免与文章的主旨不大协调——"工具说"如何与通篇的"主体说"融为一体？首先，如果说，核心期刊只是一种评价工具，那么，其制作者并不具有评价主体的身份，只是某种工具的提供者，使用这个工具者才是评价主体，这与其前文所说的评价机构"责无旁贷"地承担起评价期刊的任务不免矛盾。其次，如果说核心期刊只是一种评价工具，那么，也就无所谓"评价结果"，因为工具是不可能等同为结果的，只有通过使用工具，完成了评价之后，才能有结果的出现。今天学术评价出的种种问题，把工具当作结果恰恰是主要原因之一。再次，如果说核心期刊只是一种评价工具，那么，这个工具落实到学术评价或期刊评价上时，应该有翔实的数据和丰富的内容，使工具的使用者能够利用这些数据和内容完成期刊评价，然而，遗憾的是，其所谓"评价结果"只是一个简单到不能再简单的已经排好了座次的期刊排行榜。笔者以为，核心期刊的评选，无论从其目的还是结果来看，与其说是为读者（学者）、期刊编辑和管理部门提供了一种评价工具，不如说是提供了一种既定的评价结果（座次明确的排行榜）。将工具与结果混为一谈，只是在掩饰核心期刊真正存在的致命问题。

因此，我们才要追问，目前的学术环境问题与核心期刊本身的缺陷有无关系？与核心期刊研制者期望的在评价实践中所发挥的作用有无关系？可惜，这些问题"姜文"和"蔡文"都很少有正面回应。

（四）CSSCI 是如何强调其工具作用的

与姜、蔡强调核心期刊的评价作用不同，"王文"在论及 CSSCI 作用时始终强调的是，"CSSCI 首先是一种检索工具，这是它的基本功能"。

1. 数据库：CSSCI 的工具性质

尽管只是工具，但这种工具的作用却有独到之处，就是为学术研究、学术期刊、学术评价和政府决策提供数据服务，如"王文"所言："CSSCI 可以从来源文献和被引文献两个方面向研究人员提供相关研究领域前沿的信息和各学科研究发展的现状，准确地记录了某一学术的学术积累、借鉴和继承发展的关系。社会科学研究者可以通过不同学科、领域的相关逻辑组配检索，挖掘学科新的生长点，展示实现知识创新的路径"。除了检索功能外，"CSSCI 也是一种进行引文分析的重要工具，它可以利用文献计量方法对学术论文的发表和引用情况进行各种统计分析，自动生成详细的分析报告，为学术研究、评价评估、政策制定提供客观的文献计量数据。对于管理者，CSSCI 可以提供地区、机构、学科、学者等多种类型的统计分析数据，从而为制定科学研究发展规划、科研政策提供决策参考。对于期刊主办者，CSSCI 提供多种定量数据……通过多种定量指标的分析统计，可为期刊评价、栏目设置、组稿选题等提供依据"。

"王文"所描述的 CSSCI 的工具作用与"姜文"和"蔡文"所描述的

核心期刊的工具作用是存在着本质差异的，根本的差别在于：工具的构成是什么，谁是工具的使用者？CSSCI 提供的是各类数据，构成工具的正是这些数据，而工具（数据）的使用者至少在理论上是所有的学者、期刊人和政府决策者，故其工具性质十分明显。核心期刊提供的是排行榜，已是数据处理的结果，其数据的使用者只是研制者自己，故无任何工具作用可言。我们不妨以期刊办刊和评价为例，对比一下 CSSCI 与核心期刊在向期刊主编、编辑和主管部门提供的信息及其价值方面的差异。不难发现，对期刊而言，核心期刊的排行榜与 CSSCI 数据库所包含的信息根本不在同一个量级上。如果说，核心期刊的排行榜只能提供一些统计数字和排序信息，那么，CSSCI 数据库则集成了以引文为中心的各种原始数据，无论是作为办刊人还是评价者，都可直接进行原始数据分析和解读，而且这些数据都是可以溯源的。这些信息无论是对期刊编辑，还是行政权力部门评优，其意义均远非排行榜可比。从这个对比也可以看出，只有排行榜而不提供数据的核心期刊的所谓工具说有多么苍白。

2. 来源期刊："被动"的评价

在论及 CSSCI 功能的最后，"王文"才提到了它的"评价功能"，但强调这只是一种衍生功能，"CSSCI 的设计原理是基于文献计量学中的期刊'2/8 定律'，它不可能也无须收录所有期刊上的所有论文，因此在选择数据库来源期刊时，为了能够将最有影响力的高质量期刊收录其中，不可避免地要根据一些量化指标对期刊进行筛选，这样无形之中也就使 CSSCI 具有了一种评价功能"。可见，如果单纯从研制原理看，评价并非 CSSCI 的主要目的，评价功能甚至可视为"被动"的存在而非主动的追求，这与核心期刊不同（至于理论与现实的反差，下文分析）。显然，强调数据的工具性质是明智的，但是，并非工具就有意义，工具是否适用，是否有助于使用者完成其使命，是衡量其意义的标准。

从"王文"可以看出，CSSCI 已经走过了靠期刊榜打天下的"原始积累"阶段，而开始转入为学术研究、编辑办刊和政府决策提供数据服务的新阶段。这一转型的资本在于经过了十多年的积累，其所独有的 CSSCI 数据库已渐成规模并走向成熟，但从指挥者转变为服务者，观念上的转变在某种意义上来说更为困难，而要论及 CSSCI 研制者观念上的转变，则不能不说到 2010 年初那场对 CSSCI 的批判风暴。

（五）批判风暴给 CSSCI 带来了怎样的影响

与核心期刊相比，CSSCI 所遭遇批评的激烈程度可谓有过之而无不及，这些批评集中地出现于《2010～2011 年 CSSCI 来源期刊目录》发布之后不久的 2010 年初，主要阵地有学术批评网等网络媒体和《东方早报》等大众媒体。

1. 批判风暴：起于青萍之末

针对这个新版目录，代表性的批评意见有：其一，将来源期刊评选标准泛化为学术评价标准，损害了学术，助长了学风问题和学术腐败，"CSSCI 成为各高校对教师与学生进行学术评价的权威标准，成为中国学术界，特别是中国高校学风浮躁、学术不端的重要诱因。其结果，既对中国社会科学研究造成无以复加的重大损害，也成为一些学术期刊走向腐败的重要原因"。[①] 其二，对来源期刊的评选并不公正，"来源期刊有明显的地域偏向"，"有一些受到广泛批评、以收费而昭著的刊物被收入"，"一些受到学界广泛好评的学术刊物居然被排斥在该来源期刊之外"，"在学科分布方面，各大一级学科数量严重不平衡"，[②] 部分二级学科问题更多。[③] 其三，明知存在某些入选期刊收取版面费和数据造假问题，却"不纠正，不作为"，"把责任更多推给了期刊，而不是自身纠正"。[④] 从以上的批评可以看出，批评者完全将来源期刊的遴选与期刊评优画上了等号，而对 CSSCI 数据库则未着一字，批评的内容和逻辑与核心期刊"七宗罪"大同小异，但是，介入批评的媒体和批评的方式却有很大不同，并非全无道理的批评被包裹在情绪化语言之中，诸如"窃国大盗"之类的攻击性语言在网络媒体和大众媒体的呈现与钱荣贵以学术论文和专著的形式商榷有天壤之别，语言暴力宣泄得淋漓尽致，却阻断了可能有的学术对话。CSSCI 除了发表一个对不实之词"保留追

---

① 方广锠：《废止以 CSSCI 为高校学术评价的标准——致教育部长袁贵仁教授的呼吁书》，学术批评网，http://www.acriticism.org/article.asp? Newsid=11601&type=1000。
② 杨玉圣：《炮轰 CSSCI（论纲）——兼论学术腐败》，学术批评网，http://www.acriticism.org/article.asp? Newsid=16006&type=1008。
③ 参见林桂思《质疑 CSSCI——以语言学期刊为例》，学术批评网，http://www.acriticism.org/article.asp? Newsid=11210&type=1008。
④ 石剑峰：《CSSCI 被指有舞弊嫌疑？中国学术"GDP"造假为敛财?》，《东方早报》2010 年 1 月 21 日。

诉权利"的声明之外，并没有对此次暴风骤雨式的批评予以正面回应。

当我们今天回看2010年初围绕CSSCI的这场风暴时，可以看到，这场风暴虽然来得突然，但并非毫无预兆。2010年，恰逢CSSCI数据库问世10周年，这10年中，CSSCI从一个不为人知的引文索引工具跃升为影响最大的评价标准，为几乎所有的高校、科研机构、学术期刊和学者个人所关注，其风头已压过了核心期刊。与核心期刊由为订阅服务过渡到学术评价不同，CSSCI借助SCI、SSCI和A&HCI在中国已形成的巨大影响，以与国际通行学术评价全面接轨的姿态，从一开始就高调地直奔学术评价的主题，它是第一个以"评价中心"这样的招牌来为自己命名的文献情报研究机构。当CSSCI把自己打扮成专业评价机构之时，怎能指望对其并不真正了解的学者、期刊和管理者会理智地区分核心期刊与来源期刊之间、来源期刊目录与引文数据库之间的本质差别？这样的"成名"策略的确收效显著——"三大核心"之名不胫而走，且呈现取老牌核心期刊而代之的一家独大之势，许多高校和科研机构的"学术期刊榜"渐渐地由核心期刊换成了CSSCI来源期刊，"C刊"之说风行一时，但同时却也埋下了日后为人诟病的伏笔。当"以刊评文"之"刊"由核心期刊变为"C刊"之后，所有批评和抨击核心期刊的理由稍加改变即可加诸CSSCI。伴随着"C刊"的声名日隆，批评之声也越来越响，到2010年初终于爆发性地集中涌现。仔细分析这些攻击性的批评意见，发现许多批评者对引文索引和引文分析的方法和作用所知有限，矛头还是集中在CSSCI来源期刊的评选结果和在学术管理中的广泛应用。对这样的批评，作为CSSCI的研制者，怪罪批评者因不懂其原理的误解，或责怪管理部门为追求管理简单的误用，都是没有意义的，从某种意义上可以这样说，误解或误用的始作俑者正是CSSCI评价中心自己，2010年这场突然来临的风暴，正是CSSCI多年来对核心期刊发迹的路径依赖而自酿的苦酒。

2. 风暴过后：转型设想的最初萌动

尽管CSSCI对2010年这场猛烈的批评没有正面回应，但其对CSSCI的影响还是显而易见的。在两年后的新一版即《2012~2013年CSSCI来源期刊目录》编制时，CSSCI的定位和来源期刊评选方式这两方面的改进都同时呈现出来，当然仍有批评之声，但两年前的情况已不复再现。从"王文"对CSSCI的相关阐述中，仍然可以看到这场批评（当然，不仅是这场批评，还有来自其他途径的评论）带来的反思和影响。"王文"不纠缠于 CSSCI 研制者是否具有评价主体的身份，也不刻意强调 CSSCI 的学术评价作用，更不像"姜文"和"蔡文"那样很少谈论甚至闭口不谈核心期刊的局限性，与此当不无关系。CSSCI 的转型设想的萌动，当始于此时。

（六）CSSCI 功能局限与异化的根源何在

在不再纠结于自己的评价主体身份之后，再来看自己产品的评价功能，CSSCI 在评价方面的局限性就一目了然了。

1. 先天局限：CSSCI 的评价功能

"王文"是这样描述 CSSCI 评价功能的局限的：首先，"CSSCI 的评价功能只是它作为检索工具所衍生出来的一种附加功能，它不是也不可能是 CSSCI 的基本功能。因此，当学界将其无限放大为 CSSCI 的唯一功能时，恰恰阉割了 CSSCI 的基本属性"。其次，"CSSCI 虽然具有一定的评价功能，但引文索引的这种先天局限性，决定了它不可能代替同行评价，成为期刊和论文质量评价的唯一标准的"。最后，"CSSCI 实际上只是对各类期刊过去几年被引用情况所作的一种文献计量角度的分析和总结，它既不代表对学术期刊过去质量的评价，也不代表对学术期刊未来发展水平的定性"。故不能倒因为果，将对期刊过去的定量分析颠倒为对期刊发展的定性评价，更不能"以刊评文"，"这不仅违背了 CSSCI 的本质属性，也抹杀了 CSSCI 的基本功能"。

2. 后天异化：CSSCI 之用于评价

不仅承认局限，"王文"还列举了 CSSCI 在实际运用中所产生的种种"异化"现象，主要是在职称评审、工作考核、期刊质量评价、论文质量评价等方面将 CSSCI 作为唯一标准，使其评价功能绝对化了。"王文"接着分析了造成异化的原因：首先，对 CSSCI 的认识需要一个过程，误解和片面在所难免。其次，"现行的学术评价制度亟待进一步完善"，同行评议与定量分析是评价的两个重要维度，前者是主导，后者只是辅助手段，但在不正学风的影响下，同行评议已沦为一种形式，"这在一定程度上给片面强化 CSSCI 的评价功能提供了一种制度漏洞"。再次，科研管理部门缺乏科学的质量观，"以成果形式和数量评价人才"。最后，"学术研究功利化趋向助长了学界和期刊界对 CSSCI 的片面认识"。同时，"王文"并不否认，"出现这些不合理的趋向，CSSCI 的研制者也负有一定的责任"。与"姜文"和"蔡文"不同的是，"王文"承认 CSSCI 在学术评价方面有着"天然的局限性"，将其用于期刊质量评价已是一种"异化"，更不用说在学术评价的其他方面。然而，在 CSSCI 问世之初，其研制者曾不遗余力地宣传其评价功能和作用造成的影响并非一朝一夕所能清除，这也许就是"王文"所说的"CSSCI 的研制者"也应该负有的"责任"。"王文"之所以能承认"局限"和"责任"，正是意识到 CSSCI 的价值并不在评价，而在于提供数据服务。

其实，评价机构的所谓定量评价的局限性对于文献情报研究者来说只是常识，学者和期刊人只要对这样的定量评价有所了解，也很容易发现；而定量评价特别是期刊排行榜在学术评价中的滥用所导致的种种异化现象，学界中人更是有目共睹。自身的局限与环境条件的不理想并不是同一件事，对两者都应有清醒的认识。因此，与其回避问题，或强说自己的价值，不如坦陈自己的局限，找到问题的根源，然后寻求解决的办法。如此，方不失为一种明智的做法。

三 核心期刊、CSSCI 的定位调整与进路设计

不管评价机构对自己的产品做什么样的辩护或反思，评价机制的改革已势在必行，这是不容各个评价机构忽视的来自现实的挑战。评价机构不仅要为自己及其产品存在的合理性做出证明，还要为适应评价的改革做出自己的应对，唯有这样，才有可能捍卫和拓展自己的利益。所以，"姜文"、"蔡文"和"王文"对今后各自产品的定位和进路都有所论述。

（一）核心期刊研制者对存在问题的认识及其改进思路

任何产品的研制者都会根据用户的需求不断地改进自己的产品，以适应市场的需要。如果把学术评价和期刊评价也看成一个市场的话，那么，评价机构的产品也不例外，只不过"三大核心"是一种特殊产品，所要面对的也是一个特殊的市场。其用户主要有三类，一是行政权力部门；二是期刊社；三是学术界。在现行的科研体制和期刊体制下，后两类用户必须接受第一类用户的管理。因此，要占领评价市场，满足行政权力部门的需求是最重要的，故总是被置于首位，除非放弃评价市场。如果能获得行政权力部门的

认可，即使得不到第二、三类用户的肯定，也不会妨碍其产品应用于对他们的管理。核心期刊的研制者正熟谙这个市场规则，所以，他们改进思路的重点并不在自己的产品，而是在产品的应用方面，即通过应用的改进，来守住自己的市场份额。

1. 问题之一：产品设计与实际应用的错位

如前所述，核心期刊为指导订阅而设计，却应用于评价期刊的质量，两者的矛盾不可避免。对此，核心期刊的研制者当然不会看不到。他们在设计改进方案时可能的选择是：要么改变产品设计，以符合期刊评价的需要；要么限定产品的适用范围，避免在学术评价中的"误用"。在这两个方面"姜文"和"蔡文"都有涉及。

"姜文"指出："核心期刊评价体系建设还有不完善的地方，需要在长期的实践中不断修正，特别是统计源的建设和统计指标的研究还需要很大的改进。核心期刊的所谓'负面效应'，主要来自应用领域，学术生态环境的影响起着举足轻重的作用，特别是科研管理部门的政策导向作用。"在他看来，一方面，核心期刊还需改进，但这是次要的，主要的是另一方面，对核心期刊"科学地理解与使用"。

"蔡文"更是只从核心期刊的应用角度来讨论今后的发展，除了强调核心期刊"只能作为参考工具使用"外，用了更多的篇幅来论述期刊评价与论文评价的关系，通过区分两者的不同，来说明因"以刊评文"而产生的诸多学术乱象错不在核心期刊的评选："纵观各种负面意见，主要是由于将期刊评价成果'核心期刊'或'来源期刊'作为评价学术论文的标准而引起的。""将'核心期刊'或'来源期刊'当作乱源是不公平的，将'核心期刊'或'来源期刊'的作用异化为评价论文的标准，才是产生混乱的真正根源。""蔡文"关于错不在核心期刊而在外界对其作用的"异化"的观点可以视为其对今后改进思路的基础。"蔡文"通过区分期刊评价与论文评价来为核心期刊的适用范围做出了非常明确的限定，即核心期刊用来评价论文是不科学的，但用来评价期刊则是科学的，从而为核心期刊确立合法性。

但是，"姜文"和"蔡文"还必须回答与评价论文不同的期刊评价之所以科学的基础是什么的问题，"蔡文"在做上述论证的时候显然忘记了为了论证核心期刊评价的科学性时曾经说过的话："期刊评价的方法是从论文质量的微观角度出发对期刊进行宏观评价。"这个观点不错，科学地评价期刊的基础还在于科学的论文评价,因为期刊的内容主体是论文,要将两者割裂是不可能的。但"蔡文"又说:"学术论文评价涉及的因素比期刊评价更多更复杂,建立科学的(学术论文)评价体系是一项艰巨的任务……希望经过各方面努力,能尽快出现兼具科学性、客观性和权威性的学术论文评价系统,届时期刊评价作用被扩大化的局面将被彻底扭转。"笔者认同"建立科学的(学术论文)评价体系是一项艰巨的任务"的观点,但并不认为"学术论文评价涉及的因素比期刊评价更多更复杂"。仅从"蔡文"已认识到的"期刊评价的方法是从论文质量的微观角度出发"来看,期刊评价实际上已包含了论文评价,或者说论文评价是期刊评价的前提与基础,没有科学的论文评价就不可能有"从论文质量的微观角度出发"的科学的期刊评价,评价期刊的复杂程度恐怕要远远超过论文。既然"科学的(学术论文)评价体系"尚未出现,又何来建基于此的科学的期刊评价体系?"从论文质量的微观角度出发"又从何谈起?

显然,"姜文"和"蔡文"都意识到了核心期刊的产品设计与应用之间严重错位的存在,他们的"改进"思路在于:首先,不能放弃学术期刊评价的主体身份和学术评价话语权,在"以刊评文"难有替代品的现实中,掌握期刊评价权,也就意味掌握了学术评价权。其次,不能放弃期刊排行榜的产品形式。一方面,因为专业能力所限,他们无法深入到内容层面进行评价,除了编制排行榜外,实难有其他形式的产品;另一方面,因为风险太大,排行榜毕竟深受行政权力部门青睐,放弃了排行榜,或破除了排行榜的神话,核心期刊是否还能有如今之风光,谁也不敢保证。

在笔者看来,循着"姜文"和"蔡文"这样的思路去解决核心期刊产品设计与实际应用的错位而造成的矛盾,无异于缘木求鱼,连自圆其说都很难做到,又怎能指望获得学界的认可和自身的真正发展?

2. 问题之二:个性化需求与共性化产品的矛盾

在讨论改进思路时,核心期刊的研制者还面临着一个必须解决的棘手问题,就是除了《总览》和《要览》的研制机构之外,还有若干个以期刊排行榜为最终产品的评价机构,核心期刊带来的利益总是在鼓动更多的单位生产更多的类似产品加入到竞争行列中来。面对这一问题,可能的选择是:要么展开竞争,优胜劣汰;要么各自走个性化、特色化之路,以免与对手狭路相逢。"姜文"和"蔡文"在设计改进方案时都选择了后者。

"姜文"从产品设计的多样性角度论述核心期刊的个性化存在,"我国以文献计量方法为主要特征的评价体系各具特色,期刊评价工作可以根据它们的特点选择自己需要的参考标准或数据指标",在"姜文"看来,差异的存在既是客观的,也是合理的,"那种建立一个包罗万象的通用的评价体系,或由官方出面建立一种权威的评价体系的构想,是不利于学术自由和不切实际的想法"。"蔡文"则从社会需要多样性的角度论述这个问题,"期刊评价的根本目的是为了满足社会需求,而社会需求是复杂多样的,因此不同的期刊评价研究项目,都有自己特定的研究目的和特定的服务对象,这就是为什么有多个实用性期刊评价研究项目可以同时存在和发展的原因,它们之间是互相补充的关系"。也许为了证明以上观点,"姜文"和"蔡文"都分别列出了他们认同的一些产品。值得注意的是,"姜文"和"蔡文"都将"来源期刊"归为"核心期刊"之一种。这让笔者颇为困惑,如果对文献情报学不甚了解的一般人,基于学术评价的现实视两者皆为"核心"尚情有可原,比如"三大核心"之说的流行,但作为文献情报学专家居然无视两者之间的本质差别,硬把具有本质不同的两种东西视为同类,其用意何在?笔者能想到的原因也就是为了证明不同的核心期刊产品各具特色。因为如不将来源期刊拉进核心期刊的行列,那么,所有剩下的核心期刊产品互相之间的差异,恐怕就不像"姜文"和"蔡文"说的那么大了。比如,《总览》和《要览》从目的到方法,再从指标体系到产品,都像一对孪生兄弟,而其他核心期刊的产品也是大同小异。其实,只要是核心期刊产品,就不会有多大的差异。对此,"蔡文"只好强说不同:"评价目的、评价方法不同必定会造成评价结果不同,主要表现为选出的期刊总体数量及侧重的学科范畴不相同。"但即使这样的不同也站不住脚,"蔡文"最后不得不承认:"尽管不同期刊评价项目评出的期刊数量各不相同,学科期刊排序也会有所差异,但是由于期刊学术水平是各评价体系所共有的重要指标,因此,在评价结果中存在着明显的共性,各学科中学术水平高的期刊往往会重复入选不同的核心期刊表或来源期刊表,公认度较高。"可见,各自的"个性"是多么的微不足道。

个性化需求是确实存在的,即使只看行政权力部门的科研管理,评价项目之多,早已令人目不暇接,更不用说期刊界与学术界的需求了,但个性化的核心期刊产品却未见得有。至少连"姜文"和"蔡文"也只能从理论上说有，而面对现实时，却不得不承认，与其说那些产品是个性化的，不如说是共性化的。那么，将来会不会有呢？如果将来能有，个性化仍不失为核心期刊未来发展的一种进路。但若按照"姜文"和"蔡文"论说核心期刊只是期刊榜的特点来看，将来也注定不会有的。只要是以排行榜的形式出现的宏观评价，都没什么个性可言。核心期刊的权威性与个性必然陷入一个悖论：作为宏观评价，如结果不同，必将失去权威性；如结果相同，必将失去个性。对于核心期刊这样的排行榜产品而言，权威与个性是不可能共生共存的。

由此看来，循着"姜文"和"蔡文"的思路，既不能让核心期刊满足不同的社会需求，也无法避免相互之间的恶性竞争。顺着这样的所谓进路，可谓寸步难行。

（二）CSSCI 研制者眼中的问题及改进思路

对 CSSCI 研制者来说，来自各界批评的压力也无时无处不在，比起核心期刊，更容易被置于风口浪尖。化解这些压力，找到在未来发展中的定位，也是关系到 CSSCI 能否生存和发展的根本问题。

1. 问题所在：对核心期刊曾经的路径依赖

与核心期刊一样，CSSCI 在面对评价这个特殊市场时也必须做出取舍，但与核心期刊不同的是，他们首先要考虑引文数据库这个主产品的未来，这个数据库可以服务于行政权力部门，但期刊界特别是学术界才是更主要的用户。近年来学术界对学术评价现状的批评让他们切身感受到，来自权力结构底层的反作用已使行政权力部门在运用排行榜时谨慎了许多，因此，争取学术界和期刊界认可也许不如获得行政权力部门认可的作用那样直接，但却更稳定和持久。这在"王文"关于 CSSCI 未来进路的论述中有充分体现，从中可以清楚地看到极力摆脱对核心期刊路径依赖的明显倾向，主要表现在两方面：其一，淡化评价主体身份，强调 CSSCI 的工具性；其二，淡化 CSSCI 的评价作用，强调 CSSCI 服务平台的功能。"检索、分析文献和为学术评价提供帮助是 CSSCI 的主要功能。"

2. 进路设计：从评价产品到数据服务平台

在明确了工具定位和向数据服务平台转型的进路后，CSSCI 改进的思路自然就是完善工具，提升平台服务质量和水平。所以，"王文"不必回避 CSSCI 的缺陷，有缺陷才有改进的余地。在"三大核心"主编或负责人中，也只有王文军详细地列出了其产品所面临的问题和大致的解决方案。其一，"论文收录质量问题……CSSCI 应当改进收录方式，将那些不符合学术规范的论文或低质量的论文排除在 CSSCI 收录的范围之外……把那些非来源期刊上的高水平论文筛选出来收录到 CSSCI 之中"。此举意在提高数据源的质量，针对的是目前学术期刊质量不平衡的问题，不仅不同的期刊质量不一，即使同一期刊中的论文质量也参差不齐。其二，"来源期刊遴选的问题……目前 CSSCI 主要是按一级学科分类来筛选来源期刊，这一方式导致一些二级学科、新兴学科、交叉学科、边缘学科和专深领域的期刊无法有效地收录进来，另一方面来源期刊的遴选范围也应当进一步扩大到全球范围"。此举是要细化来源期刊的分类，增强来源期刊的代表性。其三，"同行评议问题……必须通过进一步增强学科专家对来源期刊等的评选力度，建立科学完善的同行评议机制"。此举意在引入同行专家参与评选来源期刊，以同行评议来弥补纯量化评价的缺陷。其四，"引文质量问题"，"过度自引"和"互惠引用"会造成"引文资料失真"，必须予以杜绝。此举意在遏制学术不端行为，特别是数据造假。其五，"来源期刊数量的问题……应按照学术资源、学术成果、学科人群分布等指标对各学科文献的收录数量进行测算，并以此为依据来确定各学科来源期刊的数量，同时按照学科文献收录数量为依据对综合性期刊进行选择性收录"。此举也是要增强数据源的代表性。其六，"CSSCI 的国际影响力问题……从目前来看，CSSCI 的影响力还基本停留在国内，在国际上影响甚微"，如何"不断提升 CSSCI 的国际知名度，并通过这一平台积极推动中国哲学社会科学研究成果走向世界，是一个重大现实问题"。此举意在让 CSSCI 国际化。

以上几个方面的措施都是着力于提升 CSSCI 的数据质量和服务平台建设的水平，其方向无疑是正确的，但实施的困难也是可以想见的，即使能一一顺利实施，也必将是一个渐进的长期过程。

（三）对"三大核心"进路设计的分析

比较"姜文"和"蔡文"对核心期刊、"王文"对 CSSCI 今后发展进路的设计，不难发现，"三大核心"中的核心期刊与 CSSCI 已显示出了分道扬镳的趋势。那么，各自的进路如何？

1. 缘木求鱼：对核心期刊进路设计的分析

在进路选择上，尽管"姜文"和"蔡文"还是有些微的差别，但在对待研制者的身份、产品的性质和形式及用途等一系列问题时，他们的立场都高度一致，即这一切都无须改变，也不能改变，需要改变的主要是外界对核心期刊的"误用"。所谓"误用"核心期刊的外界，无非学术界、学术期刊界和行政权力部门。核心期刊排行榜对学者的学术研究和学术编辑的办刊几乎无用，也就无所谓"误用"，唯一与他们有关的事就是被这些排行榜牵着鼻子走。因此，"误用"的主体就剩下行政权力部门了，而行政权力部门在实施其管理职能时最可能的误用就是"以刊评文"。

其实，"以刊评文"是有其逻辑的，那就是期刊的质量与论文的质量是不可分割的，期刊之所以优秀是因为其所发表的论文优秀，执行严格的审稿标准，特别是代表了同行评价的双向匿名评审，"可以使编辑对作者的'发现'更为准确和全面"，[①] 是确保期刊质量的重要手段，故能通过优秀期刊审稿的论文理应都是优秀论文。这样的逻辑演绎并没有太大的问题。如果"以刊评文"出现了问题，那只能出在对期刊是否优秀的认定上。"姜文"和"蔡文"都坚持认为核心期刊是期刊质量评价的结果，既然如此，能够上榜的期刊当然都足够优秀，那么，以核心期刊来评文就错不到哪里去。但现实却是"以刊评文"的结果十分荒唐，连"姜文"和"蔡文"也不得不承认这一点。这就足以证明，核心期刊评选的标准与论文质量无关或没有全然相关。事实也是如此。首先，核心期刊评刊的所有指标中，没有一项是与论文内容质量直接相关的，只是间接关系，而且这样的间接关系错综复杂，比如，引文就有正面引用、负面引用和不涉及价值判断的所谓中性引用，仅用引文频次这样的简单数据，是无法衡量论文质量的，所谓"期刊评价的方法是从论文质量的微观角度出发"云云真不知是从何说起的。其次，退一步说，即使核心期刊的指标是科学的，核心期刊指标的数值也容易被个别论文的极端值所左右。期刊是论文的集合体，不同学科论文的各种指标数据差异固然巨大，同一学科不同质量的论文指标数据差异同样巨大，核心期刊

[①] 李记松：《匿名审稿制下的编辑与作者关系——以人文社会科学期刊为中心》，《南京大学学报》（哲学·人文科学·社会科学）2015年第1期，第152页。

评选时对此却无法区分，只要某刊有部分高指标论文，该刊即可能入选，这就造成了论文质量参差不齐的期刊照样可以入选核心期刊的结果。当期刊知晓了这一秘密之后，就可靠少量高指标论文获取评价数据，而其余论文的质量则可放任不管，更有甚者，拿出部分版面来牟利，这就是为什么有些核心期刊能够大肆敛财的秘密。那些靠钱买来版面的论文质量显然不会高，甚至大大低于非核心期刊的论文。这才是"蔡文"强调核心期刊不能用于论文评价的真正原因。

从评选方法上来看，只以刊为单位统计数据而不涉及所有论文的质量来评选核心期刊，绝不可能是期刊的质量评价，充其量只能评出含有部分影响较大论文的期刊，而影响大与质量高之间、部分论文与全部论文之间是不能画上等号的。正是评价机构极力将刊物的部分论文数据等同于全部论文数据、将期刊的影响力评价混同于质量评价，才造成了"以刊评文"恶果的蔓延；是评刊出了问题才导致"以刊评文"跟着出问题。不管是逻辑推演还是事实判断，"以刊评文"错都在评刊。因此，如果说行政权力部门误用了核心期刊，那也是评价机构的评刊误导在先。

如果今后核心期刊仍坚持现行的以排行榜为"成果"的评刊方法不改，并且仍然声称他们所做的是期刊质量评价，那么，对核心期刊的应用——无论是用于评刊还是用于评文抑或其他任何涉及质量评价的事项，结果都只能是误用。行政权力部门为避免"误用"的最好办法，就是让核心期刊退出行政权力部门主持的期刊评价，而不仅仅是退出学术论文评价。出现这样的结果并非完全不可能，一方面，期刊质量评价的方法必须改进，至少要以对全刊的内容而不是其局部进行评价为基础；另一方面，虽然目前还没有找到公认的替代"以刊评文"的学术评价方法，但这方面的尝试和努力一直在持续着，比如教育部近年来在职称评审、项目评审中努力推行的"代表作制"就是一个例证。

因此，如果真像"姜文"和"蔡文"所论述的进路那样，不从自身出发谋求改变，把核心期刊未来的生存与发展的全部希望寄托于外界认可其产品为期刊质量评价，那么，核心期刊真的要走向穷途末路了。

2. 十字路口：对 CSSCI 进路设计的分析

CSSCI 所面对的问题与核心期刊有共同的一面。CSSCI 之所以被各界列为"三大核心"之一，并不因为其所拥有的引文数据库，而在于它一直以来都以评价产品的身份而存在。"C 刊"之说即因"以刊评文"而来,所以,"以刊评文"的种种恶果,"C 刊"也难辞其咎。

在 CSSCI 起步阶段,其研制者就曾高调地打出"学术评价"的旗帜,一个引文数据库的生产者却将自己命名为"评价中心",从中足以看到他们是何等看重自己的评价作用的。在谈及 CSSCI 的功能和意义时,其研制者总是直言不讳地将文献检索功能与学术评价功能相提并论:"《中文社会科学引文索引》的研制成功填补了国内外的一个重要空白,它既是中文人文、社会科学文献信息的重要查询工具,又是人文、社会科学研究及学术期刊的主要评价工具。"[①] 不仅是 CSSCI 的研制者如此标榜,他们的同行,来自多所高校的文献情报学的学者也是如此来看待 CSSCI 的功能的。在 CSSCI 问世后的一段时间里,曾涌现出多篇充分肯定 CSSCI 评价功能的论文,甚至将其评价方面的意义置于索引功能之上,如:"(CSSCI)整个系统研制成功的意义不仅在于它可以提供多途径的检索通道,实现查新功能,重要的是它通过文献计量指标的排序和比较,为社会科学管理部门从宏观到微观、从不同角度管理和评价社会科学成果提供了可以操作的定量手段。"[②] 再如:"《中文社会科学引文索引》(CSSCI)在引用率方面为社科成果的评价提供了一个比较公正、客观的标准,不少科研部门和管理机构都以此作为社科成果的评价标准,取得了好的效果并产生了积极的意义。"[③] 尽管这些论文也都提及甚至重点指出了应用 CSSCI 评价功能的局限性,但都不妨碍他们将评价功能作为 CSSCI 主要功能来论述。

在这样的宣传攻势下,CSSCI 以一种更科学、更公正、更客观的评价产品的形象走入了公众视野,其来源期刊表很快被用于科研管理中,成为很多高校认定本校学术期刊榜的蓝本,教师和科研人员只有在入榜的期刊上发表论文才能被各种考核所认可,"C 刊"就这样成了继《总览》和《要览》后的"第三大核心",而作为 CSSCI 主产品的引文数据库在很长时间里基本不为人所知或鲜有人使用。这样的局面也许正是 CSSCI 研制者所希望的,至少

[①] 邹志仁:《中文社会科学引文索引(CSSCI)之研制、意义与功能》,《南京大学学报》(哲学·人文科学·社会科学)2000 年第 4 期,第 145 页。
[②] 姜春林:《试论引文分析与社会科学定量评价》,《科技管理研究》2002 年第 6 期,第 92 页。
[③] 胡敏中、宋淑英:《CSSCI 与社科成果评价标准》,《学术界》2005 年第 2 期,第 162 页。

在其起步阶段。因为作为 CSSCI 蓝本的 SCI、SSCI 在被引入中国时就被异化为评价产品了，CSSCI 步其后尘并不奇怪。只是在"以刊评文"的恶果逐渐显现、CSSCI 深陷舆论包围之中时，人们才重新"发现"了其引文索引功能的价值。

与核心期刊相类似，CSSCI 来源期刊的遴选也不具有质量评价的意义，道理也是一样的，来源期刊评选的指标与论文内容质量并不直接相关，也不针对期刊中的所有论文，入选期刊中的论文质量同样参差不齐，这个漏洞同样可让入选期刊拿出部分版面来牟利。在"C 刊"取代核心期刊而成为论文评价标准后，同样造成了学术乱象。与核心期刊一样，这也是 CSSCI 首先必须面对的问题。

但是，CSSCI 还有着与核心期刊不同的另一面，那就是来源期刊并不是其最终产品，即使放弃了"C 刊"在评价中的作用，CSSCI 还有着继续生存下去的价值，而且，在重新"发现"了引文索引的价值后，其对检索工具的价值回归会让其生存得更有意义，而这个意义以前却被"C 刊"的光环给遮蔽了。"王文"对 CSSCI 进路的设计正是基于此。其进路设计的重点是淡化评价功能，提升数据库质量，打造服务平台，从 CSSCI 自身的建设来说，自有其道理和意义。但是，若将 CSSCI 置于整个学术领域特别是当今的学术环境中，如何让学术界接受一个不同于以往印象中的 CSSCI 才是更为重要的问题。给人的第一印象毕竟是难以改变的。而且，从"指挥棒"到服务平台还意味着利益结构的改变，CSSCI 能轻易放弃既得利益而去寻求未知的新的利益吗？

四 回归数据开发者的定位是核心期刊、CSSCI 的根本进路

核心期刊和 CSSCI 之所以一直以"三大核心"合称于世，就是因为近年来其各自期刊排行榜几乎垄断了学术评价特别是学术期刊评价，但这种简单而异化的评价终于引起了公愤。在笔者看来，以排行榜为特点的评价，恰恰反映出了评价机构不懂专业无法进行内容评价的致命弱点，仅靠数据是无法弥补这一缺陷的。因此，他们都不可能具备独立的评价主体的身份，换言之，即两者都不可能具备独立地从事学术评价或期刊评价的资格。如果他们坚持要进行学术评价或期刊评价，那么，将永远也摆脱不了

外行评价内行所必然陷入的困境,也永远不可能赢得评价对象的认可。其实,这个道理,评价机构未见得不明白,然而,其各自的进路选择则又是另一回事。

(一) 转型的资本:数据与数据库

"姜文"、"蔡文"与"王文"在未来进路问题上的最大区别在于对自身的定位:核心期刊坚持自己评价主体的身份,坚持以排行榜的形式进行期刊评价;CSSCI 则选择了淡出期刊评价,向服务平台转型。比较两者的选择,核心期刊将在评价的泥淖中继续深陷下去,而 CSSCI 则可以找到新的发展空间,显然后者更为明智。核心期刊为何放弃明智的选择?其实,我们不难看到其中的那份无奈:因为他们别无选择。不同的进路选择与各自的处境、拥有的变革资本及对未来的利益期待是密切相关的。从所遭遇的抨击来看,核心期刊与 CSSCI 几乎一样,但各自拥有的变革资本却有不同,CSSCI 因拥有一个越来越为人所知的引文数据库而可以选择从评价产品到服务平台的功能转型;而核心期刊却只有排行榜这唯一的产品。有一个现象可以印证这一判断,检视近年来众多出自各学科学者有关核心期刊和 CSSCI 的文章,发现除了批评性的文章外,很少有《总览》和《要览》的应用性研究成果问世,但却有大量运用 CSSCI 数据进行期刊分析和学科分析的应用性研究成果出现。[①] 这是一个值得所有评价机构关注和思考的现象。显然,在经过了十多年的积累之后,CSSCI 数据库的价值逐渐为人所识,各学科学者、期刊人已开始加入 CSSCI 数据库的使用队伍中,CSSCI 对学术研究的作用正在显现,而核心期刊则仍在原地踏步,在学术研究中几乎毫无作用,一个对于研究没有作用的评价,其存在有何意义?

那么,核心期刊的路是不是真的快走到头了?未必如此。我们不要忘了,核心期刊的评选也是以大量的数据为基础的,如《总览》编制时,就采用了被索量、被摘量、被引量、他引量、被摘率、影响因子、获国家奖或被国内外重要检索工具收录、基金论文比、Web 下载量等 9 个评价指

[①] 以"基于 CSSCI"和"基于核心期刊"分别在中国知网期刊库做主题检索,迄 2015 年 10 月,结果分别为 488 篇和 24 篇论文,后者仅及前者的 5%,而且前者多为基于 CSSCI 数据的应用性分析或研究,后者因无数据可依,多是以核心期刊为研究范围,而研究所需要的数据则要另外搜集,所以很难将其视为核心期刊的应用性研究。

标，《要览》与此也大同小异，而且核心期刊的历史要比 CSSCI 长得多，如果它的数据真的有那么全面和可靠的话，那么，核心期刊理应拥有比 CSSCI 丰富得多的数据库；如果这个数据库真的存在的话，只要开放，哪怕是有条件的开放，其对学术研究和学术期刊的作用都要胜过 CSSCI。基于此，核心期刊也完全可以选择从评价产品向服务平台转型。但是，"姜文"和"蔡文"似乎从未考虑过他们用于制作核心期刊排行榜的数据对学术研究或学术期刊还能发挥什么作用，也从未提及他们是否拥有这样的数据库以及是否打算让其对学术界开放，这是一件让人感到十分遗憾和不解的事。

作为数据"仓库"的数据库的基本功能就是为用户提供服务，一个与某些特定单位切身利益或公共利益相关的数据库理应向这些利益相关单位或公众开放。作为评价机构的数据库，其数据全部来自评价对象或公共领域，其数据质量和使用是否科学与评价结果直接相关，其评价结果与评价对象的利益又密切相关，这样的数据库是没有理由不开放的，哪怕是为了证明其评价结果的正确以应对公众的质疑，也应该开放。但是，一个能够开放的数据库是要有技术条件的，首先其硬件设备必须支持可能的访问量和服务要求，这一点在今天并不难做到。其次，这个数据库建库模式必须科学合理，数据采集必须规范准确，用户界面必须友好易用，这才是真正的难点。所以，核心期刊的研制者至今不提开放其数据库，就不能排除可能存在的技术上的原因，最大的可能是核心期刊数据库因数据质量问题而无法开放。笔者这样的猜测是基于数据库建设工程之浩繁，特别是《总览》、《要览》这样涉及多种数据源的数据库，数据量之大、数据采集和校正之难是一般人难以想象的。由于人文社会科学的学科传统，期刊所刊论文并不像自然科学论文那般"规范"，比如，仅引文的标注方法就有页下、文末、文内等多种，与引文相关的数据很难通过机器来采集，这些数据的采集、校正主要靠人工；再如下载量，一篇论文同时呈现于不同的期刊数据库、不同的网页甚至微博、微信中，这已是学术传播的常态，每一处都是下载源，这个下载量数据如何采集，如何保证准确无误？如果数据不准确，运算再精确又有什么意义？不管以上的猜测准确与否，核心期刊用以加权运算的原始数据始终不开放都是一个事实。所以，尽快建立、完善和开放数据库是核心期刊能顺利走上转型之路的不二选择。

（二）转型的困难：对评价权力的留恋

对于评价机构来说，拥有数据库只是具备了转型的基础，是否愿意在此基础上转型，一个更为重要的问题就是，如何对待已握于手中的评价权力。这个问题不解决，核心期刊和 CSSCI 就都不可能实现真正的转型。"长期以来，学术评价一直是同行学者的事，但在专业评价机构诞生之后，这一传统被颠覆了，'核心期刊'、'来源期刊'榜单成了压倒一切的学术评价的利器；而数千种学术期刊各属什么级别，比如'权威期刊'、'核心期刊'等，基本上由发布这些期刊榜单的评价机构说了算。'母以子贵'，制作学术期刊排行榜的评价机构也因此而走红，由学术研究的服务者而摇身一变为学术舞台上的主角，排行榜则成为他们手中极具魔力的指挥棒，本意是服务于学术研究的评价成为了凌驾于学者之上的支配力量。"[1] 自评价机构产生以来这 20 多年中，几乎所有的评价机构都迷恋上了与学者之间这样一种颠倒的关系，而学术界和期刊界不得不听命于评价机构的"指挥棒"，实是一种对权力不得已的屈服。这样的评价权力，主要来自于排行榜而不是数据库，如果强调数据库的服务意义，相反可能冲淡排行榜的影响。这才是核心期刊从来不重视数据库建设和开放的主要原因。排行榜的产品形式历 20 余年不改，已成为评价权力的象征，谁制作和发布排行榜谁即拥有评价权力。"三大核心"之得名，恰恰说明了对学术界和管理部门影响最大的是期刊榜（无论是核心期刊还是来源期刊）而不是数据库，如果 CSSCI 从一开始就以其数据库闻世的话，也就不会有"三大核心"这一对这三个性质不同的产品的通称。其实，直到目前为止，尽管 CSSCI 数据库的作用已逐渐显现，但仍然无法与来源期刊榜的影响相比。

由此可见，权力的诱惑和对权力的留恋才是评价机构转型的最大障碍，而评价之成为权力的根源还在于现行的科研体制，这就要回到本文开头所说到的行政权力对学术活动的强势介入。作为评价的当然组织者，行政权力部门采信什么样的评价，就会将什么样的评价者送上权力的宝座。近年来，评价机构正是依靠排行榜在涉及利益分配与管理的评价中起到了关键作用，才

---

[1] 朱剑：《重建学术评价机制的逻辑起点——从"核心期刊"、"来源期刊"排行榜谈起》，《清华大学学报》（哲学社会科学版）2012 年第 1 期，第 7 页。

牢牢把控了学术评价权力。所以，只要他们留恋评价权力，就不会放弃期刊排行榜，核心期刊如此，CSSCI同样如此，某些后起的评价机构更是如此。

（三）根本进路：回归数据开发者的定位

在可以预见的将来，学术资源由国家控制和分配的体制不会改变，评价在利益分配中的作用也不会改变，能够改变也必须改变的只能是评价机制。最有效的改变就是行政权力部门赋权的对象，让学术评价回归学术共同体。但评价机构既然能够从学术共同体手中夺得评价权，要让学术评价真正回归学术共同体也就不是件容易的事。在目前的学术生态环境下，同行评议同样会滥用评价权力，其评价结果的公正性也许连评价机构的排行榜还不如。因此，评价权力回归学术共同体的过程必然是学术民主重建的过程，只有让学术民意有充分表达的渠道，只有对评价权力实行有效的监督，科学合理的评价机制才有望真正建立。

重建学术民主当然是一个艰难而长期的过程，所以在同样可以预见的将来，类似排行榜的评价产品在学术评价中也许仍然会占据十分重要的地位，但是，"三大核心"要想原封不动地保持手中握有的评价权力也非易事。一方面，来自同行的竞争将不可避免，后起之秀既会通过一些"创新"性的评价理论和方法来给排行榜披上"科学评价"的外衣，也会借助一些非学术、非技术的手段来争夺评价权力，排行榜的"战国时代"已经揭幕；另一方面，排行榜并没有十分高深的学术和技术含量，在以排行榜为标志的定量评价的面纱被揭开之后，既会有被评价者因迎合而造假数据使排行榜进一步失去公信力，也会有更多的学者和期刊人加入批判和抵制的行列中来。因此，即使支配资源分配和管理的评价权力依然长期存在，即使这样的评价权力仍然以排行榜的形式呈现，能够为行政权力部门采信的评价产品也不一定是"三大核心"了。对于"三大核心"说来，在进路选择上最明智的做法是自我革新，用更有说服力的产品来替代自己的排行榜和打败竞争者的排行榜，而不是坚守排行榜。这个更有说服力的产品，非开放的数据库莫属。在这方面，核心期刊和CSSCI毕竟已有所积累。

如果我们在这一前景下来观察"三大核心"的进路选择，更加可以看出，以《总览》或《要览》为唯一产品的核心期刊面对新老竞争对手，显然处于劣势；而CSSCI对服务平台的转型则更利于今后的竞争。一方面，向服务平台转型并不影响其来源期刊作为排行榜而存在，只要排行榜在学术评价中仍然起作用，有着服务学术研究的数据库支撑的来源期刊榜只会更具竞争力；另一方面，如果排行榜真的退出了学术评价，服务平台的意义与作用则更加凸显。

如果对学术民主的重建有着足够的信心和耐心，那么，我们也可以将CSSCI的转型看作评价机构对数据开发者定位的回归，而把评价的权力还给学术界。这将是解决学术评价问题的必由之路。

首先，评价机构回归数据开发者定位将会使评价数据真正开放，而对数据的开发与对数据的分析和利用也可以明确地区分开来。定量评价原本只是评价方法之一种，如今却成为评价机构的专利，评价机构凭此而跻身评价主体的行列，这样的身份"僭越"已使学术评价分裂为定性和定量两个不同的评价种类。这一切之所以发生，并不是因为评价机构特别具有定量分析的能力，而是因其对数据的垄断。只公布评价结果而不开放原始数据，排行榜之"魔力"，正是缘此而来。但不开放原始数据的排行榜，作为科研成果，它很难有科学性可言，因其结果无法验证；作为评价结果，它很难有公正性可言，因其过程无法监督。因此，要建立科学而公正的评价，评价数据的开放是必不可少的前提。开放数据当然也就意味着数据开发与分析利用的分开，分析和利用数据者将是所有的学术同行，只有这样，数据才会真正发挥作用。

其次，评价机构回归数据开发者定位将会让其找到适合自身发展的正途。评价机构退出学术评价，并不意味着从此与学术评价绝缘，评价机构对学术评价的价值并不在其排行榜，而在于其所挖掘的与学术研究和学术期刊相关的大量数据。在信息时代，这些数据的价值甚至可以说是不可估量的。但是，以排行榜作为数据处理的唯一结果实际上是对数据价值的埋没和扭曲，甚至导致了学术乱象。因此，评价机构退出自己不具实力的学术评价，回归数据开发者的定位，扬长避短，专心做好数据的挖掘工作，为使用者（学术界、期刊界和管理部门）提供周到的数据平台服务，就能在未来的学术研究和学术评价中找到真正属于自己的位置，做出自己的贡献。因数据性质的不同，数据库的种类必将是多样的，差异化发展也能比较容易实现。显然，如果从评价产品到服务平台的转型成功，那么，评价机构就可以为自己打开一个新的发展空间。

最后，评价机构回归数据开发者定位将有利于科学合理的学术评价机制的重建。直接的效果是排行榜将从评价中淡出，使得学术研究、学术期刊不必再被评价机构牵着鼻子走，从而断绝了以数据造假为典型表现的学术不端的一个显性源头。如果说，学术评价机制的重建在于让学术评价回归同行评议，那么，从长远看，评价机构开发的数据则可以为同行评议的公正提供某种前提条件。一方面，随着数据的开放，定量评价不再是评价机构的专利，同行评议的评价者可以根据评价的目的来选择最合适的评价方法，既可以是根据经验做出判断的定性评价方法，也可以是通过数据分析得出结论的定量评价方法，更可以兼采各种方法，比如用数据分析来验证经验判断，从而做出更准确的评价；另一方面，数据的开放也为学术共同体提供了对同行评议实施监督和制约的资源，共同体中更多的人不仅可以依凭自己的经验，而且可以通过对数据的分析来评价同行评议的科学性与公正性，这是确保同行评议公正性不可缺少的程序。

基于以上理由，笔者认为，对于"三大核心"及所有的评价机构来说，明智的进路选择在于退出学术评价，回归评价数据开发者的定位。如此，"三大核心"及类似的名头或将成为历史，今天的评价机构将以新的身份出现在学术界，而科学合理的学术评价机制的重建也将跨出实质性的一步。

（感谢上海大学刘宇博士提出的宝贵意见！当然，本文的观点由作者负责）

〔原载《清华大学学报》（哲学社会科学版）2016年第1期〕

摒弃排行榜：走向科学评价的第一步

四年前，笔者在一篇小文中曾经指出："学术评价的危机正在显现，危机的表象是被异化和简化成排行榜的学术评价大行其道"，并且预言，如果只是讨论评价方法孰优孰劣而不涉及问题的根源，那么，"不管每一版期刊排行榜问世时批评和讨伐之声有多猛烈，三两年后，下一版排行榜仍会在更猛烈的批评和讨伐声中隆重推出并继续走红，而关于学术评价问题的热议还会无休止地继续下去"。[①] 可谓不幸而言中。四年来，不仅老牌的评价机构已几度更新了其排行榜，更有后起的评价机构争相加入发布排行榜的行列，排行的名目也在不断创新，从昔日单调的"核心期刊"、"来源期刊"发展到了诸如"权威期刊"、"顶级期刊"、"最有国际影响力期刊"等等，不一而足，令人眼花缭乱、目不暇接。而关于评价问题的讨论则在定性和定量哪个更科学的纠缠中持续到了今天。所以，要谈论学术评价，还得从排行榜说起。

一 期刊排行榜缘何走红？

什么是（学术）期刊排行榜？简单说来，就是由发布者依据某些自定的标准，对所有学术期刊进行打分，再按得分多少给期刊排名次、分等级，并汇编成册，配以隆重的仪式或强势的宣传，公开发布，其所发布的就是期刊排行榜，同时推出的往往还有由其衍生出的多种排行榜，比如机构排行、学者排行、论文排行等等，期刊排行榜可谓"排行榜之母"。

人文社会科学期刊排行榜滥觞于1992年《全国中文核心期刊要目总

[①] 朱剑：《重建学术评价机制的逻辑起点——从"核心期刊"、"来源期刊"排行榜谈起》，《清华大学学报》（哲学社会科学版）2012年第1期，第5~15页。

览》(以下简称《总览》),此后,以各种排行榜为最终产品的多家评价机构相继问世。这些机构的排行榜都是每一年到三年就更新发布一次,一时间,各种排行榜你方唱罢我登场,好不热闹!

为什么要给期刊排座次?"始作俑者"《总览》主编蔡蓉华曾言:是为图书馆期刊订阅工作提供一本参考工具书。[①] 然而,在另一些场合,她却又称《总览》及其他评价机构的产品是"兼具学术性和实用性的研究成果",其制作目的也扩大到"为期刊出版和管理部门评选优秀期刊"。[②] 此语一出,道破了排行榜走红的"天机"——在期刊数据库垄断了学术期刊传播的今天,为订阅提供参考已不具实际意义,为行政权力部门服务才是其追求的主要用途。

随着国家对科研事业投入的不断增加,资源的分配和管理日显重要。握有学术资源分配和管理权的行政权力部门的运作需要有所依据,而这个依据主要是学术评价,所以,今天热议的学术评价,早已不是传统意义上的学术批评,而是一种权力——评价权力。行政权力部门采信什么样的评价,就会将什么样的评价者送上权力的宝座。按说同行评议是国际公认的学术评价方式,但在中国却因为"权力支配,人情主导,标准缺失"而异化变质,[③] 丧失了公信力,于是评价机构应运而生,适时补位。

对于管理者而言,评价结果的公正客观和简明清晰是基本要求,于是,几乎每个评价机构的排行榜都以此为标榜。据说这些严格按照客观数据计算出的排行榜就是科学的定量评价的结果。尽管至今没有一个政府部门公开认可的排行榜,但事实上,在所有由行政权力部门组织或主导的评价活动中,排行榜的影响无处不在,最大的影响就在于为将要进行的评价给出了名次预设。排行榜正是通过这样的预设左右了几乎所有的评价,这就是排行榜走红的真实原因。透过评价机构如此钟情的排行榜,是谁都可以看到的对评价权力和利益的争夺。

---

① 晋雅芬:《谁念歪了核心期刊这本经?》,《中国新闻出版报》2009 年 5 月 5 日。
② 蔡蓉华、何峻:《论期刊评价之目的、方法和作用》,《澳门理工学报》2012 年第 2 期,第 115 页。
③ 李剑鸣:《自律的学术共同体与合理的学术评价》,《清华大学学报》(哲学社会科学版) 2014 年第 4 期,第 73~78 页。

二　定量评价就是排行榜吗？

为行政权力部门服务并没有错，关键是拿什么来提供服务。排行榜真如评价机构所言，就是科学的定量评价，就是客观公正的吗？

所谓定量评价，指的是通过对评价对象相关数据的采集、分析、运算，得出相关结果的方法。作为方法，定量评价具有广泛的适用性，早已成为包括人文学科在内各学科普遍采用的分析方法。期刊在编辑制作特别是传播过程中，会产生大量的形式数据，这些数据在某些侧面和一定程度上反映了期刊的学术影响力甚至学术质量，可以进行量化分析，所以定量评价的方法当然可以用于期刊评价。但学术期刊还是专业化和个性化产品，而不同于标准化产品，定量评价在期刊评价上的适用性是有严格限制的。因此，问题不在于可不可以用，而在于谁来用和怎样用。

定量评价的基础是数据，但是，并不是所有的评价信息特别是内容层面的信息都可以转化为用作比较的数据的，即使可转换为数据的信息也无法避免数据在转换过程中出现的信息丢失和偏差。因此，数据虽然客观却难免片面，作为以学术研究成果或学术期刊为对象的复杂评价，单纯的定量评价是无法胜任的，这就决定了仅依靠期刊某些形式数据的评价机构所做的必定是不完整的评价，谈不上客观，更谈不上公正和公平。

同样重要的是，定量评价一个绝对不可缺损的程序是对数据的取舍、分析和价值判断，这是决定其"算法"是否科学和专业的前提。对于成果充满个性的人文社会科学研究和期刊而言，数据所代表的意义需要非常专业的分析和判断，故其评价只有同行专家才有可能胜任。评价机构所缺的正是专业水准，他们总希望用"算法"来替代专业分析，但至今也拿不出哪怕一个得到公认的成功案例，再复杂的算法也不可能取代专业分析，何况他们所谓的"算法"只是极为简单而随意的加权。换言之，没有专业水准，就不可能有科学的"算法"，这就决定了评价机构不可能做出科学的评价。

判断定量评价是否科学和公正，还有一个办法就是看其是否经得起验证。因此，评价者开放原始数据是公众接受其评价结果的必要前提。然而，评价机构所挖掘和使用的原始数据大多不开放。作为科研成果，不开放原始数据的任何评价，它很难有科学性可言，因其结果无法验证；作为评价结果，它很难有公正性可言，因其过程无法监督。评价机构并非不懂这个道理，但仍不开放数据的原因在于，一是试图通过垄断数据来垄断评价；二是其数据质量不高，经不起验证。

由此足见，定量分析本身就是一种有缺憾的评价方法，其使用需要慎之又慎，从方案设计、数据采集、分析解读到结果验证都需要有一整套严格而科学的程序，哪一项都离不开专业水准。即使这样，对其结果的应用也需要有严格的限制。显然，像现今这样基本由单一的图书情报专业人员组成的评价机构是既没有资格也没有能力承担所有学科和期刊评价的。至于这些机构的排行榜，多是根据片面数据，不加分析，随意加权而"算"出来的结果，只要稍稍改变一下加权方案，排位立刻就会出现重大变化，根本不符合定量评价的基本要求，因此连起码的定量评价也算不上，只不过是他们做的一场数字游戏而已。拿这样的"评价结果"来为政府服务，怎能不让现行的学术评价为千夫所指？

三 定量评价怎离得开专业分析？

为了进一步说明评价机构并不具备定量评价能力，定量评价也并非排行榜，在此仅以近年来颇引人关注的"学术期刊国际影响力"评价为例，看看这样的评价项目，即使是定量评价，是否离得了专业分析，其结论是否可像排行榜那样简单。

首先，看评价目的。评价国际影响力的目的当然是"增强期刊和作者'走出去'的自信心，加快期刊国际化进程"。那么，什么是国际化？罗志田有一段精辟论述："'国际'不是'外国'，更不必是所谓'发达国家'……'国际'本包括'我们'，'国际学术'亦然，毋庸'加入'。在这个共同的'国际学术'里……进行实质性的对话……才可以说是真正'进入'了国际学术。"[1] 显然，学术国际化要打破的正是"国内"与"国外"的界限，要义是在共享平台上就国际学术前沿问题进行平等的对话，而学术期刊的国际化就在于为这样的对话提供平台。评价期刊的国际影响力，当然是看其是否

---

[1] 罗志田：《史学前沿臆说》，《四川大学学报》（哲学社会科学版）2008年第4期，第32页。

发挥了这样的平台作用。

其次，看评价指标。如果进行的是定量评价，那么，"促进期刊国际化"这一评价目的决定了其最具测度的指标设计方向主要有二：一是被评价期刊是否讨论了国际学术前沿问题；二是包括中国在内的国际权威学者是否在该期刊上进行了具有国际影响力的学术对话。显然，这两个方向都涉及研究内容，指标设计需要具备各个学科的专业素养。

再次，看数据源。国际化的实质是国际学术对话，故数据源应是进行国际学术对话的权威期刊，而不论其是哪个国家的，中国并非没有这样的期刊，当然不能被排除在数据源之外。作为数据源，不在多而在精，然而，如何在全世界数十万计的期刊中精选数据源，又需要专业素养。

最后，看评价方法。国际影响力是一个特殊评价项目，在评价方法上，对数据源和数据的筛选及分析是重中之重。因为从前述两个指标方向即可知，评价至少需要以下信息：被评价期刊讨论的问题、参与讨论的人员、参与讨论的论文的学术贡献等是否具有国际性及在国际上的领先程度，被评价期刊在国际范围内组织讨论和传播成果方面的作用，国际学术同行对被评价期刊的认可情况等等。那么，这些信息能否都转换成数据，如何转换，如何抓取，如何评价数据的质量，如何处理不同学科之间的差异，如何确定算法，如何弥补不能转换为数据的评价信息的缺失？只有解答了诸如此类的问题，定量评价才能进行，而这一切，又怎能离得开专业分析？如果这些问题都能解决，评价必然会给期刊和管理部门以内容翔实的结论，而不是一个什么都说明不了的排行榜。

随着科研管理的细化，像期刊国际影响力这样的特殊项目的评价将越来越多。从以上分析不难看出，当今，如此复杂的评价有哪家评价机构能够胜任？而评价结论又怎是一个排行榜所能涵盖的？

四 排行榜造成了怎样的影响？

对于学术评价来说，与评价主体、目的、方法同样重要的是结果。任何评价，不管为谁服务，其意义首先应体现在被评价者能从中获益。因此，评价结果的形式可以是多种多样的，但唯独不能是排行榜，因为排行榜对于被评价者来说，除了知道自己得了多少分、排在第几名外，无法获得真正有帮助的信息，而以排行榜替代学术评价造成的负面影响却不可低估。

首先是撕裂了评价。与定性评价一样，定量评价也是一个在评价机构产生之前就早已存在的方法，同一评价主体完全可以也完全应该同时运用定性、定量和其他方法进行学术评价。然而，评价机构自产生后，就极力将自己打扮成唯一能够胜任定量评价的专家，并成功地将定性评价与同行评议画上了等号，这就使得学术评价事实上已分裂为定性评价和定量评价两类既不相干也不类同的评价种类，从此，学术评价变得残缺不全，同行评议成了纯粹的主观判断，定量评价则简化为排行榜，各自独立甚至对立。

其次是误导了期刊。评价机构制作排行榜的所谓量化指标体系不仅不可能覆盖期刊的所有方面，而且皆由忽略了期刊个性的通适性指标组成，具有明显的共性指标偏好。当这样的排行榜与学术资源、学术利益紧密地联系在一起时，为追求更好的评价结果，期刊就会研究其偏好并迎合之。现实中，这样的"研究"和"迎合"极为普遍，甚至不惜造假，其例不胜枚举。正是依靠排行榜，原本应为期刊服务的评价机构才成了办刊的"指挥棒"，从而构成了"评价机构与学术期刊的颠倒关系"[①]。

再次是败坏了学风。排行榜的危害并不止于期刊，整个学术界都深受其害。近年来，举凡与学术相关的物事，都有评价机构为之排名，学校、教师乃至学生的名誉和利益皆系于此，无不为之绑架。比如每个高校的期刊榜，都是评价机构排行榜的翻版，学位、绩效、职称、项目等的评定无不以此为标准，促动了一轮又一轮的学术造假之风，诸如院士造假、校长抄袭等奇闻的背后都有排行榜在作祟。

最后是危害了研究。在成为学术评价的标准之后，排行榜已无孔不入地渗透到了学术管理和学术研究的每个角落，被其绑架的已不仅仅是学者，学界中人明知其荒唐，[②] 却无可奈何，学术研究又怎能不受其害？

五 学术评价的未来如何？

其实，对于以排行榜代替学术评价所引发的种种问题，学术界和管理部

---

① 仲伟民：《缘于体制：社科期刊十个被颠倒的关系》，《南京大学学报》（哲学·人文科学·社会科学）2013年第2期，第26页。
② 唐红丽：《学术成果问题根源于"评价体系"》，《中国社会科学报》2014年11月7日。

门并非不知晓,而评价机构自己又何尝不心知肚明?然而,从管理部门到学术界却都束手无策,其原因在于,评价之于行政权力部门的学术资源分配和管理,须臾不可离,尽管排行榜有种种问题,却难觅替代产品,因为现今学术生态下的同行评议同样问题重重。于是,从过去的遮遮掩掩到今天的冠冕堂皇,后起的评价机构甚至直接以"排行榜"来命名其产品,排行榜几乎成了学术评价的标准形式。

那么,学术评价的未来如何?

如果将视野总是局限在评价方法一隅,我们将永远也走不出定性、定量孰优孰劣的争吵。其实,评价主体和制度保证更值得关注和讨论,因为学术之乱和评价之乱,其实是同源的,根源都在于不合理的科研体制。故从长远看,科研体制和评价机制的改革终将进行,评价主体也终将回归学术共同体,但这有待于学术民主的真正建立,因为没有学术民主这一前提,同行评议只能是一个"专家的江湖",[①] 而学术民主的重建必定有一个充满艰难曲折的漫长历程。

从近期看,科研体制和评价机制的调整正在起步。2016年1月,国务院办公厅公开发布的《关于优化学术环境的指导意见》明确提出:"优化学术民主环境……科学合理使用评价结果,不能以各类学术排名代替学术评价。"此可谓调整评价机制的顶层设计。显然,从管理部门到学术界再到学术期刊界,对摒弃排行榜已形成了一定的共识,如能付诸实施,那么,将迈出走向科学评价的第一步。

然而,寻找排行榜替代产品的过程注定不会一帆风顺,比如,近年来常被提起的"定性评价与定量评价相结合",貌似公允,实则似是而非,因为裂为两端的评价皆是残缺的评价,我们怎能指望纯主观判断与排行榜的叠加能产生出科学的评价结果?

在笔者看来,要摒弃排行榜,建立科学的学术评价和学术期刊评价机制,首先,应该明确学术评价的专业属性,评价主体只能是学术共同体而不可能是其他。其次,评价权力回归学术共同体的过程必然是学术民主重建的过程,必须让学术民意有充分表达的平台和渠道,必须让评价权力置于有效的民主监督之下,必须让评价成为"透明的评价"。再次,定性评价和定量

---

① 夏正林:《别让评审成为专家的江湖》,《检察日报》2016年1月20日。

评价都应回归一般的评价方法，统摄于同一主体，而不是各自独立的不同评价类别。最后，对于所有评价机构来说，明智的进路选择在于，退出学术评价，回归评价数据开发者的定位。如此，则既有利于评价机构挖掘数据专长的发挥，又可实现数据与评价相分离并实现数据的开放和共享。至于对数据的解读和应用，则是各学术共同体的事。

〔原载《编辑之友》2016 年第 9 期〕

颠倒关系的再颠倒：学术期刊编排规范与"评价权力"关系辨析

一 "评价权力"的建立及其扩张

学者、学术期刊、学术评价机构是当今学术链条中的三个环节。当我们今天谈论学术期刊的编排规范时，不能不涉及学者和学术评价机构这两方面。

学者科研成果最基本的载体首先是学术论文，而将论文公之于世的最好渠道或者说最容易被承认的渠道就是在学术期刊上发表。这是中国引进现代学术和现代学术期刊百年来学术界的基本格局。回顾现代学术与学术期刊关系的历史，不难发现，在相当长的时间内，期刊的主编和编辑与学者是合为一体的，著名学术期刊的主编甚至编辑都是著名学者，期刊与学者的关系相当融洽。随着学术事业的发展，新的期刊不断创设，学者和编辑才逐步分开，但学者与编辑的关系基本上还是以往关系的延续，特别在一些著名的科研单位和高校，学者与编辑互相流动是件很正常的事。因此，撇除特殊年代政治的干扰，无论是在理论上还是在实践中，学术研究以学者为本位，都不存在大的问题；相应的，在各学科最有发言权的是本学科的权威学者，这也没有问题；至于各学科的学术期刊该怎样办，包括注释规范在内的所有办刊规矩都由各学科的学者参与制定，这更不是问题。

但是，1990年代初情况出现了变化，一个新角色的诞生在学术界掀起了波澜，这就是社科学术评价机构。如果比较一下评价机构出现前后学术评价的异同，就会发现，此前的评价主要由本学科的权威专家根据经验做出（即所谓"定性评价"）；此后的评价，主要由从事信息情报学的职业评价人员根据数据做出（即所谓"定量评价"）。两种评价方式孰优孰劣非本文讨论的问题，本文只想指出一个现象：今天在一些特定情境下的学术评价，本学科的权威专家已没有发言权，而必须由也许对该学科一窍不通的职业评价人员来一锤定音。评价机构之所以能在短时间内迅速崛起，是因为有客观的需求。从高校、院系到专业、教师，有太多的项目需要评价或排名，具体到学术期刊，也是各种评价和排行榜名目繁多，这是有目共睹的事实。有一件事评价者和被评价者都心知肚明，这些排行榜通过包括舆论炒作在内的种种途径，将会直接影响主管部门对期刊的管理，特别是办刊经费的投入。评价机构也在迅速改变着期刊与学者的关系，此前期刊热衷于好的文章，如今期刊的眼里只有能为排行榜增添分量的数据；而许多学者在撰写学术论文时，心中也惦念着这些评价数据。

虽然比较知名的社科评价机构至今不超过十家，专职评价人员不超过百人，与上千家社科期刊、几十万名社科研究者相比，数量实在微不足道，但是它的能量却不可小视。评价权力在建立的同时，就将它的触角伸向了各领域，在学术界，已颇有一言九鼎的味道。这种评价权力的扩张在社科学术期刊界表现得尤为充分，最好的例证就是，这些大多未做过社科期刊编辑和作者的评价人员，为了方便地获取评价必需的数据，居然为社科期刊制定了一整套的编排规范，并且能让所有的高校学报和部分社科期刊在一片反对声中执行了八年。

二　颠倒的关系

学术期刊的编排规范应该由谁来制定？显然应该由学者和编者来制定。然而，今天高校学报和部分社科期刊执行的规范却是由评价机构制定的，而且，这个规范还张冠李戴，它并不是编排规范，而是《中国学术期刊（光盘版）检索与评价数据规范》。这个规范的制定者并不是一家纯学术评价机构，但学术评价是其最重要的职能之一，其进行学术评价的目的与一般纯学术评价机构还有所不同，即它还有商业利益。本文受篇幅限制，暂且不说商业利益是否会影响到评价的公正性这一问题，而将之归入一般的学术评价机构。该机构能够把这样一个评价规范当作编排规范强加给高校学报，而高校学报又能迫使它的作者采行这一与各专业规范均不接轨的规范，这个事实揭示了评价机构可以指挥和调动期刊，而期刊可以指挥和调动学者。这是对学者本位的颠覆。在学者、期刊与评价机构三者的关系中，原来的服务者成了发号施令的指挥者，一种颠倒的关系被建立起来。

这种颠倒的关系得以建立，是与学术界的状况相吻合的。今天的学术期刊已被评价机构和一些科研主管部门划分为不同档次，从而使"以刊评文"得以大行其道。期刊所发表文章来源于学者，为了使自己的文章得到较高评价，学者总是追求在更高档次的期刊发表文章，所以学者在与自己满意的期刊打交道时，不免处于相对弱势地位，在很多时候，不得不迁就于期刊。而在期刊与评价机构的关系中，期刊又处于弱势地位，因为期刊的档次主要是由评价机构来定的，许多期刊为了使自己能获得或保住较高的档次，不得不屈服于评价机构，不得不研究各评价机构的偏好，并尽可能地满足它，以评价规范来代替编排规范就是在这种情境下发生的。这种代替所产生的问题今已暴露无遗，最根本的问题是为学术交流制造了许多障碍，不仅学科之间的差异未得到应有的尊重，而且与各学科经长期发展而形成的惯例相冲突，从而造成了学者写作、编者编辑、读者阅读的多重困难。透过这个规范，可以清晰地看到其制定者对学科差异的忽视、对学者本位的漠视和对评价指标的热衷。这个规范虽然方便了评价机构，但却以对研究的损害为代价，显然是得不偿失的，也是与以交流为重要职能的学术期刊的办刊宗旨背道而驰的。这是评价机构的一次滥权行为！

明白了颠倒关系的由来，也就不难理解，为什么遭到学者和编辑普遍批评的"检索与评价数据规范"何以能在高校学报中所向披靡，而以《中国社会科学》、《历史研究》等为代表的中国社会科学院主办的被学者和科研部门奉为"一流"、"权威"，评价机构也不能撼动其地位的少数期刊对这个规范可以不予理睬。从中亦可看出高校学报的尴尬处境。与高校学报相仿，部分省市社科院、社科联主办的学术期刊在抵制该规范多年后，也不得不陆续归于其麾下。因为不执行这一规范，很可能面临在评价中失分的后果。"数据—得分"这个评价机构手中小小的砝码，已成为许多学术期刊生命中不能承受之"轻"。"评价权力"的威力由此可见一斑：它对少数权威刊物以外的学术期刊具有"宰制"作用，通过期刊，它可以将权力之手伸向广大学者，特别是中青年学者。本文所及，还仅仅是论文的编排形式，实际上，在科研的立项、结项、评奖，学者研究课题和方法的选择等方面，评价机构的身影无处不在。

由此观之，评价机构已成为学术界和主管部门关注的中心，成为学术舞台的主角，这是一个值得警惕的危险信号。所有的评价机构都特别强调其为社科管理者提供"科学依据"这一功能，这是它们得以执学术研究之牛耳的公开秘密。但是，当学术界的一切都由评价机构来决断的时候，评价机构也就成了包治百病的江湖郎中，但它们真的能取代各学科的专家而包打天下吗？

三 颠倒关系的再颠倒

笔者无意否认评价机构的作用，但是，真理多走一步就可能成为谬误，今天评价机构中的某些评价人员已经走得够远的了。现实中，学者、期刊、评价机构颠倒的关系得以建立与评价机构的出位表演、学术界错综复杂的利益关系的纠葛有着不可分割的联系。要使这种颠倒的关系再颠倒过来，需要科研主管部门、学者、期刊以及评价机构本身不断地努力。

科研和期刊的主管部门对评价机构的评价结论应做具体分析而不能盲目采信，任何一个可能对科研造成实际影响的评价都不应该由评价机构单独做出。比如《中国学术期刊（光盘版）检索与评价数据规范》制定者通过对全库的电子文献进行自动统计后发布的影响因子等评价数据既不合国情，与国际上通行的做法也相去甚远，对这样的数据不进行具体分析而直接采信，结果也许是荒唐的；而对于即使按国际惯例采集、整理和处理数据的评价机构所做出的评价，也只能供专家决策时参考，而不能取代专家决策。

在评价规范取代编排规范八年后的今天，办刊人真的应该反思一下，编辑们辛勤劳作所为者何，在学者和评价机构之中，更应该为谁服务，答案是不言而喻的。学术期刊目前最应该做的就是对以学者为本位的回归，敢于对用于编排的评价规范说不。此次"综合性人文社会科学学术期刊编排规范研讨会"就是从编排规范入手将颠倒关系再颠倒过来的一个很好的尝试。经会议讨论，将在部分学报试行的新的编排规范与现行规范最本质的不同就是目的指向的不同，前者是学者和科研，后者则是数据和评价。就这个意义而言，新规范的"新"并不是另起炉灶又自创了一套，而是"新"在对各学科学者所遵守规范的回归，这才是学术期刊制定编排规范的逻辑起点。遗憾的是，随着"评价权力"等因素的介入，这一常识已渐渐被有意无意地淡忘了。今天重拾这番记忆，仍有许多办刊人慑于"评价权力"而不敢越"雷池"半步。可见，期刊对学者本位的回归将是一个困难的过程。

面对"评价权力"，许多办刊人对现行编排规范的处置颇费踌躇是可以理解的，在举棋不定的时候，听听学者的意见是有益的。办刊人不该忘了，学者，也只有学者才是学术期刊之源。论文应如何编排，学者是最有发言权的，期刊不能听任评价机构对编排规范话语权的攫取。其实，学者们不仅对现行规范提出了许多批评意见，而且他们中许多人的科研实践也一直在对这个规范说不。正因为有学者们出于科研需要而对本学科编排惯例的坚持和对现行规范的反对，才有了今天反思、讨论和更改现行编排规范的可能。如果学术期刊都能真正实现对学者本位的回归，那么，编排规范问题的解决就不会那么困难。

评价机构对于颠倒关系的再颠倒更是有着不可推卸的责任。一方面，应该分清自己的权力边界和作用范围；另一方面，该由自己做的事不应该转嫁给期刊和作者，更不该因此而损害科研，诸如将评价规范强加给期刊当编排规范来用的行为应该终止。

在颠倒的关系被再颠倒过来之后，学者、期刊和评价机构的关系，不再是后者凌驾于前者之上，而是后者为前者服务。唯此，人文社会科学才有望走向真正的繁荣。

〔原载《清华大学学报》（哲学社会科学版）2009年第5期〕

大数据之于学术评价：机遇抑或陷阱？
——兼论学术评价的"分裂"

"大数据"概念的提出不过短短四五年的时间，之所以能在如此短的时间风行于世，不仅因为互联网时代有着"数量巨大、结构复杂、类型众多数据构成的数据集合"这一事实基础，更因为技术进步所带来的看得见的效用：人们可以从几何级数增长的天量数据中挖掘可资利用的信息，并通过"基于云计算的数据处理与应用模式，通过数据的集成共享，交叉复用形成的智力资源和知识服务能力"，① 为经济建设和社会发展提供无可比拟的服务。

作为一场新的技术革命，大数据不同凡响的作用正在某些行业中显现，这就使学界中人联想到，在学术研究和学术评价领域，大数据是否也会带来某些变化，甚至是革命性的变化？答案似乎是肯定的。在学术研究中，采集和运用数据进行研究已是一种得到公认的方法，大数据无疑会使可资学术研究的数据在量与质的方面都有所提高，会使研究方法更加丰富多彩。与学术研究相比，在学术评价中，数据的作用更是无处不在：一方面，根据数据制作的各种排行榜和排名表大行其道；另一方面，围绕数据的意义和作用的争论也从未平息，对学术评价的质疑和诟病几乎都与数据有关。两方面的对立呈胶着状态，迫切需要新元素的介入来改变现状。在这样的情境下，大数据自然被寄予了更多的期望。

的确，由于评价数据与数据处理之于评价的不可或缺性，大数据完全有可能对评价产生影响。但是，影响的程度有多大，影响是正面的还是负面的，则很可能取决于我们对大数据与评价关系的看法。要让大数据发挥正面

---

① 《带您了解大数据》，http://www.thebigdata.cn/YeJieDongTai/8470.html。

的积极作用，我们首先应该弄清楚学术评价的现状及其问题的症结到底何在；其次应该准确地描述和分析这些问题与数据和数据处理方法之间有着何种关系；然后再来看大数据是否有助于这些问题的解决以及解决的条件是否具备，从而判断大数据能在多大程度上改变学术评价现状。本文将循着这个思路对大数据与学术评价的关系做一尝试性的探讨。

一 学术评价的现状：分裂的评价

（一）学术评价的分裂

学术评价的对象是多元的，学术成果（作品）、作者、期刊、出版机构、科研机构等都可归入评价对象，但只有对学术成果（作品）的评价是基础性的，对其余各种对象的评价都是建立在对成果（作品）评价基础上的，所以，核心的评价是对成果（作品）的评价。学术成果（作品）一旦公开发表或发布，对它的评价就是所有读者和应用者的基本权利，这就决定了评价的主体也是多元的。一般说来，读者和应用者通过学术批评来行使他们的评价权利。学术批评的方式当然也是可以多种多样的，最常见的批评方式则是撰写和发表学术评论。多主体决定了学术批评永远也不可能完全一致，而且，被批评者拥有反批评的权利，评价不会一次性地结束。换言之，在学术研究领域，一锤定音的评价几乎不会存在。学术评价在一定时段内的不确定性对于学术研究的进展是十分必要的，学术研究正是在这样反复的批评与反批评中实现超越的。

在现实中，学术评价的作用并不局限于研究领域和应用领域，它还是行政权力部门行使学术资源分配和科研管理权力的依据，从而与权力相关，而资源分配和科研管理需要的是结论明确的评价，不然就会无所适从。显然，多主体和多时段反复进行的学术批评无法满足行政权力部门的需要。为了使评价具有明确的结论，最好的办法就是对评价主体的身份做出限定。如果有一个主体能够博采众长，短时间内做出让多数人信服的权威评价，那么，采信这个主体做出的评价就是行政权力部门最好的也是最自然的选择。这是一种特殊的评价，它不是学术评价的全部，却需要建立在对全部评价进行判断和扬弃的基础之上。这样的评价在科研体制中的重要性不言而喻，如果这样的评价出了问题，必将危及整个科研事业，也必将引发被评价者的群起而攻之。不幸的是，群起而攻之的局面至少在十多年前就出现了，且久久不能平息。可以说，今天对学术评价的所有批评和抨击都集中于为行政权力部门服务的评价。只要集中分配和管理学术资源，不管分配和管理的权力集中于行政权力部门，还是转移到专门机构，为其服务的学术评价都是不可或缺的。在可以预见的将来，这样的集中分配和管理资源的方式都不可能有根本的改变，这是我们今天讨论学术评价问题无法改变的前提。因此，本文所讨论的学术评价也主要限于这样的评价，而不是针对多元主体的学术批评。必须指出的是，为分配和管理资源服务的评价如果能做到科学和合理，对学术研究同样是有意义的。从根本上说，分配和管理学术资源也是为学术研究服务，它与学术研究的利益应该是一致的。

如果说，为行政权力部门服务的学术评价应该由权威的评价主体做出，那么，迄今为止，得到最多承认的、最可能具备这种能力的评价者则是学术共同体，尽管它总是遭遇各种挑战。学术共同体的评价又称为"同行评议"。直到1990年代末，来自学术共同体的专家也还是这样评价的唯一主体，同行评议也还是这样评价的唯一方式。但是，随着国家对学术研究投入的不断加大，学术资源日渐增多，评价与利益的关系越来越紧密，同行评议开始"异化"，"这些起源于欧美、并且长期行之有效的东西，却在中国发生了变异，甚至是'异化'。其中'异化'最明显、危害最严重的，莫过于'同行评议'"。"权力支配，人情主导，标准缺失……三者只要居其一，都会使学术评价的意义受到严重损害"，"在我们当前的学术评价中，往往是三者一起发生作用，多路夹击，来自欧美的同行评议，怎么可能不水土不服以致彻底变质呢？"[①] 于是，以"定量评价"的数据统计和运算见长的专业评价机构应运而生，并开始与学术共同体抢夺评价主体的资格。

随着专业评价机构的问世并积极地参与到为行政权力部门服务的行列中，通行的学术评价已分裂为定性评价和定量评价这两类评价。需要特别指出的是，将学术评价区分为独立的定性评价和定量评价，是存在着对学术评价认识的误区的。定性也好，定量也罢，原本都只不过是学术评价的一种具

---

① 李剑鸣：《自律的学术共同体与合理的学术评价》，《清华大学学报》（哲学社会科学版）2014年第4期，第74、75页。

体方法，互相之间并不对立和排斥，在专业评价机构出现以前，即当学术共同体还是唯一的评价主体时，评价者可以根据不同的评价目的，采取或定性或定量或两者皆用的方法。专事定量评价的评价机构问世后，这一情况才发生了改变，定量评价逐渐成了这些机构的专利，同行评议逐渐地与定性评价画上了等号。缘此，定性评价和定量评价才由具体方法上升成为不同的评价类别。定性和定量各自的"独立"，造成了学术评价的分裂乃至对立，对学术评价产生了不容忽视的影响，而这至今仍未引起足够的重视。

（二）分裂后的学术评价

1. 不同评价主体的对立

学术评价的分裂首先体现在评价主体的分裂。在分裂为定性和定量两大类的学术评价现实中，定性评价的主体是学术共同体，定量评价的主体是一些专业评价机构，这似乎已得到了公认。在评价实践中，这两个主体极易区分，无须多谈。重要的是，尽管每个人都可以进行学术评价，但并不是所有人都能被行政权力部门认可为评价主体的，特别是在涉及资源分配和科研管理的评价中，行政权力部门的选择一直在学术共同体与专业评价机构之间徘徊。

能被行政权力部门倚重的评价主体当然要有排他性的特殊禀赋，学术共同体与专业评价机构获得评价主体资格的依凭是不同的，而这个依凭与数据有着不可分割的关系。

学术共同体之成为评价主体，依凭的是学术同行的身份。因其是学术同行，故对于评价对象（比如学术期刊、学术论文及其作者）所涉及或涉足的研究领域和专业非常熟悉，而被选为评审专家的共同体成员，更需要熟知该领域和精通该专业，做到对同行中各种正在研究的问题的意义、基础、方法、资料、难点及国内外研究历史、现状和进展，特别是相关学术批评都了然于胸。因此，他们对于评价对象的价值就可以通过对学术批评的吸纳和自己的主观判断，从其理论贡献、实践意义、社会效益、经济效用等诸多方面进行具体分析和价值判断，最终得出评价结论。这样的被称为同行评议的评价，其主体的身份资源实乃源于自身的学养，这在一定程度上体现了评价主体对相关专业学术信息汇集、处理和拥有的能力。这是一种独特的资源，是非学术共同体成员所无法具备的，具有唯一性和排他性。但是，他们的资源（学养）能否以数据的形式来表现，却是一个悬而未决的问题。事实上，许多有过评价专家经历或身份的学者都既不具备将自身的学养、学术批评的信息，也不具备将评价对象的价值通过数据或运算来体现的能力和兴趣。在专业评价机构崛起后，这成了学术共同体失去唯一评价主体资格，甚至被逐出评价领域的主要原因。

专业评价机构大多由从事文献情报学研究的人员组成，他们与众多的评价对象当然不可能属于同一学术共同体，换言之，他们对评价对象所属的专业不可能精通，甚至一窍不通，笔者曾经指出，评价机构与评价对象之间存在着"信息不对称"："对于各学科前沿问题、艰深问题……评价机构掌握的实质性信息远低于被评价者。"既然如此，评价机构又是依凭什么获取学术评价主体身份的？这是因为，评价机构不仅擅长于对一些论文和期刊外在形式数据的统计，而且进行了复杂的数据处理，形成了大量的形式数据，从而造成了占据信息优势的假象。正是凭借对这些关于评价对象的量化数据的拥有以及运算的貌似具有排他性的能力，更因其制作的各种排行榜和排名表使复杂的学术评价变得十分简单和明确，得到了行政权力部门的青睐，评价机构得以在事实上跻身于学术评价主体的行列之中，且后来居上，大有将学术共同体逐出评价领域的气势。

2. 不同评价方法的对立

与评价主体分裂相辅相成的是评价方法的分裂。所谓评价方法，主要指对评价信息的采集和处理的方法。这是现实中定量评价与定性评价除了评价主体不同之外最大的不同之处。定量评价者（所有的专业评价机构无一例外都属此类）大多坚持认为，所有的评价信息在理论上都是有可能转化为数据来表达的，而所有的数据都是可以通过复杂的加权（一般是在运算中的系数或占比）和精细的运算（精确到小数点后 4 位甚至 6 位）进行比较的，他们的结论就是经过运算而得出的排序表。因此，量化评价实际上就是一系列复杂的运算并归总排序。而定性评价大多是对所获取的原始信息的直接分析和判断，很少有一个将各种不同信息进行数据转换，并通过加权运算等一系列复杂方法处理数据的过程。因此，定性评价往往是一种经验判断。

在关于学术评价的种种讨论中，人们并不质疑评价是否应该分裂为定性和定量这两类评价，也不追究评价缘何而发生分裂，反将这种分裂视为自然的现象，故而一直就定量评价与定性评价孰优孰劣争论不休。其实，这样的争论意义并不大，因为作为一般评价方法，无论是定性评价还是定量评价，都是各有其优长和局限的。但是，在评价分裂后，作为独立的评价种类的定性评价和定量评价，却未见得将其优长充分发挥，却使自身的局限明显地放大了。我们不妨来看看"独立"后各自的情况。

定量评价所标榜的优点在于：（1）"客观"。所有评价信息都有明确的数据源。（2）"公正"、"公平"。所有信息都转换为数据，用统一的公式进行运算，一旦公式确定，就能排除人为干扰。（3）"科学"。其过程可以重复，其结论可以验证。但是，只要对这些优点做进一步分析就可以发现，所谓优点所在，恰恰也是其缺陷所在：（1）"客观"的有限性。并不是所有的评价信息特别是内容层面的信息都可以转化为用作比较的数据的，不管如何加权和运算都无法弥补在信息到数据转换过程中出现的信息丢失和偏差。因此，"客观"往往只是一种表象。（2）"公正"、"公平"的前提难以保证。这个前提就是，首先，数据必须覆盖评价对象的所有方面，至少到目前为止，这样的覆盖还无法实现；其次，所有的数据都是自然产生而没有受到人为干扰的，即数据必须绝对真实，在定量评价的数据采集及加权运算的方法尽人皆知后，再也无法确保做到这一点，为应对评价而发生的不端行为就集中表现为数据造假。（3）专业的缺位使评价的科学性大打折扣。由于从事定量评价的人员大多非学术共同体成员，不懂专业是他们的致命伤，为弥补这一缺陷，定量评价通过大量数据的采集和复杂的加权运算，来替代学术共同体成员的专业判断，这种替代的科学性通常会受到质疑。（4）极其简单的评价结论。由于是外行对内行的评价，评价机构往往没有能力用评价对象所属学科的专业知识来对数据和运算结果进行解析，并完成评价结论，其评价结论就只能是无法反映实际学术内容的一张或多张排名表，于评价对象难有实质性帮助。

定性评价被承认的优点在于：（1）"直接"。直面评价对象，所有的信息都可以为评价所用，而不必考虑其是否能转换为数据，更无须复杂的运算。（2）"专业"。定性评价即同行评议，只有来自学术共同体的评价才能够深入到内容层面进行评价，故是一种专业性的评价。（3）作为价值判断的结论内涵的丰富性。其评价结论可以是排名表，但更可以是鉴定性的文字，甚至长篇大论，如果评价的公正性和专业性得到保证，就既能让公众信服，也能让评价对象从中获益。但是，在放弃了定量分析等非直接判断的方式,同行评议成为单纯的定性评价之后,其缺陷也是明显的,本来具有的优势甚至变成了劣势:(1)单纯的定性评价有可能使评价成为一种纯粹的主观判断,必然受到评价者自身学识、德行等多方面的制约,以及外界各种因素的干扰,公正性难以得到保证。(2)定性评价的过程难以展示,很难做到公开;如果将评价视为一种科学研究或实验,其过程难以重复验证,科学和公平也难以体现。(3)由于前两点缺陷,评价的随意性难以避免,公信力难以保证。

需要指出的是,学术评价走向分裂的标志并不在评价方法的不同和对立,而在于两个独立的评价主体的出现。主体的分裂甚至对立,才导致了方法的割裂和抵牾。作为一般的评价方法,无论是单纯的定性评价还是单纯的定量评价都不可能独立应对所有的评价需要,本应统摄于同一评价主体之下,才能给评价提供科学和合理的基本保证。这里所说的"统摄"和所谓"定量评价与定性评价相结合"的含义是有本质区别的,关于这一点,下文将详细分析,这里只是强调,定性评价与定量评价各自的独立乃至互相对立,只能使学术评价因分裂而走入歧途。

(三) 评价分裂的后果

因评价方法上升为评价类别而出现的评价分裂,对学术评价造成的最严重后果就是使学术评价变得残缺不全。

在学术评价中,评价主体是否具备专业优势是起决定作用的,所以,学术共同体这一评价主体的身份毋庸置疑。在评价发生分裂之前,同行评议并不意味着对主观判断的必然滥用和对定量评价的必然排斥,同行学者不能进行定量评价是因专业评价机构的产生而制造出的一种假象。今天的同行评议,受到两方面的制约,一是在事关利益的评价中,同行评议对评价环境和评价主体自身的道德水准有苛刻的要求。若没有一个干净的学术环境,单纯的定性评价可能比单纯的定量评价更加荒唐。二是在学术成果(作品)数量巨大的时代,离开了数据统计和定量分析,同行评议的效率将十分低下,不确定性也必然增加,要提高效率和保持一定的稳定性,同行评议除了经验判断外,也离不开数据分析。当然,同行所做的数据分析与评价机构的定量评价并不是一回事。评价分裂后的同行评议,既缺乏清洁的外部环境,又割舍了定量分析,当然无法令人信服。

在评价分裂后，独立的定量评价主要由专业评价机构做出，其评价主体的身份是十分可疑的。如果说，只有学术成果（作品）的阅读者和使用者才具备评价主体的资格，那么，评价机构既不是阅读者，也不是使用者，其对评价对象各种形式数据的统计大多与阅读和使用无关，应该是连起码的评价主体的资格也不具备的。由于不懂专业的根本性缺陷几乎无法靠自身的努力得到足量的弥补，所造成的外行评价内行，很可能失之毫厘而差之千里；对评价信息的数据化处理虽然是其优势，但不具备专业知识，其数据分析难以深入内容层面，内容信息的缺失也使得评价机构的定量评价只有数据，只有运算，只有排序，却没有学术，也没有真正的价值判断。仅此两点，都足以致命。因此，在传统的评价环境内，评价机构的定量评价绝不可能是一种独立存在的评价。

在现实评价中，数据运算与经验判断已成为两种对立的评价，在这背后，其实隐含了这样一种理论预设：定性评价与定量评价应该由不同的人或机构分别来做，因为从事定性评价的学术共同体做不了定量评价，而专业评价机构也做不了定性评价，所以将学术评价分为各自独立的定性评价和定量评价是有道理的。这样的理论预设是值得怀疑的。第一，专业评价机构的确没有能力做定性评价，但学术共同体并非不能做定量评价，与定性评价的专业门槛高企不同，定量评价并没有高不可攀的技术门槛，学术共同体在经过必要的训练后，完全有能力做定量评价。第二，专业评价机构不仅没有能力做定性评价，其实也没有能力独立完成定量评价，定量评价包含有数据运算与价值判断这两层意思，评价机构的最终产品，即其制作的所有排行榜和排名表都只是运算的结果，而不是专业分析和价值判断的结论，充其量也只是未完成的评价。第三，成功的定量评价离不开学术共同体的参与和主导，从数据挖掘的方向、数据评价意义的设计、数据运算的公式，到运算结果的解析和最终具有价值判断意义的评价结论的得出，哪一项也离不开学术共同体。

可见，评价的分裂和分裂后定性和定量评价的互相对立，不仅使同行评议沦为狭隘的主观判断，而且使定量评价变成了一场数字游戏。评价再也无法统摄于同一评价主体，残缺不全也就是必然的了。这样的结果不仅导致了现实中学术评价的不合理，而且也直接导致了学术评价自身的危机与困境。那么，大数据时代的到来是否有助于学术评价走出分裂的困境？

二 大数据的介入：机遇还是陷阱？

当我们将改进学术评价的希望寄托于大数据时，面对的却是分裂的评价，分裂必定导致评价的残缺，但统合后的评价未见得就一定科学合理，因此，对大数据之于评价作用的判断，需要回答两个问题：一是大数据能否将分裂的评价统合起来；二是统合后的评价能否借助于大数据变得科学和合理。

（一）信息、数据与评价的关系

在回答大数据对评价的作用这个问题之前，有必要重新讨论评价信息、评价数据与学术评价的关系。信息与数据的作用主要体现在评价过程中，所以，让我们从评价的过程说起。无论是在前大数据时代还是在大数据时代，学术评价的过程简单说来实际上就是这样几个步骤：（1）确定评价的目的（必须是具体的而不是抽象的目的）；（2）确定评价对象（评价客体）；（3）确定谁来评价（评价主体）；（4）确定评价方法、程序和标准；（5）评价主体收集与评价客体相关的各种可能有用的信息；（6）根据确定的方法、程序和标准，对所收集的信息进行比较、分析和处理；（7）得出评价结论。

在一般理解中，似乎只有评价方法和作为评价标准的指标体系才与数据相关，其实不然。如果说，评价数据来源于评价信息，那么，以上所言评价过程的七个方面，每一个方面都与评价信息有关。比如，确定评价目的时，除了考虑此项评价的必要性外，还要考虑可行性，即实现此项目的是否有必要的信息作为评价的基础；再如，确定评价主体时，必须有一个评价专家数据库，可以提供专家的各种相关信息；至于信息收集和处理，更是直接作用于信息；而评价结论其实也就是评价者通过信息处理而对评价对象做出的价值判断，理应包含丰富的信息。所以说，信息是评价的基础，没有相关信息，也就无从评价。

信息、数据与评价三者间的关系主要体现在转换和分析两个方面。

首先，是对与评价有关的信息进行数据转换。在前大数据时代，这种转换基本是指向性的和局部性的。所谓"指向性"，指的是具有明确指向的信息（高密度高价值信息）到数据的转换，比如文摘、引用等指向明确的信息，转换为可以运算的数据，而离开了这些有明确指向的信息，数据生成几无可能，这与对数据的认识以及挖掘和处理数据的能力有关。所谓"局部性"，指的是只是部分信息的部分方面被转换为数据，比如文摘和引用信息都属于相对比较容易转换为数据的，而在此之外的大量信息却无法转换为数据；即使文摘和引用，其所包含的与学术贡献相关的信息量也是十分丰富的，但转换为数据时除了频次和比率外，其他信息基本都丢失了。在大数据时代，信息到数据转换的指向性和局部性依然会存在，但是，由于对数据认识的深度和数据挖掘的广度大大增加，处理的技术更加先进，我们有理由期待，除了指向明确的信息转换为数据以外，还有可能出现低密度高价值的新数据源；我们也有理由相信，可以有更多的信息能够比较全面地转换为数据。

其次，是对由信息转换而来的数据进行运算和分析并得出结论。在前大数据时代，由于信息到数据转换的指向性和局部性，数据不可能完全代替信息，因此，数据对评价的作用是有限的，单纯的数据运算结果也是代替不了评价结论的。在大数据时代，不管数据量有多大，也不管运算方法有多先进，单纯的数据运算仍然无法代替价值判断，但是，数据的运算结果可以更好地用于学术评价，特别是对数据的利用不再是专业评价机构的专利，数据对同行评议同样有意义，甚至更大的意义。因此，引入大数据，的确会对学术评价发生重大影响。

（二）大数据对评价的影响

"大数据对社会经济生活产生的影响绝不限于技术层面，它为我们看待世界提供了一种全新的方法，即决策行为将日益基于数据分析做出，而不是像过去更多凭借经验和直觉做出。""这是一场革命，庞大的数据资源使得各个领域开始了量化进程，无论学术界、商界还是政府，所有领域都将开始这种进程。"[①] 显然，大数据时代的到来，凭借巨量数据的获取和运算的模式正在颠覆"凭借经验和直觉"的模式，而被广泛地运用于判断、预测和决策之中。当数据的量足够庞大，覆盖的面足够宽广，挖掘得足够彻底，处理得足够精细时，这种凭借"云计算"得出的评价性结论或预测性判断就

---

① 《带您了解大数据》，http://www.thebigdata.cn/YeJieDongTai/8470.html。

可以相对准确,在某些领域或某些问题的判断上,它有可能胜过经验和直觉。

正是基于大数据的特点,在学术评价领域,在"凭借经验和直觉"的定性评价与凭借客观数据的定量评价孰优孰劣争得不亦乐乎之时,人们似乎找到了一把打开这个几乎成了"死结"的问题之锁的钥匙。比如,有评论者认为:"在'前大数据时代',期刊的评价方式多采用专家定性评价、内容评价……评价的模糊性与主观性是这一阶段期刊评价存在的主要问题。主观性指评价缺少客观依据和数据支撑,具有想当然的嫌疑;模糊性则因为评价依据不能使人信服而导致评价不够精确。""这些'前大数据时代'期刊评价存在的主要问题,随着大数据产生而得以'缓解'。比方说,由于大数据的支撑,定量评价、形式评价等客观的评价方式可以得到更好的实现……促使学术评价更趋于精确性与客观性。从某种意义上来说,这是对'前大数据时代'期刊评价的超越。"[①] 这里说的虽然是学术期刊评价,但因为现行学术评价机制的核心就是学术期刊评价,通过对学术期刊的评价来间接地评价学术成果,即发表在学术期刊上的论文,在没有找到使人信服而又操作性良好的直接评价学术论文的方法之前,这样的"以刊评文"实则就是学术评价的主要表现。显然,大数据技术被寄予厚望,希望通过它可以大大提升定量评价的精准度,以实现评价的"超越"。

不难看出,以上对大数据的期待,仍然是建立在定性评价与定量评价相分裂和相对立基础上的,由于定性评价被认定为"缺少客观依据和数据支撑,具有想当然的嫌疑",自然就会推论出大数据对定性评价的影响是极为有限的,亦即大数据挽救不了定性评价,转而对大数据时代有"客观依据和数据支撑"的定量评价寄予了厚望,期望它能超越"前大数据时代"。也就是说,要通过加强定量评价,使之压倒性地战胜定性评价,从而使分裂的评价一方"吃"掉另一方而实现评价的统一。

然而,以上看法并没有弄清信息、数据与评价之间的关系,也就没有理解数据在评价中的真实作用和意义。大数据时代云计算处理的数据不管量有

---

① 郝日虹、张清俐:《寻找大数据与学术期刊评价体系创新的"契合点"》,《中国社会科学报》2015年2月11日。

多大，都离不开与其所代表的信息的关系，丢失了信息的数据不管设计了多么复杂的算式，其运算结果都没有任何意义，只会将评价扭曲。由于大数据时代数据的价值虽大，但密度极低，较之前大数据时代，数据的挖掘和运算都更离不开对数据的解读。这种解读，核心是对数据与信息关系的解读，需要有计算技术，更需要有各学科专业知识。专业评价机构虽然具备计算技术，却永远也无法具备各学科的专业知识，所以，他们可以对基于大数据的评价提供技术支持，但却无力得出科学的评价结论。学术评价不是简单的或复杂的数字游戏，而是一项严肃的科研活动，它必然要受到科研活动一般规律的支配和约束。大数据于科研的意义并非仅及于学术评价一项，如今，许多学科的研究都引入了大数据技术，但这些科研活动的主体，无一例外，都是本专业的科研人员，而不是只懂技术而不懂专业的外行。如果非本专业的评价人员能够对该专业的学术成果做出科学评价，那么，他们也就可以在所有的学科研究中取代专业人员，而这不啻天方夜谭。学术共同体之所以被国际学术界公认为最合适的学术评价主体，更多的是因为只有这样的评价才具有专业水准，才能对学术研究做出真正的贡献。

到目前为止，所有有关大数据的理论方法和实践经验并不能直接应用于学术评价。大数据理论和方法在其他领域的成功运用并不意味着它就能成功地移植到学术评价中来。学术评价特别是人文社会科学学术评价较之一般运用于生产领域、经济领域的基于大数据的评价要复杂得多。其不同之一是，不管学术评价的目的和对象如何多元，学术质量都是评价的中心问题；而学术产品与现代工业产品最大的区别在于，前者是十足的个性化产品，很难进行深入到内容层面的关于学术质量的量化比较；后者则是规整的标准化产品，很容易进行包括产品质量、用户体验、市场需求在内的各方面的量化比较。其不同之二是，学术评价主要是对既有成果的价值判断，而生产和市场领域的评价更多的是对市场前景的预测和营销策略的设计，两者对数据的挖掘方向和运算方法因目的不同而存在巨大差异。因此，在生产领域、经济领域中风生水起的大数据理论和方法，在学术评价领域要想一显身手，需要评价理论和方法的及时跟进。其最大的瓶颈就是，必须找到一条能够让个性化产品可以不受干扰地利用大数据技术进行量化数据类比的路，这条路，在前大数据时代根本就没找到。在评价环境没有根本改变、评价理论和方法没有根本突破之前，要找到这条路基本不可能。因此，大数据技术要在学术评价方面真实地投入运用并发挥积极作用，恐怕还有很长的路要走。可见，在现实与愿景之间，还横亘着一条巨大的鸿沟。

（三）机遇与陷阱并存

其实，不管是否在大数据时代，包括学术评价在内的所有评价都会受到以下几个方面因素的影响和制约：其一，是否具备成熟的并且为公众（特别是评价对象）普遍认可的评价理论。其二，是否具备在评价理论指导下成熟的并且为公众（特别是评价对象）普遍认可的科学评价方法。其三，是否具备学术评价所必需的干净清洁的学术环境。其四，是否具有高专业水准和公信力的评价主体，能够担当起进行公正合理的学术评价的责任。其五，能否收集到足以支持评价方法的准确的评价信息。其六，是否具备对评价信息进行有效处理的能力。其七，是否具有对处理结果进行专业解释的能力。只有同时满足了上述条件，才可能得出科学合理的评价结论。

笔者并不怀疑大数据技术将会给学术评价带来某种机遇，大数据以及相应技术显然可以较以往（即前大数据时代）更容易部分地（而不是全部）满足上述第五和第六个条件，从而有可能在评价中更好地发挥数据的作用。但是，科学评价所必须具备的七个条件，特别是前四个和最后一个条件并不会因为大数据时代的到来自然而然地就具备了，即使是第五和第六这两个条件，也不仅仅是数据的量级和运算的能力问题，所以也不会因为大数据时代的到来就一定能取得突破。

在分裂的评价中，专事定量评价的各评价机构几乎垄断了所有的数据挖掘与运算排序，而这些机构显然不具备上述基本条件，撇开前四个条件不论，仅就后三个条件而言，即使其最擅长的数据处理也不可能完成，因为他们没有能力对数据及运算结果予以专业解析，只能将经运算排序的结果作为评价的结论发布出来，评价的过程在此已告中断，今天的各种排行榜和排名表大多是这样的未完成产品。没有学术共同体的主导，[①] 这样的所谓定量评

---

① 目前专业评价机构大多号称其排行榜和排名表是"定量评价与定性评价相结合"的产物，因为他们引入了同行专家参与他们的制作。而事实上，专家在其中的作用是很可疑的。专家充其量也只是起到了"打分机器"的作用，根本谈不上"专家主导"，与以学术共同体为主体的评价更是相差甚远。

价，不仅无法发挥大数据的威力，而且已成为大数据在学术评价中应用的障碍。

正因为如此，过分地迷信评价机构的大数据技术，就有可能掉入工具理性的陷阱。"当前我国社会经济、文化、信息越来越向全球化发展，各行各业都在进入科学管理时代，可以说工具理性已经逐渐渗透到社会生活的方方面面……从西方科学技术体系移植的各种科学计量工具以一种学术研究的姿态凛然应用于中国学术管理的方方面面，信息技术的不断进步使得海量的信息都可以被储存、被分离、被分析，于是核心期刊排行榜、来源期刊排行榜、中国大学排行榜以及研制各种名号排行榜的技术门槛已经不是问题，越来越多的研究机构和传媒企业甚至个人都以无比的热情投入到对他人的排序中。"[①] 然而，这些基于大量数据及运算而制作的各种排行榜和排名表的科学性却始终受到学界的质疑。比如在定量评价中普遍使用的引文分析法的"合法性问题"在学术界就一直争议不断，"向来不乏学者对以引文分析为基础的量化学术评价提出异议或批评。争议源自于学术界对引用行为和引文本质没有形成普遍性的认识论共识"。[②] 可见，在评价理论不能让学术界信服、评价方法不能得到科学验证之时，大数据技术纵然能增加数据的量以及运算方法，其在学术评价中也难有用武之地。不仅如此，在定量评价一家独大的情形下，数据的作用往往被片面夸大和扭曲，大数据如果盲目地运用，只会围绕评价对象制造出更多的形式数据，而深入内容层面的数据仍将付诸阙如，其片面性和扭曲度将更为加大，亦即前大数据时代定量评价的缺陷将被成倍地放大，这样的评价，恐怕只会添乱。从这个意义上来说，大数据不仅不能让定量评价更精细和准确，相反，会让已扭曲的定量评价走向极致。

与任何新技术一样，作为一项新技术的大数据的运用也具有一定的条件限制，不具备必要的条件，机遇就可能成为陷阱，而大数据之有可能成为学术评价的陷阱是缘于评价的分裂，因此，要抓住大数据提供的机遇以改进学术评价，要务就是让分裂的评价走向统一。首先，要打破只有评价机构才具

[①] 陈燕、崔金贵：《学术评价中工具理性与价值理性的主导成因及平衡机制》，《清华大学学报》（哲学社会科学版）2012年第6期，第143~144页。
[②] 刘宇、李武：《引文评价合法性研究——基于引文功能和引用动机研究的综合考察》，《南京大学学报》（哲学·人文科学·社会科学）2013年第6期，第137页。

备挖掘数据和运算能力的神话，各专业学者既然有能力将大数据运用于学术研究，就有能力将大数据运用于学术评价，定量评价不是评价机构的专利。其次，要看到所有评价机构发布的各种排行榜和排名表都不是严格意义上的定量评价，更不是完整的学术评价。再次，要看到迄今为止，所有评价机构所做的与数据和运算有关的工作都仍停留在前大数据时代，其发布的排行榜和排名表所依凭的基本都是指向性明确的单一数据，其算法也基本是简单的加权统计。对于评价机构来说，如何真正运用大数据技术，其难度一点不比专业学者小，甚至更大，因为不懂专业，就搞不清什么数据是有价值的。在这方面，他们恰恰需要专业学者的指导。最后，大数据运用于学术评价，只能由专业学者主导，评价机构的所谓定量评价不管它的数据量有多大，运算有多精细，也只能是学术评价的一个工具。纵然大数据有可能使这个工具更为精细，但是，工具永远不可能完全代替人。因此，我们在谈论大数据对评价的积极作用时，评价的统一是必要前提。

三 大数据之于学术评价：从分裂走向统一？

以上我们分析了学术评价的现状及其问题的症结所在以及数据与评价的关系，显然，大数据可以给学术评价带来某些机遇，但同时也存在着某种陷阱，那么，应该如何抓住大数据的机遇并有效避免其陷阱？在笔者看来，关键是要让分裂的评价走向统一，为此，必须处理好以下几个关系。

（一）大数据时代学术评价与"前大数据时代"学术评价的关系

目前，对现行评价的诟病可谓不绝于耳，批评的焦点多集中于现行的评价方法，改造或重建学术评价的努力也主要体现在评价方法层面，似乎只要找到合理的方法，评价问题就能迎刃而解。大数据正是因为有可能带来评价方法的改进才被寄予厚望。然而，评价绝不是单纯的方法问题，大数据并没有也不可能改变学术评价的基本属性，除了为学术研究服务以外，学术评价在今后相当长的时间内仍将是学术资源分配和学术管理的依据。因此，大数据时代的学术评价，并不意味着能成为割断历史的全新评价，而只能是过去评价的一种延续。这就决定了这样一个基本事实：过去评价中存在的基本问题，大数据时代同样存在，这些问题不解决，是改变不了评价现状的。

同时，大数据时代又是一个以技术革命为突破口的观念革命时代。大数据并不是一项孤立的技术，它的产生与信息时代的到来是紧密相关的，以互联网思维为标志的新思维不仅孕育了新的产业，而且正在使许多传统行业发生变革，所以，我们有理由期待基于大数据技术的新的评价理念的产生，来推动评价理论的创新，来破解评价中的既有问题。但是，迄今为止，作为互联网思维最好体现的新技术、新模式和新平台在学术评价中尚未得以呈现，学术评价与新的时代仍然格格不入，因此，如何通过引入大数据实现评价理论的革新才是突破旧问题的关键。

（二）科研体制与学术评价的关系

科研体制与学术评价之间存在着一定的因果关系，从某种意义上来说，有什么样的科研体制，就有什么样的学术评价，学术评价的问题恰恰是科研体制问题的表现。在科研体制不变的前提下，要想让大数据时代的学术评价走出定性评价与定量评价分裂的状态，构建健全的学术评价体系，难度极大。当然，评价体系对科研体制也会有反作用，评价的革新，可以倒逼科研体制的改革，但这有待于学术界的广泛参与。最本质的学术评价乃是内容评价，而最好的内容评价来自学术共同体内的学术批评。缘此，评价体系的重建只能寄希望于学术民主，而不仅仅是某种方法和技术的突破。学术是否民主，民主的程度如何，有一个标志，那就是看是否具有正常的学术批评。然而，在目前的科研体制和评价机制之下，我们还看不到正常的学术批评的回归。

如果说，大数据能对学术评价产生一定的正面影响，那么，大数据首先要在学术批评中发挥作用。大数据无疑是可以用于学术批评的，可以为学术批评提供更多的资源和便利。现在的问题首先是，谁来做真正的学术批评？其次才是大数据在评价中的运用。道理很简单，没有学术批评的先行并作为评价的主要信息源和数据源，所有的信息和数据都是无法深入到内容层面的，不能深入到内容层面的评价，纵然再怎么"客观"、"公正"，又能有多大意义？因此，正常的学术评价何以溃退，如何回归，这的确值得一直在批评学术评价现状的学术界深思和反省。

（三）学术评价内部各要素间的复杂关系

1. 学术共同体与专业评价机构的关系

如果我们认同学术评价的信息应源于学术批评，那么，谁是评价主体的问题就不言而喻，只有学术共同体才是合适的学术评价主体。今天来自学术共同体的评价即"同行评议"之所以因极度"异化"而陷入困境，一个十分重要的原因就是正常的学术批评的缺失，致使同行评议失去了最基本的依据和最有效的监督。如果学术民主和学术批评能够走向正常，"同行评议"真正成为学术共同体意志的体现，那么，以学术共同体为主体的学术评价机制就有望重建。与学术共同体相比，专业评价机构因不是共同体成员而缺乏的恰恰是专业性，所以不可能是合适的学术评价主体。这是一个基本的判断，但做这样的判断，并非将专业评价机构排除在学术评价之外，专业评价机构自有其独特的作用，那就是评价数据的生产者。其实，每个评价机构都制作有大量的评价数据，大多建有自己的数据库，只是这些数据库到目前为止都没有很好地发挥应有的作用。一方面，评价机构为自己的数据库的开放设置了种种障碍，数据制作也远非透明，其数据来源、统计口径等也是各行其是，缺乏公认的科学标准；另一方面，学术界对数据库的价值还不了解，数据库还很少为学术研究和学术批评所利用。这就造成了专业评价机构依凭其对数据库的垄断来争夺评价主体的地位，却遮蔽了数据库的真正价值这样的买椟还珠的结果。因此，正确的选择应该是专业评价机构从评价主体回归其数据生产者的定位。在大数据时代，专业评价机构在数据的提供、算法的设计等方面都是大有可为的，但其作用也仅限于此，真理多行一步就会变成谬误，所有的数据及算法都只是为学术研究和学术评价提供工具，而不是评价本身。利用这些数据来进行研究和批评或评价的应该是各专业学者，亦即各学术共同体成员。如何认识和利用数据这一工具，是大数据时代各专业学者面临的新考验，这也是他们回归学术评价主体地位必须跨越的一道门槛。

2. 定性评价与定量评价的关系

在今天的评价体制中，定性评价和定量评价已被视为两种不同的评价，由此产生了一系列问题，于是，从管理部门到学术界以及专业评价机构都提出了定量评价与定性评价相结合的原则。之所以要"两结合"，一般的解释是让这两种各有所长也各有缺陷的评价互补，以使评价变得相对全面和公正。这种已被普遍接受的观点貌似公允,其实似是而非。如前所述,其要害在于分裂了的评价纵然"两结合",也只能貌合神离。比如,在一些所谓的"两结合"评价中,专家实际只是根据量化指标进行打分的机器,其学术专长无法发挥,定性云云,徒有其名。在我们明确了学术评价的主体只能是学术共同体后,就不难发现科学的评价并不在于定性评价与定量评价这两种评价相结合,而在于让定性评价和定量评价都回归到一般的评价方法,由评价主体根据不同的评价目的来选择和确定最合适的方法。这个方法,可以是定性的,也可以是定量的,更多的时候则可能既有定性的又有定量的。如同学术研究一样,研究者可以根据不同的研究目的和所掌握的不同资料,采用不同的方法。方法可以多种多样,但不同的方法只能由同一个主体来统摄,而不应分别成为不同主体的专利。由此观之,大数据时代意味着用于评价的资料更为丰富,相应的,评价方法也会更趋多元,定性评价与定量评价都只是方法之一种,而且,随着数据的精细化、多元化,定性与定量之间的分野也会日渐模糊,而不会如现在这般泾渭分明。能够灵活而准确地选用和统摄评价方法的主体显然只能是学术共同体。

3. 评价目的与指标体系的关系

学术评价目的是多种多样的。无论何种评价,其能否成功进行,评价目的的清晰明确都是具有决定意义的。"不同的评价目的决定着不同的评价标准和指标、不同的评价方法和评价专家的选择以及评价程序的确定,它是评价的龙头,分类评价的动因,规定、制约和导引着整个评价的方向和具体做法。"[①] 但自从蜕变为专事行政权力部门分配学术资源和科研管理的工具之后,学术评价的发展一直有一种追求或趋向,即忽略评价目的的不同,而刻意寻求通适性的评价指标体系,让一个评价指标体系能够适应所有目的的评价,以使资源分配和科研管理更为直观和简单。制定"科学合理的评价指标体系"成为行政权力部门的明确要求,并写入了一些行业指导类的文件,比如原新闻出版总署制定的《全国报纸期刊出版质量综合评估指标体系(试行)》就是这类文件的典型,总署赋予了这个指标体系两个鲜明的特征:其一,纯量化;其二,通适性。这个指标体系,应对的是包括学术期刊在内

---

① 叶继元:《人文社会科学评价体系探讨》,《南京大学学报》(哲学·人文科学·社会科学) 2010 年第 1 期,第 103 页。

的全国各种各样的报纸期刊，其评价结果如何，也就可想而知了。这样的指标体系，通适性与纯量化实乃互为表里：因其通适，必然要求纯量化，因其纯量化，故而能够通适。指标体系本质上只是一种评价标准，指望一个标准普适于不同目的、不同对象、不同内容的一切评价，是不切实际的。这样的指标体系完全抹杀了不同的评价目的对评价方法和标准的选择性差异。在这样"万能"的指标体系约束下，不管评价目的如何不同，定性评价实际已被排除在评价方法之外，定量评价已成为唯一的方法。这已成为当今行政权力部门主导的学术评价中最常见的现象，也已成为前大数据时代评价的一个特征。如果这样的趋势不予改变，随着大数据时代的到来，在通适性的量化评价面前，再丰富的数据特别是所有个性化的数据都将失去意义，评价必定走入死胡同。因此，在大数据时代，必须打破通适性、纯量化评价的神话，根据不同的评价目的，选择不同的评价方法，唯此，大数据才可真正有用武之地。

4. 评价信息与评价数据的关系

大数据作为一种技术，在各种可资评价的信息获取以及信息到数据的转换方面，其作用是前大数据时代无法比拟的。但大数据要在评价中发挥作用，还有以下五大瓶颈需要突破：一是对信息的挖掘，可资评价的信息散布于方方面面，如何将其挖掘出来？二是从信息到数据的转换，如何将具有丰富内涵的信息在尽可能不丢失其意义的前提下转变为数据，对丢失的信息如何弥补？三是对数据意义的界定，每项数据都有其特定的含义，缩小和夸大其意义都会导致评价结果的偏颇，如何做出准确的界定？四是对数据的处理和运算，不同的处理方法和运算公式会得出不同的处理和运算结果，什么样的数据用什么样的处理方法和运算公式最合理？五是对运算结果的解读，对数据的处理和运算都是脱离了原始信息的处理手段，对数据处理和运算结果的解读实际就是让数据还原为带有价值判断意义的信息的过程，如何保证这样的还原不会走样？以上五大瓶颈在前大数据时代即已存在，随着大数据技术的运用，被挖掘数据量必然出现井喷式的激增，突破瓶颈的难度将更大。所有这些，都不仅仅是单纯的技术问题，而更是各学科的专业问题。

5. 评价结论与评价效果的关系

不管出于何种目的、采取何种方法的评价，都是要让被评价者从评价中获得教益，否则，评价就失去意义。因此，评价效果的好坏往往通过评价结论对被评价者有无助益及助益多少来体现。即使为行政权力部门服务的评价，也理应如此。今天的学术评价之所以被诟病连连，一个重要的原因就是评价结论过于简单，简单到就剩下一张排行榜或排名表，被评价者几无学术或质量进益方面的收获。但这样的评价在现行的科研体制中却与学术利益甚至学术研究和发表的资格紧紧地绑在一起而变得如此重要，迫使被评价者——如学者、期刊主编等，不得不将评价机构作为研究的对象，以从事各专业学术研究者的智商，"破译"如此简单的榜（表）的奥秘当然不在话下，于是，或者选择激烈的批评，或者选择无奈的迎合，或者两者兼而有之。从而造成了学术界围绕评价而出现的一些怪象，"某些机构……竞相公开打出了期刊评价甚至学术评价的旗号……迫不及待地要充当评价主体"；"学术期刊不再关心学者的需求，而一味迎合评价机构的偏好，甚至不惜造假"[①]。评价结论的极简化与行政权力部门简单化管理需求以及由此造成的对评价目的差异性的忽视、对定性评价的排斥和对定量评价的偏好以及由此造成的评价方法的单一、对评价指标通适性和纯量化的追求以及由此造成的评价信息和数据的片面性之间，有着明确的因果关系。换言之，学术体制不改，大数据也难以改变评价结果仍然简单的现状；而简单的结果不仅对评价对象的作用有限，而且难免偏颇，甚至背离真实，评价仍然难逃尖锐的批评乃至猛烈的抨击。

四　结语

现在让我们回到本文开头提出的问题：大数据可能给学术评价带来怎样的影响？

正是在评价分裂的情境下学术评价迎来了大数据时代。大数据之应用于学术评价，对数据挖掘和运算能力，以及对数据和运算结果的解析能力都提出了新的要求，而分裂的评价显然满足不了这样的要求，从而为学术评价从分裂走向统一提供了某种契机，而结束分裂状态，也是大数据成功地运用于

[①] 仲伟民：《缘于体制：社科期刊十个被颠倒的关系》，《南京大学学报》（哲学·人文科学·社会科学）2013 年第 2 期，第 27 页。

学术评价的前提条件。但是，被权力和利益撕裂了的学术评价要走向统一，并不取决于技术，而是取决于造成评价分裂的科研体制是否有所改变，如果体制不变，那么，评价分裂依旧，大数据之于定性评价几无助益，而对定量评价的作用更不容乐观，当面对剧增的数据和复杂的运算不能做出具有专业水准的解析时，定量评价只能与学术研究渐行渐远，越来越背离评价的初衷。

因此，要让大数据在学术评价中发挥积极作用，并借助大数据的推动，重建科学合理的学术评价，前提就是：让评价不再分裂，让方法不再被垄断；让评价机构做其力所能及的事——专心地做数据，把数据的最终解释权交还给学术共同体；让正常的学术批评重回学术研究之中；让同行评议真正代表学术共同体的意志。而这一切，都有待于科研体制的改革和评价理论的重建，但愿大数据能成为促成这一改革和重建的催化剂。

〔原载《中国青年社会科学》2015 年第 4 期〕

下编
学术期刊 何以定位

高校学报的专业化转型与集约化、数字化发展

——以教育部名刊工程建设为中心

已有百年历史的高校哲学社会科学学报在 20 世纪曾经有过多次辉煌的时期,而每一次辉煌,与同时期社会科学研究的进步都是合拍的。但是,世纪之交以来,作为社科期刊重要组成部分的高校学报却整体陷入了前所未有的困境,在数量有了空前增长(社科学报达到了 1300 余家)的同时,其整体声誉不升反降,来自学术界的各种批评和诟病之声不绝于耳,"千刊一面"、"低水平重复"等等,不一而足。显然,出现了某些管理者和办刊人没有及时察觉或即使察觉了却难以改变的问题,使得学报的发展与社会科学研究的进展不再同步,产生了颇为严重的不相适应的情况。

应该说,最迟在 2002 年,教育部已明确意识到了高校学报中普遍存在的问题。在这一年夏天召开的全国高校社科学报工作研讨会上,袁贵仁(时任教育部副部长)在题为《新世纪新阶段高校社科学报的形势和任务》的主题报告中,除了充分肯定高校社科学报在过去所取得的成就以外,还重点阐述了所存在的四个方面的问题:(1)有些主办单位对学报的作用和地位认识不足;(2)不少高校社科学报满足现状,改革创新意识不强,办刊理念、办刊模式和办刊方法跟不上时代发展的要求;(3)相当一部分学报定位不清,选题雷同,内容重复,个性、特色不够鲜明;(4)高校社科学报还存在着发行量偏小,不同程度地存在求生存、图发展的突出问题。[①]

在清醒地意识到高校学报存在问题的同时,袁贵仁在报告中分别从学

[①] 详见袁贵仁《新世纪新阶段高校社科学报的形势和任务》,《长沙大学学报》2003 年第 1 期,第 3 页。该文在《北京大学学报》2002 年第 6 期也曾发表,但有删节,部分文字也略有不同。

报、主办单位（学校）以及教育部的层面提出了应对与解决问题的要求和思路，其中，影响最大的就是启动"名刊工程"。一年后正式出台的《教育部高校哲学社会科学名刊工程实施方案》所确定的目标是："通过国家（包括新闻出版总署、教育部和主办单位）的支持和学报的改革，在五年时间内滚动推出20家左右能反映我国高校学术水平和学科特点、在国内外有较大影响的社科学报及其特色栏目。其中，培育出5至10种国内一流、国际知名的社科学报。逐步改变目前高校社科学报'全、散、小、弱'的状况，实现'专、特、大、强'的目标。"①

2003年底，教育部组织评选出了11家大学学报，首批入选名刊工程。②翌年2月，教育部与这11家学报签订建设协议，"教育部哲学社会科学名刊工程"自此正式拉开了建设序幕。此后，第二批8家学报、第三批7家学报于2006年和2009年相继入选了名刊工程。③ 教育部有关领导对名刊工程进行了精心和全面部署。在2004年2月名刊工程首次主编座谈会上，袁贵仁指出：名刊工程应是一个导向工程、一个建设工程、一个创新工程、一个特色工程、一个整体工程、一个质量工程、一个责任工程、一个系统工程。④由此足见，名刊工程实际承担着救困与复兴的双重使命，要通过名刊工程的建设，为高校社科学报找出一条走出困境重现辉煌的成功之路，以名刊工程为示范，"每一份高校社科学报最终都将经历一个凤凰涅槃的过程"。⑤

与六年前相比，名刊建设的环境正在发生着影响重大而深远的变化。如

---

① 《教育部高校哲学社会科学名刊工程实施方案》，教社政［2003］12号，教育部网站，http：//www.moe.edu.cn/edoas/website18/level3.jsp? tablename=51&infoid=147。
② 首批入选的11家学报分别是：《北京大学学报》、《文史哲》、《南京大学学报》、《中国人民大学学报》、《复旦学报》、《北京师范大学学报》、《思想战线》、《厦门大学学报》、《吉林大学社会科学学报》、《南开学报》、《陕西师范大学学报》。
③ 第二批入选的8家学报分别是：《武汉大学学报》、《华东师范大学学报》、《浙江大学学报》、《求是学刊》、《广西民族大学学报》、《当代经济科学》、《现代传播》、《华中师范大学学报》；第三批入选的7家学报分别是：《清华大学学报》、《外语教学与研究》、《政法论坛》、《中央音乐学院学报》、《四川大学学报》、《兰州大学学报》、《南京师大学报》。需要说明的是，虽然入选时间有先后，但参与名刊工程建设其实是同步的，只有入选之前叫"创建"，入选之后叫"建设"的分别。这也体现了名刊工程设计之初就提出的"滚动发展"的原则，从而带动了远较入选学报为多的高校期刊参与其事。
④ 详见《教育部高校哲学社会科学名刊工程首批入选学报建设座谈会会议纪要》，教社政厅［2004］1号，教育部网站，http：//www.moe.edu.cn/edoas/website18/16/info8116.htm。
⑤ 详见袁贵仁《新世纪新阶段高校社科学报的形势和任务》，《长沙大学学报》2003年第1期，第4页。

果说六年前文化体制特别是出版体制改革刚刚起步,尚未触及期刊体制,而数字化方向在期刊界还有争议,名刊建设只能暂时回避这些问题的话,那么,六年后的今天,文化体制改革已向纵深推进,而期刊数字化前景已清晰可见,名刊建设将不得不直面这些问题。更为重要的是,变革已迫在眉睫,作为期刊最高行政主管部门新闻出版总署已为报刊体制改革制定了"时间表"和"路线图",报刊体制改革已是箭在弦上;至于数字化,新闻出版总署也给予了"高度关注,已经采取了一系列引导传统出版行业积极利用新兴技术、有效融入数字化出版潮流的政策措施"。① 教育部对此也做出了积极回应,李卫红副部长在2010年4月指出:"文化体制改革的深化和数字化出版对高校社科期刊建设提出了新课题、新挑战……要求期刊业创新发展思路,积极利用新兴传播技术,开创全新的业态和发展模式。"② 所有这一切对名刊工程而言,都意味着正在改变的已不仅是环境,一些原来的"环境问题"也会成为今后名刊建设的实质性问题。

那么,名刊工程建设应有何新作为以及如何作为?这是摆在名刊工程入选学报(以下简称"名刊学报")面前迫切需要解答的问题,而名刊学报的选择又必然影响到千余家社科学报未来的走向。本文意在通过对名刊工程建设成效、需要突破的瓶颈的分析,提供若干新的发展思路,③ 以抛砖引玉。

六年建设回眸:名刊工程成效简析

2010年4月,李卫红在第三批名刊工程主编座谈会上的报告中对名刊工程建设成果进行了总结,指出:"名刊工程从建设之初开始,就肩负着光荣使命和艰巨的任务。时至今日,名刊工程建设已有六年。六年来,入选期刊在学校和社会各界的关心支持下,紧紧围绕建设目标,立足本校实际,努力提高办刊质量、破解难题,一步一个脚印地扎实推进,取得了

---

① 《数字出版引领期刊未来研讨会举行》,新闻出版总署网站,http://www.gapp.gov.cn/cms/html/21/1017/200711/451873.html。
② 李卫红:《在高校哲学社会科学第三批名刊工程座谈会上的讲话》(2010年4月7日),教育部网站,http://www.moe.gov.cn/edoas/website18/74/info1271640339502274.htm。
③ 本文的讨论仅及于入选名刊工程的综合性社科学报。

显著成绩。"① 的确,六年来,名刊学报投入了巨大的热情和全部的精力从事名刊建设,各刊的面貌发生了很大的改变,名刊工程已引起了学术界和学术期刊界广泛关注,名刊工程所取得的明显成效也是有目共睹的。

名刊建设的成效突出地表现在各刊所发表学术论文的影响力和质量有了整体的明显提升,这从一些期刊统计数据中也可以明确地反映出来。近年来,常被用于学术期刊评价的数据主要有:(1)南京大学中国社会科学研究评价中心制作的期刊他引频次、影响因子等数据(CSSCI);(2)《新华文摘》、《中国社会科学文摘》、《高等学校文科学术文摘》摘转量和文摘率数据;(3)中国人民大学书报资料中心制作的《人大复印报刊资料》全文转载量和转载率数据。本文也将采用上述三项数据,通过对名刊学报与同为综合性的社科院(联)期刊进行比较,试图明确名刊学报在社科期刊界的实际影响力并尽可能兼及质量水平。之所以选择社科院(联)期刊作为比较对象,还因为在社科期刊总类之下,这些期刊是除了中国社会科学院专业期刊以外最为学界重视的期刊类别。

期刊评价是一个十分复杂的问题,学术界和期刊界对此有很多讨论,观点各异,终无定论,但有三点基本共识:第一,学术评价从本质上来说是学术共同体的事,但以学术共同体为评价主体的评价机制至今未能建立,而学术评价却已成为经常性的工作,故只能借重于某些专业评价机构。第二,仅凭专业评价机构制作的"二次文摘率"、"被引频次"、"影响因子"等数据,对期刊进行不加分析的排名,特别是用单项排名来判断某一期刊质量优劣的做法并不可取。第三,不能简单否定统计数据的价值,因为这些数据与期刊的影响力乃至质量有相当程度的正相关性,特别是对同类期刊的影响力和整体质量进行比较、分析、判断时,这种正相关性就更为明显;采集并分析这些数据,是期刊评价的有效方法和不可缺少的程序。

简单地使用并分析这些数据,一般只能间接说明期刊在某些方面影响力的大小;对期刊学术质量的评价,仅靠搬弄这些数据是推算不出令人信服的结果的,但这些数据却可以为科学和合理的学术评价起到问题导引和分析工具的作用。本文对上述数据的采集和使用,正是建立在其与学术期刊影响力

---

① 李卫红:《在高校哲学社会科学第三批名刊工程座谈会上的讲话》(2010年4月7日),教育部网站,http://www.moe.gov.cn/edoas/website18/74/info1271640339502274.htm。

和总体质量具有正相关性这一学术界共识的基础上。限于篇幅和主题,本文只在期刊种类的层级上使用并分析这些数据,以说明名刊学报的实际学术影响力;至于更深入地分析、利用这些数据,特别是由其导引,深入到学科层级和问题层面的引文动机、作用分析,引用与文摘比较、学报与专业性期刊比较以及对学科发展的贡献等具体的对名刊工程绩效的评论,拟另文专论。

1. 南京大学中国社会科学研究评价中心数据

南京大学中国社会科学研究评价中心开发研制的《中文社会科学引文索引》(CSSCI) 主要用于"检索中文人文社会科学领域的论文收录和被引用情况"。该中心"从全国 2700 余种中文人文社会科学学术性期刊中精选出学术性强、编辑规范的期刊作为来源期刊。目前收录包括法学、管理学、经济学、历史学、政治学等在内的 25 大类的 500 多种学术期刊"。[①] 通过对这些相对优秀的期刊(来源期刊)发表论文的引文情况进行统计和分析,可以说明,凡被这些来源期刊引用过的论文,都对同行的研究产生了一定的作用和影响,故有关引文的一些数据,如被引频次,可以间接地反映这些论文在学术界所产生的反响。将某一期刊已发表的所有论文在一年中被引次数相加得出的总被引频次,以及前两年中发表的论文在当年被引总次数除以这两年的发文量得出的影响因子数据,则可以间接地反映该期刊在学术界的影响,而同类期刊的相关数据具有一定的可比性。基于此,本文对名刊学报与综合性社科期刊 2009 年总被引频次、影响因子情况做一比较(见表1)。

表1 2009 年名刊学报与综合性社科期刊总被引频次、影响因子情况对照(前 15 名)

序号	名刊工程学报			综合性社科期刊*		
	刊名	总被引频次	他引影响因子	刊名	总被引频次	他引影响因子
1	中国人民大学学报	511	0.429603	中国社会科学	2500	1.913706
2	北京大学学报	635	0.358974	开放时代	252	0.359155
3	浙江大学学报	350	0.357895	学术月刊	616	0.266553
4	清华大学学报	288	0.350962	社会科学研究	363	0.229858

---

① 《"中文社会科学引文索引"(CSSCI) 简介》,南京大学中国社会科学研究评价中心网站,http://cssci.nju.edu.cn/news_show.asp?Articleid=119。

续表

序号	名刊工程学报			综合性社科期刊*		
	刊名	总被引频次	他引影响因子	刊名	总被引频次	他引影响因子
5	华中师范大学学报	375	0.328622	社会科学	418	0.206897
6	北京师范大学学报	463	0.322314	江海学刊	417	0.205821
7	南京大学学报	293	0.318408	国外社会科学	301	0.204255
8	吉林大学社会科学学报	324	0.316794	江苏社会科学	445	0.193359
9	文史哲	323	0.260684	浙江社会科学	412	0.189899
10	复旦学报	392	0.218009	南京社会科学	354	0.180505
11	四川大学学报	237	0.199248	东南学术	191	0.161074
12	厦门大学学报	285	0.194030	甘肃社会科学	355	0.159036
13	南开学报	267	0.189873	学术研究	439	0.156894
14	兰州大学学报	296	0.163636	浙江学刊	345	0.156682
15	南京师大学报	235	0.159744	学习与探索	289	0.147239
合计（影响因子均值**）		5274	0.276746	（包含《中国社会科学》）	7697	0.239072
^ ^				（不含《中国社会科学》）	5197	0.190741

* 综合性社科期刊包括《中国社会科学》和各省市社科院、社科联主办的综合性期刊，下同。
** 影响因子均值的计算方法为：各刊2007年、2008年所发论文在2009年被引用频次之和除以这两年各刊发文量之和。
资料来源：南京大学中国社会科学研究评价中心CSSCI数据库（2009），数据版本：0715.10。

通过表1，可以大致说明以下几点：（1）无论是总被引频次还是影响因子，《中国社会科学》都远超过名刊学报和省市社科院（联）期刊，足见其影响力之大。（2）如不计《中国社会科学》，名刊学报与省市社科院（联）期刊的总被引频次基本持平，而后者的发文量（见表2、表3）是前者的2倍以上，亦即名刊学报以不到后者一半的发文量却获得了与后者相当的总被引频次。（3）在判断期刊影响力方面，最具比较意义的是影响因子，名刊学报的此项数据明显高于综合性社科期刊，影响因子均值前者为0.276746，后者为0.239072；如不含《中国社会科学》，即省市社科院（联）期刊则只有0.190741，名刊学报比其高出了近50%。综合上述（2）（3）两点，在影响力方面，名刊学报显示出了比较明显的整体优势。

2.《新华文摘》、《中国社会科学文摘》、《高等学校文科学术文摘》统计数据

学术界之所以比较接受以"三大文摘"文摘情况作为原发文期刊质量

和影响力的考量指标之一，是因为"三大文摘"都以选优和推优为宗旨，将分布于数千种期刊中比较有创意的文章的核心章节乃至全文予以二次发表，这数千种期刊的基数使"三大文摘"的选优宗旨具有了客观上的可能性；如果"三大文摘"的编辑人员并非庸才且足够公正的话，在长期的文摘工作中定会积累丰富的经验和具备独到的眼光，并熟知学术界动态，实现其宗旨也就具备了主观上的可能性。"三大文摘"与 CSSCI 数据不同，CSSCI 是对分散于各学科的学者的引用情况进行统计，能够较直观地说明期刊影响力，但一般不宜直接用于质量判断，质量判断必须建立在对引文的动机和作用进行分析的基础上；"三大文摘"代表的是文摘杂志社对被摘文章的价值判断（前提是有严格的审稿程序），能从一定的角度直接反映论文的质量，尽管这种判断是主观的。正是这个原因使许多高校院所将"三大文摘"特别是《新华文摘》列入本单位"学术榜"中的权威期刊，这种做法是否合理另当别论，但至少能说明它们在管理者和学者心目中作为学术评判者的地位。基于此，本文将名刊学报与综合性社科期刊 2009 年被"三大文摘"全文摘转的情况做一对比（见表 2）。之所以排除了"论点摘编"之类的短文摘，主要因为其价值无法与全文摘转的长文摘相提并论，还因为短文摘易受人情稿、关系稿的影响。

表 2　2009 年名刊学报与综合性社科期刊被"三大文摘"*全文摘转情况对照（前 15 名）

序号	名刊工程学报						综合性社科期刊					
	刊名	新华文摘	社科文摘	高校文摘	合计	发文量	文摘率%	刊名	新华文摘	社科文摘	高校文摘	合计	发文量	文摘率%
1	南京大学学报	4	5	16	25	92	27.17	中国社会科学	13	11	13	37	90	41.11
2	清华大学学报	11	6	10	27	103	26.21	学术月刊	10	1	15	26	249	10.44
3	复旦学报	4	7	11	22	101	21.78	江海学刊	9	6	7	22	245	8.98
4	南开学报	2	8	10	20	109	18.35	天津社会科学	5	2	4	11	162	6.79
5	文史哲	7	4	8	19	110	17.27	社会科学研究	6	7	1	14	212	6.60
6	北京师范大学学报	9	3	6	18	113	15.93	学术研究	4	10	2	16	289	5.54
7	北京大学学报	7	6	7	20	135	14.81	广东社会科学	1	4	4	9	176	5.11
8	华中师范大学学报	5	4	9	18	128	14.06	河北学刊	7	5	5	17	337	5.04
9	浙江大学学报	2	6	8	16	132	12.12	浙江学刊	2	6	2	10	214	4.67

续表

序号	名刊工程学报						综合性社科期刊					
	刊名	新华文摘	社科文摘	高校文摘	合计	发文量	文摘率%	刊名	新华文摘	社科文摘	高校文摘	合计	发文量	文摘率%
10	吉林大学社会科学学报	7	3	6	16	137	11.68	浙江社会科学	1	5	5	11	246	4.47
11	厦门大学学报	1	3	7	11	101	10.89	探索与争鸣	7	2	2	11	289	3.81
12	华东师范大学学报	1	1	9	11	108	10.19	社会科学战线	13	11	0	24	633	3.79
13	中国人民大学学报	5	3	6	14	139	10.07	江苏社会科学	4	5	0	9	249	3.61
14	求是学刊	5	3	7	15	149	10.07	社会科学	4	6	0	10	277	3.61
15	陕西师范大学学报	1	1	7	9	114	7.89	江汉论坛	2	8	1	11	365	3.01
	合计				261	1771	14.74	(包含《中国社会科学》)				238	4033	5.90
								(不含《中国社会科学》)				201	3943	5.10

* 统计源为《新华文摘》、《中国社会科学文摘》(简称"社科文摘")、《高等学校文科学术文摘》(简称"高校文摘") 2009 年全年刊。

资料来源：南京大学中国社会科学研究评价中心 CSSCI 文摘索引数据库 2009，数据版本：0729.10。

通过表 2 可以看到如下几点：(1)《中国社会科学》一枝独秀，被摘量和文摘率均遥居各刊之先。(2) 名刊学报的总发文量为 1771 篇，而综合性社科期刊为 4033 篇，但前者仍以 261 篇次的被摘总量超过了后者的 238 篇次。(3) 名刊学报更以 14.74% 的文摘率远超过了综合性社科期刊的 5.90%，是后者的 2.5 倍；考虑到"三大文摘"对各刊每期被摘量会有所限制，文摘率统计对期发文量大的期刊不利，实际差距不会有 2.5 倍。综合 (2) (3) 两点，名刊学报的优势是明显的。

需要说明的是，"三大文摘"各有自己的摘文标准或偏好，从选题来看，《新华文摘》更多关注现实问题，《中国社会科学文摘》更多关注理论问题，《高等学校文科学术文摘》则更多关注纯学术问题；从被摘期刊的种类来看，《中国社会科学文摘》稍侧重社科院（联）期刊，而《高等学校文科学术文摘》则稍侧重高校学报；由于上述两个原因，从被摘期刊个体来看，各刊被"三大文摘"所摘转的比例并不平衡，但总体则基本平衡，"三大文摘"作为衡量学术期刊的综合影响力和质量的指标有较好的互补性。

同样需要说明的是，"三大文摘"的判断并不能等同于学术共同体的判断，特别是针对某一篇文章时，仅凭是否被"三大文摘"摘转来判断其学术价值是件不大靠谱的事。

3. 中国人民大学书报资料中心统计数据

以人大书报资料中心出版的《人大复印报刊资料》全文转载情况作为期刊评价工具的道理与"三大文摘"比较相似，但"复印资料"与"三大文摘"不尽相同：(1)"三大文摘"各自都只有一本，属综合性文摘，篇幅有限，因而更关注宏大选题；"复印资料"共有100多个专题，实则为100多个学科专题文选，故有条件关注更为专业的选题。(2)"三大文摘"很少全文转载；"复印资料"则均为全文转载，故可以更注重所选论文学术上的周延。(3)"三大文摘"以被摘文章学术创意为标准；"复印资料"还兼具资料收集的责任，这一特点的形成有历史的因素。"复印资料"的几个功能属性间有一定的矛盾，但总的说来，近年来"复印资料"已明确追求学术评价标准的定位，一些非学术因素的影响正逐年减弱。基于此，本文将名刊学报与综合性社科期刊2009年被"复印资料"全文转载的情况做一对比（见表3）。

表3所呈现的比较结果与表2有较大的相似性。名刊学报503篇次的转载数虽低于综合性社科期刊的690篇次，但因前者1790篇的发文量远低于后者3335篇的发文量（人大书报资料中心对各刊发文量的统计与南京大学社会科学研究评价中心的统计略有出入），故代表期刊总体发文质量和影响力的文摘率仍以28.10%而明显高于后者的20.69%，如果不计一枝独秀的《中国社会科学》，后者的数据则更低。

表3 2009年名刊学报与综合性社科期刊被《复印报刊资料》全文转载情况对照（前15名）

序号	名刊工程学报				综合性社科期刊			
	刊名	转载数	发文量	文摘率%	刊名	转载数	发文量	文摘率%
1	复旦学报	52	100	52.00	中国社会科学	60	90	66.67
2	北京大学学报	55	130	42.31	学术月刊	95	246	38.62
3	南京大学学报	37	92	40.22	社会科学	75	276	27.17
4	文史哲	40	106	37.74	江海学刊	58	225	25.78
5	清华大学学报	36	103	34.95	开放时代	32	129	24.81

续表

序号	名刊工程学报				综合性社科期刊			
	刊名	转载数	发文量	文摘率%	刊名	转载数	发文量	文摘率%
6	中国人民大学学报	42	132	31.82	河北学刊	65	336	19.35
7	北京师范大学学报	34	114	29.82	江苏社会科学	45	239	18.83
8	南开学报	31	108	28.70	学术研究	51	287	17.77
9	吉林大学社会科学学报	37	137	27.01	人文杂志	29	180	16.11
10	华东师范大学学报	24	107	22.43	社会科学研究	31	210	14.76
11	浙江大学学报	28	134	20.90	探索与争鸣	40	278	14.39
12	厦门大学学报	19	101	18.81	南京社会科学	39	292	13.36
13	华中师范大学学报	20	118	16.95	学海	28	211	13.27
14	南京师大学报	25	150	16.67	广东社会科学	22	176	12.5
15	武汉大学学报（哲学社会科学版）	23	158	14.56	天津社会科学	20	160	12.5
	合计	503	1790	28.10	（包含《中国社会科学》）	690	3335	20.69
					（不含《中国社会科学》）	630	3245	19.41

资料来源：根据中国人民大学书报资料中心网站（http://www.zlzx.org/rssi/index.htm#i）公布的相关数据整理而成。

对于同为综合性期刊的名刊学报和社科院（联）期刊的对比，表1、表2、表3数据源虽不相同，但指向却基本一致：（1）《中国社会科学》最受各方青睐，代表学者立场的引用情况尤为突出，其原因稍后将予分析。（2）在被引频次、被摘（复印）篇次这些纯计量的数据方面，名刊学报与社科院（联）期刊不相上下，两类期刊在所发表的有影响或高质量的论文的数量方面平分秋色。（3）在影响因子、文摘（复印）率这些计量高影响或高质量论文所占比例以反映期刊整体影响力和质量的数据方面，名刊学报在各组统计中都体现出了明显的优势，说明名刊学报的整体办刊水平更为齐整。当然，这只是对名刊学报和社科院（联）期刊中各自最优期刊的一种简单类比。名刊工程涉及20多家学报，而社科院（联）期刊的数量更大，发表论文更多，个体的差异是客观存在的。而且，上述所有统计都只是从某一侧面反映期刊影响力和间接反映期刊质量的数据，尽管影响力与质量之间存在着明显的正相关性，但二者并不能简单地画上等号，上述三组数据只能是一个大致判断。但从不同侧面都指向了共同的结果来看，经过六年建设，名刊学报的影响力和质量确已有明显提升，已成为最优的社科期刊之一，则是毋庸置疑的。

不过，我们却不能不看到，与上述统计数据并不相称的是，在各高校对教师和研究人员的绩效考核中，即各校的"学术榜"期刊分类或排名中，名刊学报即获入选也排名不前或档次不高，在多数高校特别是名校"学术榜"上一流期刊或权威期刊名单中，鲜见名刊学报的踪影。这些"学术榜"虽然由各校科研管理部门制定，但亦有教师和科研人员参与，多少也反映了他们对学术期刊的主观评价。名刊学报至今仍不是名校管理部门和学者的首选这个无情的事实说明，名刊学报在著名学术研究单位和学者心目中，作为"国内一流"的公信力并没有建立起来。那么，位列名校"学术榜"上"一流期刊"或"权威期刊"的又是哪些刊物呢？比对各校的"学术榜"，不难发现，这些刊物中的绝大多数都有三个共同特点：(1)主办者是中国社会科学院及其各研究所；(2)除了《中国社会科学》这一家综合性期刊外，其余的几乎都是专业期刊；(3)作者大多数来自高校。

这就让人不能不思考，为什么中国社科院的刊物在高校中具有至高无上的地位，为什么综合性期刊不敌专业期刊，为什么高校学者并不十分认同高校办的刊物？不能合理地解释这些问题，名刊工程今后的发展就会陷入迷惘。因此，本文试图先解释这些问题。

前行的障碍：有待突破的四大瓶颈

也许有人会说名刊学报在高校管理者和学者心目中地位不高乃思维定式使然。高校学报长期以来积贫积弱，数量虽然庞大，但整体形象不佳，仅靠名刊工程建设不仅难以迅速扭转这一现状，而且名刊工程反受其累，造成高校管理者和学者们戴着有色眼镜来看待名刊学报。此言不虚，名刊学报近年来的进步确实在一定程度上被淹没于众多"平庸"学报的海洋之中。这一现象也足以引起正在进行名刊工程建设的学报的反思，客观地说，在刊发的学术论文的质量有了明显提升的同时，各刊在期刊的体制、宗旨、性质、作用、传播等方面，与其他高校学报本质上并无二致。

名刊工程的目标，是要"逐步改变目前高校社科学报'全、散、小、弱'的状况，实现'专、特、大、强'"。谁都可以看到，在名刊工程建设之初，横亘在现状与目标之间的是巨大的鸿沟。"专、特、大、强"任何一项目标的实现，都是对现有学报由表及里、脱胎换骨的重大改变，如袁贵仁所说"都将经历一个凤凰涅槃的过程"。经过六年的建设，名刊学报的内在质量（主要体现在所发表论文质量）有了很大提升，但这并不等于名刊学报已经历了脱胎换骨、凤凰涅槃的过程。对照"专、特、大、强"的目标，在学报体制、协同合作、数字化传播和社会评价四方面，尚未有突破性的进展，制约名刊学报发展为一流期刊的瓶颈依然存在。需要说明的是，未能突破瓶颈，固然有名刊学报主观方面的原因，但在很大程度上，并非名刊学报不努力，而是突破的条件尚不成熟。以下逐一分析这四大瓶颈及其存在的原因。

（一）从"全"到"专"的瓶颈：观念僵化和体制困厄

1. 综合性学报之"全"的表现

所谓"全"，诚如张耀铭所指出的："学术期刊，尤其是拼盘式的综合性期刊，'趋同化'现象非常严重……编辑方针趋同，编辑模式趋同，栏目设置趋同，甚至探讨的社会热点问题也趋同。大家一味走'泛综合化'的路子，文学、史学、哲学、经济、法学、社会学、教育学面面俱到。众刊一面，使读者失去了新鲜感和阅读的兴趣。"[①] 与"全"相对的则是"专"。所谓"专"，就是要放弃全面出击，成为专攻某一学科方向的专业期刊。

2. 综合性学报为何要实行专业化转型

（1）综合性学报与专业学报的合适比例

综合性期刊和专业期刊是学术界两种形态不同的期刊种类。综合性学报是否要实行专业化转型，关键取决于怎样认识综合性期刊。如果纯粹谈作用，综合性期刊的作用显然是不可取代的。科学的发展早已呈现出两种不同的趋势，即复杂课题的跨学科综合研究与专业分工日趋细微，综合性期刊与专业期刊的共存恰好分别适应这两种趋势。但对综合性期刊作用的肯

[①] 张耀铭：《中国学术期刊的发展现状与需要解决的问题》，《清华大学学报》（哲学社会科学版）2006年第2期，第30~31页。

定不能忽略它与专业期刊之间的关系和比例。也就是说，综合性期刊的"合法存在"与它所占期刊的比例虽是两个概念，但却相互关联，不能顾此失彼。

任何一项成功的综合性研究都必须建立在大量的专业性个案研究的基础之上，这就决定了专业研究的基础地位。在数量关系上，专业研究要远远超过综合研究。反映在为科研服务的学术期刊上，专业期刊应该占据学术期刊大多数甚至绝大多数，才能适应和满足科研的需要。然而，现实中的状况正好相反，综合性期刊三分天下至少有其二，在高校学报中，这种与科研需求不对称的情况更为严重。高校学报之所以面临"千刊一面"、"低水平重复"的批评，这是重要原因之一。

从办刊规律来看，综合性期刊与专业期刊的办刊宗旨和办刊理念、编辑策划的方法和用稿倾向是不尽相同的，前者更关注宏大的选题，后者更注重专业的精深。当大多数期刊都只对宏大选题感兴趣而忽略专业问题的时候，宏大选题也就失去了专业的支撑，变得空洞、浅薄，而专业性研究成果却难找到自己最合适的平台，只能分散于各种综合性期刊之中，许多艰深的研究成果甚至很难为综合性期刊所接纳。

从作者和读者对期刊的归属感来看，尽管科学研究可有综合性和专业性之区分，但成功的学者首先必须是专业学者，他们在一个较长的时间段内，或一生中绝大多数时间甚至终其一生只从事某一学科方向的研究；与此相适应，能让其产生专业归属感的只能是专业期刊。所谓综合性研究，更多时候是不同学科学者的协同研究，那种能够自由地跨越不同学科领域进行既有深度又有广度研究的集大成的大师级学者，不说是一种神话，但也不过是凤毛麟角。所以，跨越了多学科的综合性期刊很难培养起一般学者对它的归属感和认同感，难有自己的忠实作者和读者。

从期刊的传播来看，期刊是要给人读的，任何期刊都不能忽视读者定位，学科和专业壁垒的客观存在，但综合性学报的定位却忽略了这一状况。袁贵仁曾指出："目前，我国高校社科学报不能说没有定位，我们总的定位是高校哲学社会科学工作者。但是，如果我们近千种刊物是同一个定位，对于每个刊物来说，就等于没有定位。这对于整个高校哲学社会科学的发展是不利的。因为大家的杂志差不多是一样的，对于每一个读者来说，他对于你这本刊物，一年感兴趣的可能只是两三篇文章。在这种情况下，任何个人都很难会掏钱去订这份杂志,他宁肯复印,宁肯借阅。"[1] 在综合性学报与专业学报比例完全失调的情形下,传播的障碍几乎无法克服。

(2) 综合性学报的生存条件

综合性期刊的"合法存在"至少受到三个条件的制约:首先,必须有大量的专业期刊作为支撑,故数量远少于专业期刊;其次,具有统摄各专业对宏大问题进行跨学科综合研究的公共平台功能,故功能上与专业期刊有明确区分;再次,必须得到跨地域和校域、跨学科和专业的学术共同体的普遍认同。以此三个条件衡量办刊历史不算太长却已得到学术界普遍认可的《中国社会科学》,基本都能符合,这也是上文表1至表3所显示的数据中该刊一枝独秀的原因所在;再来衡量高校学报,目前恐怕还没有一家能够符合,即使在将来,也只可能有极个别的学报有望同时具备。所以,名刊工程将"专"列为首要目标,努力进行由"全"到"专"的转型,应该说是很有洞见的,这的确是高校学报走出目前困境首先要解决的问题。

3. 由"全"到"专"的瓶颈之所在

依笔者所见,实现由"全"到"专"的转型,瓶颈在观念,在体制。在观念上,对"全"的留恋导致了对"专"的漠视;在体制上,由计划经济时代延续而来的高校学报体制已将"全"固化。六年来的名刊建设实践,已使主编们的观念发生了潜移默化的改变,越来越多的主编意识到,专业性与综合性学报比例严重失调是学报整体脱困的主要障碍,但体制的制约却依然如故。

(二) 从"散"到"特"的瓶颈:认知错位与门户之见

1. 综合性学报之"散"的表现

所谓"散",可以从两个层面来认识,一是对一家具体的综合性学报来说,虽美其名曰"综合性",其实基本上是一种粗放式的学科拼盘,为的是让本校所有的学科都能在学报上占有一席之地,故而大多数作者来自本校。这种粗放式、内向型的学科组合,貌似综合,其实与学术界提倡的综合研究并不是一回事。多至七八个甚至十来个学科拥挤在一份百来页的刊物上,根

---

[1] 袁贵仁:《新世纪新阶段高校社会科学报的形势和任务》,《长沙大学学报》2003年第1期,第6页。

本捏合不到一起，"散"是必然的。二是对整个高校学报界来说，"'散'——指高校社会科学学报分散经营、各自为政，不能形成规模效应"。① 不管是第一层面还是第二层面，"散"的问题在高校学报特别是综合性学报中都是普遍存在的。

2. "散"的直接原因与特色化发展的"治散"效果

先看第一层面。现行的高校学报体制使得无论哪种高校都脱不了"一校一（综合性）刊"的模式，"散"的特征必定如影随形。对此，高校学报界有痛切的感受，克服"散"的弱点成为共同的追求，更成为名刊工程的目标之一。最好的办法当然是实现专业化转型，但受困于体制，只能另辟蹊径。教育部指出："更多的学校，更多的刊物，可能要走特色化的发展道路。"② 所谓"特色化的发展"，在实践中表现出来的就是"人无我有，人有我优，人优我特"，在夹缝中求生存；为此必须"舍得放弃"，通过放弃某些学科，而在另一些学科上投入更多的版面，辅之以必要的手段，主要是在选题上下功夫，强化这些学科栏目在刊物中的地位，通过选题的特色扩大在学界的影响。可见，通过特色化发展来弥补体制的缺陷，实在是急于走出同构困境的高校学报在专业化暂时行不通的情况下的唯一选择。不难看出，这是一个交织着希望与无奈的选择。在某种意义上，我们可以把特色化道路视为由综合性向专业化转型的过渡通道，但同时也应看到，特色化并不能代替专业化。因为在特色化发展之路上，纵然再怎么"舍得"，放弃的只能是一小部分，这是其一；其二，那些得到相对强化的栏目，仍分属不同学科，很难形成刊物的整体特色，与专业期刊还是无法相比；其三，特色化往往通过栏目的地方特色或主办学校的学科特色来进行强化，如此就不可避免地忽略了公共平台的功能，加剧了"内向性"。故特色化用来治"散"，效果并不明显。

再看第二个层面。与高校学报"千刊一面"形成鲜明对比的是，彼此之间的合作却少而又少，"分散经营、各自为政，不能形成规模效应"也就成为不言而喻的事。"同行即冤家"也许是对这一现象不错的解释，但是，

---

① 姚申：《高校社会科学学报的发展：挑战与机遇》，《吉林大学社会科学学报》2005 年第 4 期，第 20 页。
② 《教育部高校哲学社会科学名刊工程实施方案》，教社政［2003］12 号。

当学报的整体陷入了困境乃至危机的时刻，携手共渡难关、重振雄风才是学报群体的理智选择。因此，特色化的另一层含义在于，通过选题的分工，不同的学报各有所重，既避免了撞车，又可互相支援，以期改变"千刊一面"，进而形成规模效应。不过问题却在于，合作需要平台，那么，该构建怎样的平台，在多大范围内以什么方式合作，平台又由谁来构建？没有合作平台，合作的愿望很难变成事实。名刊工程的推出，为名刊学报适时地搭建了一个很好的平台。在已走过的六年建设之路上，名刊学报各种形式和层面上的合作较之以往有了一定的进展，如每年一次的主编论坛都集中讨论一些带有共性的问题；部分学报在专栏制作方面的合作也取得了一定的成效；为了回归以学术为本的办刊宗旨，部分高校学报通过共同研讨，成功地实现了编排规范的改革，得到了学者的一致好评等等。但这些合作仍是有限的，最关键的是，名刊学报仍基本延续了过去那种各自为政的办刊方法，缺乏有效的手段将名刊工程建成一个能融会各刊分工合作的平台，"散"的痼疾也就难以祛除。

3. 名校之间的门户之见

以选题为中心的特色化难以治"散"还因为在"散"的表象背后，另有深层的原因。入选名刊工程的大多是名校学报，名校背景赋予了这些学报特别的资源，如良好的社会声誉、强大的科研实力、具有特色的学科建制、享誉学界的著名学者等等，使得这些以校名冠名的学报在众多的高校学报中出类拔萃。然而，当这些名校学报在与高校以外特别是中国社会科学院期刊竞争时，却为"名"所累，处于下风。原因十分简单，门户之见在名校之间筑起了看不见的壁垒。

高校的门户之见由来已久，尽人皆知，毋庸多言；而其成因复杂，非本文所要探讨的问题，暂且存而不论。本文想强调的是，这种一时难以摆脱的门户之见，已成为名刊学报走向"一流"的重大障碍，这也是置身于高校之外的中国社会科学院期刊被高校普遍认可为权威期刊，而高校自办的期刊门庭冷落的重要原因。因此，即使我们下决心抛弃现有综合性学报建设新的专业期刊，这些新刊只要落在某一高校，受门户之见的影响，其权威地位仍难以建立。名刊建设六年来的特色化之路就是最好的证明：各刊的特色专栏虽办得有声有色，却仍无法抗衡中国社会科学院的专业期刊。

另一个可资证明的例子就是，一些科研实力雄厚的名校早有在强势学科领域创办专业期刊的要求，却因受期刊体制的限制，无法申请到合法出版必需的刊号，不得已而采用"以书代刊"的方法，出版事实上是专业期刊的"学术集刊"。有学者曾在痛批学报的同时，对"学术集刊"寄予了厚望："这些数量有限、但质量上乘的学术集刊很可能代表了中国学术刊物的未来发展前景。"[①] 然而，遗憾的是，正是因为这些集刊无一不带有明显的主办学校的印记，至少到目前为止，很少有名校将其他学校的学术集刊列入本校"学术榜"的，更不用说列入"一流期刊"或"权威期刊"中了。

如果说学术集刊还因为没有刊号无法进入期刊评价系统而难成一流期刊，那么，还可举出一例，就是具有刊号的高校期刊中，并非没有专业期刊，特别是一些名校办的专业期刊，但它们中绝大多数都难以与中国社会科学院的期刊比肩，这不能不说是高校的门户之见从中作祟。

因此，"散"的根源应该是这样的：一刊之"散"，在于拼盘式的内部结构；众刊之"散"，则在高校之间的门户之见。六年来，几乎每一次名刊工程主编论坛都在呼吁各校提高名刊学报在学术榜上的地位，结果却是越有名的学校越是置之不理，越是不看重他校学报，可见，门户之见在名校中尤其严重。

4. "特"的本来意义与实现"特"的瓶颈之所在

比较高校学报现状与名刊工程目标，"全"与"专"、"小"与"大"、"弱"与"强"都是相对立的概念，唯有"散"与"特"例外，针对"散"而立的"特"，与其说是目标，不如说是方法，名刊工程倡导以特色化作为治"散"之方，实有不得已之处。其实，"散"与"全"恰似一枚铜板的两个面，互为因果，故针对"散"的目标还在"专"，"特"只是"专"暂不可行时的替代品。

但是，"特"作为名刊工程的目标之一仍有其不可替代的意义。在笔者看来，期刊的"特色"，并非仅限于选题，在选题以外，期刊的编辑意识、整体策划、专栏设计、学科优势、研究方法、行文风格等诸多方面，都是可以体现特色的要素。特别是编辑意识更具决定作用，期刊的特色可以说是编辑特别是主编偏好或风格的体现。从这个意义上说，特色就是个性，唯有个性才能展现一个期刊的生命力。特色的意义当在于此。但个性的张扬却无助于集体的合作，用特色化来改变高校学报"散"的现状，并非对症下药，效果自然有限；而特色对于权威期刊的构建却是不可或缺的因素，真正够得

---

① 杨玉圣：《值得关注的学术集刊现象》，《云梦学刊》2004年第4期，第30页。

上权威公共平台之称的名刊，必有自己的特色，或者说自己的个性、风格和魅力，那是让学者（读者、作者）认识、认同、欣赏、爱戴、归属一个刊物的魔力之所在，没有特色，必陷平庸。因此，特色并非综合性期刊的专利；特色的形成并发挥作用，要害也不在形式，而在学术共同体对其个性和风格的认可和被吸引，众望所归，何愁不成"权威"？这样的"特"才是名刊工程当追求的目标。

因此，实现"特"的目标和对"散"的治理是两件事，各有其瓶颈所在。实现"特"的瓶颈，目前恰恰在于对"特"的认知错位和功能错用；而治"散"的瓶颈则在于拼盘格局和名校之间的门户之见。

（三）从"小"到"大"的瓶颈：载体之惑与传播障碍

1. 综合性学报之"小"的表现

所谓"小"，指的是"高校社会科学学报还存在着发行量偏小、经济效益社会效益偏低的问题"，[①] 发行量小当然也就意味着学术影响小。近年来，包括名刊学报在内的高校学报发行量持续走低，不断下滑；不仅是高校学报，几乎所有的学术期刊的发行量都在下滑。许多来自官方和学术界对学术期刊的批评、指责也都喜欢拿发行量来说事。发行量已成为学术期刊人心中共同的痛。

2. "小"的原因分析

（1）纸本学报之"小"的原因

其实，众人所言的发行量所指的仅仅是学术期刊纸本的发行量，以纸本发行量的多少来衡量期刊影响力的大小乃至学术质量的高下在过去也许有道理，但在今天却有失公平。因为，与纸本发行量下滑同时发生的是学术期刊传播渠道的根本性改变，数字化的网络传播已取代纸本期刊而成为学术期刊传播的主要渠道。据一些大型期刊数据库网站统计，库内优秀学术期刊年下载量均数以万计，点击量就更高了。原本纸本期刊的读者，现大多去读数据库了，纸本发行量的下滑也就成为这一改变的必然结果。就像不能将商道的改变说成是商品贸易的衰落一样，我们不能因纸本发行量的下滑就认定期刊的影响在下降，新的更便捷的传播渠道取代旧的传播渠道是历史的进步。如

[①] 姚申：《高校社会科学学报的发展：挑战与机遇》，《吉林大学社会科学学报》2005 年第 4 期，第 20 页。

果以发行量来衡量期刊影响力的标准是合理的话,那么,在新旧渠道的交替过程中,只看重传统渠道而忽视新渠道就是片面的。

(2) 期刊网中数字化学报之"小"的原因

期刊管理部门和学术界忽视学术期刊数字化网络传播的原因是值得深思的。这个原因就是,在学术期刊逐渐退出纸本市场的同时,却在数字化的过程中迷失在网络的汪洋之中,使人视而不见。学术期刊主要通过商业性经营的大型期刊数据库网站进行网络传播,这些大型期刊数据库以各种不同的形式成功地打入了各高校和科研院所,成为研究人员查阅期刊的首选和习惯。"如果说期刊数据库将各入编期刊送上了互联网这一信息高速公路,那么,在这条高速公路上跑的期刊还是原来的自己吗?答案并不令人乐观",至少对社科期刊特别是高校学报来说的确如此。近年来,"几乎所有的社科期刊都正在使尽浑身解数,以从严重同构的泥潭中挣脱出来,最主要的方式就是彰显自己的特色……然而,考察一下各期刊数据库中社科期刊的存在形式,不难发现如下特点:任何一家期刊,在这些库中都不再以独立的形式存在,封面、目录已与正文割裂而基本消失,剩下的就是一篇篇论文,而这些论文也已被拆散而分置于各个专题库中,以最常见的方式检索,如题名、作者名、关键词,所得到的是来自各种期刊的一篇篇论文。因此,这样的数据库对读者阅读方式的改变,已不仅仅是介质上的——纸本的还是电子的,而且,更是实质上的——期刊不见了,因期刊而存在的刊物特色、编辑思想、编排风格、专栏结构、各专栏间的呼应对话统统不见了。社科期刊这一独立存在的个体已迷失在网络的海洋之中"。[①]体之不存,毛将焉附?期刊管理部门和学术界只看到期刊纸本发行量的下滑而不见数字化传播的激增也就不足为怪了。

名刊学报也不例外,六年来,名刊工程建设的"路线图"大多都是围绕纸本期刊展开,基本未涉及数字化的期刊重建问题。数字化看似仅改变了编辑手段、信息载体和传播方式,但技术革新往往会伴随着观念的转变,要跟上数字化的时代步伐,实际上整个编辑观念和流程都要更新。做惯了纸本期刊,在名刊建设中,如果编辑观念不能及时更新,那么围绕纸本期刊下功夫而将数字化放在一边就成为再自然不过的事了。

---

① 朱剑:《徘徊于十字路口:社科期刊的十个两难选择》,《清华大学学报》(哲学社会科学版) 2007 年第 4 期,第 87 页。

无论是一般期刊还是名刊学报,对数字化的回避都必然导致在数字化浪潮中的被动地位。今天在期刊数据库中被数字化了的期刊已是体无完肤、身首异处,更何谈从"小"到"大",建立起能让学者入脑的名刊形象?

因此,应该这样来看待高校学报发行量小的问题:一方面,纸本发行量下降是因传播方式的变化而引起,无可指责;另一方面,高校学报特别是名刊学报通过数字化传播产生了两个截然相反的结果:一是其刊载的论文的影响远大于过去;一是刊载这些论文的学报形象却变得十分模糊。

3. 由"小"到"大"的瓶颈之所在

依笔者之见,学报实现由"小"到"大"的跨越,瓶颈在载体之惑与传播障碍。高校学报对数字化的网络呈现基本处于集体无意识状态,导致了在传播方式变革中应对失策。六年来的名刊工程建设,虽与期刊数字化共时,却未必同步。

(四)从"弱"到"强"的瓶颈:期刊评价与社会认同

1. 综合性学报之"弱"的表现

所谓"弱","指高校社会科学学报质量弱、影响弱、综合实力弱"。[1]如果说区分"大刊"和"小刊"的主要依据是发行量的话,那么,区分"强刊"和"弱刊"的主要依据则是社会评价。包括高校学报在内的学术期刊的社会评价当然应该出自学者的口碑,而口碑又源于平时对期刊的大量阅读。但由于前述三大瓶颈的存在,学者与期刊特别是综合性学报已处于比较疏离的状态,很少有学者会大量阅读纸本期刊,然后对其进行准确的评价。

2. 专业评价机构与社会评价之关系

(1)专业评价机构之崛起

那么,现实中对期刊的社会评价来自哪里呢?事实上,高校和科研机构管理者通过建立"学术榜"来对学术期刊分等分级的做法已在很大程度上绑架和左右了对期刊的社会评价,而这些"学术榜"的依据,又主要来自专业评价机构的排行榜和排名表,最为人们熟知的就是"核心期刊"的榜单。可见,当今对学术期刊的社会评价,除了已具有牢固一流地位的中国社

---

[1] 姚申:《高校社会科学学报的发展:挑战与机遇》,《吉林大学社会科学学报》2005年第4期,第20页。

会科学院的期刊外，主要取决于评价机构的排行榜和排名表。本应由全体学者（读者）来做的事现在已完全交给某些评价机构了。缘此，一个新的评价主体——专业学术评价机构已高调地登上了学术舞台，成为学术评价的主角。这些评价机构主要由从事文献情报研究的专家组成，他们擅长对学术研究成果的某些外在形式进行计量和分析，故在一般人的眼中，他们所进行的是"客观"的"定量评价"。

（2）专业评价机构的"指挥棒"效应

今天的问题在于，学术评价如果单纯依赖定量评价，那么，这些评价机构就肩负起了对所有学术领域进行评价的重任，对此，学术界批评多于赞同。限于本文的主题，笔者在此不予展开讨论，只想指出，评价机构仅依靠自身的力量是无力担当起学术评价主体这一角色的，但其所做的工作并非全无道理，有些评价机构对于引文的统计、分析（如 CSSCI）的潜在价值更是毋庸置疑的。[①] 然而，由于制度的缺失和利益的驱动，多数评价机构只热衷于大受政府权力部门和高校管理者青睐因而可获得最大回报的各种排行榜和排名表，这些评价机构借此也就由学术研究机构演变为学术权力机构，成为期刊人和学者眼中的"指挥棒"。换句话说，期刊要得到"好的"（被排行榜和排名表绑架了的）社会评价，捷径就是跟着"指挥棒"走。

3. 期刊应对专业评价机构之策

对于不合理的期刊评价现实，作为集体的期刊界却基本处于失语状态，在集体失语的同时，个体的迎合也就不可避免。迎合出现的标志是对评价机构偏好的研究。迎合难免与屈从相伴随，由此带来的恶果之一就是在学者、期刊和评价者之间形成了一种颠倒的关系：评价机构指挥和调动期刊，而期刊则根据评价机构的偏好指挥和调动学者。这是对学者/学术本位的颠覆。迎合带来的另一个恶果是学术期刊的异化，背离本应遵循的规律，而唯"指挥棒"是从。这样的评价制度迫使期刊急功近利，舍弃了为学术服务的根本，一味地追求数据的好看，甚至不惜为此造假，其结果

[①] 在笔者看来，只要这些数据是客观存在的，就无所谓对错，关键是如何解读和运用这些数据。不加任何分析判断的单纯排名只是对这些数据的最简单运用，是把工具当结论，得出错误乃至荒唐的结论都不足为怪，但不能因此就简单地否定这些数据的价值。

只能是南辕北辙，怎能赢得学者的信任，又怎能成为学者眼中的"强刊"？

因此，高校学报之"弱"，固然是因为前述三大瓶颈的长期存在，制约了其发展，久而久之，积贫积弱在所难免，但对评价机构的无原则迎合带来的对学者/学术本位的漠视也是学报难获学者认同的重要原因。名刊工程将"强"设为终极目标，这一目标的实现，从根本上来说，并不取决于评价机构的排名，而是取决于社会评价的提高。

4. 由"弱"到"强"的瓶颈之所在

笔者以为，学报实现由"弱"到"强"的跨越，瓶颈在期刊评价与社会认同。这是两个既相关又有别的概念。当今期刊的社会评价常为评价机构所左右，但这种现象不会长久，学术共同体终将成为期刊评价的最后定音者。名刊工程建设六年来，名刊学报纠结于评价数据与办刊规律的矛盾之中，而各项评价指标的显著提高并没有根本改变学术界和社会各界对名刊学报的看法，足以令学报人反思其对期刊评价的立场。

报刊体制改革：转型与发展的难得机遇

上述困扰高校学报发展的四大瓶颈由来已久，如果说它们以前是隐性的，那么名刊工程所确立的"专、特、大、强"目标，以及为实现这一目标所展开的建设工作无疑使得它们成为显性的了。名刊工程在前行的道路上，总会与它们不期而遇。突破它们的阻碍，也就成了名刊工程发展的必然选择。其实，不仅是名刊学报，对于大量高校期刊（主要是学报）这些瓶颈也是普遍存在的。因此，突破这些瓶颈，是所有高校学报的必然选择。然而，上述四大瓶颈并非各自孤立存在，而是盘根错节、环环相扣，很难做到各个击破、局部改观，这就大大增加了突破的难度；其总根源则在形成于计划经济年代至今并无本质变化的高校学报体制，瓶颈的突破必须从根源上开始。

（一）高校学报改革的"上、中、下三策"

早在提出名刊工程设想的同时，袁贵仁就提出了高校学报改革的三个可行路径，即"上、中、下三策"，简单地说，上策是办高校社科学报各专业专刊;中策是鼓励若干高校社科学报合作,组成联合编委会,进行相对集中的学科专业分工;下策是走内涵式发展的道路。[1] 显然,对于高校学报存在的问题,上策是根治之法,中策是变通之法,而下策只是补救之法。之所以在上策之外,还有中策和下策,正是因为上策知易行难。

其实,在六年前名刊工程的设计过程中,就有一种意见认为,应该打破现有的一校一家综合性学报的格局,建设专业性的高校名刊,并以此为契机,带动整个高校学报体制的改革,只有这样才能符合学术期刊的规律和满足学术研究的需要。这种名刊建设的思路实际上就是袁贵仁所言的"上策"。但这个设想未能付诸实施,首批入选名刊工程的均为综合性学报,至今也都难启向专业学报转型的步伐。解析其中的原因,不能不说障碍主要来自体制:我国期刊实行的是审批制,行政审批和业务管理分属互不统属的两个部门——新闻出版总署和教育部,教育部无法单方面主动变革高校学报体制,而新闻出版总署却又无法有效地介入高校学报的具体办刊事务。一校一家综合性学报的格局是长期以来形成的,改变这种格局,就成了牵一发而动全身的事,在国家层面的文化体制改革(报刊体制改革只是其中一部分)尚未真正提上议事日程的当时几无可能做到。另外,体制的惯性也导致了办刊观念的僵化,对于许多办刊人和管理者来说,早已习惯了固有的综合性期刊的办刊和管理模式,谁也没有勇气轻易丢弃已有百年历史的综合性大学办综合性学报的传统。因此,在六年来的名刊建设过程中,"上策"(专业化)没有实现的可能;"中策"(联合办刊)虽有尝试,却举步维艰;各刊基本上都在"下策"(内涵式发展)上做足了功夫。诚如袁贵仁所说,"这虽是下策,但是最实际,目前最普遍可行的",[2] 多少有些无奈。

(二)启动中的报刊体制改革

近年来,情况正在发生着明显的变化,"文化体制改革已经在全国全

---

[1] 详见袁贵仁《新世纪新阶段高校社科学报的形势和任务》,《长沙大学学报》2003年第1期,第7页。
[2] 需要特别说明的是,袁贵仁所说的"下策"并不带有贬义,"下策"与"上策"和"中策"并不对立,"下策"是办好一个刊物的基础,无论实行"上策"还是"中策",都需要"下策"的支撑。名刊工程六年建设的积极成效,主要有赖于"下策",而且几乎将"下策"发挥到了极致。

面铺开，新闻出版体制改革则走在文化体制改革的前沿"，[①] 随着出版社改制进入尾声，报刊体制改革已提上议事日程。主其事的新闻出版总署与教育部一样，也已明确意识到了高校学报的体制问题。李东东副署长指出："高校期刊特别是大学学报在学术成果创新、服务学科建设、培养科研人才方面发挥了较大的作用，但从整体上看仍存在三方面问题：一是封闭办刊、理念落后。缺乏更大范围的学术交流，文章缺乏现实性、针对性和原创性。二是缺乏专业特色，同质化现象严重。几乎所有大学学报都是综合性学术期刊，没有明显的学科特色，个人或研究部门订阅较少。三是资源分散，出版力量单薄，对一流学术论文和创新性研究成果缺乏吸引力。"可谓一语中的。李东东还指出，"这些问题都需要在下一步报刊业改革中加以解决"；高校期刊改革的路径是："第一，要进一步优化高校期刊结构，鼓励高校期刊向专业化、特色化、品牌化方向发展。坚持区别对待、分类指导，在从严控制、科学评估、扶优汰劣、促进繁荣的原则下，优化高校期刊结构和布局，改变配置刊号的资源方式。第二，要进一步完善学术期刊质量评估标准、建立高校期刊准入退出机制，对大学学报实行优胜劣汰，促进学术期刊质量提高。第三，要进一步深化高校期刊出版单位改革，鼓励高校期刊集约化、规模化发展，构建学术期刊数字出版平台，创新高校期刊出版体制。要把分散的办刊力量集中起来，优势互补、资源共享，借鉴国外先进的办刊经验，形成一批开放型、高水平的学术期刊群。"[②]

在名刊工程建设走过了六年之后，一场自上而下的高校期刊体制改革终于启动在即。令人欣慰的是，从李东东所提示的高校期刊的改革路径中不难发现，本文所分析的制约名刊工程和高校学报发展的四大瓶颈的体制因素均属改革之列。

（三）报刊体制改革的方向与名刊工程的目标

在即将到来的高校期刊体制改革中，最值得关注的是高校期刊结构的调

[①] 李东东：《报刊分类改革实施方案正在起草》，新闻出版总署网站，http://www.gapp.gov.cn/cms/html/21/1017/201004/698617.html。

[②] 李东东：《高校学术期刊要集约化规模化发展》，新闻出版总署网站，http://www.gapp.gov.cn/cms/html/21/367/200912/695710.html。

整。其实，改革开放以来，新闻出版总署已多次提出这一问题，最近的一次有影响的调整决策是 2001 年《关于进一步调整高校学报结构的通知》（以下简称《通知》）的颁行。数度调整，总署都坚持"一校一（综合性）刊"的原则，2001 年《通知》也不例外，其首条即规定"综合性大学，可保留社会科学学报和自然科学学报各一种"，同时也已有松动的迹象。《通知》亦表示要"减少一般院校学报数量，扶持和鼓励重点院校、重点学科创立高学术水平的品牌期刊"；"对教育部直属院校中的国内外知名的优势学科……可适当发展高校专业性学术期刊"。[1] 但近十年来，却既没有学报退出，也鲜有高校社会科学专业性学术期刊获批创办，"以书代刊"的学术集刊现象仍在继续。

李东东此次讲话是总署继 2001 年《通知》后再一次就高校期刊结构调整问题公开表态，虽然都谈调整，但思路与以往已有很大不同。

第一，2001 年《通知》计划经济时代的特征依然浓厚，"一校一（综合性）刊"的高校学报结构再次获得肯定；李东东此次讲话则明确要"优化高校期刊结构，鼓励高校期刊向专业化、特色化、品牌化方向发展……改变配置刊号的资源方式"。如果笔者理解不错的话，这意味着总署长期坚持的"一校一刊"的模式将被废弃，高校期刊的重新洗牌和专业化转型将写入改制的"路线图"。

第二，2001 年《通知》中对"一校一刊"的继续坚持和肯定，实际就造成了获批新的专业期刊几无可能，因为在国家期刊总量严格控制的前提下，"一校一刊"已基本耗尽了能"分配"给高校的期刊份额。李东东此次讲话则将准入和退出结合在一起，明确提出"建立高校期刊准入退出机制，对大学学报实行优胜劣汰"，而且要"鼓励高校期刊集约化、规模化发展……把分散的办刊力量集中起来"，显然，准入与退出都不会再拘泥于"一校一刊"这样的形式标准，而代之以业务标准。

第三，2001 年《通知》并没有改变对高校学报作者以本校人员为主的内向性定位。李东东此次讲话则明确提出高校期刊体制改革的目标是"形成一批开放型、高水平的学术期刊群"，开放即意味着不对作者身份设限，这是学报能走出"私家花园"，成为公共平台的最基本条件。

---

[1] 《关于进一步调整高校学报结构的通知》，新出报刊 [2001] 513 号。

更为重要的是，2001年《通知》及此前的一系列调整都是在基本不触动报刊体制的前提下进行的，而李东东此次所言的调整则是报刊体制改革的内容之一。大前提变了，高校期刊专业化转型和重新布局的希望也因此而大增；而关键性的体制瓶颈的突破，意义将十分重大，阻碍高校学报发展的其他瓶颈也有望迎刃而解。

对于名刊学报来说，值得关注的问题还在于：报刊体制改革的方向与名刊工程的目标是否吻合？李东东在讲话中提出的高校期刊的"专业化、特色化、品牌化、集约化、规模化"以及"构建学术期刊数字出版平台，创新高校期刊出版体制"和"完善学术期刊质量评估标准"，最终要"形成一批开放型、高水平的学术期刊群"，无一不是教育部在六年前就已提出的名刊工程的目标。从某种意义上来说，新闻出版总署为高校期刊改制确立的路径，是对名刊工程目标的另一种阐述："专业化、特色化"针对的是"全"，"品牌化、集约化、规模化"针对的是"散"，而"数字化"和评价的完善则是做"大"做"强"的途径；两者的目标是完全吻合的，而专业化、集约化、数字化最为关键。

（四）稍纵即逝的机遇与强劲的竞争对手

高校期刊体制改革无疑为高校学报放手实施袁贵仁所提出的"上策"，即"办高校社科学报各专业专刊"，提供了突破体制束缚的良机。在不久的将来，也许会出现一大批高校主办的专业性学术期刊，它们中的佼佼者，必将大受学者青睐。它们可能来自实现了专业化转型的学报，也可能来自"以书代刊""妾身未明"而终获"正名"的学术集刊，当然，也可能来自名刊学报。笔者想强调的是，这个机会对名刊工程来说，可谓稍纵即逝。因为李东东所言"优化高校期刊结构和布局，改变配置刊号的资源方式"并非专门针对名刊工程，对于包括学术集刊在内的所有高校期刊或准期刊，机会都是均等的，谁抓住了机遇，谁就抢得了先机。

对于名刊学报通过专业化转型谋求更大发展来说，最强劲的竞争对手当属现由出版社出版的学术集刊（其中的大多数为非高校出版社）。教育部已清醒地认识到："有些以图书为主的集团正在借鉴发达国家出版集团的经验，尝试进军期刊领域，以实现期刊业的集约化规模化经营，实现书刊互动式发展。这一动向无疑会对高校社科期刊形成有力的竞争。"① 集刊无疑是出版集团进军高校期刊阵地的桥头堡。集刊的优势在于已有了专业期刊的基础,缺的只是期刊的"名分",而名刊学报正好相反。以往刊号难求的时候,学报"名正言顺",并不惧"无名无分"的集刊竞争,但在报刊体制改革的态势下,真正到了内容为王的时候,集刊原来最困难的刊号问题的解决,比起名刊学报的专业化转型,也许会容易得多。如果名刊学报放弃专业化转型,仍坚守学科拼盘的格局,可以想见的是,一批来自集刊的专业期刊异军突起之后,名刊学报在学术界的边缘化恐不可避免。所以,名刊学报更应珍惜这难得的机遇。

可行性方案:基于转型与发展难点的对策

那么,是否启动了高校期刊体制改革,名刊学报就必然能够突破四大瓶颈,实现"专、特、大、强"的宏伟目标呢?未必尽然。尽管李东东指出了改革路径,但更多的只是提示了方向,而如何朝着这个方向走,并没有现成的答案。也就是说,改革即将启动,方向已经明确,瓶颈也已清楚,但要在体制改革中突破这些瓶颈,还得对症下药。上述新闻出版总署2001年《通知》的出发点本是要改变"目前高校学报也存在品种重复、部分学报质量不高、偏离办刊宗旨等一些值得注意的问题……推进全国高校学报整体质量的提高",② 总署已看到了问题,也提出了对策,但收效并不明显,显然,《通知》开出的药方并不对症。因此,有必要仔细分析高校学报"症候"的难点,以求治病的良方。以下将结合名刊工程建设,解析突破四大瓶颈的具体难点之所在,找出名刊学报可以利用的资源和长处,并在此基础上,尝试提出名刊学报专业化转型与集约化、数字化发展的可行性方案。

(一)转型与发展的难点之所在

1. 专业化转型之难

高校学报的专业化转型既是学者们的迫切要求,也是许多学报人的明智

---

① 李卫红:《在高校哲学社会科学第三批名刊工程座谈会上的讲话》(2010年4月7日),教育部网站,http://www.moe.gov.cn/edoas/website18/74/info1271640339502274.htm。
② 《关于进一步调整高校学报结构的通知》,新出报刊[2001]513号。

选择，更是名刊学报真正成名的关键所在。如今，困厄这一转型的体制囚笼已有望打破，但名刊学报将以何种方式变身（转型）为专业学报，却仍要费一番思量。笔者以为，有三大难点有待克服。

第一，名刊学报所在的高校，大多身陷"一校一（综合性）刊"的格局，与所有的综合性学报一样，名刊学报的转型很难采取摇身一变为多家专业学报的办法，因为那样做的话，高校期刊的数量会失去控制地成十倍以上增加。如果学报总量和主办单位基本保持现有框架不变，只是让名刊学报转型为某一学科方向的专业学报，也就是说由多学科变为单学科，这无疑又是一种割断自身历史和传统的做法。这样的转变对于整个名刊工程而言，可以说是实现了从综合性学报为主转型为以专业学报为主，但对参与转型的任何一家综合性学报来说，转型即意味着原有的综合性将不复存在，习惯了学科齐全，一旦只能择其一而必须放弃其余，得有壮士断腕的勇气，这样转型会让绝大多数名刊学报望而却步。在六年来的名刊工程建设中，只有《清华大学学报》明确提出以文史为主的办刊思路，其他任何一家综合性大学学报都不敢轻言放弃或无法真的放弃任何一个一级学科，即使《清华大学学报》还是兼顾了其他学科。

第二，综合性大学学科结构大致相仿，转型后的各专业学报该花落谁家？具体到每所综合性大学，尽管学科齐全，但却只能取一而弃众，怎能摆平？现行的一校一综合性学报虽不合乎科研需要，但做到了形式上的公平，打破旧的平衡，新的平衡如何建立？

第三，转型为专业学报后的编辑队伍如何迅速建立？原有的非此学科的编辑如何退出？学术期刊的编辑是一项专业性很强的工作，即使综合性学报的专业化转型能在短时间内完成（从形式上说，这只是一个行政审批的过程），即使专业学报的编辑来源对综合性大学来说不成问题，专业学报编辑的成熟也不是短时间内可以完成的；更为困难的是，原来的大多数非此学科的编辑都将面临转行甚或失业的窘境，这对名刊学报的专业化转型来说可能是最大的负担。

因此，笔者以为，名刊学报的专业化转型难在告别过去，难在专业选择，难在合理布局。这也是总署曾多次下决心调整高校学报结构，最终不是中途放弃就是不了了之的原因所在。

2. 集约化发展之难

我们不妨假设从管理者到名刊学报都有壮士断腕的勇气，毅然决然地实行名刊学报的专业化转型，使一校一综合性学报转变为一校一家或数家专业学报，那么，"散"的第一层面的问题，即学科拼盘的问题即可解决，但"散"的第二层面的问题，即分散经营、各自为政，不能形成规模效应的问题却依然存在。

如前所述，导致第二层面问题存在的直接原因是名校之间的门户之见。由于门户之见的存在，带有明显主办单位（学校）印迹的学报，即使转型为专业期刊而归于某一学科，也难获分布于各高校院所的该学科全体学者的一致拥戴而成为权威期刊。在这一点上，中国社会科学院各专业研究所期刊之能有该学科"权威期刊"的地位，不能不佩服其创办者的先见之明。这些由某一研究所主办的期刊在本质上与高校学报并无差别，如果高校学报是"校之刊"的话，那么它们就是"所之刊"，但是，与"校之刊"均以校名命名[1]不同，这些"所之刊"并没有以所名命名，而均以学科命名。看起来似乎只是名称的不同，但实际上，从命名开始就昭示了两种完全不同的办刊理念。

学报沿袭的是20世纪上半叶即已形成的高校学术期刊的传统。1906年，中国第一个大学学报《东吴月报》（创刊号《学桴》）在《发刊词》即言："谋刊行月报，以表学堂之内容，与当代学界交换智识。"此后，这种以刊载本校教师和科研人员学术成果为主的办刊理念为一代又一代的学报人所传承，只有很少例外。[2] 综合性、内向性遂成为其显著的特点。[3] 中国社

---

[1] 以校名命名其所主办的学报原本只是一种习惯性做法，但久而久之，习惯成自然，终于导致新闻出版总署以文件的形式硬性规定高校学报必须以校名命名，而且还不许用校名的简称。参见《关于进一步调整高校学报结构的通知》，新出报刊［2001］513号。该通知第7条明文规定："所有高校学报必须在'学报'前冠以学校全称，不得使用学校的简称。"

[2] 参见刘道玉《再谈大学学报的使命》，《武汉大学学报》（哲学社会科学版）2009年第3期，第295~297页。

[3] 在这里，习惯又一次成为自然乃至"法"，教育部于1998年4月1日发布的《高等学校学报管理办法》第2条规定："高等学校学报是高等学校主办的、以反映本校科研和教学成果为主的学术理论刊物，是开展国内外学术交流的重要园地。"（这个规定前后有点矛盾，反映了教育部当时的举棋不定，从而为日后抛弃该规定的前半部、启动名刊工程构建开放平台埋下了伏笔）而新闻出版总署1998年2月13日发布的《关于建立高校学报类期刊刊号系列的通知》干脆直接规定："学报刊登的稿件，2/3以上是本校学术、科研论文或信息。"

会科学院及其各研究所主办的期刊，无论是创刊于 1950 年代的《历史研究》、《文学评论》、《经济研究》等老牌期刊，还是创刊于 1980 年代的一批社会科学新刊，均以学科命名，在其办刊宗旨中均明确昭示将以发表本学科国内的最新研究成果为己任，可见这些刊物不会以传播本所的研究成果为满足，而要办成本学科专业国内乃至中外学术交流的公共平台，专业性、开放性遂成为其显著特点。[①]

在如此迥异的理念指导下的办刊实践，孰优孰劣很快就见了分晓。在高校学报几十年不变地自我封闭着的时候，中国社会科学院的期刊却敞开大门，面向院内外特别是高校以数十万计的学者征集稿件。学术本乃天下之公器，平台的学科特征和开放程度决定了来稿质量的高低，"一流期刊"、"权威期刊"的名头可谓不期而至，却也是名至实归。这些期刊所发表的论文，有 70% 以上来自高校。同为学术期刊的学报却成了主办学校的"自留地"，综合性、内向性不仅未能留住本校的高水平学术论文，而且还造成了高校之间看不见的壁垒。

可见，刊名—办刊理念—办刊实践—办刊效果实在是环环相扣的链条。冠以校名的刊名—抱持综合、内向的理念—封闭、刻板的办刊方法—门户壁垒的形成，从某种意义上说，这就是高校学报广受批评的办刊之路的写照。当名刊工程转入建设高校自己的权威专业学报（开放是其必要条件）的时候，门户壁垒就会成为跨不过去的坎。所以，有人提出实现专业化转型后的名刊学报不宜再以校名命名，这样可以从源头上突破门户壁垒。此说不无道理，但在经过了几十年各自为政的封闭办刊之后，门户之见已根深蒂固，突破它，已不是更改刊名、隐藏起主办学校名称那样简单了。中国社会科学院的期刊之所以成为权威还有一个原因，就是外在于高校的只此一家，高校对它可以"不设防"；而高校中实力相当的名校则有多家，互为竞争对手，只要主办单位还是某一高校，其权威地位就难建立。

其实，门户之见影响规模效应的问题并非学报独有，其他出版单位

[①] 同样是学术单位主办的学术期刊，但从未听说新闻出版总署有文件规定社科院期刊作者的身份或内稿的比例。总署何以厚此薄彼？问题并不在总署，而在期刊自身的定位，总署只不过对这两大类期刊自行定位予以承认和固化而已。

（如出版社）也同样存在，在已进行的出版社改制中，集约化既是解决这一难题的手段，也是改制要达到的目标和改制获得成功的标志，多家整合了本地区出版资源的大型出版集团应运而生，读者认同程度和影响力随之大大提升。因此，总署也将"集约化"作为高校期刊改制的主要目标之一，这对由出版社出版的学术集刊也许可行，但与出版社不同，学报编辑部大多不具有独立法人资格，学术期刊的公益性质又使其改制为出版社那样的现代企业几无可能性，故必须创建不同于出版社的集约化模式。

因此，笔者以为，名刊学报集约化发展难在如何克服门户之见和如何构建合作平台。

3. 数字化发展之难

"大刊"首先体现在传播领域的强势地位，这是毋庸置疑的。不管通过何种方式实现了高校学报的专业化和集约化之后，是否真的做"大"了，还要在传播领域接受检验，得由传播效果说了算。如前所述，包括名刊学报在内的学术期刊主要乃至唯一的有效传播途径就是互联网，数字化发展也就成了期刊改革主题中的应有之意。但今天当我们谈论通过数字化传播造就"大刊"的时候，却不得不面对这样一个事实：期刊的数字化传播由商业机构集约化经营的模式已为广大学者（读者）接受，这一阅读习惯一经养成，改变就十分困难。这一事实说明，任何一家学术期刊要实现真正意义上的数字化传播，离开了这些网站很可能一事无成。

中国学术期刊数字化起步于1990年代中期。它的起步，动力并非来自学术期刊特别是社科学术期刊（包括高校社科学报）自身，当时的社科期刊对网络技术和数字化几乎一无所知，期刊数字化及网络传播的起步完全依赖从事计算机网络研究的工程技术人员以及文献情报学专家，以清华大学光盘版电子杂志社为代表的数家期刊数据库的建立标志着期刊数字化这一历史性转型的开始。社科期刊数字化网络传播这一新生事物以这样的方式问世是可以理解的，毕竟社科期刊与这些新兴技术距离太远。但是，对技术的外行并不能成为全学报行业对新传播形式漠视的理由，特别是这一漠视竟然持续了十多年，直到今天仍然没有根本的改变。

期刊对数字化传播的集体不介入使得这些期刊数据库网站与入编期刊

的关系呈现出如下共同的特点：（1）期刊数据库网站几乎无一例外地都实行了商业化运营，但为这些网站提供上游产品的入编期刊的付出与所获得的回报却极不相称，数字化时代最宝贵的资源——期刊原始数据几乎是白送给数据库网站，甚至还有付费倒贴的。（2）虽然建立的是期刊库，但其建库模式及服务模式的确定并没有期刊的参与，且为了建库的需要，不顾学术研究和学术期刊规律及传统惯例，生造了一套论文注释编排规范，通过期刊强加给研究者。（3）为了数据库的营销以及建立数据库的品牌，有意淡化期刊的形象，期刊在数据库中的形象和地位皆模糊不清，剩下的只有唯一的"大刊"和"强刊"——数据库本身。（4）除个别期刊外，各数据库与期刊所签署的入编合同（或类似协议）都是由数据库一方单独拟订的格式化合同，尽管每一条数据都来自期刊，但这些合同不仅将期刊一概排除在数据库的拥有者之外，还无一例外地将获得作者授权和向作者支付著作权使用费等关键性责任推给了期刊。上述四点足以使期刊的弱势地位显露无遗。

这样的合作关系（如果这也叫合作的话）在这些期刊数据库开始营运时就确立了，在十多年发展过程中，尽管有包括学报人在内的许多期刊人对此进行过颇为激烈的批评，但由于集体无意识，收效甚微。期刊数据库网站作为以营利为目的的商业机构，争取利益的最大化无可厚非，而期刊行业组织的不作为才是让人感到不可思议的事。只要这样的关系依然不变，那么名刊学报的"做大"，就十分困难。

因此，笔者以为，名刊学报的数字化发展难在与现有的期刊数字化平台的拥有者——各期刊数据库网站进行平等合作并促其进行合理化改造。

4. 合理评价建立之难

与传播效果决定了期刊的大小一样，社会评价决定了期刊的强弱。合理评价的意义不仅在于对"强刊"的肯定，而且还在于帮助"弱刊"找出原因和选择对策，从而实现由弱转强。从这个意义上说，期刊评价的作用是不可取消或难以替代的。但在今天的期刊评价中，大行其道的排行榜和排名表不但起不到这样的积极作用，甚至可能适得其反。期刊评价的现状使期刊特别是急于做强的名刊学报面临两难选择，是跟着评价机构排行榜和排名表的"指挥棒"走，还是按学术规律办事。正确答案显然是后者，但选择这一答案，在与迎合评价机构偏好的期刊竞争时，就可能落败，成不了强刊;① 而选择前者,评价数据好看了,学者们却不买账,强刊照样难以真正建立。

困难还在于即使选择了正确答案,也还存在如何应对排行榜和排名表的问题,因为它们中的一部分并非毫无道理或一无是处,果真如此的话,没有一家评价机构能够长期生存。应该看到,但凡具有一定合理性的排行榜和排名表的背后,都有大量的数据支撑,而真正有价值的是这些数据。如果评价机构不对排行榜和排名表情有独钟,而是能与学者、期刊人一起共同对这些复杂的数据进行深入的分析,就能透过数据的表象看到本质,进而拿出建设性的意见。如此,在学者和期刊人眼中,评价机构的角色也许会发生转化,由"指挥棒"变为可以助一臂之力的诤友。评价机构的积极作用当在于此。令人遗憾的是,由于种种原因(其中也包括某些评价机构投权力部门所好的刻意引导),排行榜和排名表成了评价机构最大和最显著的"成果",人们只见排名,而无视数据所能提示的意义,不啻捡了芝麻,丢了西瓜。近年来,评价机构遭遇了前所未有的激烈批评,原因多少与此有关。笔者以为,合理的学术评价机制的建立,理应包含对评价机构搜集、统计和整理的大量数据的合理运用,而那些对评价机构谩骂式的所谓批评,并无助于合理评价机制的建立。

在与评价机构的关系上,评价机构固然有自身的问题,但学报界的集体失语和无原则的迎合也是评价机构负面作用的放大镜。评价其实并不是评价机构的专利,学术评价在本质上是属于本专业学者和专家的事,期刊编辑特别是资深编辑在评价方面也有发言权和参与权,作为学报自己的组织——行业协会,更有不可推卸和放弃的责任。

因此,笔者以为,名刊学报的合理评价难在如何正确对待评价机构的排行榜和排名表以及如何合理运用评价数据并参与到评价中去。

(二) 转型与发展的基础及可以利用的资源和条件

如前所述,名刊学报要真正成为一流期刊,必须突破长期以来制约发展

---

① 从对评价机构的迎合到数据作假之间实则一步之遥,作假的方法可谓五花八门,但并非无迹可寻,只要对数据进行分析,作假的行为就会暴露无遗。问题在于,当不做任何分析的排行榜和排名表大行其道时,作假者就会有利可图,劣币驱逐良币的闹剧就会不断上演。

的四大瓶颈，在经历了六年的名刊工程建设之后，我们可以看到，名刊学报已经具备了一定的突破瓶颈的资源和条件。

1. 基础与可以利用的资源

最宝贵的资源无疑是名刊工程这一优质平台，而这一平台也为名刊学报的转型与发展奠定了厚实的基础，具体体现在：

（1）六年的内涵式发展使大多数名刊学报所发论文质量普遍提高，部分单篇论文的学术质量和学术影响力已不输于专业期刊，这就为名刊学报的专业化转型提供了高质量稿源的保证。

（2）特色化办刊在各学科方向造就了一系列优秀栏目，并通过这些栏目积聚了一定的人气，包括主持人、作者、读者和编者，并积累了初步的专业化操作经验。虽不能与专业期刊比肩，但却可作为名刊学报专业化转型时学科方向选择的重要参考，从而避免专业化转型的盲目性，并为转型后专业学报留下弥足珍贵的"遗产"。

（3）名校的声誉是一笔不可估量的无形资产，在名刊学报没有实现规模化、集约化发展的时候，其价值没有得到充分体现，甚至成了负担。其实，在评选出第三批入选学报后，中国著名高校的学报几乎都已加入了名刊工程，一旦名刊学报能以某种方式共同建立起融会于一体的开放型大平台，亦即实现了一定程度的集约化之后，名校声誉这笔无形资产真的会使名刊学报"富可敌国"。当然，这就要求名刊学报能率先抛弃门户之见。

（4）名刊工程一经启动，就引起了学术界和期刊界的广泛关注，名刊工程的知名度也是一笔无形资产。

2. 名刊建设环境的改变

（1）报刊体制改革的东风

目前正在启动中的报刊体制改革的最大特点是自上而下发动的，比起高校学报自发的改革，各方的阻力将大大降低。改革当然是对传统的挑战，但对学报界来说，更是前所未有的机遇。

（2）知识产权保护意识的空前增强

无论是从国家，还是从期刊和作者的层面来看，知识产权保护意识都较1990年代有了明显提升，这必将促进网络传播环境的改善。在此前提下，我们应关注这样一个事实，即期刊数据库与各入编期刊并没有建立起真正平等的合作关系，在起步阶段，期刊数据库用近乎掠夺的方式，以极小的代价取得了各入编期刊的论文数据，完成了原始积累，但也留下了隐患，著作权保护问题未能妥善解决已成为其发展路上的定时炸弹。

最近某高校学者诉龙源期刊网侵权的案例并非偶发的孤立个案。近年来，随着作者版权意识的加强，起诉期刊数据库网站未经授权即予使用的类似讼案已呈逐年增加的趋势，见诸媒体公开报道的案例几乎无一不是以数据库网站的最终败诉而结案，此次龙源期刊网案也不例外，但涉案双方的对抗发展到如此程度，仍让人吃惊。[①] 龙源期刊网关于期刊网络传播的立场是较具代表性的，在作者的维权意识明显增强的大背景下，通过涉案双方的态度和立场，有几个问题值得期刊和数据库网站经营者深思。

其一，期刊数据库网站并非没有获取作者授权和向其付费的法定责任意识，只不过通过格式化合同将如此重要的责任推给了入编期刊，以规避风险。但这种做法并没有生效，法院总是判决由期刊网站向作者进行直接赔付，且赔偿标准远高于其已"委托"期刊向作者支付的相关费用。龙源期刊网在事后表示将向部分与之签署过合作协议的期刊提起诉讼，但状告上游产品生产者（期刊），纵然赢了官司，也是两败俱伤。所以，除了龙源期刊网有此表示外（至今未见付诸行动），其他网站遇到类似情况大多采取息事宁人的态度，赔钱了事。但当原告数量增加到一定规模时，息事宁人的代价可能就是天文数字了，不知这些数据库网站的经营者是否还能如此从容不迫。

其二，龙源期刊网认为自己并不是期刊制作者，而只是发行者，故无涉侵犯作者版权之嫌。的确，龙源在网上开了"期刊超市"，更像是一位发行商，但其网上卖的却有经他们加工过的期刊，就像卖改装车的车商坚持说自己卖的是原装车一样，总有点牵强。至于其他的期刊数据库网站，则连超市的模样也还没有，龙源网的理由对这些网站来说，更难站得住脚。首先，从建库模式来看，独立的期刊在库中基本已不复存在，早已将各刊原发的论文进行了重新编排和组合，形成了新的出版物，这在本质上已属于编辑和出版

[①] "5月27日，龙源期刊网因一起著作权纠纷诉讼败诉后，没有及时履行法院生效判决，且因拒绝强制执行而被法院将其法人代表行政拘留。"邹韧：《龙源期刊著作权案败诉 数字内容如何解决版权问题》，人民网，http://media.people.com.cn/GB/40606/11840737.html。

行为，而不仅仅是发行。其次，从其发行物来看，对于个体购买者，网站发行的是已按其建库模式重新编排过的单篇论文（龙源也卖单篇文章），而不是这些论文的原发期刊。如果坚持说这是在卖期刊的话，就好比将一台汽车拆成零件卖给不同的消费者，却坚持说自己出售的都是整车一样。而对于集体购买者，情形正好相反，网站发行的是其整个数据库，即所谓"包库"，且在与入编期刊的合作协议中大多载明：该期刊数据库的整体版权属于数据库网站。如果这还是在卖期刊的话，同样有一比，那就好比将零件组装成汽车卖给消费者，却坚持说自己是在卖零件一样。

其三，期刊数据库网站已陷入诸多两难境地，面临着新的挑战。除了未能理顺与作者和入编期刊的关系外，还面临着新的学术论文网络传播方式——开放获取（OA）的竞争。这一源于西方学术界的新的论文传播模式之产生，其矛头就是直指商业化运作的期刊数据库网站。开放获取模式一经问世，即受到学术界的热捧，尽管其本身也有许多有待克服的困难，但对期刊数据库网站乃至学术期刊都已构成了颇为严重的威胁。

其实，今天的学术期刊和期刊数据库已结成了一荣俱荣、一损俱损的关系：期刊是数据库的数据来源，没有了期刊，数据库就成了无源之水、无本之木；数据库则是期刊最重要的传播渠道，通过它，期刊所刊载的信息可以更便捷地到达更广大读者的手中。因此，目前已到了期刊与数据库建立起良性互动渠道的时候，把握住眼下的时机，平等地协商共同关心的问题，积极维护双方的利益，这才是期刊与数据库经营者的双赢之道。

（3）学术评价环境的悄然变化

随着一桩桩学术造假事件的曝光，从科研管理者到学术界都在寻找学术腐败和学术不端的根源，只要稍加追究，就会发现在这些不光彩的事件背后都有量化评价的影子。各种排行榜和排名表遂遭到了越来越多的质疑，学术评价应向学术共同体评价回归逐渐成为共识。这种对学术评价的新认识使学术评价环境正在发生着悄然的变化，为评价机构放弃"指挥棒"角色而回归学术研究活动、学术期刊由唯评价机构"指挥棒"是从而回归学者/学术本位创造了条件。

（三）转型与发展的可行性方案

行文至此，都是在为本文所要提出的对策方案做铺垫。因为只有说清楚了名刊工程的成效,才能证明进一步发展已具有了坚实的基础;只有说清楚了继续前行的障碍,才能明确未来主攻的方向,并找到具体的治病药方;只有说清楚了所处的环境,才能把握改革的时机和力度。如果此前的分析大致能站得住脚,那么,我们就能推论,对于名刊学报来说,名刊工程建设与高校期刊改制可以成为合二而一的事。无论是名刊工程的"专、特、大、强",还是高校期刊改制的专业化、集约化、数字化目标,所要解决的都是相同的问题,但这些问题并非独立存在的单一问题,而是由多个长期存在的环环相扣的问题组成的复杂问题,这些问题能否解决、解决的程度如何以及为此所付出代价的大小,直接关系到名刊工程未来发展的方向和体制改革的成效。在此,笔者不揣简陋,提出下列方案,以供同仁讨论和决策参考。

1. 名刊学报专业化转型的分步走方略

名刊学报的专业化转型由于历史和现实的双重原因不宜采用"一刀切"的"硬性"办法,以既能延续历史传统又能考虑现实需求的分步到位的"软性"办法为佳。建议分两步走,或者说两条腿走路。第一步,不妨继续做好纸本综合性学报的编辑出版工作;第二步,专业化转型可以直接从对纸本综合性学报所发表文章的数字化专业重组做起,而不必始于纸本学报。

这样做的好处在于:(1)名刊工程六年来的建设成果显著,体现这些成果的主要是占名刊学报绝大多数的出自名校的综合性学报,因体制改革而强行中断它们,必有一段混乱的转型期,既有的成果可能尽失,转型专业学报后却未见得能与获得"正名"的学术集刊一争高下,结果很可能得不偿失;而继续出版纸本的综合性名刊学报,则可以使学报的传统得以传承,现有的编辑队伍可以保持稳定,名刊工程建设的成果也能继续得到发扬光大,更重要的是能为"软性"的转型提供有力的支撑。(2)名刊工程的成果主要体现在所刊发论文质量的普遍提高,仅因其组合包装在综合性期刊中,个体和整体的影响力都打了不小的折扣。只要对名刊学报所发表的论文进行重新组合包装,就可以大大提升其影响力。这个重新包装,就是对这些优秀论文进行分专业的数字化重组。这可以视为名刊学报专业化转型的开始。(3)不中断纸本综合性名刊学报,只是在名刊工程的大平台上进行所发论文的重组,各编辑部不仅基本不需要进行专业化的重建,原各学科的编辑大多可以各司其职,而且只要通过适当的手段就可以确保分散在各名刊学报的相同学科专业编辑的交流合作,使他们顺利地转型成为数字化专业期刊的成熟编辑。(4) 这是对袁贵仁提出的高校学报发展"中策"的具体落实。此前名刊学报之间只是在个别栏目上有所合作,没有考虑在名刊工程的层面上建设所有名刊学报的共同平台,这主要受限于纸本期刊的独立形态,每个小平台都是固化的,无法组合;而对名刊学报的论文进行数字化重组,就可在不改变固有小平台的前提下实现大平台的组合,即可扫除"中策"施行的主要障碍。

2. 基于组创数字化专业系列名刊的集约化发展模式

在"分步走"转型的基础上,努力推进各名刊学报在各专业领域的对口合作,创立数字化专业期刊,建立能真正融会各名刊学报的大平台,为名刊学报走出一条有自身特色的集约化发展之路。具体措施是:组成打破校域界限的联合编委会(下设各专业编委会)和联合编辑部(下设各专业编辑部);同时着手建立并不断完善共享的各学科审稿专家库,确立共同的审稿程序和标准,为名刊学报特别是数字化重组后的各专业期刊实行真正的双向匿名审稿制度打下基础。创立若干个以一级学科分类的数字化专业学报,组成高校专业名刊系列,可定名为《高校名刊·哲学学报》、《高校名刊·文学学报》、《高校名刊·历史学报》、《高校名刊·经济学报》……(或可定名为《中国高校学报·哲学卷》、《中国高校学报·文学卷》……),其封面、扉页、目次页及正文的版式统一设计,力求体现独特的风格。在数字化专业系列名刊初创时,可在各刊纸本学报出版的同时,对各刊所发表的文章,由各专业编委会和编辑部进行学科分类并组织审稿,从中筛选出质量上乘的文章按学科重新组合,编辑成数字化专业学报。[①] 在初创阶段,主要通过对各名刊学报论文的重新组合和包装以体现出集约化的优势;而数字化专业系列名刊一经创设,联合编辑部即拥有了任何一家学报所难以比拟的资源,从而可以对各刊纸本的编辑工作进行必要的统筹和策划,通过数字化专业系列名刊反作用于各纸本学报,使其一方面继续深化内涵式发展,另一方面加强协同合作,与重组后的专业系列名刊的编辑工作有机地融合为一体,集约化的优势就会全面体现

---

① 入选名刊工程的各专业期刊也可以在继续出版纸本的同时加入到这一数字化二次重组的群体中。

出来。①

　　这样做的意义在于：（1）创立的数字化专业系列名刊既可谓新刊，又不会割断与名刊学报的血脉联系。（2）数字化专业系列名刊、联合编委会、联合编辑部由所有名刊学报共同创立，它们是高校的，却不再专属于某一校，故而是开放的；以它们为纽带，名刊工程能够真正成为共建共有的开放平台，名校之间的门户之见虽不能彻底破解，但名刊学报之间的壁垒可望就此拆除，名刊背后的名校的群体优势即可尽显。（3）在高校名刊这一平台上，所有的专业学报实际以系列丛刊的形式呈现，虽各自独立，但更是一个整体，彼此之间有更为紧密的联系，既具灵活性，更具协同性和整体性。（4）集约化的要义在于对有限资源的整合和充分利用以获取最大的效益，而并不一定要把分散在各校的编辑部整合到某一高校或企业实体中去，现代化的资讯条件完全可以做到不受行政区划和管属限制的异地整合。这是在另一种意义上的集约化，可为高校学报的集约化发展提供一个新的思路。（5）实现了袁贵仁提出的高校学报发展的"上策"。与"中策"一样，以往"上策"之难，主要难在以纸本这一孤立存在的个体平台为基础，如果在数字化期刊的层面上实现"上策"，突破体制的难题形成共建平台就容易得多。

　　考虑到由独立的纸本学报到集约化、数字化的专业学报转型并无成功的先例可资借鉴，一旦启动重组进程，定会有各种各样的问题需要各刊协调立场，共同解决，其难度可想而知；重组的规模越大，协调的难度也会越大，因此，在起步阶段适当控制重组规模是必要的。重组也可分两步走：由部分（8~10家）名刊学报先行一步，率先进行重组；在创建专业学报系列方面，不宜全面开花，而要稳步推进，先整合其中多数共有的强势学科，以创建6~8家数字化专业学报为宜。这是第一步。待第一批数字化专业学报能稳定运行，并得到读者的肯定，再迈出扩大阵营的第二步，所有的名刊学报都可

---

① 姚申曾多次提出包括名刊学报联合构建专业期刊方案在内的高校学报集约化、多元化发展设想［参见姚申《高校社会科学学报的发展：挑战与机遇》，《吉林大学社会科学学报》2005年第4期，第19~22页；姚申：《高校人文社会科学学报改革与特色栏目建设》，《云南师范大学学报》（哲学社会科学版）2009年第5期，第82~87页］。本文只是在其设想的基础上，提出名刊学报的专业化转型可与集约化、数字化发展相结合，而不必中断原有的纸本综合性学报，以减轻转型与发展的难度并增加可行性。

加入，并在更多的学科方向创设数字化专业学报。从高校学报现状出发，这一全新的数字化专业系列名刊平台的开放性主要体现在入盟学报对所有作者是开放的，而平台对入盟者身份的限制（必须是名刊学报）对于创建数字化专业系列名刊的品牌形象是必要的；而从长远看，这样的平台终将淡化入盟者的身份，并向更多的学报，乃至非学报的社科期刊开放。

3. 数字化专业系列名刊的网络传播方式

改变以往的期刊网络传播方式，实现数字化专业系列名刊的网络整体传播，这对于建立品牌形象、扩大品牌知名度至为重要。具体措施是：通过与大型期刊数据库网站的谈判与合作，改变期刊网的建库和传播模式，最关键的是创新专业系列名刊在期刊网的呈现方式。首先，在期刊网首页的显著位置设立专业系列名刊的专门入口，通过这个入口，可以对专业系列名刊进行仿纸本的全本阅读，包括封面、扉页、目次页、正文、注释乃至广告等完整信息。其次，允许期刊网在其数据库中对专业系列名刊的论文进行拆解分类，但读者通过检索方式直接进入论文阅读时，每篇论文必须与所在专业名刊的封面等信息同时呈现，以强化名刊的形象。再次，争取获得作者对其论文进行网络传播的授权，确保网络传播的合法性。

这样做的效果在于：（1）多数学术期刊网都是让期刊消失于无形，其实，这可能是学术期刊网特有的现象，流行的网络杂志皆非如此，所以笔者才认为这是有意为之。改变以往那种只见论文不见期刊的网络呈现方式，通过封面加论文一起呈现以加大对读者视觉冲击力的做法，可以树立起专业系列名刊清晰的品牌形象，培养起读者的归属感。（2）强调建立专门入口，以供读者整本阅读数字化专业系列名刊的做法，可以改变以往数据库网站只能通过检索阅读论文，而不能主动阅读期刊的网络阅读方式，可以更好地发挥期刊数据库网站为读者服务的功能。（3）数字化专业系列名刊在期刊网上的整体呈现，可以帮助期刊数据库网站摆脱侵权的陷阱。只要这些网站愿意，就能成为真正的期刊超市，而其拥有者就可成为纯粹的发行商。

4. 数字化专业系列名刊将有助于合理的学术评价机制的建立

现行期刊评价的不合理主要表现在期刊评价被完全等同于排行榜或排名表，造成这一现象的直接原因是学术共同体评价主体的失位；而主体失位却又源于学术共同体与期刊特别是像高校学报这样的综合性社科期刊事实上的疏离。改变这一状况首先要做的就是让学者直接阅读期刊，无论是纸本的还是数字化的，而不是连期刊封面都见不到的单篇论文；能让学者有兴趣整本阅读的期刊无疑是专业期刊，因此，数字化专业系列名刊的创设能有效地锁定作者和读者群，他们将成为对这些期刊最有发言权的评价者，从而有望实现以学术共同体为评价主体的期刊评价机制的重建。同时，数字化专业系列名刊的建立也为期刊人正确对待评价数据创造了条件，可以发挥评价数据应有的作用，而不必再为其所左右。合理的评价必将促进期刊的良性发展。

冰冻三尺，非一日之寒。我们不能指望毕其功于一役，一个早上就将长期累积起来的高校学报问题全部化解。上述方案乃应期刊体制改革和集约化、数字化的潮流而提出，试图以循序渐进的方式推进高校学报问题的解决；至少对名刊学报来说，也许不失为一条通向"专、特、大、强"目标的进路，假以时日，辅之以必要的后续手段，则目标终将可期。同时，这一方案还将具有一定的示范效应，名刊以外的高校学报，亦可通过数字化的重组方式，构建适合自身特点的集约化平台，共同为繁荣学术事业做出贡献。当然，笔者在此只是纸上谈兵，这个方案的实施，需要教育部和新闻出版总署的必要介入和大力扶持，亦有待于名刊学报同仁的同心协力。

〔原载《清华大学学报》（哲学社会科学版）2010年第5期〕

构建互联网时代学术传播的新秩序

——以高校学术期刊发展战略为中心

20、21世纪之交是中国当代学术传播史上一个重要的时间节点。它不仅是新千年的开始，更是纸本时代与互联网时代交替的开始。在此之前，纸本时代的传播秩序是"稳定"的。所谓秩序，"表示的是一种在服从或遵从基础上形成的稳定状态或情势"。[①] 行政权力对于学术论文的主要传播渠道——学术期刊的管控是中国学术传播秩序最为鲜明的特点："社科期刊系统以纵横交织的管理系统和传播系统为中心，成为超稳定结构……在纵向管理系统中，期刊处于底层，在横向传播系统中，期刊处于中心。"[②] 管理的"底层"与传播的"中心"正是代表权力意志的期刊体制给予学术期刊的定位，"政府就通过对作为横向传播系统中心的期刊的管理达到动员资源、组织学术生产、管控学术成果发布，进而维护社会安全运行的目的。"[③] "底层"与"中心"的交会点实际上就是学术传播秩序的基点，在期刊以外基本不存在官方认可的学术论文传播其他渠道的纸本时代，维护住基点的地位也就稳定了传播秩序。由此足见在学术传播秩序的构建中行政权力的强势地位。如此构建的秩序看似稳定，但其内部却充满张力。这是因为，学术期刊因学术研究的需要而产生，本应内嵌于学术共同体并成为其中心，作为学术生产主体的学术共同体理应是学术传播秩序的重要构建者，只有学术共同体

[①] 杨雪冬：《论作为公共品的秩序》，《中国人民大学学报》2005年第6期，第71页。
[②] 李频：《数字时代社科学术期刊改革路径的思考》，《南京大学学报》（哲学·人文科学·社会科学）2014年第4期，第63页。
[③] 李频：《数字时代社科学术期刊改革路径的思考》，《南京大学学报》（哲学·人文科学·社会科学）2014年第4期，第63页。

认可的学术传播秩序才是真正稳定的。但在行政权力一家独大的情况下,学术共同体不仅在学术传播秩序的构建中几乎未起作用,而且学术期刊也已与之相分离而外在于学术共同体,学术期刊从结构到布局均取决于行政权力的意志,故不可避免地与学术研究相脱离,体系化建设更是付诸阙如。这种情况在高校学报中表现得尤为典型。因此,学术共同体对传播秩序的遵从即对学术期刊传播中心地位的认可,从某种意义来说只是对行政权力无奈的遵从,而不是因为自身需要得到了满足,对于学术期刊特别是高校学报的现状,他们并不满意。因此,一旦行政权力所赋予学术期刊的中心地位受到传统期刊体制无法制约的某种新兴媒体的挑战,传播秩序的稳定状态就会被打破。

改变始于世纪之交。首先,数字化浪潮汹涌来袭,包括高校学报在内的社科学术期刊的应对之策几乎都是将数字化传输交给了第三方——商业化期刊数据库。短短数年间,期刊数据库即已垄断了学术期刊的数字化传输,它在对期刊进行数据转换的同时也拆解了期刊,随着读者阅读方式由读"刊"到读"库"的转变,以及基于移动互联网的新媒体和自媒体的出现,传播中心正在从期刊向单篇论文转移,期刊作为唯一传播中心的地位不再。其次,不断推进的学术国际化直接导致了国际学术期刊出版集团大踏步进军中国市场以及大量优秀学术论文流向海外,也使得在国际竞争中处于劣势的中国学术期刊的"中心"地位岌岌可危。再次,对于高校学报来说,其所特有的结构问题随着世纪之交规模空前的大扩容而更加凸显,扩容后的人文社会科学学报的总量首次超过了千家,占据了社科学术期刊的大半壁江山,而新创办的学报基本是综合性和内向性的,[①]"千刊一面"、"低水平重复"甚至"学术垃圾场"等等来自学术界的各种批评和诟病之声不绝于耳,体制赋予学报的"中心"地位正在失去学术共同体的认可。凡此种种可归结为一点,就是随着新的传播渠道的开辟,依靠期刊体制建立和维护的以纸本学术期刊为基点的学术传播秩序遭遇了最为严峻的挑战,[②] 学术传播的失序已不可避免。

[①] 新闻出版总署和教育部同时发布了学报应以内稿为主的政府文件,见《高等学校学报管理办法》,教备厅[1998] 3 号;《关于建立高校学报类期刊刊号系列的通知》,新出期[1998] 109 号。

[②] 关于纸本时代学术传播秩序的建立及其遭遇的挑战,笔者另文专论。

显然，局部的修补已无济于事，在互联网时代重建学术传播秩序已迫在眉睫，重建秩序必将成为国家媒体战略的核心。本文以高校学术期刊为中心，回顾和评论教育部"名刊工程"启动以来顶层设计和底层设计为学术期刊改革所进行的尝试，并为确定高校学术期刊发展战略提供一个思路。

一　构建传播新秩序的尝试

中国人文社会科学期刊特别是高校学术期刊历史和现状的特殊性，决定了互联网时代中国学术传播新秩序的构建必定会走一条与西方不同的道路。如果说，西方学术期刊的数字化转型和规模化、国际化发展，凭借着其与学术共同体的紧密关系和纸本时代打下的专业化、体系化、市场化基础以及宽松的体制环境，只需顺势而为的话，那么，中国学术期刊在转型时所要面对的却是远比西方学术期刊复杂和困难的现状，须逆势而行。

数字时代到来后，学术期刊虽然还是管理的基点，但新的传播渠道的开辟，使这一基点虚化了，传播失序正是因此而起，但根源还在体制的滞后。所以，重建秩序意味着必须在两方面同时进行建构。一方面，学术期刊必须完成专业化、数字化、集约化转型，并在这一过程中完成体系化建构以重建与学术共同体的关系，这是纸本时代没有解决的问题，而不解决这个问题，期刊就无法真正进入数字时代。另一方面，必须进行期刊体制改革，现行期刊体制既难以维护传统学术期刊的地位，又不能促其转型，同时，既难以将国际期刊出版集团和新兴办刊主体拒之门外，又不能规约其传播行为，同样不适合数字时代。"改革不合理的期刊体制，无论对管理者还是期刊人来说，都既是还历史的旧账，也是为未来承担历史责任。"[1] 因此，唯有通过体制改革才能推动和确保传统学术期刊转型，没有体制改革，学术期刊转型的任何尝试都会在僵化的体制面前碰得头破血流。相应的，唯有体制改革才能将新的可能进入或已经进入的传播主体纳入体制认可的传播秩序之内。体制改革与期刊转型这两场历史性变革的不期而遇已注定了它们的进程必然会交织在一起，单独地针对其中的一个，很难找到真正的应对之道。

---

[1] 仲伟民：《缘于体制：社科期刊十个被颠倒的关系》，《南京大学学报》（哲学·人文科学·社会科学）2013年第2期，第39~40页。

应该说，随着传统学术传播秩序危机日益凸显，改革不合理的期刊体制与实现学术期刊的转型已逐渐成为政府部门与业界的共识，约从2010年开始，"由政府主导的针对中国大学学报的强制性制度变迁以及由学报界自发形成的诱致性制度变迁相继发生，共同奏响了大学学报改革的乐章"。① 在笔者看来，这也是管理层与业界从各自的立场出发分别尝试构建学术传播新秩序的开端。

（一）底层设计"1.0版"：专业化、数字化、集约化转型

最先行动起来的是底层。近十余年来，学术期刊是否应进行专业化转型和如何应对数字时代的到来一直是各种学术期刊论坛的主题。因此，早在自上而下的期刊体制改革正式启动之前，改革的探索就已在学术期刊界开始了，其中，"中国高校系列专业期刊"的创办尤为引人注目，因为它不仅是一个数字化产品，更提出了关于期刊改革的目标与路径的新理念。

1. "中国高校系列专业期刊"的缘起

世纪之交的大扩容后不久，教育部就意识到了高校学报的问题，在2002年全国高校社科学报工作研讨会上，时任教育部副部长的袁贵仁即以"全、散、小、弱"来概括学报现状，并提出了"专、特、大、强"的目标，为此，袁贵仁提议启动"名刊工程"，并提出了"上、中、下"三策，简单地说，上策是办高校社科学报各专业专刊；中策是鼓励若干高校社科学报合作，进行相对集中的学科专业分工；下策是各刊走内涵发展的道路。② 显然，"名刊工程"是一项带有战略意义的重整高校学术期刊的系统工程。

2003年底，"名刊工程"正式启动，先后有31家学报和专业期刊入选。"名刊工程"成效如何？王文军根据CSSCI数据对2006~2010年"名刊工程"综合性学报与综合性社科期刊和专业期刊的对比研究发现："在所有学科，名刊学报的分学科影响因子均值都超过了综合性社科期刊前10名的均

---

① 叶娟丽：《中国大学学报：制度变迁与路径选择》，《南京大学学报》（哲学·人文科学·社会科学）2013年第1期，第64页。
② 袁贵仁：《新世纪新阶段高校社科学报的形势和任务》，《长沙大学学报》2003年第1期，第7页。

值。""在专业期刊发展比较完备的学科……综合性名刊学报明显处于劣势。"① 显然,虽然"名刊工程"成效有目共睹,但因为其综合性,再优秀的"名刊",也无法与专业期刊相提并论。叶娟丽在研究了王文军提供的数据后指出:"教育部19家名刊的最高数据均出现在2008年,这一现象的统计学意义就是,数据在2008年出现拐点",说明"名刊工程"的"内在的局限也非常明显","并未从根本上触及当前学报发展面临的主要矛盾——如学报结构、布局不合理而导致的学术影响力、传播力弱小的问题,没有涉及已成当今世界期刊发展趋势的数字化技术问题"。② 从袁贵仁提出的"上策"来看,"名刊工程"是有心"触及"这些问题的,但入选学报采行的几乎都是"下策",而且已穷尽了"下策"。那么,既然有"上策",何以不付诸实施?显然,"上策"束之高阁是因为有着无法突破的障碍。根本障碍是期刊体制,"一校一(综合性)刊"已成既定模式,即使是教育部,在体制面前,仍是寸步难行。

于"名刊工程"止步不前的同时,期刊体制改革的风声渐起,从新闻出版总署的宣传来看,体制改革就是编辑部的"转企改制",学术期刊特别是高校学报问题的解决当然不会如此简单,因此,作为改革对象的"名刊工程"学报有必要以诱致性变革推动改革从实际出发并朝着遵循学术规律和学术期刊规律的方向前进。"中国高校系列专业期刊"的设计就是在这样的背景之下展开的。

2. "中国高校系列专业期刊"的创办

2010年,笔者提出了高校学报专业化转型和集约化、数字化发展的建设性方案,主要内容是:(1)利用现有的"名刊工程"平台协同创新。(2)通过合理的组合,对各刊纸本发表的文章进行同步数字化编辑整合,打破校域界限,成立以各名刊编辑人员组成的联合编辑部,创立《哲学学报》、《文学学报》、《历史学报》、《经济学报》等若干个以一级学科分类的数字化专业期刊,组成"中国高校系列专业期刊"新型期刊群。(3)通过

---

① 王文军:《分学科评价:综合性学术期刊评价的合理路径——以教育部"名刊工程"入选综合性学报为例》,《南京大学学报》(哲学·人文科学·社会科学)2011年第3期,第146页。
② 叶娟丽:《中国大学学报:制度变迁与路径选择》,《南京大学学报》(哲学·人文科学·社会科学)2013年第1期,第69页。

与期刊数据库的谈判与合作，改变其建库和传播模式，新创立的数字化专业期刊在期刊网上整体呈现，既可检索，也可全本阅读，从而加深读者对期刊的印象和归属感。显然，如何实现专业化、数字化和集约化以及建构高校学术期刊体系，如何因应期刊体制改革是这一方案设计的重点。这一方案得到了入选教育部"名刊工程"多家综合性学报的认可，2011 年 3 月，由其中的 17 家学报联合创办的"中国高校系列专业期刊"共 10 种在中国知网以开放获取方式正式上线。①

3. "中国高校系列专业期刊"的意义

"中国高校系列专业期刊"第一个关键词是专业化，应对的是学报多学科拼盘的困境。专业化转型，"实际上并非单个学报所面临的抉择，而是一个结构性、宏观性的问题。因此，在学报改革全局中，'综合性与专业化'处于牵一发而动全身的枢机位置"。② 关于学术期刊专业化，学术界曾一再呼吁，学报界和管理部门也都有一定的共识，但以往都是将专业化转型建立在个刊的基础上，所以无法找到可行路径。"中国高校系列专业期刊"则另辟蹊径，通过共建共有聚合平台的形式完成集体的专业化转型。

"中国高校系列专业期刊"第二个关键词是集约化，应对的是学报的封闭办刊和门户壁垒问题。平台建设必定是一个集约化的过程，"集约化的要义在于对有限资源的整合和充分利用以获取最大的效益，而并不一定要把分散在各校的编辑部整合到某一高校或企业实体中去，现代化的资讯条件完全可以做到不受行政区划和管属限制的异地整合"。共建的数字化系列专业期刊"是高校的，却不再专属于某一校，故而是开放的"；以此为纽带，"名校之间的门户之见虽不能彻底破解，但名刊学报之间的壁垒可望就此拆除，名刊背后的名校的群体优势即可尽显"。③

"中国高校系列专业期刊"第三个关键词是数字化，应对的是学报的传播和发展困境。"专业化和集约化是历史遗留给学报的特殊问题，而数字化是所有期刊甚至整个出版业面对的共同趋势；专业化和集约化是有可能通过

---

① "中国高校系列专业期刊"的网址为：http://www.sju.cnki.net/sju/default.aspx。
② 桑海：《"视差之见"与跨越性反思——近期高校社科学报改革讨论述评》，《文史哲》2013 年第 2 期，第 151 页。
③ 朱剑：《高校学报的专业化转型与集约化、数字化发展——以教育部名刊工程建设为中心》，《清华大学学报》（哲学社会科学版）2010 年第 5 期，第 26 页。

改革解决的阶段性问题，而数字化的挑战是长期的、严峻的。"① "中国高校系列专业期刊"方案的最终落实，就在于数字化。离开了数字化的支撑，一切都无从谈起。

概括地说，"中国高校系列专业期刊"的改革思路就是"两分开"的办法。首先，将纸质学术期刊与数字化学术期刊分开。对于数字化而言，学术期刊基本上还是"一张白纸"，很少羁绊，可以通过顶层设计与底层设计的呼应，从容构建合理的数字化学术期刊体系。与此同时，原有的纸质期刊也可以继续存在。其次，是将学术期刊编辑与出版发行分开。编研一体既是学术期刊的优秀传统，也是期刊学术生命力的源泉，编辑应该继续留在高校和科研单位中，而出版发行则可交给大型出版集团或数字化网站。② "两分开"是一条既尊重历史和传统，又切合高校实际、满足学术发展需要的改革路径。

"中国高校系列专业期刊"是在期刊体制改革前夜来自底层的一个设计，其实践探索彰显出了诱致性制度变迁的意义。"这次制度变迁的动因，表面看是源于大学学报主编们对未来发展的深层次的危机感；但从本质上，它仍然是出于各位主编对自己生存利益的一次理性算计。因为，任何制度变迁本质上都是理性选择的结果。"③ 正因为出于理性，所以必定从现实出发，"不管最终会采取怎样的办法来实现学术期刊体制的改革，有一点是无法改变的，那就是必须将改革前体制中的人纳入改革后的新体制中去。采取不同的方法，对他们也就有不同的定位。如果新的学术期刊体系以另起炉灶的方式来建构，他们就是新体系必须甩掉的包袱；如果通过整合现有的学术期刊来构建，那他们就是新体系可以倚重的对象。显然，完全采用前一种方式，改革会十分简单，但却是不现实的；而采取后一种方式，改革会非常复杂，最根本的难题是：在不抛弃现有学术期刊的前提下，通过什么样的路径来实

---

① 桑海：《"视差之见"与跨越性反思——近期高校社科学报改革讨论述评》，《文史哲》2013年第2期，第160页。
② 仲伟民、朱剑：《中国高校学报传统析论——兼论高校学报体制改革的目标与路径》，《清华大学学报》（哲学社会科学版）2012年第5期，第33～34页。
③ 叶娟丽：《中国大学学报：制度变迁与路径选择》，《南京大学学报》（哲学·人文科学·社会科学）2013年第1期，第70页。

现学术期刊的规模化、集约化和专业化,以达到构建合理期刊体系的目标?"① 而这个"算计"的可贵之处恰恰在于它要证明,除了盲目"转企"以外还有着整合现有资源、面向学术市场、担当传播主体的更为稳妥、更为可行的路径。

在此,笔者要再次强调"中国高校系列专业期刊"创办的时间节点:2011 年 3 月;在这个时间点,关于报刊体制改革的顶层设计尚在酝酿之中。可惜的是,"中国高校系列专业期刊"的模式和"两分开"的理念并未被顶层设计所接纳。

(二) 顶层设计 "1.0 版":"市场化"与"转企改制"

1. 顶层设计 "1.0 版"之《关于深化非时政类报刊出版单位体制改革的意见》

作为国家文化体制改革的重要组成部分,报刊体制改革在正式启动前,已进行了声势不小的舆论准备。但改革的真正启动则在 2011 年 5 月,中共中央办公厅、国务院办公厅《关于深化非时政类报刊出版单位体制改革的意见》(以下简称"《意见》")的发布,《意见》可谓对报刊体制改革的顶层设计。

《意见》首先阐述了改革的必要性和紧迫性:"非时政类报刊出版单位的现行体制制约了报刊出版业发展,存在数量过多、规模过小、资源分散、结构不合理、市场竞争力弱等突出问题……迫切需要深化改革。"② 可见,在对包括学术期刊在内的非时政类报刊的现状评估和改革的必要性方面,顶层与业界有着一定的共识,但在问题的根源方面,两者的看法却不尽相同,即使同时指向体制,所指也各有侧重,这从《意见》接下来阐述的体制改革的原则和目标可以清楚地看出来。《意见》指出,改革就是在"行政推动"的同时,引入"市场运作",实现"资源重组、结构调整,提高产业集中度"。在这一原则指导下的目标任务是:"分期分批按照规范的程序转制,在清产核资的基础上,核销事业编制,注销事业单位法人,进行企业工商登

---

① 朱剑:《我国学术期刊的现状与发展趋势——兼论学术期刊改革的目标与路径》,《传媒》2011 年第 10 期,第 10 页。
② 中共中央办公厅、国务院办公厅:《关于深化非时政类报刊出版单位体制改革的意见》(2011 年 5 月 17 日),中办发 [2011] 19 号。

记注册。"① 简单地说,就是"分期分批按照规范程序完成非时政类报刊出版单位的转企改制,使其成为能独立承担社会法律责任的市场主体"。② 显然,顶层认为问题的原因是体制没有赋予报刊以市场主体的身份,因此,寄希望于通过改革获得市场主体身份后的报刊能够自觉根据市场的需要,完成资源重组和结构调整,从而做大做强。然而,业界特别是学术期刊界却不这样认为,他们将问题的根源指向期刊管理体制,认为《意见》设计的"路线图",针对的只能是大众报刊,而不是"小众"的学术期刊。《意见》似乎也给人以对学术期刊将另眼看待的错觉,它特别规定,对于"科研部门和高等学校主管主办的非独立法人科技期刊、学术期刊编辑部,另行制定具体改革办法"。③

2. 顶层设计"1.0版"之《关于报刊编辑部体制改革的实施办法》

2012年7月,"另行办法"终于出台,新闻出版总署发布了《关于报刊编辑部体制改革的实施办法》(以下简称"《实施办法》"),其中,关于学术期刊的体制改革是这样规定的:"原则上不再保留科技期刊和学术期刊编辑部体制……对于高等学校主管主办的学报编辑部,并入本校新闻出版传媒企业;对于本校没有新闻出版传媒企业但具备建立期刊出版企业条件的学报编辑部,经新闻出版总署批准,可转为期刊出版企业;对于本校没有新闻出版传媒企业且不能转为期刊出版企业的学报编辑部,经新闻出版总署批准,以相同相近的专业和学科为基础,并入其他新闻出版传媒企业或专业性期刊出版传媒集团公司。"④ 显然,这个《实施办法》并没有对学术期刊另眼看待,与非学术类报刊并没有什么不同,只是将办法更细化了而已。按照这个"路线图",绝大多数学术期刊和高校学报都将"转企"。

3. 底层回应:业界的分析与批评

在《意见》发布前,学术期刊界对必将到来的期刊体制改革就已展开

---

① 中共中央办公厅、国务院办公厅:《关于深化非时政类报刊出版单位体制改革的意见》(2011年5月17日),中办发[2011]19号。
② 吴娜:《非时政类报刊出版单位体制改革攻坚号角已吹响——柳斌杰接受专访介绍非时政类报刊出版单位体制改革的热点问题》,http://www.gapp.gov.cn/cms/html/21/1006/201108/721385.html。
③ 中共中央办公厅、国务院办公厅:《关于深化非时政类报刊出版单位体制改革的意见》(2011年5月17日),中办发[2011]19号。
④ 新闻出版总署:《关于报刊编辑部体制改革的实施办法》(2012年7月30日),http://www.gapp.gov.cn/news/1303/87163.shtml。

了热烈讨论。鉴于当时正在推进的出版社体制改革的市场化和"转企"路径，学术期刊是否要走同样的改革之路成为讨论中的重要问题。对此，赞同者有之，反对者亦有之。赞同改革者往往来自那些已主动进行市场化转型的期刊，主要是极少数行业性的科技期刊。这些期刊在本行业中培养了大量的固定读者，具有良好的市场前景。对于坚定的反对改革者而言，在学术传播的传统秩序之下，学术期刊尽管要承受来自体制的压力与束缚，但同时又受到体制的保护，是现行体制下的既得利益者，他们坚持认为学术期刊的现状是完全合理的，高校学报的业绩是辉煌的，体制改革是没有必要的。他们更愿意通过对传统传播秩序的守护来维持自己的既得利益，对于试图改变学术期刊现状的任何尝试都予以强烈反对。

业界中的多数人并不否认学术期刊特别是高校学报已陷入体制性和结构性的困境之中，并且明确意识到改革是势在必行和不可避免的。这其中还包括一个特殊的群体，对于体制改革，他们是理性的支持者，"在当下出版体制改革和文化体制改革不断深入的背景下，高校人文社科学报要讨论的其实不是需不需要改革，而是如何深化改革，包括改革的方向与重点、总体发展目标、优势与不足，以及高校人文社科学报与期刊市场关系、高校人文社科学报准入与退出机制的建立等，这些问题值得我们持续深入地去思考。"[①]同时，他们又是理性的质疑者。他们强调，需要通过改革解决的问题，其根源在于僵化的期刊体制，特别是管理体制，如果进行体制改革，首先应进行管理体制的改革，单纯地改变期刊人的身份，由"事业"转为"企业"不可解决管理体制造成的问题。"不管哪一类高校学术期刊，其体制改革都决非转企与否那样简单……在布局和结构问题没有得到合理解决之前，盲目地启动'转企'必定使高校期刊陷入混乱。因此，体制改革的目标首先应该设定为通过对布局和结构的调整，建立起科学合理的高校社科期刊体系，这才是问题的关键。至于什么样的手段最合适，应该放在这个目标下来考量。"[②]

既然《意见》已经规定了对学术期刊"另行制定具体改革办法"，因此

[①] 姚申：《多元化发展：中国高校人文社会科学学报的改革路径》，《澳门理工学报》2012年第3期，第131页。

[②] 朱剑：《也谈社科学报的现状与改革切入点——答尹玉吉先生》，《清华大学学报》（哲学社会科学版）2011年第4期，第155页。

业界中的大多数人都寄希望于这个"另行办法"能从改革的目标、任务到路径、方法都能有为学术期刊量身打造的更切实可行的方案。但是，几乎所有人都忽略了一个细节，即"另行制定具体改革办法"这段文字是出现在《意见》的第三部分"非时政类报刊出版单位体制改革的实施办法"中，所谓"另行"指的其实只是"转企"的具体"实施办法"，这就意味着让学术期刊成为一般的"市场主体"这一"目标任务"不会有何不同。

正是因为对这一细节的忽略，在总署《实施办法》发布后，学术期刊界最初的普遍情绪是震惊、不解和失望，继之而起的是对这个文件的公开批评。虽然部分批评不免有些情绪化，但理性的声音还是主要的。木星对这场声势浩大的"多角度、全方位、立体式"批评的内容有一个全景式的描述。首先，"《办法》存在的纰漏"：一是"不合法理，与前期政策法规抵触"；二是"与文化强国的基本精神背道而驰，是对学术的戕害"；三是"逼迫学报'转企改制'，是将手段代替了目标"；四是"给学报的三条出路都是死路"；五是"无视学报编辑的职业生涯"；六是"无法逾越部门间的行政壁垒"；七是"脱离中国实际"。其次，"《办法》实施后可能产生的影响"：一是"让学术期刊编辑心寒"；二是"大批高校科技期刊遭受毁灭性打击"；三是"对学术事业公益基础的摧毁"；四是"学术出版垄断化、收费化"；五是"加剧学术不端行为"。再次，"《办法》实施后可能出现的问题"：一是"期刊质量评价机构主宰学报的生存环境"；二是"学术期刊与网络数据库之间展开经济利益博弈"；三是"学报格局的改变有利于学术资源的优化配置"；四是"版面费由潜规则成为显规则"；五是"社会需要的普通期刊可能消亡"；六是"高素质的编辑出版人员流失"；七是"对于处于'鸡肋'地位的期刊而言也许是好事"。[①] 除了"有利于资源优化配置"以外，几乎全是负面评价。一个中央部委文件发布后立即遭到如此激烈的公开批评，在学术期刊史上是绝无仅有的。

批评虽是多角度、全方位、立体式的，但焦点都在"转企改制"。"大多数期刊人对于变革虽有一定的预期，但并没有真正做好心理准备，更缺乏成熟的应对策略……当由政府权力部门发动的变革真正到来之时，特别是当

---

① 木星：《学术期刊体制改革背景下的〈办法〉热议述要》，《山西广播电视大学学报》2013年第3期，第80~84页。

《实施办法》破灭了体制改革会对学术期刊网开一面的幻想之后,管理部门与业界的分歧便清晰地表露了出来……无论是抵制、反对,还是怀疑、忧虑,其最初的冲动都是缘于对自身利益的考量……但从长远看,期刊人的利益是与期刊的前途紧紧地联系在一起的,如果改革确实能带来学术期刊的大发展,那么,改革不仅是必要的,而且,期刊人只要应对正确,就应该能通过改革获得更大的利益。"[1] 因此,追求最大的公约数成为学术期刊界应对顶层设计的明智选择,这就是对期刊体制改革必要性和大方向的肯定,在这一基础上,提出和坚持自己的改革设想,特别是具体目标和路径设计。其实,改革开放30余年中的许多强制性改革方略出台时几乎都遭遇过改革对象的反对和抵制,但大多没能阻挡改革的进程,关键的原因在于反对者没有提出更为合理和可行的改革方案。与此同时,一些在中央强制性改革方略出台前来自改革对象自发的诱致性改革往往容易获得顶层设计的吸纳,从而与顶层设计融合,在改革对象获得了可能的利益保护的同时,也取得了改革的成功。在学术期刊界,"中国高校系列专业期刊"正是这样的诱致性改革。尽管最初的顶层设计没有接纳底层设计所指出和实践的路径,但底层并未因此而放弃自己的探索,不仅如此,在《实施办法》发布后,更多的人看到了"中国高校系列专业期刊"所昭示路径的可行性,其加盟期刊由最初的17家几经扩容,已发展到现在的120余家,一级学科系列专业期刊也由最初的10种扩展为12种,并且成功开辟了由7种专题期刊组成的"专题系列"。中国学术期刊改革的底层设计仍然顽强地在坚持着自己的选择。

二 重建传播秩序的两个维度

自2011年"中国高校系列专业期刊"的创办和"中央两办"发布《意见》正式启动非时政类报刊体制改革,特别是新闻出版总署《实施办法》出台以后,顶层设计与底层设计表现出了很大分歧,"这有点像两个要征服一座山的人,都认为自己选择的路是捷径,却无法说服彼此,这个时候明智的选择,或许是分别沿着自己的路向上攀爬,不管谁先爬到山顶,他们都是胜利者……看起来,这是一幅令人满意的和谐图景,然而这种'视差之见'

---

[1] 朱剑:《变革年代学术期刊的数字化生存》,《澳门理工学报》2013年第2期,第104~105页。

也许只是一厢情愿，因为和你一起登山的这个人，很可能不允许你尝试按你选择的道路攀爬，而强行命令你去走他认为是正确的道路。一旦这种情况发生，上述'视差之见'的意义也就全然失去了。因为，若多元性被一元性所压制，你根本无法作出选择、进行创造，即便是再独特的视野和跨越性的反思又能怎么样呢?"[1] 当我们回顾2011年7月后几年的改革历程时可以看到，顶层设计虽然没有吸纳底层设计的方案，但并没有阻止底层继续进行探索性的尝试，学术期刊特别是高校学报自发的转型尝试与自上而下的体制改革基本在两个维度进行。

（一）启动后的改革：两个维度，两种顿挫

先看顶层设计的实施情况。《实施办法》自发布以来，迄今并未有实质性进展。顶层设计为何不利用其所具有的强制性来强力推行自己的改革方案呢？或者说，为何不让所有的学术期刊都别无选择地走上"转企"这条唯一的改革之路呢？这固然是因为作为改革对象的学术期刊界有理有据的批评和积极或消极的抵制，更因为作为顶层设计的《实施办法》本身的不完备而缺失了可操作性。

只需看一下高校人文社会科学学报的具体情况就可明白《实施办法》规定的"路线图"之不切实际。1300余种学报，分布在1000余家高校之中，各刊的历史迥异，主办学校的科研实力悬殊，岂是"一刀切"地"转企"就可毕其功于一役的？根据《实施办法》的规定，能够并入出版企业或本校期刊整体"转企"的能有几家？如果要强行推动，三分之二以上学报的结局将毫无悬念——必然是退出，将三分之二甚至更多的学报"逼入死路"，将其编辑逐出本行业，而即使勉强留下的学报也必然遭遇以下窘境：一是学术期刊将与学术研究母体彻底分离，必将成为无源之水，无本之木。二是人才流失无法避免，近年来学报推进编研一体化，使许多著名学者加入学术期刊编辑队伍，"转企"必定使他们选择离开期刊而回归科研队伍，这可能使学术期刊从此一蹶不振。三是高校期刊的门户壁垒无法打破，大型学术期刊集团并不能因转企而自然形成。四是市场化后得不到足够资助

---

[1] 桑海：《"视差之见"与跨越性反思——近期高校社科学报改革讨论述评》，《文史哲》2013年第2期，第162页。

的期刊只能靠收费维持，提高学术质量只能是空想，市场混乱倒是可以想见的。五是与学术界对学术期刊的期望完全背道而驰，必然引起学术界的强烈反弹。如果说，三分之二以上的学报和编辑的退出是改革必须付出的代价，那么，生存下来的学报之处境理应远胜过改革之前，但可以预期的结果恐怕正好相反，改革的结果与改革的目的已完全背离，改革的合理性又如何体现？这样的改革有何意义？显然，按照这个"路线图"，我们无法攀上山顶。

再看底层设计的实施情况。高校学报转型进展也不顺利。如前所述，学报转型与体制改革必然是交织在一起的，转型的任何进展，都离不开体制的支撑。"中国高校系列专业期刊"方案的设计就是以期刊体制改革的必然到来为前提的，对管理体制改革充满期待。鉴于主管主办制度不会改变，能否获得学术新媒体主体身份对于"中国高校系列专业期刊"的生存和发展可谓至关重要，故从创办之初就希望得到体制的明确认可。然而，由于体制改革未能如期进行，时至今日，数字学术期刊刊号仍未发放，甚至连什么样的主体有资格主办数字学术期刊都没有明确，而没有主体身份，又何以能完成专业化、集约化、数字化的转型？因此，纵然没有发生禁止底层实践探索这样的事，但是缺乏顶层设计支持的底层设计也只能徘徊于半山腰。这是顶层设计与底层设计之间只有目标共识而缺乏路径共识的必然结果。

虽然体制改革止步不前，但技术发展却没有停歇。如果说2011年"中央两办"发布《意见》时，学术期刊的突出问题是"数量过多、规模过小、资源分散、结构不合理、市场竞争力弱"，那么，自那时以来，随着数字化、体系化、集团化的国际学术期刊的大规模进入，开放获取运动的全面展开，新的办刊主体的跃跃欲试，移动互联网和手持终端的迅速普及，不仅使原来突出的问题更加突出，而且，更为严峻的问题又摆到了我们面前，那就是纸本时代的"刊"与互联网时代的"网"之间的张力正在不断扩大，学术传播传统秩序已危机四伏。今天维系"刊"与"网"的张力不致破裂的唯一制衡力量就是期刊体制。但是，面对这种种新老问题，体制已尽显疲态：高校和科研单位的SCI、SSCI和A&HCI崇拜，优秀学术论文的大量外流；著名高校无法创办研究需要的期刊，只得出人、出力、出钱创办本该属于中国却被迫将版权奉送给国际出版集团的"国际学术期刊"，或者创办不被体制认可的"以书代刊"的"非法期刊"——学术集刊；新的传播技术早已介入学术传播，但拥有独立信息源的学术新媒体却迟迟不能问世，诸如此类的不正常现象层出不穷,而这一切均与期刊体制的滞后有关。具体说来,就是准入和退出机制的极不合理:对于传统纸本期刊,准入难,退出也难;对于学术新媒体,准入、退出标准和程序一概付诸阙如。显然,体制改革的搁置并不能阻挡危机的到来,只会让危机变得更加深刻。

当我们审视纸本学术期刊中心地位还能维持多久时,大众传媒可为之借鉴。"当前,网络和数字技术裂变式发展,带来媒体格局的深刻调整和舆论生态的重大变化,新兴媒体发展之快、覆盖之广超乎想象,对传统媒体带来很大冲击……可以说,传统媒体已经到了一个革新图存的重要关口。"[1] 显然,仅给予传统媒体市场主体身份已难以应对互联网时代的严峻挑战,必须上升到国家媒体战略的高度加以应对。正是在这一背景下,在"中央两办"2011 年《意见》发布 3 年多后的 2014 年,关于媒体改革和发展战略的新的顶层设计出台了。

(二) 顶层设计 "2.0 版":传统媒体和新兴媒体融合发展

1. 顶层设计 "2.0 版" 之《关于推动传统媒体和新兴媒体融合发展的指导意见》

2014 年 8 月 18 日,中央全面深化改革领导小组第四次会议审议通过了《关于推动传统媒体和新兴媒体融合发展的指导意见》(以下简称"《指导意见》"),《指导意见》对新形势下如何推动媒体融合发展提出了明确要求,做出了具体部署,堪称迄今为止关于报刊改革规格最高的顶层设计。《指导意见》指出,"整合新闻媒体资源,推动传统媒体和新兴媒体融合发展,是落实中央全面深化改革部署、推进宣传文化领域改革创新的一项重要任务,是适应媒体格局深刻变化、提升主流媒体传播力公信力影响力和舆论引导能力的重要举措。"[2] 可见,"媒体融合的改革路径已经清晰"。[3] 在《指导意见》中,遵循新兴媒体发展规律、强化互联网思维的观念得到凸显。尤其

---

[1] 刘奇葆:《加快推动传统媒体和新兴媒体融合发展》,人民网,http://politics.people.com.cn/n/2014/0423/c1001 - 24930310.html。

[2] 《〈关于推动传统媒体和新兴媒体融合发展的指导意见〉全文概要》,http://politics.chinaso.com/detail/20141215/1000200032729061418612072662673151_1.html。

[3] 付长超:《改革路线图敲定 主流媒体迎来新纪元》,人民网,http://henan.people.com.cn/n/2014/0820/c351638 - 22042847.html。

值得注意的是,《指导意见》把对技术的重视提升到了前所未有的高度,媒体融合已不仅是简单的不同媒介之间的共存,而是内容、渠道、平台、经营和管理各方面的全面融合。应该说,这是继"中央两办"2011年《意见》之后,对媒体改革的再启动。我们只需将两个"意见"做一简单对比就可以看到,在对传媒存在的问题、改革的必要性和紧迫性的阐述,以及对改革目标、改革手段等诸方面的设定,两者最根本的不同是,2011年的《意见》还停留在纸本时代,纠结于媒体的身份问题,所有的改革措施都是指向单个的纸质媒体(报刊),尽管也提到了数字化,但数字化基本定位还在于纸本的副产品,新闻出版总署的《实施办法》尚未将互联网时代给予传统媒体的冲击以及新媒体的新样态考虑在内。其实,在互联网时代,任何以纸本刊、单个刊为目标的发展规划都注定是落后于时代的,任何以纸本刊、单个刊为目标的改革措施也注定是没有前瞻性的。《指导意见》则完全立足于互联网时代提出问题,并指明解决问题的路径唯有媒体融合。

当然,不免有人会指出,《指导意见》所针对的并非学术传播,而是大众传播,特别是新闻传播。的确如此。虽然从传播的角度来看,大众传播与学术传播除了传播内容有别外,并没有本质的不同,但所遭遇的危机的表现却不相同。大众传播遭遇的危机主要表现在公信力和权威性受到了严峻挑战,大量受众流失。这种格局在学术传播领域似乎并不存在,虽然同样是越来越多的人通过互联网搜集和阅读学术论文,但这些论文几乎都来自传统纸本学术期刊,严格意义上的具有独立信息源的学术新媒体并不存在,纸本学术期刊仍控制着学术信息源。这种控制实得益于期刊体制、科研体制和学术评价机制。其实,体制也曾赋予传统主流媒体对信息源的控制权,新媒体正是依靠新技术打破了这种控制,才使得传统媒体危机显现。而在学术传播领域,大众传播所曾经历的一切正在被复制,科研体制和学术评价机制的改革也终将进行,传统纸本学术期刊要想长期控制信息源已无可能。"要消除'刊'与'网'的张力,最好的办法就在于培育起更适应'网'的数字新媒体,而媒体融合可以为新媒体创造宽松的生存环境……因此,媒体融合发展之于学术传播同样具有战略意义。"[1]

---

[1] 朱剑:《学术新媒体:缘何难以脱颖而出?——兼及学术传播领域媒体融合发展》,《北京交通大学学报》(社会科学版)2015年第4期,第16页。

2. 顶层设计"2.0 版"之《关于推动传统出版和新兴出版融合发展的指导意见》

2015 年 3 月 31 日,新闻出版广电总局和财政部联合发布了《关于推动传统出版和新兴出版融合发展的指导意见》(以下简称"《出版融合指导意见》")。中央全面深化改革领导小组《指导意见》是针对新闻、出版、电视、广播、网络等所有媒体的,而总局和财政部的《出版融合指导意见》则是专门就出版业发布的,其总体精神与前者一致,在具体方案上则更加细化,共规定了六个方面的重要任务,其中与期刊关系最密切的主要是"创新内容生产和服务"、"加强重点平台建设"[①]这两个方面。不难发现,《出版融合指导意见》也已将期刊改革上升到国家媒体战略的高度,所要进行的改革不再局限于出版单位的性质或身份,或者说不再是以单个媒体为中心的改革,而是涉及了出版的全方位、全流程,其中,国家级平台建设取代了单个媒体的改革而成为战略核心。值得重点关注的还有该文件关于"加强相关法律法规修制工作"的承诺。我们知道,重建传播秩序的核心是制度建设,而该文件规定,将制定"网络出版等新兴出版主体资格和准入条件"、"加强信息网络传播权行政保护指导意见"等制度性的法规,这应该引起学术期刊界的重视,因为它们与学术新媒体的诞生直接相关。可以预见的是,这些法律法规和部门规章如果能合理地制定并及时出台,不仅能使期刊体制不再成为学术新媒体"出生"的障碍,而且还能"催生"学术新媒体。那么,坚守纸媒的学术期刊还能独立存活多久?可见,融合各类学术媒体的数字化聚合平台的建设已刻不容缓。

3. 顶层设计"2.0 版"之《关于进一步加强和改进高校出版工作的意见》

如果说,新闻出版广电总局与财政部的《指导意见》是针对整个国家出版业的,那么,2015 年 2 月,教育部、新闻出版广电总局联合发布的《关于进一步加强和改进高校出版工作的意见》(以下简称"《高校出版工作的意见》")则是专门针对高校学术出版的,而该文件的第二部分"着力促进高校出版工作改革发展"则是教育部与新闻出版广电总局首次就高校学术期刊改革问题联合阐明立场,宣告了在高校学术期刊改革问题上,最高行

[①] 新闻出版广电总局、财政部:《关于推动传统出版和新兴出版融合发展的指导意见》,新广发〔2015〕32 号。

政主管和业务主管部门的意见已经一致，故其相关表述可以视为教育部与总局关于高校学术期刊改革最新的顶层设计。

《高校出版工作的意见》对于高校学术期刊改革有着不同于以往的设计。首先，关于高校学术期刊的体制改革："推动符合高校实际的期刊编辑部体制改革和机制创新，探索建立期刊编辑部分散组稿审稿、出版企业统一出版发行的运营模式。"其次，关于媒体融合，"高校应支持和推动出版单位以先进技术为支撑，以内容建设为根本，努力实现传统出版与新兴出版优势互补、一体发展。支持出版单位利用数字技术改造传统出版方式，推进管理过程数字化、内容生产数字化、产品形态数字化和传播途径网络化，推动从单一产品形态向多媒体、复合出版产品形态，从产品提供商向内容服务提供商的转型升级。依托优质学术资源或优势出版平台，构建统一的学术期刊数字化平台，推动学术期刊数字化升级"。再次，关于高校学术期刊的特色发展与集约化、专业化转型："鼓励高校出版走特色发展道路……鼓励同类型、同地区的出版单位开展联盟合作，共享出版资源和渠道资源，形成富有活力和竞争力的优势出版群。要引导中小出版单位根据自身特点，科学合理定位，明确主攻方向，走适合自身发展的'专、精、特、新'发展道路。鼓励高校综合性学报向专业性学术期刊转型。"[①]

如果我们将《高校出版工作的意见》与2012年总署《实施办法》做一对比，即可看到，前者不仅是对以"转企改制"为高校学术期刊改革唯一路径的重大修正，而且在媒体融合、技术支撑、内容建设、平台建设、数字化升级、专业化转型、特色化发展等多方面阐述了一系列改革创新的理念，对高校学术期刊未来的发展方向和路径做出了原则性的部署，而且，基于这一系列理念和部署，期刊体制改革与数字化转型终于结合在一起，故在一定程度上具有了高校学术期刊发展战略的意义。同时，我们亦不难看到，上述一系列改革创新理念正是来自对底层设计的吸纳，这些理念均是"中国高校系列专业期刊"设计之初即已明确提出的。

---

① 教育部、新闻出版广电总局：《关于进一步加强和改进高校出版工作的意见》，教社科[2015] 1号。

笔者曾言:"学术期刊体制改革与数字化转型这两场都具有划时代意义的变革能否无缝地对接在一起,决策者的顶层设计与业界的底层设计能否完美地结合起来,将在很大程度上决定体制改革和数字化转型能否获得成功,集约化、规模化发展能否实现。"[1]《高校出版工作的意见》无疑昭示了顶层设计与底层设计在目标与路径两方面的共识正在形成,因此,我们有理由期待期刊改革和转型能取得实质性的进展,并在此基础上重建互联网时代的学术传播秩序。

(三)底层设计"2.0版":专域平台的构想

虽然改革的共识正在逐步形成,但从共识到行动再到愿景的实现,仍有漫长的路要走。在这里,我们将重点讨论高校学术期刊特别是综合性学报的未来发展战略。

1. 不可错过的窗口期

自中央全面深化改革领导小组《指导意见》发布以来,大众传播领域媒体融合发展已有了一定的进展,与之相比,高校学术期刊尚未见明显起色,其中一个很重要的原因在于,媒体融合的前提是新媒体的存在,然而在学术传播领域,严格意义上的学术新媒体还不成气候,甚至还不存在,按照媒体融合的一般思路,融合根本无法着手进行。那么,是否坐等由其他办刊主体获得体制的许可创办了学术新媒体,然后再与之融合呢?这样的做法不免刻舟求剑。主流新闻媒体正是因为低估和忽视了新媒体对受众的影响力才出现了今天必须面对的危机,媒体融合对主流媒体而言,是一种亡羊补牢,这个教训可谓深刻。

在学术期刊体制改革终将进行的大前提下,传统学术期刊独享体制保护从而得以维持"中心"地位的局面将难以为继,具有独立信息源的学术新媒体的问世已是不可阻挡的趋势。但也正是因为体制改革虽已启动,尚未有真正进展,还没有其他主体获得准入资格,学术期刊还拥有一个十分难得的基本独占学术信息源的窗口期。因此,最明智的选择无过于利用好这个窗口期,主动开发学术新媒体,让媒体融合与新媒体成长同步进行。在这方面,

---

[1] 朱剑:《变革年代学术期刊的数字化生存》,《澳门理工学报》2013年第2期,第114~115页。

学术期刊应该拥有充分的自信，因为有着其他"新兴出版主体"所不具有的核心优势——对学术信息源近乎垄断的控制。尽管"内容为王"是一个纸本时代的观念，在互联网时代，依靠新技术的新的传播渠道已渐渐显露"王"者之相，仅依内容这张"王牌"，已不能确保在竞争中获胜，但技术是开放而非垄断的，只要有能力、有信心、有资金都可以运用。所以，在开发学术新媒体方面，学术期刊完全可以做到拥有内容和渠道这两张"王牌"，故理应是最合适的主体。

2. 实现对"中国高校系列专业期刊"的超越

早在国家层面的媒体融合战略出台之前，"中国高校系列专业期刊"的创办实际上已揭开了高校学术期刊媒体融合发展之序幕。该系列期刊的创办，正是试图通过创办新媒体来实现自身的转型和学术传播秩序的重建。但是，由于中国学术期刊尤其是高校学报的独特性，几乎没有任何先例可循，而试图解决的却是长期存在、环环相扣的复杂问题，这些问题能否解决以及需要为此付出代价的大小，都是方案设计时必须考虑的因素，加之体制的掣肘，在客观上使得这个方案不可能无懈可击；而在主观上，思维的惯性让我们构建新秩序的尝试总是从复制旧秩序开始。客观困难和思维惯性不可避免地带来了"中国高校系列专业期刊"的某些局限。虽然设计所面对的是互联网时代，但首先要针对的却是纸本时代高校学报的综合性、封闭性、分散性等结构和布局不合理及体系缺失等一系列"体制病"。"尽管'专业化转型'方案已经体现了纸质期刊和数字化期刊'两条腿走路'的思路，但这更像是改革受阻时急中生智的对策，而不是从数字化趋势出发的主动选择，更没有摆脱以纸质刊为中心的纸质思维。"[1] 意识到数字化对学术期刊未来的不可替代的意义与真正摆脱纸本思维而主动运用互联网思维是一个渐进的过程。

除了因缺乏体制的认可而无法获得合法"身份"所带来的一系列困扰之外，"中国高校系列专业期刊"在技术上的局限主要体现在两个方面：一是始终执着于"期"和"刊"。呈现给读者的仍是按期出版的"刊"这种仿纸本期刊的数字化副产品，数字化和互联网传播的优势并没能真正发挥出

---

[1] 桑海：《"视差之见"与跨越性反思——近期高校社科学报改革讨论述评》，《文史哲》2013年第2期，第160页。

来。二是合作没能推进到编辑出版的全流程。合作从困难最小的终端产品组合传播开始，这是明智的选择，尽管设计之初就有逐步过渡到全流程合作的预设，但循序渐进地推向前端程序的难度远远超过了设计时的想象，进展一直不大，这就使得编辑工作的中心无法真正转移到互联网产品上来，独立的学术新媒体也就难以真正生成。

我们无须讳言"中国高校系列专业期刊"的局限。尽管有这样或那样的局限存在，但这样的尝试是有意义的，它是新秩序的诞生必经的孕育阶段。正是通过这样的尝试，让我们找到了突破的方向和途径。诚如桑海所言："只有深入理解新媒介，接受（移动）互联网的思维方式，才能挣脱学术期刊惯性思维的羁绊。"[1] 当我们站在互联网的角度来思考构建学术传播新秩序的问题时，"期"和"刊"这两个最具纸本时代特征的要素恰恰成了我们首先要突破的框框。突破的目的当然是建构，而这个建构，当从传播秩序的关键——传播的基本单元开始。没有稳定的基本单元，就不可能有合理的传播秩序。

首先，必须实现对"刊"的突破。如前所述，"刊"是纸本时代学术传播不可拆解的基本单元，但"单位制"的多学科综合性期刊由于内容和结构的庞杂导致的学科和问题边界的模糊以及本身逻辑性的缺乏，已被期刊数据库轻易地解构了。仅靠装订才将不同学科或问题域的论文合在一起的纸本期刊在不再以纸张为介质的数字和互联网时代被解构是必然的，即使没有期刊数据库，这样的期刊在互联网上也不可能独立存在。因此，多学科综合性期刊已被实践证明不可能成为互联网时代最佳的传播单元。

当然，在西方国家主导的国际学术出版集团的期刊数据库中，"刊"仍然是基本的传播单元之一，之所以如此，是因为其已完成了与学科发展配套的专业（专题）化、数字化刊群的建设，具备了科学的体系化建构。如果中国学术期刊特别是高校学报转型要走与此相同的路径，则必须彻底打破现有的期刊格局，另起炉灶，从开放的而不是"单位制"的专业（专题）期刊群建设开始。不管是从期刊体制还是从学界和期刊界能够承受的变革程度来看，这样近似于"休克疗法"的变革都是难以付诸实施的。所以，我们

---

[1] 桑海：《我们需要什么样的在线学术平台——"中国高校系列专业期刊"之未来构想》，《南京大学学报》（哲学·人文科学·社会科学）2015年第3期，第56页。

才说，中国学术传播新秩序的构建必定会走一条与西方不同的道路。

但是，期刊数据库中那些来自被拆解期刊的单篇论文，也不可能成为学术传播的基本单元。期刊数据库虽然使搜集资料的难度大大下降，但鉴别资料价值的难度却在不断增强。无论用哪种方法进行检索，高价值信息都会受到垃圾信息的干扰。随着平台信息量的快速增长，阅读效率将呈现不断下降的趋势。[①] 期刊数据库的实践已证明以单篇论文为传播单元只能导致传播的无序状态。因此，从中国期刊特别是高校学报的实际情况出发，必须在"刊"与"文"之外，寻找互联网时代学术传播的最佳单元。

其次，必须实现对"期"的突破。周期性出版是纸本时代期刊的基本特征，它的存在主要是受制于印刷出版技术，出版周期的不断缩短正是对周期性出版局限的补救。这种补救做到极致，就是随时可以刷新，而数字技术和互联网技术恰恰可以满足这样的要求。

可见，对"刊"和"期"的突破主要是观念转变，技术已不成问题。

3. 专域：互联网传播单元的脱颖而出

在改革和转型的背景下，互联网时代信息聚合型学术传播平台的意义已毋庸多言，什么才是其基本单元的问题却值得探究。寻找高校学报互联网传播的基本单元必须从实际出发，最大的实际就是：其一，与学术共同体疏离的学报如何重建关系而真正回到学术共同体的中心；其二，如何实现从纸本出版为中心到以互联网出版为中心的过渡？因此，首先要通过平台基本单元的建设在学报与学术共同体、纸本与互联网之间搭建起一座沟通彼此的桥梁。

虽然以"刊"和"文"为基础，都无法构建互联网传播的基本单元，但我们应看到，在纸本时代，多学科综合性学报的内部结构并非简单的单篇论文的叠加，在"文"与"刊"之间，还有一个重要的中间结构层次——专栏。在教育部"名刊工程"启动之后，大多数学报所走的内涵式发展路径，都是以特色专栏为基点的。专栏的意义在于，其所对应的恰恰是学术研究中的学科域或问题域，故对学术研究有着重大意义。相对说来，较有学术影响的专栏，其学科和问题边界都有着比较清晰的设定，论文组合都有着比

[①] 仅以中国知网为例，在 CNKI 平台上，以单篇形式存在的文献规模十分巨大，达到了以亿计的量级："总量 10190 万篇。文献类型包括：学术期刊、博士学位论文、优秀硕士学位论文、工具书、重要会议论文、年鉴、专著、报纸、专利、标准、科技成果、知识元、商业评论数据库、古籍等。"（参见中国知网网站，http://www.cnki.net/indexv1.htm）

较严谨的逻辑关系，期刊的特色和风格以及编辑的价值往往首先通过专栏来体现。当然，我们也应该看到，专栏之于综合性学报的作用是有限的，较小的容量、较窄的作者面和有限的编辑力量，使专栏无法脱离期刊而单独存在和传播，不可能建立起独立的形象和品牌，远不足以成为学术共同体的中心，故其影响无法与开放的专业期刊相比。尽管如此，专栏仍是综合性学术期刊编辑工作的中心。这就启示我们，专栏是纸本时代综合性学术期刊最有价值的"遗产"，如果能通过技术手段，让专栏加大容量、拓宽视野、强化编辑实力、打破校域界限、扩大作者队伍、加强与学术共同体的联系，并且赋予其独立的形象和品牌，那么，改造后的专栏就完全有可能回归学术共同体。当然，以纸本为中心，这一切都无法现实。但当我们再来观照互联网时代的聚合平台时就会发现，如果能编制出这样的专栏，聚合平台恰恰可以为其独立存在和传播提供所需要的技术支撑。问题是，如何让纸本期刊的专栏成为聚合平台上的基本单元？

显然，单一期刊的某个专栏与聚合平台上对应学术共同体的基本单元之间还是有着巨大落差的，作为一个独立的单元，像"中国高校系列专业期刊"那样仅将各刊拟发表的同类文章简单地按专业重组是不够的，因为每个即使学科域和问题域相同或相近并拥有一定的作者群的期刊专栏，也是互相隔绝的，其自然的叠加很难成为学术共同体的中心，只有从策划组稿到编辑出版全流程的融会贯通才能使编辑、期刊和学术共同体成为一个不可拆解的整体。要改变以单篇论文为单元的期刊数据库传播模式，重建互联网传播的基本单元，整合各刊资源的跨校合作是不可或缺的前提，而这正符合集约化、规模化发展的要求。因此，以专栏合作为中心，综合性学报的专业化、集约化和数字化转型就有了核心依托，而且，它完全有可能成为构建桥梁的基础。显然，改造后的专栏在形式、体量、稿源、编辑、制作等各方面已不同于个刊的专栏，故我们将之称为"专域平台"。可见，专域不再是某一刊的专栏，而是共建共有共享的新型平台。由此，我们就找到了互联网时代学术传播的基本单元，通过它，我们可以重建期刊与学术共同体的关系，并实现由纸本出版为中心到互联网出版为中心的转型。

4. 专域平台的意义

对于以综合性期刊或小综合期刊（一级学科期刊）为主体联合构建的信息聚合平台来说，以专域为基本单元的意义在于以下几个方面：第一，专域的学科边界和问题边界最为清晰，可以完美对应学术共同体，是最合适的共同体交流平台。第二，依托专域平台可以实现编辑与学科专家完美结合，专家可以组织学术研究，甚至引领学术研究，故以专域为单元的学术传播最具影响力。第三，专域平台最能体现编辑思想、编辑理念和编辑不可替代的作用。第四，专域平台最能发挥综合性学报的优势，以专域为中心的编辑出版工作能够在纸本期刊和互联网出版之间找到最佳结合点，具有融合发展的持续能力。第五，专域平台也是最佳跨校合作单元。第六，专域也是最适合平台化互联网传播的单元，最有利于即时刷新、互动和私人定制。第七，专域的协作可以完成类似于开放的专业专题期刊群（周期则为随时刷新）的体系，从而成为构建互联网时代学术传播新秩序的基点，办刊主体的同一和对学术信息源的共享最终必将导致传统学术媒体与新媒体的融合发展。

三　通往学术传播新秩序之路

如果说《高校出版工作的意见》在一定程度上已具有了高校学术期刊发展战略的意义，那么，这个意义主要体现在原则性地确立了高校学术期刊发展的方向和路径，但作为一个战略，还远没有成型，进一步的建构和完善至少需要在两个方面同时进行：其一，完善学术期刊体制改革的方略。体制改革的核心应该是管理体制改革，可以预见的是，从顶层设计来看，主管主办制度是不可能改变的，所有的关于新体制的设计都不能脱离这一前提。即使在这一前提下，管理体制改革仍然可有所作为，至少在学术期刊、学术新媒体的准入、退出及日常管理的方法和机制的设计上，可以让改革后的体制能够做到尊重学术研究和学术期刊以及学术新媒体的发展规律，尽可能地满足学术研究的需要，如此，也就可为高校学术期刊的转型和发展、学术传播新秩序的构建和完善提供一个较过去更好的制度基础。其二，新型学术传播平台的构建方案。在主管主办制度不变前提下的学术传播秩序的重建，实际上首先就是要建构一个能够取代纸本时代学术期刊的纵向管理的"底层"与横向传播的"中心"的新基点，因此，战略的落实还在于作为新基点的平台将如何构建。这个平台需要尽可能地集数字化、专业化和集约化于一体，并且通过平台建设重新规约学术媒体与学术共同体的关系，使平台不仅是传播的中心，还是学术共同体的中心。同样可以预见的是，即使管理体制有所改革，这个平台在体制上仍将是外在于学术共同体的，如何通过技术手段让平台实质上回归学术共同体，更是一件充满挑战性的工作。鉴于制度设计更多地属于顶层设计，在此，笔者提出一个关于平台建设的基本构想。

（一）"专域学术在线出版平台"的构想

1."专域学术在线出版平台"的基本构架

我们要构建的是一个联结作者、编者与读者的聚合型平台，暂定名为"超云"。其基本构架见图1。

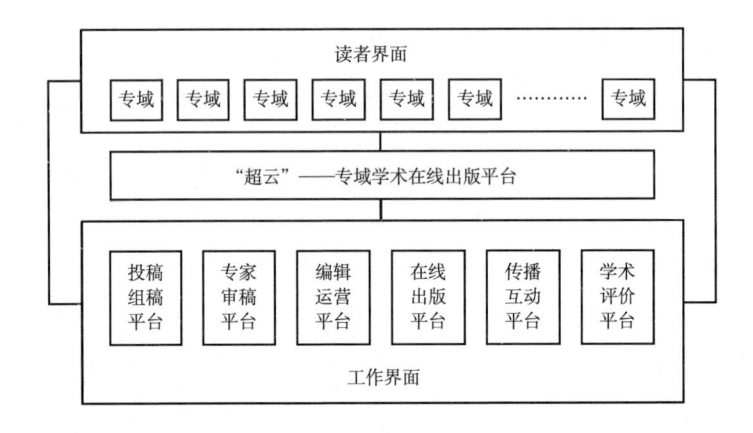

图1 "超云"——专域学术在线出版平台示意图

首先，从阅读界面来看，构成"超云"的基本单元是专域，专域本身就是一个个学科或问题边界清晰的小平台，在理论上，有多少个可以划分的学科和问题域，平台上就可以有多少个专域，供读者任意选择订阅。其次，从工作界面来看，它又由六个子平台所组成。再次，根据功能的不同，各子平台与专域有不同的连接方式。每个专域和子平台均根据需要分别开设有作者、编辑、审稿人和读者的专门入口，实现阅读与工作（如投稿、审稿、评论等）以及作者、编辑、审稿人、读者的互动，从而实现"超云"的各种功能。

2."专域学术在线出版平台"的理念与原则

作为一个以"专域"为基本单元的互联网时代信息聚合型的学术平台，理应执守符合互联网思维的以下理念和原则。（1）开放。开放加入，平台对所有学术期刊开放，亦即对所有作者开放；开放获取，平台传播的信息不设任何条件地对所有读者开放；开放评论，审稿意见与论文同时发表，并开放评论，读者可以对平台所发表的论文和作为发表依据的审稿意见进行即时评论。(2) 互动。作者、编辑、审稿人、读者可以通过开放评论在线对话，实现真正的互动。(3) 协同。加入平台的期刊组建期刊联盟，形成编辑共同体，编辑与学术共同体的协同和编辑间的协同同时展开，从投组稿平台到评价平台，编辑与学术共同体全流程合作，通过协同合作，充分发挥集约化的优势，形成规模化的效应，并使体制上外在于学术共同体的平台实质上回归学术共同体。(4) 质量。建设各专域审稿专家库，通过统一的审稿程序和标准，实行严格的入口端质量控制。(5) 规范。建立平台合作的组织架构以及各项制度和规范。(6) 服务。确立为作者、为读者、为学术共同体服务的理念。(7) 评价。建立学术共同体、编辑、评价机构全面合作的新型评价机制。奉行以上理念和原则的"超云"将是对"中国高校系列专业期刊"的超越和发展。以上理念和原则在"超云"的六个子平台中都有充分的体现。

(二)"超云"六个子平台的基本功能

1. 投稿组稿平台

投稿平台向所有期刊和作者开放。作者一次在线投稿，即可选择已加入平台的所有期刊或指定其中部分期刊，彻底告别一稿多投所引起的问题和诟病，必将极大地提升投稿的效率，建立起作者与期刊互信而紧密的关系。凡被作者选中的期刊以先到先得的原则完成在线初审，有录用意向的期刊可直接送审稿平台专家审稿。专家审稿通过的文章送编辑平台。专家审稿需要退改的文章由送审期刊连同审稿意见退作者修改。作者可随时登录平台查看初审和专家审稿进度。经过一定时间无期刊有录用意向的文章自动退给作者。以专域为依托，期刊可单独亦可联合举办学术活动，并在平台发起组稿和讨论。

2. 专家审稿平台

以专域为单位建设统一的审稿专家库。审稿专家库以开放的形式构建，凡近年内在本专域有重要学术成果的学者进入候选名单，在征得该学者对审稿专家的权利和责任明确同意，即承诺按照统一标准和程序进行公正地审稿后，进入审稿专家库，并由期刊联盟发给统一聘书。稿件由拟录用期刊送审，审稿专家可在线审稿并提供书面审稿意见。不管审稿意见是否有利于作者或发表，送审期刊负责支付不低于最低标准的审稿费。审稿费标准由期刊联盟统一制定。如审稿通过，论文发表时，将连同审稿意见一并发表。审稿专家可选择匿名或实名公布审稿意见。对审稿意见，读者可以在线评论。审稿平台的建立将确保进入平台论文的质量，并对审稿是否公平进行民主监督，并推进研究的深入。

3. 编辑运营平台

编辑平台分为"加盟期刊编辑部（杂志社）工作平台"和"产品运营平台"两部分。前者为每个编辑部提供完整的在线采编系统，包括来稿阅读、作者背景信息、相关文献信息、学术不端检测、提交审稿专家、复审、终审、退稿、在线编辑、自动校对等编辑加工辅助功能。"产品运营平台"则为专域编辑、传播工作提供支持，包括稿件的上线、修改、删除、隐藏、重点推荐、配图、撰写导读、互动评论管理、人工推送管理、网站运营管理等等。每个专域都设置编辑，必要的还可设置学术主持人。

4. 在线出版平台

通过系统自动分析辅以人工干预，设置一系列学科或问题边界清晰的专域。各专域汇集到统一的数字平台，按学科分类，按不同参数分别列序。不再按"刊"的周期出版，随时刷新。专域内的文章新上传列最前，旧文读者可选择按各种参数列序（上传时间、作者姓名、作者单位、主题、关键词、下载量、被引数等），同时开通链接和索引等功能，为读者提供各种阅读和研究所需要的服务项目。在专域平台获得独立出版资格之前，纸本期刊是在线平台能够取得成功的基础和依托。通过纸本期刊与在线平台共享信息源实现以学术期刊为主体的学术媒体融合发展。

5. 传播互动平台

以专域为单元的个性化私人定制，可能是未来期刊的主打形态。其实现途径有两种：一是由用户选择订阅自己感兴趣的专域，组合成独一无二的个人专属期刊；二是利用大数据技术，通过用户偏好分析，由系统生成推荐定制期刊并定向推送。在线平台将通过电子邮件、APP、微信等方式，向用户发送这种经过个性化组合的期刊，学术信息将由此进入学者和学术大众的日常生活。平台产品内容可以同时提供 Windows 版、Mac 版、ipad 版、iphone 版、安卓版，同时开发 APP 软件，同步经营微信公共账号等。通过多屏互动，实现全媒体传播。

6. 学术评价平台

如今学术评价问题突出地表现为简单化、唯量化和"以刊评文"。学术评价应回归学术共同体虽然已成共识，但自律而专业的学术共同体远未形成。缺乏学术民主基础的同行评议难以担负起评价的重任。专域平台的构建将为学术民主建设提供基础，平台的开放性和学者的广泛参与为公正、公平、公开的学术评价创造了条件，有可能形成学科专家、期刊编辑、读者群体、评价机构共同参与的开放的学术评价机制。学者、编辑和读者可从专业、传播和社会影响等不同的角度评价平台所传播的论文；评价机构则可以通过平台抓取更有价值的评价数据为学术评价服务。如此，可望终结"以刊评文"，让论文成为学术评价的直接对象，而同行评议也有望重建公信力。①

目前，高校学报正在行动之中，以"专域"为单元的大型开放互动学术传播平台已呼之欲出，我们将以此来打开通往学术传播新秩序之路。

〔原载《武汉大学学报》（人文科学版）2016年第2期〕

---

① 2015年4月，在《清华大学学报》主办的"首届学术期刊文学编辑论坛暨'中国高校系列专业期刊'《文学学报》研讨会"上，笔者提出了关于"专域平台"的最初设想，5月，在《南开大学学报》主办的"综合性学术期刊数字化传播方式研讨会"上，笔者再次提出这一设想及六个子平台的基本构架方案，此后又与蒋重跃、仲伟民、叶娟丽、崔月琴、原祖杰、洪峻峰、桑海等同仁多次开会讨论这一方案，并在微信平台上与更多的学报同仁共同讨论了这一方案。感谢大家提出的宝贵意见，特别感谢桑海对平台做了具体设计，并以《在线学术平台框架思路》为题，于2015年6月在武汉大学会议上对平台进行了详细讲解，本文对部分子平台的论述参考了桑海这一报告。

学术共同体、学术期刊体制与学术传播秩序

——以媒体更迭时代人文社会科学期刊转型为中心

一 引言：问题的提出

跨入新世纪以来，中国学术期刊面临着两大变革——期刊体制改革和出版技术变革——一直牵动着管理者、期刊人和学术界的心。尽管至今已很少有人怀疑这两场变革的必然性，但是，无论是酝酿多时并于五年前即已自上而下启动的期刊体制改革，还是早在世纪之初就已开始的期刊数字化转型，哪一场变革进展得都不顺利。究其原因，笔者三年前曾在《变革年代学术期刊的数字化生存》一文中，讨论了在面对必然到来的变革之时决策者的不切实际与期刊人的彷徨迷茫：作为报刊体制改革的顶层设计，新闻出版总署声称，"根据中共中央办公厅、国务院办公厅《关于深化非时政类报刊出版单位体制改革的意见》（中办发［2011］19号）精神，依照《出版管理条例》有关规定，结合报刊编辑部的实际情况"[1] 而于2012年制定的《关于报刊编辑部体制改革的实施办法》（以下简称《实施办法》）[2] 中将"转企"这个改革手段之一种当作了目标，舍本求末，不去正面触碰学术期刊亟待解决的专业化、数字化转型和体系化建设问题，指望通过改变期刊人的身份来解决困扰学术期刊已久的"体制病"；作为期刊人，他们最期盼改革

---

[1] 新闻出版总署：《关于报刊编辑部体制改革的实施办法》（2012年7月30日），http://www.gapp.gov.cn/news/1303/87163.shtml。
[2] 需要说明的是，"中央两办" 2011年《意见》并没有指明学术期刊的改革办法，而是规定"科研部门和高等学校主管主办的非独立法人科技期刊、学术期刊编辑部，另行制定具体改革办法"。

的期刊管理体制未见有丝毫松动，纵然想进行专业化、数字化、集约化转型，但未及行动，已四处碰壁，徒唤奈何！自《实施办法》发布已过去了四年，其"转企改制"的改革办法在遭到业界强烈抵制后，已被束之高阁，而学术期刊的转型和体系化建设则举步维艰，难有实质性的进展。因此，笔者指出："学术期刊体制改革与数字化转型这两场都具有划时代意义的变革能否无缝地对接在一起，决策者的顶层设计与业界的底层设计能否完美地结合起来，将在很大程度上决定体制改革和数字化转型能否获得成功，集约化、规模化发展能否实现。"① 显然，顶层设计与底层设计并未能完美地结合，体制改革与数字化转型也没能成功对接。体制依旧，期刊依旧，困境依旧。

然而，技术的进步、市场的发展并没有停止其步伐。如果说，2011年"中央两办"发布《关于深化非时政类报刊出版单位体制改革的意见》时，学术期刊所面临的是该文件所指出的"数量过多、规模过小、资源分散、结构不合理、市场竞争力弱"② 这些因学术期刊体制而造成的问题，那么，"自那时以来，随着数字化、体系化、集团化的国际学术期刊的大规模进入，开放获取运动的全面展开，新的办刊主体的跃跃欲试，移动互联网和手持终端的迅速普及，不仅使原来突出的问题更加突出，而且，更为严峻的问题又摆到了我们面前，那就是纸本时代的'刊'与互联网时代的'网'之间的张力正在不断扩大，学术传播传统秩序已危机四伏"。③ 至此，我们可以清晰地看到，随着互联网时代的到来，新技术的兴起使原有的体制问题成倍地放大了，已从结构性缺陷扩展到了传播的失序。

所谓"学术传播传统秩序"之"传统"，指的是形成于纸本时代的传统。"人类在社会发展过程中创造了多种的传播方式，从口语传播、印刷传播到电子传播再到互联网传播，每种传播方式都有其保证自身顺利运行的传

---

① 朱剑：《变革年代学术期刊的数字化生存》，《澳门理工学报》2013年第2期，第114～115页。
② 中共中央办公厅、国务院办公厅：《关于深化非时政类报刊出版单位体制改革的意见》（2011年5月17日），中办发［2011］19号。
③ 朱剑：《构建互联网时代学术传播的新秩序——以高校学术期刊发展战略为中心》，《武汉大学学报》（人文科学版）2016年第2期，第73页。

播秩序。"① 不管应对的是哪一种传播方式，秩序表示的都是"一种在服从或遵从基础上形成的稳定状态或情势"，"秩序并不是具象的，而是由具象的制度、规则、安排等形成的一系列关系的总和"。② 学术传播并不例外，也有着自己的传播秩序。自从有学术研究以来，学术传播就是其不可或缺的组成部分。纸本时代的学术传播即特指以纸张为介质、以平面印刷为出版技术支撑、以印刷品传输为渠道的学术传播过程。学术共同体和学术出版体制一直是构建学术传播秩序的主角，而构成学术传播秩序主体的是一系列制度。这些制度所规约的是始于学术信息的产生，经过学者研究写作、编辑加工、出版传输，终于读者阅读和学术批评（评价）这样一个从学术信息生产到接受的过程。书、报、刊是纸本时代的主要平面媒体，其传播的内容、介质、方式、制作、渠道、市场、受众等都有一定之规。在学术传播领域，以学术专著为主的图书、以学术信息为主的报纸、以学术论文为主并包含学术评论和学术信息的期刊，基本各司其职，各自按照明文规章或约定俗成的规则相对独立地运行，从而形成了纸本时代学术传播的基本秩序。由于作为最新学术成果主要呈现方式的学术论文在学术传播中有着特殊的重要地位，而在纸本时代，学术论文的公共传播渠道首推学术期刊，所以，围绕学术期刊形成了学术界主动建构或被动认可的学术传播的传统秩序。

历史地看，时代的变革必然带来传播秩序的变革。媒体的发展有其自身规律，一般说来，市场或受众的选择对某一类媒体的兴衰会起到关键作用，推动选择发生变化的往往是技术，一旦某种带有革命性变化的新技术成为传播的主流技术，媒体更迭的时代也就到来了。在纸本时代，期刊是最切合印刷技术的媒体之一。如今，数字技术和互联网技术已成为传播的主流技术，传统的纸本期刊之所以受到了严峻挑战，是因为数字技术和互联网技术取代了印刷技术和相应的实物（期刊）传输渠道，因此而实现的更加便捷地传播和增加的新的功能得到了受众的欢迎。

当僵化的体制遇到了划时代的新技术之时，告别旧秩序、重建新秩序就

---

① 余晓阳、盘石军：《网络论坛传播秩序研究——基于哈耶克自生自发秩序理论的视角》，《东南传播》2012 年第 6 期，第 18 页。
② 杨雪冬：《论作为公共品的秩序》，《中国人民大学学报》2005 年第 6 期，第 71 页。

将是一个极为困难的过程,在这一过程完成之前,传播的失序将难以避免。在我们开始重建学术传播秩序的努力之前,有必要先厘清学术传播秩序之生成与学术共同体、学术期刊体制之关系。

二 学术共同体与学术传播秩序

学术共同体之所以成为构建传播秩序的主角,是因为他们是学术媒体的创办者,或者说,他们正是通过创办学术媒体而成为构建学术传播秩序的主角。因此,要讨论学术共同体与学术传播秩序的关系,就离不开学术媒体这一"中介"。作为当今主要学术媒体的学术期刊首先产生于西方学术界,亦即规约以学术期刊为传媒的学术传播秩序最早出现于西方学术界,而今天的所谓国际学术期刊的主体也是西方学术期刊,所以,我们从西方学术期刊谈起。

1. 学术期刊:因学术交流的需要而产生,并成为学术共同体的中心

学术期刊是学术研究发展到一定阶段的产物,因学术交流的需要而产生。世界上得到公认的最早的学术期刊是1665年诞生于法国的《学者杂志》和英国的《皇家学会哲学会刊》。这两本期刊的创办者当然都来自学术界,其创办的初衷就在于方便学术交流和学术信息的流通,故其基本功能和定位是:传播重要的学术信息和提供学术交流的平台。正是因为这样的定位,学术期刊在学术研究和传播中的作用才越来越得到学者们的重视,诚如原祖杰所指出的,许多著名的学派即因学术期刊而产生,而每一著名学派也大多拥有作为学派中心和旗舰的学术期刊。[1]

"学术共同体"的概念自提出到被广泛接受实际上要晚于学术期刊的诞生,从某种意义上来说,学术期刊对于学术共同体的产生有着不可替代的意义。一方面,学术期刊划定了学术共同体的边界:"在组织层面,学术共同体主要包括学术期刊系统和专业学会系统。这二者是学者进入学术共同体、参与并建立正式学术交流网络的关键平台,在学者和'门外汉'之间划定了一条明显的边界,因此对学者的学术生涯和学术共同体的运行

---

[1] 原祖杰:《学术期刊何以引领学术——兼论学术期刊与学术共同体之关系》,《澳门理工学报》2014年第1期,第117~118页。

至关重要。"① 另一方面，学术期刊又是学术共同体的中心："一个有生命力的学术期刊背后一定站着一个思想活跃的学术团体，而这个学术团体应该是一个世界性的学术共同体的有机组成部分。"② 学术共同体并非严密的组织机构，而是基于某种学科、价值、理念或范式的认同而形成的结构松散的学者群体。专业学会具有某种组织形态，而学术期刊则更体现出对学术取向、学术方法、学术兴趣等学术精神方面的认同。所以，学术期刊之于这样的群体的作用就显得尤为重要，如果没有学术期刊作为组织的公共平台，那么，共同体就难以聚合，其边界也难以清晰，学术交流则难以高效地展开，共同体在研究中的作用势必难以发挥。

在考察学术期刊与学术共同体关系时，更要强调的是，学术期刊之所以有以上作用，是因为它的创造者是学者，在由学者组成的学术共同体面世以后，即与学术期刊结下了不解之缘。学术期刊作为当今学术传播中的重要一环，其作用的发挥离不开学术共同体的认可，它理应遵守学术共同体为它设定的规则，这是学术传播秩序合理与否的决定性因素；而事实上，学术期刊所遵循的基本规则最初也都出自学者之手。换言之，学术共同体是构成学术传播秩序的规则或制度的当然制定者，只有学术共同体才是构建学术传播秩序的当然主角。

2. 学术期刊：既是学术传播的基本单元，也是学术传播的中心所在

正因为学术期刊承担着定位学术共同体边界和中心这两个基本使命，故而它必须具有相对稳定的结构。这就要求学术期刊必须具有清晰的专业边界或问题边界，并将其主要内容，即论文、评论和学术信息等，按一定的逻辑和以一定的方式组合在期刊之中，因而具有相对固定的研究范围（如专栏设置）和共同的研究范式，乃至共同的价值取向和行文风格，以及相对固定的装帧、篇幅、出版周期等外在特征，以应对和满足共同体成员的需求。凡是学术共同体承认其为中心和平台的学术期刊，都会具有这些稳定的特征。唯有这样的学术期刊，学术共同体成员才会对它产生归依感。正是这样的归依感的存在，学术期刊才得以内嵌于学术共同体并与之融为一体，使其

---

① 张斌：《我国学术共同体运行的现状、问题与变革路径》，《中国高教研究》2012年第11期，第9页。
② 原祖杰：《学术期刊何以引领学术——兼论学术期刊与学术共同体之关系》，《澳门理工学报》2014年第1期，第118页。

因此而成为纸本时代学术传播稳定的基本单元。当然,毋庸置疑的是,这样的学术期刊的主编乃至编辑一定是学术共同体中的佼佼者,而不可能外在于学术共同体。

自问世以来的几个世纪中,学术期刊这样稳定的传播单元对学者(特别是共同体成员)学术研究的贡献和影响是巨大的,在推动学术研究发展方面可谓功不可没。终其纸本时代,学术期刊的传播效率超越了可能存在的其他任何方式,具有不可替代性,并就此形成了一些约定俗成的"规矩":一般说来,学术论文只有在合适的学术期刊发表,才能得到有效的传播,只有经学术期刊传播的论文才能因其具有"已公开发表"的身份而得到同行的认可。如此一来,成功的学术期刊也有效地控制了相应的学术信息源。这些学术信息总是以学术期刊出版地为中心,呈放射状地向周边扩散。学术期刊对信息源的有效控制和传播使其成为名副其实的学术传播中心。

3. 学术期刊:以专业、专题为主体的体系建构,作为传播终端面向特殊的市场

学术共同体的形成与学科发展是相辅相成的。学术界对学术共同体有种种定义,其指向的范围也各有不同,[①] 有学者将学术共同体划分为五个层次,即:"第一个层次是最广义的、世界性的学术职业或系统;第二个层次是一国内的学术系统;第三个层次是自然科学、社会科学和人文科学各自的中观层面的联合;第四个层次是各个学科、专业领域的学者共同体;第五个层次是基于某些特定的主题、围绕若干核心人物而组成的学术圈子,即无形学院。"[②] 准此,从国际学术期刊发展的历史和现状来看,在这五个层次上都有相对应的学术期刊,但主要是在三、四、五这三个层次,而核心则是第四个层次。这是因为学术研究相对发达的国家在其学术(科学)体系构建时,都十分注重按照一定的秩序和内部联系构建起学科体系和学术期刊体系,这两者都是学术体系构建的重要组成部分。诚如朱作言所说:"一个国家有没有好的科学体系、这种科学体系是否健全,其中一个重要的标志就是

[①] 参见苌光锤、李福华《学术共同体理论研究综述》,《中国电力教育》第 21 期,2010 年,第 8~10 页。

[②] 张斌:《我国学术共同体运行的现状、问题与变革路径》,《中国高教研究》2012 年第 11 期,第 9 页。

有没有高水平的科学期刊。一个世界级的科学大国，会有世界级的科学期刊。"① 由此不难看出学术期刊与学科体系之间的密切关系，所以学术期刊体系的主体应该是与第四个层次即各个学科、专业领域的学者共同体相对应的专业（专题）期刊，并由这些期刊与少量的其他层次的期刊共同构成学术期刊体系。

这样的期刊体系的构建是一个不断发展变化的动态过程，优胜劣汰和吐故纳新是常态，学术研究和学科发展的需要是调节期刊体系的动因和依据，但其调整的过程则多是通过期刊市场来实现的。学术期刊除了是学术共同体和学术研究的中心以外，还是传播的终端。在纸本时代，学术期刊的流通主要通过商业发行渠道。这是因为，读者对作者所传播的学术信息的获取是通过选择性阅读学术期刊这一终端产品来实现的，一本期刊是否受到读者欢迎，市场是最有说服力的。许多读者是在图书馆选择阅读期刊，图书馆订阅期刊的行为实际上是代表读者在进行选择。可见，学术期刊也是一种由市场进行调节的特殊商品。既然是商品，就要受到市场规则的制约，但是，对于大多数学术期刊的主编和编辑来说，营利从来都不是他们的第一追求，学术期刊除了通过发行收回部分制作成本以外，其办刊经费的来源有多种渠道，比如来自国家财政和某些公益性基金的资助以及向作者收取费用。那么，这个并不以是否获利或获利多少为标准的市场是如何发挥其调节作用的呢？这个市场与一般商品市场不同的标准，就是能否满足学术研究的需要。一般说来，能够满足特定读者的需要，也就赢得了市场，故这个市场也是对读者需要的客观反映。之所以要强调特定读者而不是多数读者，是因为学术期刊特别是高度专业的学术期刊只是为特定的学者群体而办，得到这个群体的认可，也就占领了其所应该占领的市场。因此，虽然通过市场调节，但本质上，一本学术期刊是否能为学术共同体所接受，仍然是判定其是否有存在价值的标准。

从以上分析可以看出，学术期刊与自治的学术共同体的关系是构建学术传播秩序的关键。学术期刊是否内嵌于学术共同体并成为后者中心，成为决定学术传播的基本秩序是否合理的关键性因素。在一个合理的学术传播秩序

---

① 《改革中的〈中国科学〉与〈科学通报〉愿与中国科学一起成长》，《科学时报》2008年9月9日。

之下，为了与学术共同体的发展相适应，学术期刊的专业化和体系化构建和市场化调节是必然的。

三 学术期刊体制与学术传播秩序

与有着三个半世纪漫长历史的西方学术期刊不同，中国学术期刊只有百余年的历史，更为不同的是，中国学术期刊特别是大量存在的多学科综合性学术期刊走的是一条与学术共同体渐行渐远，最后相疏离的路，这就使学术期刊与学术共同体的关系显得扑朔迷离。之所以如此，笔者以为是与西方不同的学术期刊体制及其在学术传播秩序构建中所发挥的特殊作用使然。故我们将重点讨论中国学术期刊体制与学术传播秩序之关系，当然，学术期刊仍然是不可或缺的"中介"。

1. 中国学术期刊特殊的发展历史

"尽管我国现代学术体系的创设深受西方学术的影响，但悠久的学术传统和近代以来的特殊经历，赋予了中国现代学术体系自身的特点，从而也形成了早期学术期刊特别是高校学报自身的特点。"学报在中国学术期刊早期历史上占有特殊的地位，一是当时中国主要的学术期刊大多出自高校；二是当时"学报"一词所指与今天有所不同，并非专指学术期刊中的一个种类，而是对学术期刊的泛指。概而言之，以学报为代表的中国早期学术期刊的特点大致有五：其一，"在办刊宗旨上，追求真理、交流学术、引领时代被确定为学报的使命"；其二，"在刊物结构上，多学科综合性是高校学报的基本形式，但不是唯一形式"；其三，"在学报布局上，多以孤立的'个刊'而非协调的'体系'形式存在"；其四，"在编辑组成上，多为编研一体"；其五，"在期刊稿源上，呈现出明显的内向性"。[1] 这个传统的可贵之处在于其所昭示的学术期刊的核心价值，即"追求真理、交流学术、引领时代"，而综合性、内向性及非体系化这些特点或缺陷对于现代学术刚刚起步的中国来说是再正常不过的了。如果没有其他因素的干扰，现代学科及其学术共同体的产生、发育到成型，与学术期刊由综合到专业再到体系化的发展过程，

---

[1] 仲伟民、朱剑：《中国高校学报传统析论——兼论高校学报体制改革的目标与路径》，《清华大学学报》（哲学社会科学版）2012 年第 5 期，第 21~25 页。

将会是共时的和相辅相成的。然而，20世纪前半叶积贫积弱的中国战乱频仍，学术研究和学术期刊的发展均受到了诸多制约，尽管已有专业期刊存在，但从总体上来说，学术共同体的发育并不健全，高校学报大多也未能走出综合性、内向性的初始形态，学术期刊体系更是未能形成。

学术期刊的新格局始于1950年代，中国科学院哲学社会科学学部和重点高校都开始恢复或创办人文社会科学期刊。学术期刊获得较快发展则是在改革开放之后。1977年5月，中国科学院哲学社会科学学部独立成立中国社会科学院，此后数年中，各研究所又创办了一系列专业期刊，形成了中国社会科学院期刊群。高校学报在1980年代后经历了数次扩容，特别是20世纪末的大扩容，形成了"一校一刊"的基本格局，迄今仅人文社会科学报数量就已达千余家。

自1950年代迄今60余年的发展历程中，不管是中国（社会）科学院期刊还是高校学报，都形成了一个共同特征——"单位制"。所谓"单位制"，指的是学术期刊的创建者并非学术共同体，而是高校或科研单位，行政主导下的期刊均被打下了深深的创办单位的印记。需要指出的是，虽然都是"单位制"下的期刊，但从一开始，中国（社会）科学院与高校对待学术期刊传统的态度就不尽相同。"1950年代，传统发生'裂变'，中国科学院传承了传统的核心价值，着手构建以开放的专业期刊为主体的学术期刊体系；高校学报则拘泥于传统的综合性学报的外在形式，并坚持稿源的内向性。对传统在不同向度上的继承造就了两类期刊的不同命运。"[①] 中国科学院负有"统筹及领导全国自然科学、社会科学的研究事业"[②] 的责任，故各研究所创办的期刊多是专业的和开放的，与学术共同体比较容易建立起稳固的关系，从而在一定程度上弥补了"单位制"的缺陷。经过几十年的经营，如今中国社会科学院下的期刊群已逐渐自成体系，在学术界特别是高校中的权威地位也逐渐建立起来。高校则多将学报视为展示本校科研的窗口和本校师生及科研人员的园地，故多是综合的和封闭的，在将"单位制"办刊模式推向极致之后，只为本校服务的学报逐步丧失了作为学术交流平台的功

---

① 仲伟民、朱剑：《中国高校学报传统析论——兼论高校学报体制改革的目标与路径》，《清华大学学报》（哲学社会科学版）2012年第5期，第20页。
② 张久春：《中国科学院章程制订的历史考察》，《自然辩证法通讯》2006年第6期，第70页。

能，陷入了困境之中。2009 年，时任新闻出版总署副署长的李东东曾指出高校学报"从整体上看"存在的三大问题："一是封闭办刊、理念落后。缺乏更大范围的学术交流，文章缺乏现实性、针对性和原创性。二是缺乏专业特色，同质化现象严重。几乎所有大学学报都是综合性学术期刊，没有明显的学科特色，个人或研究部门订阅较少。三是资源分散，出版力量单薄，对一流学术论文和创新性研究成果缺乏吸引力。"① 如此办刊，期刊与学术共同体的关系不可避免地出现了断裂，而学术期刊早期传统的核心价值已被丢弃，学者对学报诟病连连也就不奇怪了。除高校外，各省市社科院、社科联系统以及党校和军队院校及科研单位创办的学术期刊，大多也沿袭了高校学报的路子。

2. 专业性与体系化的缺失

由此可见，由于历史的特殊性，中国人文社会科学期刊体系的构建远远称不上完备，主要表现在：中国社会科学院不到百家的期刊虽然已自成体系，但与全国庞大的期刊总量相比，只是很小的一部分，② 且主要是针对一级学科，远未达到对二、三级学科和跨学科的问题域的全覆盖；占据了期刊总数约三分之二的高校期刊以及各省市社科院、社科联期刊、党校军校社科期刊都是多学科的和综合性的，其办刊主体是"单位"而不是学术共同体，在学术界根本不具备相对固定的作者和读者群体，多数尚不具备开放平台的属性，"正面临日益被边缘化甚至唾弃化的命运"；③ 高校中虽然有部分专业期刊存在，但因门户壁垒，"单位"烙印和内向性也使其无法很好地发挥公共平台的功能。因此，学术期刊数量虽众，其中的多数却因学科或问题边界不够清晰或开放度不够而无法得到学术共同体的认可，甚至与学术共同体没有多大关系。诚如 2014 年新闻出版广电总局决定开展学术期刊"资质认定"时所指出的："目前学术期刊出版仍然存在着一些问题，主要表现为：分散弱小、结构不合理的状况未根本改变，规模化集约化水平较低；整体质量不高，国际竞争力不强，还不能适应科教兴国、建设创新型国家的战略要

---

① 《新闻出版总署：高校学术期刊要集约化规模化发展》，中国新闻网，http://www.chinanews.com/edu/edu-zcdt/news/2009/12-23/2033460.shtml。
② 一般认为，中国人文社会科学期刊总数约有 2800 家。
③ 叶娟丽：《中国大学学报：制度变迁与路径选择》，《南京大学学报》（哲学·人文科学·社会科学）2013 年第 1 期，第 64 页。

求",而且,学术期刊还存在种种"造成不良的社会影响"的违规行为。①所谓"分散弱小、结构不合理的状况"所指的不仅是专业性的缺失,甚至是不是学术期刊都要打一个问号,需要进行"资质认定",体系化当然就更谈不上了。

3. 以准入为核心的期刊体制

中国学术期刊之所以出现以"单位"划定界域而不是以学术共同体为归依的状况,与中国独特的学术期刊体制的形成与长期存续是分不开的。与西方普遍实行的注册制不同,中国学术期刊体制的核心是审批制度、主管主办制度和属地管理制度。审批制度的核心是对刊号的把控;主管主办制度的核心是办刊主体是单位而非学者,从而由行政权力部门掌控了期刊准入和日常管理。这个体制成型于计划经济年代,"共和国期刊60年的发展,体制一以贯之,不变也没变"。② 行政主导是这个体制的特点,学术共同体事实上已失去了自主创办学术期刊以及为学术期刊制定规则的权利,学术期刊也就难以具备根据学术研究和学科发展的需要及时吐故纳新的灵活机制,由此形成了中国学术期刊特别是高校学报的种种"体制病",诚如仲伟民所指出的:"学术期刊结构与布局极不合理、科学的学术期刊体系及其评价体系未能成功构建。这些学术期刊最为严重的'体制病'实病在管理体制,责任在政府而非期刊。"③ 因此,除了少数学科边界和问题边界比较清晰的专业或专题期刊以外,多数期刊皆外在于学术共同体,对于多数综合性期刊特别是内向性、综合性高校学报而言,内嵌于共同体的相互依存关系并不存在,有些学者甚至根本不认同学报,从李伯重对多数学报是"学术垃圾场"④ 的指责到陈思和"不接受所谓学报体的论文"⑤ 的宣言,都充分说明了这一

---

① 国家新闻出版广电总局:《关于规范学术期刊出版秩序促进学术期刊健康发展的通知》,新广出发〔2014〕46号。但同一文件中又指出:"我国学术期刊……已初步形成学科门类齐全、基本满足科研学术交流需要的学术期刊出版体系。"这与其所描述的学术期刊现状不免自相矛盾。既然体系已初成,又何来"分散弱小、结构不合理的状况未根本改变"等"根本"问题?
② 李频主编《共和国期刊60年》,中国大百科全书出版社,2010,前言。
③ 仲伟民:《缘于体制:社科期刊十个被颠倒的关系》,《南京大学学报》(哲学·人文科学·社会科学)2013年第2期,第23页。
④ 司振龙:《大学学报何以是"学术垃圾生产地"?》,光明网,http://guancha.gmw.cn/content/2007-10/23/content 687396.htm。
⑤ 蒋楚婷:《前沿文理论丛刊〈文学〉创刊》,《文汇读书周报》2013年6月21日。

点。在这样的期刊体制之下,编研一体的传统遭到废弃也就在所难免了。期刊外在于学术共同体主要体现为主编和编辑外在于学术共同体。在众多的综合性学报,职业主编和编辑面对的是庞杂的学科,纵然有三头六臂,也免不了与学术研究前沿渐行渐远。

4. 以资源分配和管理为核心的科研体制与评价机制

与学术期刊体制异曲同工的是科研体制和学术评价机制,行政权力主导是它们的共同特征。然而,科研与期刊并不同属一个行政主管部门,这就使得主管科研的不能涉足学术期刊的准入和退出;而主管学术期刊的却又不能对科研进展的需求有足够的理解和及时的跟进,这就加剧了期刊与科研的脱节。

学术研究和学术期刊都是专业性极强的工作,握有科研资源和刊号资源分配权力的行政部门对科研和期刊的管理都离不开评价,官方采信何种评价直接关系到学术期刊的存亡,这是近年来学术评价和期刊评价备受关注的主要原因。同行评议即来自学术共同体的评价向来被国际学术界公认为学术评价和学术期刊评价的基本方法,但在具体操作中,却因权力与利益的纠葛而面临重重困难。在关于学术共同体的研究中,学术共同体与权力和资源的关系一直是重点之一,如阎光才指出:"在某种程度上,作为一个关键性的制度环节,同行评议实施过程和效果本身不仅能够反映我国学术界权力博弈的格局,而且也基本上能够集中体现我国学术制度的整体运行状态。"[1] 然而,科学而合理的同行评议需要具备一定条件,那就是须有专业而自律的学术共同体的存在。有学者怀疑,在中国有这样的学术共同体存在吗?如李剑鸣就曾设问:"我们现在真有学术共同体吗?就算有,那又是一个什么样的学术共同体呢?……如果这个学术共同体充满腐败,缺乏自律,学术评价的权力落到它的手中,还能指望产生良好的结果吗?"[2] 在同行评议的公信力和权威性被打上大大的问号之后,单纯的同行评议已无法满足学术界特别是管理部门的需要,于是,专业评价机构脱颖而出。评价机构以"客观"、"公正"的量化评价相标榜,以各种排行榜为其评价结果,展开了对评价权力的角

---

[1] 阎光才:《学术共同体内外的权力博弈与同行评议制度》,《北京大学教育评论》2009 年第 1 期,第 132 页。
[2] 李剑鸣:《自律的学术共同体与合理的学术评价》,《清华大学学报》(哲学社会科学版) 2014 年第 4 期,第 75 页。

逐，其结果是排行榜在学术评价和期刊评价中大行其道。

所有评价机构的所谓"定量评价"都是基于"刊"的，所有评价数据都是以"刊"为统计单位，其被行政权力部门普遍采信的"评价结果"，都是关于"刊"的排名表。几乎所有评价机构的"评刊"都只涉及具有正式刊号的期刊，其间接的"以刊评文"功能也只及于这些期刊所发表的论文。"排行榜评价"与科研体制的关系及其对学术研究和学术期刊的戕害，笔者已有专文分析过，在此不再重复，只是再次指出，尽管排行榜不合理，但由于自律学术共同体的缺失，目前仍难以找到替代方案。在这样的评价机制之下，学者要得到好的评价以获取学术资源，除了在学术期刊发表研究成果外，几乎没有其他路径。这无疑更加强化了学术期刊对学术信息源的控制。

5. 期刊与学者事实上的疏离和体制给予的中心地位

由以上分析可知，从科研体制到期刊体制，其制定者所重视的是管理，所要保持的是稳定。管理和稳定自有其道理，但行政权力之于学术研究和学术期刊的功能除了管理外，还有服务。"从管理的角度来说，政府通过制定各种方针、政策、法规等，引导学术期刊整体健康地发展。从服务的角度来说，政府有义务为学术期刊提供普遍的、公平的、高质量的公共服务。……政府为学术期刊提供的服务则主要体现在：为学术期刊的发展创造必要的条件。"[①] 从学术期刊的现状来看，无论是管理还是服务，政府都是有欠缺的，造成的后果就如前文所述及的"体制病"在学术期刊中的普遍存在。然而，这一切似乎都没有妨碍这样的学术期刊照样能成为学术研究和学术传播的中心，个中缘由是什么？如果每个学术期刊都属于特定的学术共同体，且由这样的学术期刊构成科学的期刊体系，那么，学术期刊就既是学术共同体的中心，也是学术研究和学术传播的中心。但如果学术期刊并不属于学术共同体，与学术共同体并不存在相互依存的关系，那么，能赋予学术期刊中心地位的就不是学者，而只能是体制。同样是"中心"，因学者的归依而自然形成的"中心"与体制赋予的"中心"是有着极大不同的。前者必然受到共同体的规约，其专业性与自律性都有一定的保证，而后者不过是学者迫于某种压力，不得不依靠这些学术期刊来发表论文，而这个压力与学术无关，主

[①] 仲伟民：《缘于体制：社科期刊十个被颠倒的关系》，《南京大学学报》（哲学·人文科学·社会科学）2013 年第 2 期，第 29 页。

要来自科研体制和学术评价机制。正是出于这样的压力，学术期刊尽管不是学术共同体认可的中心，却可以成为学术研究和学术传播的中心，这就形成了"学术期刊与作者之关系的颠倒"的反常现象。"在这样的扭曲关系下，一些奇怪的现象就出现了，最典型的莫过于：作者不知该往哪个期刊投稿，需要评价机构来指导；与此相对应的是，期刊不知哪些作者优秀，也需要评价机构来指点。今天的情况就是这样。"① 事实上，学者与期刊特别是综合性学报已处于比较疏离的状态，而这一切又都由学术期刊体制予以固化。

因此，如果从期刊体制和评价机制的角度看中国学术期刊在学术研究和学术传播之中心地位的获得，那么，这种地位既来源于体制，也受到体制的保护。尽管在这样的体制下，学术期刊从结构到布局都不尽科学合理，与学术共同体的关系远没有想象中那样紧密，但却是官方或体制认可的唯一学术传播渠道，这就是多数学术期刊中心地位的由来。由此可见，在中国围绕学术期刊的学术传播秩序的构建中，期刊体制或者说行政权力事实上已取代了学术共同体，成为独一无二的主角，学术共同体在学术传播秩序的构建中，几乎未起作用。

四 中国学术传播秩序的内涵及特点

从学术共同体、学术期刊体制与学术传播秩序之关系，我们不难看出中国与国际学术传播秩序的异同，并可据此总结出纸本时代中国学术传播秩序的内涵、特点及其对学术研究的影响。

1. 纸本时代学术传播秩序的要点

一般说来，无论中西，学术传播秩序均取决于以下几个方面：（1）学术期刊因学术研究的需求而产生，并成为学术传播的基本单元。（2）学术期刊与学术共同体的关系是构建学术传播秩序的关键性因素。（3）学术期刊体制左右了学术期刊与学术共同体的关系，并由此确定学术期刊的结构、布局和地位。（4）以上三方面的共同作用形成了学术期刊和学术传播的基本

---

① 仲伟民：《缘于体制：社科期刊十个被颠倒的关系》，《南京大学学报》（哲学·人文科学·社会科学）2013年第2期，第34页。

制度规范和基本秩序。围绕学术期刊形成了准入、退出及日常管理和评价等行政运行管理制度，投稿、审稿、编辑、出版等内部运行管理制度和与作者、读者的关系规范，以及与发行、传播等相关的学术期刊市场规则。正是这些规则、制度和规范的存在，确保了学术传播的有序运行。

2. 中国学术传播传统秩序的特点

显然，学术传播秩序的形成是多重因素共同作用的结果，故是一种复杂而非单一的结构，而中国学术传播秩序则有自己的独特之处，那就是期刊体制在传播秩序构建中所发挥的特殊作用。李频对此有一个准确的描述："经过近60年的运作，新中国的社科期刊系统以纵横交织的管理系统和传播系统为中心，成为超稳定结构。纵向的管理系统由国家出版行政管理部门—主管单位—主办单位—编辑出版单位四个环节组成，国家出版行政管理部门位于系统顶端，统领一切，期刊社及其期刊位于管制系统的底层……在横向的传播系统中，期刊因为技术制约和审批准许制约而成为稀有资源，它自然成为从作者到读者、从学术研究机构到学术研究人员的中心。在纵向管理系统中，期刊处于底层，在横向传播系统中，期刊处于中心，政府就通过对作为横向传播系统中心的期刊的管理达到动员资源、组织学术生产、管控学术成果发布，进而维护社会安全运行的目的。"[①]"底层"与"中心"交会点实际上就是学术传播秩序的基点，在期刊以外基本不存在官方认可的学术论文传播渠道的纸本时代，维护住基点的地位也就稳定了传播秩序。

我们知道，"强制与合作是秩序结构维持的基本方式，也是秩序产生的基本路径"[②]。在中国学术传播秩序的建构中，强制与合作这两种方式是同时存在的，但主次不同。从纵向管理系统来看，这是一种典型的强制型秩序结构。"强制型的秩序结构通常是不均衡的，各行为体的关系屈服于某种控制了权力的团体，并且呈现出自下而上的垂直服从。"[③] 在这里，控制了权力的团体就是代表国家意志的行政权力部门。但从维系期刊与学术机构和学术研究人员的关系来看，这又是一种非典型的合作型秩序，之所以说它是非典型的，是因为"合作型秩序中，各行为者之间的关系是平等的。一方面，

[①] 李频：《数字时代社科学术期刊改革路径的思考》，《南京大学学报》（哲学·人文科学·社会科学）2014年第4期，第63页。
[②] 杨雪冬：《论作为公共品的秩序》，《中国人民大学学报》2005年第6期，第73页。
[③] 杨雪冬：《论作为公共品的秩序》，《中国人民大学学报》2005年第6期，第73页。

个体之间是平等的,他们拥有自己完整的权利义务,并且受到规则的保护;另一方面,他们所结成的团体或组织平等地参与到秩序的构建中"。[①] 管理者与期刊以及期刊与学者的关系原本应该是平等的,但由于位于纵向权力结构顶端的行政权力部门需要通过期刊来实现动员资源、组织学术生产、管控成果发布和维护安全运行的目的,故而通过期刊体制和学术评价机制赋予了期刊横向中心的地位,于是期刊与学者间的不平等的"颠倒关系"就此建立了起来。这就使得合作型秩序结构必须完全服从于强制型秩序结构,"通过强制力量维持的秩序必然是垂直结构的"。[②] 正因为如此,最能满足学术研究需要的开放的专业期刊体系没有能顺利构建,而有着鲜明"单位制"特征的综合性期刊特别是高校学报"体系"却建立了起来。学术期刊正位于纵横交错的节点上,其在传播秩序中位置之重要性十分明确,维持学术期刊现有的纵向"底层"与横向"中心"地位,就意味着维持了传播秩序的"超稳定"结构。

中国学术期刊与国际学术期刊存在着重大差别,其中关键的差别体现在学术共同体与学术期刊的关系。在中国学术传播秩序的构建中,学术共同体所起的作用十分有限,而行政权力部门才是真正的主角。一味求稳的期刊体制阻断了学术共同体与学术期刊的紧密联系,阻断了学科发展与学术期刊的互动关系,市场的因素在秩序构建中几乎未起作用,使得学术期刊外在于学术共同体而不能与学术发展相适应,造成了学者与学术期刊的疏离。即使在纸本时代,多数学术期刊也没能成为学术共同体的中心,而是依靠期刊体制、科研体制和学术评价机制,建立起了与学者的"颠倒关系",握有发表权的学术期刊从而能够左右学者的研究。当数字时代到来之时,尽管学术传播已不再依赖纸本期刊,但期刊体制、科研体制和学术评价机制至今未有实质性改变,这是纸本学术期刊至今仍在学术研究和学术传播中占据着中心地位的秘密之所在。

由此足见在学术传播秩序的构建中行政权力的强势地位。"如此构建的秩序看似稳定,但其内部却充满张力。这是因为……作为学术生产主体的学术共同体理应是学术传播秩序的重要构建者,只有学术共同体认可的

---

① 杨雪冬:《论作为公共品的秩序》,《中国人民大学学报》2005 年第 6 期,第 73 页。
② 杨雪冬:《论作为公共品的秩序》,《中国人民大学学报》2005 年第 6 期,第 72 页。

学术传播秩序才是真正稳定的。但在行政权力一家独大的情况下……学术期刊从结构到布局均取决于行政权力的意志……学术共同体对传播秩序的遵从即对学术期刊传播中心地位的认可，从某种意义来说只是对行政权力无奈的遵从。"① 可见，学术研究的不断进展总是不乏优化既有传播秩序的冲动，在传播秩序的内部，始终存在着一定的张力。这种张力的存在，使得学术传播在看似"超稳定"表象下一直涌动着改变现状的诉求，并不断寻求着突破。

五 技术突变而导致的传统传播秩序的危机

在我们讨论了学术共同体、学术期刊体制与学术传播秩序的关系之后，就可以回答本文引言所提出的技术革命为何会带来学术传播失序的问题了。

1. 传播技术之于传播秩序的重要作用

学术期刊的产生固然是为了满足学术研究的需要，但同时也应看到，学术期刊以连续出版物这种特定的形式问世并延续了数百年，也是与传播技术（纸本时代即印刷技术及相应的实物传输渠道）发展的阶段相吻合的。一方面，到 17 世纪学术期刊产生之时，金属活字印刷术已经成熟，确保了期刊这种周期性连续出版物生产、传输和保存的需要；另一方面，在数字技术被广泛地运用于学术出版之前，学术出版离不开纸张这一实物介质，印刷技术的这一局限或曰特性也决定了它只能支持学术期刊这样的周期性连续出版物。这就意味着对学术期刊从容量、数量到更新周期和传播渠道、速度及范围均有限制，学术期刊只是纸本时代最好的传播载体。构成学术传播秩序的各种规则，都是在纸本学术期刊作为学术传播的主渠道甚至唯一渠道的前提下建立起来的。

学术期刊诞生三百余年来，技术虽然一直在不断进步，但以纸张为介质一直未变，技术的发展是稳定的，所以技术基础之于传播秩序的作用往往容易被我们忽视。换言之，在过去的数百年中，学术传播秩序一直建基于印刷技术之上，离开了印刷技术，就没有了期刊，没有了渠道，当然也就不存在

---

① 朱剑：《构建互联网时代学术传播的新秩序——以高校学术期刊发展战略为中心》，《武汉大学学报》（人文科学版）2016 年第 2 期，第 66~67 页。

所谓以学术期刊为基点的传播秩序。但是，当这一基础因技术革命而产生突变或质变，出现了优于纸本学术期刊的新的传播平台或渠道之时，传统的唯一渠道不再唯一，甚至不再是主渠道了，那么，维持了整个纸本时代的学术传播秩序就可能因技术基础的崩塌而面临倾覆的危险。今天，技术的进步已逐渐具备了质变的性质，数字技术和互联网技术已经"革"了印刷技术的"命"，为告别纸张、印刷和实物传输的新平台及新渠道提供了技术支持。因此，对于以纸本学术期刊特别是多学科综合性学术期刊为基点的传统传播秩序来说，自外而内的技术革命无疑大大增强了其内部的张力，并已经酝酿成一场正在到来的危机，具体表现就是学术传播的失序。

2. 技术变革引起的传播失序的种种表现

（1）传播路径的改变：期刊被虚化。在学术传播领域，数字技术和互联网技术最先涉足的是学术期刊内容的传输。数字化的网络传输相较于纸本期刊的实物传输，优势十分明显，传播速率和传播能力都产生了质的飞跃。新的网络传播路径的开辟正是以虚化学术期刊为开端的，利用新技术开辟学术传输新路径的是商业化的期刊数据库，由期刊数据库所垄断的数字传输，彻底改变了以学术期刊为中心的学术传播基本路径。

（2）阅读习惯的改变：从读"刊"到读"库"。期刊数据库之所以能够迅速垄断人文社会科学期刊的传输，原因当然是多方面的，但为读者提供了更便捷的阅读体验是主要的。在期刊数据库通过搜索引擎将分散于各个时期、各种期刊中的相关论文集中起来后，原本十分困难的数据搜集工作就变得简单易行。不知不觉间，读者阅读学术文献的习惯发生了彻底改变：由读纸本的期刊变为读数据库；期刊数据库因此取代纸本期刊，尤其是综合性期刊，成为传播的主要甚至是唯一渠道。2016年3月北京大学图书馆与中国知网续费问题谈判所引发的轩然大波可谓最好的例证。[①]

（3）传播中心的转移：从期刊到单篇论文。随着期刊数据库这样的数字传播平台的出现，纸本期刊在传播领域的地盘正在急剧退缩，甚至几近于销声匿迹。改变始于传播介质，却不限于介质；在介质改变的同时，更为根本的改变发生了：传播中心的转移。在纸本时代，学术传播的基本单元是学

---

① 参见北京大学图书馆《"中国知网"可能中断服务通知》（http://www.lib.pku.edu.cn/portal/news/00000 01219? from = singlemessage&i sappinstalled = 0）及相关报道。

术期刊。在数字时代，一方面，期刊数据库从一开始就将所有的入库期刊拆解成了单篇论文；另一方面，互联网的交互性在理论上使传播成了个人可以独立完成的行为，即所谓"自编辑"和"自出版"，一篇文章一个"数字对象唯一标识符"（DOI），可以无限组合和传播，学术传播的中心就这样从期刊向单篇论文转移。

3. 挑战的不断升级：传统秩序难以为继

"互联网传播方式是人类迄今为止最为复杂的传播方式，它囊括了之前所有的传播方式并创造出新的传播方式，这使得互联网信息传播的秩序也变得复杂多样。"[①] 期刊数据库仅仅是传播模式之一种，随着技术不断进步，观念不断更新，新的传播模式和传播主体正在不断涌现。

（1）开放获取运动的兴起。1990 年代末在国际学术界兴起的奉行信息自由理念的开放获取（open access，简称 OA）运动既是对传统学术期刊的颠覆，也是对新兴的期刊数据库的挑战。纸本时代，期刊强调专有出版权，读者先购买，后阅读，数据库的兴起并没有颠覆这一模式，而是沿用了这一模式；而在 OA 模式下，读者的自由获取成为现实，OA 在颠覆传统纸刊的同时，也颠覆了商业化运作的期刊数据库。

（2）国际期刊出版集团的"入侵"。与中国"超稳定"的期刊体制下的学术期刊不同，国际学术期刊因其与学术共同体的紧密关系而保持了自身不断更新的活力，早已完成了体系化构建，并基本完成了数字化转型，顺利地度过了纸本的危机时期，开始了规模空前的世界范围的扩张，近年来大踏步地进入中国期刊市场，一方面，吸引了大量来自中国学者的投稿；另一方面，在中国学术期刊市场的份额大幅增加，使得中国传统纸质期刊的生存环境更是雪上加霜。

（3）随时准备跨界而入的其他办刊主体。互联网时代学术研究与学术传播背后隐藏的巨大商机，吸引着传统学术传媒之外的实力团体。尽管体制的壁垒目前仍然阻碍着学术共同体和其他实力集团进入学术出版领域，但寻求突破体制的尝试却从来没有停止过。如以书代刊的学术集刊在遭遇了一次次的禁令后，仍然顽强地生存了下来，目前正常出版的集刊有数百家，其

[①] 余晓阳、盘石军：《网络论坛传播秩序研究——基于哈耶克自生自发秩序理论的视角》，《东南传播》2012 年第 6 期，第 18 页。

中，被CSSCI列入来源目录的就达145家。① 这些集刊分担了传统学术期刊的功能，其与学术共同体的关系更为紧密。此外，一些学术团体甚至个人创办的微信公众平台，已经拥有相当固定的专业读者群，在某种程度上已经部分替代了传统期刊的作用，一些出版机构创办的学术传播移动数字平台也正在抢占学术传播高地，② 充分展现了新技术、新渠道、新平台、新聚合的优势。

无论是来自学术共同体还是来自其他新兴出版主体，这些新兴的学术传播主体都会撇开传统学术期刊，直接与作者合作，直接与读者见面，最终将传统学术期刊取而代之。这是技术的力量，更是理念的力量，它们对传统学术期刊体制、传统学术传播秩序，形成了"倒逼"之势。传统体制只能规约学术期刊及其办刊单位，却无法规约学术新媒体和新的办刊主体，也无力阻止文件新媒体的问世和新主体的侵入。旧的秩序即将倾覆，新的秩序尚未形成，构建互联网时代学术传播新秩序的历史使命就这样摆在了我们面前。

六 结语：在互联网时代重建学术传播新秩序

综上所述，我们可以得出如下结论：

第一，中国的学术传播秩序构建于纸本时代，终其纸本时代，学术传播秩序都不尽合理，造成了学术期刊从布局到结构极不合理，特别是与学术共同体相疏离等严重的"体制病"。即使技术革命没有发生，学术传播秩序的重建也是必然的。现行学术传播秩序的不合理的成因虽然是复杂多样的，但体制不合理是关键因素，这是启动学术期刊体制改革的根本原因。

第二，数字技术和互联网技术对学术传播的深度介入，以及学术国际化潮流的兴起，触发了传播秩序的危机，纸本时代以学术期刊为基点的传统秩序无法规约互联网时代多主体、多平台、多渠道的学术传播，学术传播已处

---

① 《中文社会科学引文索引（2014~2015年）来源集刊目录》，http://cssrac.nju.edu.cn/news_show.asp?Articleid=568。
② 比如2014年8月正式上线的"壹学者"就打出了"全新学术生活从这里开始"的宣传语，该平台声称"整合阅读、科研、社交、传播四大基础模块，包含九大功能"，参见《"壹学者"上线给传统学术平台带来巨大威胁》，环球网，http://tech.huanqiu.com/net/2014-08/5120898.html。

于事实上的失序状态，秩序的重建刻不容缓。尽管在互联网时代无法复制纸本时代的学术传播秩序，但新的出版和传播技术在颠覆传统秩序的同时，也为学术传播秩序的重建提供了新的技术基础。

第三，重建学术传播秩序意味着必须在两方面同时进行建构：首先，学术期刊体制必须改革。体制改革要解决的核心问题是清除学术期刊回归学术共同体的制度障碍，并为与学科发展和学术共同体相切合的以专业（专题）期刊为主体的期刊体系构建提供坚实的制度保障。显然，仅仅改变期刊人身份的学术期刊企业化改造即所谓"转企"是无法达成这一目标的。唯有包括管理体制在内的全方位改革，才能达成理想的目标，互联网时代科学的学术传播秩序才具有构建的可能。其次，完成学术期刊的数字化、专业化、集约化转型。如果说，体制改革更多地有待于顶层设计，那么，期刊的转型则更多地需要底层设计和行动。可以预见的是，互联网时代的学术传播已不可能像纸本时代那样以学术期刊为单一载体，形式、载体和渠道乃至传播主体的多元是必然的，学术传播新秩序的构建将伴随着空前激烈的竞争，作为传统媒体的学术期刊要获得转型的成功并完成体系化的构建，成为新时代学术传播名副其实的新的中心，都离不开学术共同体的主导与认可。因此，无论是"顶层"还是"底层"，在构建互联网时代学术传播新秩序之时，都应清醒地意识到，回归学术共同体将是学术期刊未来发展的必由之路。

〔原载《澳门理工学报》2016 年第 3 期〕

传播技术的变革与学术传播秩序的重构

随着信息时代的来临,如何看待传播技术和媒介对人类社会发展的作用已成为学界、特别是传播学界热议的问题之一。英尼斯、麦克卢汉等西方学者深受追捧,当然,在人们对其超凡的洞察力和预见力给予了高度评价的同时,也免不了对"技术决定论"或者"媒介决定论"提出批评。于是,"技术""媒介"与"文化""社会"成了对立的两端,执其中者显然占了上风,技术与文化"共同决定论"或媒介与社会"互动论"似乎已成学界的共识。本文无意介入这样纯理论的讨论,只是想为这样的讨论提供一段可资分析的历史,看看尚且"鲜活"的史实能否为"灰色"的理论添加一些佐证。本文将以学术传播为中心,通过对近20年来在传播技术革命的浪潮中,中国传统学术媒体节节败退却顽强抵抗的历史的回顾,再现技术革命是如何摧毁旧的传播秩序,而新的传播秩序并未因技术革命而自然确立,相反却陷入了难产的过程的。也许从这个过程中,我们可以比较清楚地看到技术、媒介、文化和社会在变革时代各自所扮演的和还将继续扮演的是怎样的角色。

之所以选择以学术传播作为本文的研究对象,除了笔者对该领域比较熟悉以外,更因为学术传播与更多传播学研究者所关注的大众传播相比,是一个相对封闭的系统,使得与技术革命相关的各类角色的定位相对清晰,较易进行分析。之所以选择以传播秩序的演变为考察角度,是因为传播秩序是关于传播的一系列规则和制度的集合,而学术研究和学术传播是最讲规则的,秩序所规约的对象正是媒介及其生产和传播的过程。如果说,技术革命意味着应用新技术的新媒体对传统媒体发起挑战并取而代之,那么,这个过程其实也就是其突破旧秩序和构建新秩序的过程,显然,这是一个有着比较清晰的线索且可以进行观察的过程,而挑战是否成功,则取决于新秩序最终能否得以构建。

一 纸本时代：印刷术与学术传播的传统秩序

要讨论新技术是如何挑战传统秩序的，就得先弄清传统秩序的由来以及我们所要分析的"技术""媒介"与"文化""社会"各自在传统秩序中的角色定位。

自从文字被发明以后，人类知识和信息的载体及传播模式发生了根本性的改变，较之原始的口耳相传，文字记录的知识和信息在传播时不仅更为准确，而且可以在一定程度上打破时空界限，而对相同文本进行一定数量的复制，即可以实现点（作者）对面（受众）的知识和信息的传播。出版业的历史即始于文字的复制。由于知识和信息的传播贯穿于人类历史的始终，拓展知识和信息的载体及传播渠道遂成为文明史上人类不断的追求，出版业因此也成为一个既古老而又常新的行业。这里所说的"常新"首先指的是复制和传播技术的革新，复制和传播从来都是技术活，出版从一开始就与技术紧密相连，以何种介质为载体，用什么设备来复制，依凭什么渠道实现传播，离开了技术，一切都无从谈起，技术的意义于此凸显。而出版技术的革新从未间断，目的就是尽可能地满足人类持续增长的知识和信息获取的需求。但是，出版从来都不是一件单纯的技术活，它与知识生产紧密相连，而知识生产则要受到文化和社会等诸多因素的制约。因此，除了技术的"常新"外，出版环境和内容的"常新"也是不可忽略的。

中国出版的历史可谓源远流长，令当今国人自豪的古代"四大发明"至少有两项与出版直接相关，即造纸术和印刷术。尤其是约公元7世纪雕版印刷术的发明可谓出版业的第一次革命，以纸为介质、以雕版印刷为制作技术的图书成为可批量生产的物品，信息交流的平台就此完成了最初的形塑。通过出版，私人著述行为在一定意义上开始演变为社会行为。但是，仅有出版技术革命所造就知识和信息传播的新格局并不一定就能导致社会的变革。"在中国历史上众多的史学家眼里，造纸术的发明和印刷术的出现似乎都不是很重大的事件，至少我们今天所见的历史文献中，都很难见到具体的记载、描述和评价。甚至连这些发明的'专利权'属于谁、具体产生于什么时间都还有争议，只能从一些考古文物或者不太确切的历史文献中去推测。尽管今天造纸术被誉为中国的四大发明之一，而印刷术则常被视为信息传播史上的又一座里程碑，但在漫长的历史上，造纸术和印刷术的作用和意义都没有得到充分认识和肯定。"① 可见，在漫长的中国古代历史中，尽管发明了延续至今的文字介质（纸张）和复制技术（印刷术），但是，技术并没有成为社会变革的动因。从技术的角度来看，变革还取决于技术革命的力度和所能造成的影响，雕版印刷及后续发明的活字印刷技术高昂的制作成本和漫长的制作周期，都不足以支持大众传播；而从社会层面来看，当时的社会，识文断字的人很少，媒介（书本）的生产仍然垄断于少数人手中，其内容也受到中央和地方政权一定的控制，其传播始终被基本固定在了上层社会的圈子里。可见，中国古代的印刷技术并不足以使知识生产为少数人所垄断的局面有根本性的改变，印刷品与普通民众几无关系。在近代以前周而复始的改朝换代中，媒介既没怎么参与，也没起什么作用。"竹帛烟销帝业虚，关河空锁祖龙居。坑灰未冷山东乱，刘项原来不读书。"说的虽是印刷术发明前的事，但造反起家的"刘项们""不读书"，或许也是中国长期无法走出王朝周期率的一个重要原因。

　　与中国古代四大发明中另外两大发明火药和指南针一样，造纸术和印刷术虽然是中国人发明的，"但真正发现其价值、使之发挥巨大作用的却是别人"②。15 世纪中期，也许受到来自东方的印刷技术启发，德国人古登堡"发明"③了金属活字印刷技术，开创了印刷术的新时代，堪称出版业的第二次革命。当然，这与西方字母拼音文字形式有很大的关系，只有数十个字母与符号的文字比起以万计的中文文字来，铸字、排版要简单得多；比起汉字雕版或活字印刷术来，其革新的力度和影响要大得多。因此，到 15 世纪末 16 世纪初，印刷术在欧洲的主要城市已经普及。金属活字印刷术明显地提高了复制的质量和效率，降低了复制的难度和成本，故而加速了知识和信息的传播，推动了教育发展、文化普及、科学启蒙以及新的社会思潮的兴起和扩展。当中国文人还处于文字狱的恐怖之中时，欧洲近代民族国家的兴

---

① 梅琼林：《传播技术理论的现代历程及其文化反思》，《东南大学学报》（哲学社会科学版）2006 年第 4 期，第 76 页。
② 仲伟民：《茶叶改变世界——介绍〈绿色黄金：茶叶帝国〉》，《中华读书报》2009 年 10 月 14 日。
③ 无论史书记载还是考古发现都已证明最早的金属活字印刷出现在中国，这里所说的"发明"主要针对近代工业一门完整的工艺而言。

起、社会的进步已与印刷术紧密地联系在一起，出版和传播成为推动社会变革的重要因素。"书籍和报纸同18世纪欧洲启蒙运动是联系在一起的。报纸和政治小册子参与了17世纪和18世纪所有的政治运动和人民革命。"①

比较印刷技术在中外历史上的不同作用，我们不难发现，印刷术这种从发明的那一天开始就与思想文化紧密相连的独特技术的作用，脱离了一定的权力结构、文化传统和社会背景就无从谈起。"印刷术在西方与中国的不同命运由生产方式、社会运动、意识形态、文化传统、消费需求以及来自已有技术和既得利益的挑战等一系列的社会因素决定，这一系列社会条件与社会需求构成了同一种媒介在不同社会产生不同影响的背景范式。在具备了相应背景范式的西欧，印刷术就成为其近代化过程的重要动因，而在并不具备相应背景范式的中国，尽管技术的诞生早于西方，印刷术却并未对当时的社会发展产生至关重要的影响。"②

以上我们讨论了在印刷术发明后知识和信息传播的一般状况，那么，在学术传播领域，印刷术又有怎样的表现呢？实际上，在大众传播领域广为传播的新思想、新理念的源头在于学术研究。在全面介入西方社会运动的同时，在学术研究领域，印刷术也发挥了独特作用，其中最重要的就是为学术期刊的诞生提供了技术支持，搭建起了学术研究重要的交流平台，促进了学科化学术研究的全面发展。但是，这一结果的产生并不仅仅是技术的作用。与一般的社会运动不同，作为一种传统，学术自由的理念甚至可以追溯到中世纪。随着文艺复兴和宗教改革运动的兴起，特别是近代大学的诞生，学者群体的出现，使学术研究的独立和自由不仅是一种理念，而且逐渐成为一种现实。学术期刊的发展与这一过程是相辅相成的。首先，大学学者群体成为学术研究的主体；其次，学术是自由的，从研究对象到方法以及观点都可以自由地选择和表达；再次，自由的学术当然就不免学者间的公开对话和争议，便捷的学术交流也就成为必要；最后，交流需要平台，而印刷技术的逐渐成熟和普及为平台的不断拓展准备了必需的技术条件。可见，技术固然是学术期刊产生的条件，但专业的群体、自由的学术、交流的必要才是学术期

---

① 韦尔伯·施拉姆：《传播学概论》，新华出版社，1984，第23页。
② 崔林：《变革动因与背景范式——对互联网与印刷术社会作用与历史影响的比较》，《现代传播》2014年第5期，第123页。

刊发展壮大的必备条件，更是缺一不可的。

在这里，技术的作用体现在为学术交流搭建了一个平台，可以说，没有金属活字印刷术就不会有学术期刊。但是，作为学术交流平台的学术期刊的制作实际包含了编辑、出版以及传播三个环节，而与印刷技术直接相关的只有出版环节。从出版环节来看，学术期刊这种出版物的新形式——对论文、评论和其他学术信息结集、定期、连续出版，可谓将当时所能企及的印刷技术发挥到了极致。但从编辑环节来看，编辑并不仅仅是技术，用什么文章，如何组合也是一种知识的再生产过程，这不是印刷技术所能决定的，而取决于学术期刊的主编和编辑以及他们背后的学者群体。再从传播的环节来看，在纸本实物（期刊）传输的时代，似乎交通条件决定了传播的效率，实不尽然，受众的需求也许是决定传播效率更重要的因素。换言之，只有在期刊的内容能满足受众知识和信息需求时，传播才有意义，高效率的传播才有真正实现的可能。"内容为王"被奉为纸本时代的铁律，正是因为这个原因。而期刊的内容如何，这同样取决于学术期刊的主编和编辑以及他们背后的学者群体。

那么，是不是主编、编辑及学者就可以完全决定学术期刊的发展？并非如此。不论是学术研究还是学术期刊，自由都是一个相对的概念。在技术发展处于相对稳定的时期，国家权力和文化传统及社会环境对学术期刊发展的制约作用就通过学术传播秩序充分地体现出来。"人类在社会发展过程中创造了多种的传播方式，从口语传播、印刷传播到电子传播再到互联网传播，每种传播方式都有其保证自身顺利运行的传播秩序。"[1] 所谓秩序，指的是"一种在服从或遵从基础上形成的稳定状态或情势"，"秩序并不是具象的，而是由具象的制度、规则、安排等形成的一系列关系的总和"[2]。学术传播也不例外，也有着自己的传播秩序。"纸本时代的学术传播即是特指以纸张为介质、以平面印刷为出版技术支撑、以印刷品传输为渠道的学术传播过程。学术共同体和学术出版体制一直是构建学术传播秩序的主角，而构成学术传播秩序主体的是一系列制度。这些制度所规约的是始于学术信息的产生，经过学者研究写作、编辑加工、出版传输，终于读者阅读和学术批评

---

[1] 余晓阳、盘石军：《网络论坛传播秩序研究——基于哈耶克自生自发秩序理论的视角》，《东南传播》2012年第6期，第18页。
[2] 杨雪冬：《论作为公共品的秩序》，《中国人民大学学报》2005年第6期，第71页。

（评价）这样一个从学术信息生产到接受的过程。书、报、刊是纸本时代的主要平面媒体，其传播的内容、介质、方式、制作、渠道、市场、受众等都有一定之规。"[1] 在这里，谁是传播秩序的规约者，如何规约，即围绕学术传播而制定的制度和规则以及做出的安排的行为主体是谁，直接关系到传播秩序是否科学和合理，而印刷术则仅是提供了制度和规则的技术背景。

回顾学术期刊在西方的发展历史就会发现，关于学术期刊的一系列制度和规范是在三百年的历史进程中逐渐形成的。学术期刊最早产生于欧洲，世界上得到公认的最早的学术期刊是1665年诞生于法国的《学者杂志》和英国的《皇家学会哲学会刊》。在那之后的三百年间，西方学术期刊从形式到内容都逐渐走向成熟，与之相对应的，则是学术传播秩序的成形和趋于稳定，主要表现在以下几个方面。

其一，学术研究的主体——学者是学术期刊的当然创办者，关于学术期刊的一系列技术规范最初也都出自学者之手。随着学术期刊的发展，以及近代国家立法的健全，学术期刊的出版也被列入法律规约和保护的范围，从而形成了学术期刊出版体制。一般说来，学术期刊的注册制度成为决定学术期刊准入和退出的基本模式，学者似乎可控制学术期刊的结构和布局等与期刊发展息息相关的问题，但实际上，国家和代表某些集团意志的基金会以及跨国公司仍然可以通过对科学研究和学术期刊的投入和经营来实现必要的调控。

其二，学术期刊的创办和发展是与学科的壮大和学术共同体的发展同步的。"学术共同体"的概念自提出到被广泛接受实际上要晚于学术期刊的诞生，从某种意义上来说，学术期刊对于学术共同体的产生有着不可替代的意义。一方面，学术期刊"在学者和'门外汉'之间划定了一条明显的边界，因此对学者的学术生涯和学术共同体的运行至关重要"[2]；另一方面，学术期刊又是学术共同体的中心，"一个有生命力的学术期刊背后一定站着一个思想活跃的学术团体，而这个学术团体应该是一个世界性的学术共同体的有

---

[1] 朱剑：《学术共同体、学术期刊体制与学术传播秩序——以媒体更迭时代人文社会科学期刊转型为中心》，《澳门理工学报》2016年第3期。
[2] 张斌：《我国学术共同体运行的现状、问题与变革路径》，《中国高教研究》2012年第11期，第9页。

机组成部分"。[1] 如果没有学术期刊作为组织的公共平台，那么，共同体就难以聚合，其边界也难以清晰，共同体在研究中的作用也就难以发挥，学科的发展也会相应地受到阻滞。

其三，学术期刊成为学术传播的基本单元和中心所在。学术期刊所承担的定位学术共同体边界和中心的基本使命，要求学术期刊必须具有清晰的专业边界或问题边界，唯有这样的学术期刊，学术共同体成员才会对它产生归依感。正是这样的归依感的存在，学术期刊才得以内嵌于学术共同体并与之融为一体，使其因此而成为学术传播稳定的基本单元。终其纸本时代，学术期刊对学术论文的传播效率超越了可能存在的其他任何方式，具有不可替代性，学术期刊也有效地控制了相应的学术信息源，成为名副其实的学术研究和传播的中心。

其四，学术期刊完成了以专业、专题为主体的体系建构。随着学科的发展，学科的体系化必然要求学术期刊的体系化。学术期刊体系的构建是一个不断发展变化的动态过程，优胜劣汰和吐故纳新是常态，学术研究和学科发展的需要是调节期刊体系的动因和依据，而注册制则为学者自由创办新刊和淘汰旧刊以调整学术期刊结构、完善其体系提供了制度保证。

其五，作为传播终端的学术期刊，面向特殊的市场。学术期刊的流通主要通过商业发行渠道。这是因为，读者对作者所传播的学术信息的获取是通过选择性阅读学术期刊来实现的，面对众多的期刊，读者具有选择权，一本期刊是否受到读者欢迎，由市场来检验是最有说服力的。这个市场是通过与一般商品市场不同的标准来体现其特殊性的，这个标准就是能否满足学术研究的需要。因此，虽然通过市场调节，但本质上，一个学术期刊是否能为学术共同体所接受，仍然是判定其是否有存在价值的标准。

从以上几方面可以看出，三百年来，学术期刊作为学术传播的基本单元的属性并无质的变化，技术的作用就隐而不显了。传播的实际效率能否达到技术提供的极限，即能否发挥技术的最高效率，并不是技术本身所能决定的，而是由学术传播秩序所决定的。但决定学术传播秩序的并不仅仅是学术共同体，期刊体制对传播秩序的制约作用于是凸显出来。我们可以看到，在同样的技术条件下，由于期刊体制的不同，不同国家或不同区域的学术传播

---

[1] 原祖杰：《学术期刊何以引领学术——兼论学术期刊与学术共同体之关系》，《澳门理工学报》2014年第1期，第118页。

秩序及其效率是不尽相同的。

我们再来回看中国的情况。与有着三个半世纪漫长历史的西方学术期刊不同，中国学术期刊只有百余年的历史，而且从形式到技术都是舶来品。尽管脱胎于西方学术期刊，但中国学术期刊并没有完全复制西方，而是有着鲜明的中国式的特点。这些特点的形成，是因为它既植根于深厚的传统文化之中，也生长在特殊的历史环境之下。20世纪上半叶积贫积弱的中国战乱频仍，学术研究和学术期刊的发展均受到了诸多制约，从总体上来说，学术共同体的发育并不健全，现代学科体系和学术期刊体系更是未能最终形成。学术期刊的新格局始于1950年代。共和国成立后的几年中，中国科学院和重点高校都开始恢复或创办学术期刊。学术期刊获得较快发展则是在改革开放之后。至2017年，经新闻出版广电总局认定的学术期刊已达6000余种。[①]

自1950年代迄今60余年的发展历程中，中国学术期刊走的是一条不同于西方的道路。尽管印刷技术没有国界，但学术期刊体制却是有着鲜明的国家特色的。与西方普遍采行的注册制不同，中国学术期刊体制的核心是"审批制度、主管主办制度和属地管理制度"[②]。审批制度的关键是对刊号的把控；主管主办制度的关键是办刊主体是单位而非学者，从而由行政权力部门掌控了期刊准入、退出和日常管理。在这样的体制下，学术共同体事实上已失去了自主创办学术期刊的权利，学术期刊也就难以具备根据学术研究和学科发展的需要及时吐故纳新的灵活机制，由此形成了中国学术期刊的种种"体制病"，其最明显的症候就是学术期刊的"单位制"。学术期刊的创建者是"单位"而不是学术共同体，必然带来"学术期刊结构与布局极不合理、科学的学术期刊体系及其评价体系未能成功构建"[③]的后果。原教育部部长袁贵仁曾用"全、散、小、弱"来形容高校学报的现状，[④]其实，何止高校

---

① 《新闻出版广电总局第一批认定学术期刊名单正式公布》，新闻出版广电总局网站，http://www.gapp.gov.cn/sapprft/contents/6588/278907.shtml；《国家新闻出版广电总局正式公布第二批认定学术期刊名单》，新出报刊司〔2017〕196号。
② 李频：《数字时代社科学术期刊改革路径的思考》，《南京大学学报》（哲学·人文科学·社会科学）2014年第4期，第63页。
③ 仲伟民：《缘于体制：社科期刊十个被颠倒的关系》，《南京大学学报》（哲学·人文科学·社会科学）2013年第2期，第24页。
④ 袁贵仁：《新世纪新阶段高校社科学报的形势和任务》，《长沙大学学报》2013年第1期，第4页。

学报,多数学术期刊都是如此,体系化、规模化根本无从谈起。这样的学术期刊必然外在于学术共同体,内嵌于学术共同体的相互依存关系并不存在,学术共同体与学术期刊相疏离的情况在高校学报中表现得尤为突出,有些学者甚至根本不认同学报,从李伯重对多数学报是"学术垃圾场"[①]的指责到陈思和"不接受所谓学报体的论文"[②]的宣言,都充分说明了这一点。

显然,学术期刊的现状并不能满足学术研究发展的需要,然而,吊诡的是,学术期刊却仍然能作为学术研究的中心而存在,而且,其中心地位仍然十分稳固。究其原因,则在于学术期刊体制和与之异曲同工的科研体制和学术评价机制。在行政权力所认可的学术期刊发表学术成果,并以这样的期刊作为学术评价的基础,这使得无法自创期刊或者即使创设(如"以书代刊"的学术集刊)也得不到行政权力承认的学者们无法离开他们并不满意的学术期刊。可见,"学术期刊中心地位的获得,既来源于体制,也受到体制的保护",并非因学者的归依而自然形成"中心"。在中国围绕学术期刊的学术传播秩序的构建中,期刊体制或者说行政权力事实上已取代了学术共同体,成了独一无二的主角。

从以上分析可见,中国与西方在以学术期刊为中心的学术传播秩序方面存在着重大差别,当我们追究造成这些差别的原因时,技术方面的原因似乎可以忽略不计,在围绕学术期刊而形成的学术传播秩序的过程中,起主要作用的是学术期刊体制,而体制的背后,则是权力而非技术。终其纸本时代,无论中西,都是如此。

纸本时代,同样的技术条件下,同样以学术期刊为传播的基本单元,却完全可能产生不同的传播秩序,"技术决定论"并不能解释纸本时代的学术传播秩序的建立和运行,技术只是限定了学术传播秩序必须围绕学术期刊来建构,而所建构的秩序是否符合学术研究和学术传播的规律,则不是技术所能决定的。那么,"技术社会互动论"是否能解释这一现象呢?"互动论"认为:"技术与社会之间的互动在某种特定技术的纵向发展过程中可以分为三个不同的阶段:诞生期、成熟期和过时期。不同的阶段,二者之间的相互

---

① 司振龙:《大学学报何以是"学术垃圾生产地"?》,光明网,http://guancha.gmw.cn/content/2007-10/23/content_687396.htm。
② 蒋楚婷:《前沿文学理论丛刊〈文学〉创刊》,《文汇读书周报》2013年6月21日。

作用存在不同的强弱关系，表现为不同的决定形式。"在新技术的诞生期，"二者的关系主要体现为社会决定"；在成熟期，"二者的关系主要体现为技术决定社会"；在过时期，"二者的关系又回归到社会决定"。[1] 若以此衡之学术传播秩序的建立，则也不能得到圆满的解释。西方学术期刊产生于印刷技术走向成熟的时期，中国学术期刊则产生于印刷技术的成熟期，似乎更应该由技术来决定传播秩序，但我们看到的是，印刷技术不仅没能起到决定作用，相反退居到隐而不显的位置，由行政权力主导的学术传播秩序建立的过程中，技术所起的作用微乎其微。而在西方，恰恰是在印刷技术完全定型后跨国传媒集团大肆介入学术传播，期刊出版的规模化就是直接后果，在加速了传播效率提升的同时，也不可避免地侵犯了学术和学者的利益。因此，在纸本时代，技术所能达到的最高效率在学术传播中并没有完全释放出来，在中国尤其如此。于是，我们才看到，在不同的国度，有着不同的学术传播秩序，也有着不同的困扰。当中国学术传播饱受行政权力指挥效率低下而受到学界批评时，基本由市场支配的西方学术传播则逐渐为大型跨国传媒集团所垄断，对利润的疯狂追求同样为西方学界所诟病。技术的进步，并不能自然导向科学的传播秩序的必然建立。传播秩序只是在技术的基础上各种权力博弈的结果。

那么，在新技术的诞生期和旧技术的过时期，技术在学术传播中的作用是否如"技术决定论"或"技术社会互动论"描述的那样呢？

二 数网时代：对传统秩序的挑战

"纸本时代"之所以得名，是缘于在传播领域，纸张及其所载之文字、图片一直是主要甚至唯一的信息记录工具和介质，但这种情况在纸本时代的后期发生了变化。1830 年代和 1870 年代电报、电话等技术的发明，实现了脱离纸张的远距离信息传送；稍后录音、摄影和电影技术的发明，实现了对动态声音和影像的记录，以磁性材料和胶片为介质的音像制品问世，使得纸张为唯一介质、文字及图片为主要信息形式的格局被打破了，信息形式逐渐

---

[1] 吴廷俊、韦路：《传播技术的演进模式及其与社会的互动关系》，《河南社会科学》2008 年第 1 期，第 141~142 页。

增多。虽然对动态音像的制作和复制（拷贝）也被视为出版甚至被视为印刷，但所依凭的是完全不同于传统印刷技术的光电技术。光电产品问世之后，并未挤占书、报、刊等传统平面媒体的市场，这是因为音像出版物（唱片、电影等）的介质材料及复制和再现技术设备远比纸张及印刷技术昂贵和复杂。于是，传统印刷技术与光电技术在传播领域井水不犯河水地并行了几乎一个世纪。

根本性的变化始于20世纪后期，随着电子计算机特别是微型计算机技术的突破，数网技术问世。在理论上，数字技术可以使几乎所有的信息形式（无论是静态的文字和图片，还是动态的声音和影像）都可以转换为数码并予以记录、储存和还原，而互联网技术则可以实现无障碍地传输并在各种终端再现。也就是说，只要有足够快捷的运算速度、足够容量的储存介质、足够宽广的传输通道、足够灵活的终端设备，再辅之以各种编辑制作软硬件，数网技术即可完全具备并超越传统印刷技术和光电技术的能力。这一系列条件在20世纪90年代基本齐备，凭借强大的信息处理和传输能力，数网技术终于突入出版业，开始全面取代传统印刷术和光电技术，出版业迎来了第三次革命。与前两次革命相比，第三次革命堪称最为彻底，有形介质——纸张、磁带、胶片等为无形介质数码取代，实物传输为互联网取代。至21世纪，随着移动互联网技术的突飞猛进和迅速普及，不论何种形式的信息传播几乎都可以跨越一切时空障碍，瞬间传遍世界的每个角落。数网技术编辑制作之便、复制精度之高、出版成本之低、传播速度之快，传统技术根本无法望其项背。

于是，新媒体应运而生。所谓"新媒体"，实际上是一个非常宽泛的指称，当指那些不再以传统媒体形式（如纸本）为主要媒介，而利用数字技术制作产品，并通过互联网及移动网络，为用户提供信息和服务的媒体。比起出版物形式单调的纸本时代，基于数网技术的新媒体从媒体形式到媒体技术再到媒体从业者都可以与传统媒体无直接关系，即新媒体不一定要在传统媒体的基础上生成，"跨界"成为一种"新常态"。这一特点对互联网时代的传播模式从发生变革到走向定型可谓影响至深。如果说第一次出版革命催生了面向社会上层精英的书籍，第二次出版革命催生了报纸、期刊等面向大众的平面媒体，那么，第三次出版革命则催生了多种信息载体并能满足几乎所有人个性需求的新媒体。我们有幸亲身经历第三次出版革命这个激荡年代，可以见证新技术是如何推动媒体变革乃至社会变革的。

进入21世纪以来，以新技术武装起来的新媒体似乎正以摧枯拉朽之势将传统媒体一一逐出其固有领地，不断地宣示着其在传播领域主宰一切的欲望和能力。传统媒体最先失守的是大众传播领域，无论是曾风光无限的都市报，还是标王迭出的电视台，皆因受众流失、广告锐减而出现了"断崖式衰落"，"传统的大众传播模式正在遭遇前所未有的挑战"。[①] 由于受众面宽广，传统大众媒体的衰落给人印象极其深刻，使人们觉得，似乎在面对新媒体挑战之时，所有的传统媒体都不堪一击。然而，在新媒体扫荡一切的狂风暴雨之后，我们发现，尽管原有阵地正在不断地丢失，但传统媒体仍在顽强地抵抗和生存着，其中，作为纸本时代最重要的学术媒体的人文社会科学期刊之顽强尤为引人注目："当新媒体在大众传播领域风生水起、传统媒体节节败退之时，在人文社会科学领域，传统学术期刊在学术传播中的中心地位不仅没有被新媒体取代，相反，似乎越来越稳固了。显然，在遭遇数网技术挑战的大环境下，中国人文社会科学期刊与国际学术媒体以及大众媒体处境有所不同，而这个不同被我们忽略了，当我们将关注点集中于学术期刊的数字化转型之时，传统学术期刊却表现出了异乎寻常的生命力。"[②] 由于这种生命力恰恰是在遭遇新技术的挑战时体现出来的，因而为我们弄清变革时代新技术的作用提供了一个可资分析的极好的案例。

学术期刊得以在新媒体的挑战下顽强地生存下来，并非其天然地与新技术无关，恰恰相反，在诸种媒体中，学术期刊是最早遭遇数网技术的媒体之一。如果从1990年代中期清华大学中国学术期刊（光盘版）电子杂志社问世时算起，学术期刊数字化的历史已有20年了，而在20年前，在大众传播领域，纸本都市报的好日子刚刚开了个头，根本觉察不到数网技术可能带来的威胁，但在学术传播领域，变化却是从那个时候就开始了。

"光盘版"最有价值的创意有二：其一是对纸本学术期刊进行数字化储存；其二是信息的聚合。尽管"光盘版"仍属于实物传输，但离互联网传播只有一步之遥了，先数字化聚合再传播的模式非常切合互联网平台的特

[①] 李光斗：《传统媒体的断崖式衰落 期待互联网思维发展》，《重庆商报》2014年3月3日。

[②] 朱剑：《学术新媒体：缘何难以脱颖而出？——兼及学术传播领域媒体融合发展》，《北京交通大学学报》（社会科学版）2015年第4期，第7页。

点。所以,短短数年之后的 21 世纪初,在"光盘版"的基础上,中国知网(CNKI)即正式上线。这个号称"信息内容是经过深度加工、编辑、整合、以数据库形式进行有序管理的,内容有明确的来源、出处,内容可信可靠,比如期刊杂志、报纸、博士硕士论文、会议论文、图书、专利等等"的CNKI,如今"已集结了 7000 多种期刊、近 1000 种报纸、18 万本博士/硕士论文、16 万册会议论文、30 万册图书以及国内外 1100 多个专业数据库。其中博士/硕士论文、会议论文及部分数据库为一次出版,期刊、图书、报纸等为二次出版。如此大的网络出版规模在世界上也是绝无仅有的"。[①] 中国学术期刊数字化互联网传播的最初模式就此确定。

在这个世界上"绝无仅有"规模背后的是一种什么样的模式呢?首先,学术期刊从起步时就将数字化传输交给了第三方——商业化的期刊数据库公司。继中国知网之后,与其相类的万方、维普、龙源等今都已成为人们耳熟能详的期刊数据库。应该说,在各色各类传媒中,没有哪一类出版物像学术期刊这样主动放弃数字版权而完全听任第三方经营的。其次,既然版权已拱手相让,学术期刊也就失去了期刊数据库建库模式的决定权,而期刊数据库经营者做的第一件事就是毫不犹豫地将所有期刊全部拆解为单篇文献,将单篇文献作为售卖亦即传播的基本单元。再次,将由期刊拆解而来的数量庞大的单篇文献置于统一的平台上,以包库的形式向各高校和学术研究单位出售,这是期刊数据库最主要的销售渠道,同时也接受个人以"篇"为单位的购买。为配合这样的销售(传播)模式,中国知网特别制定了《中国学术期刊(光盘版)检索与评价数据规范》,以统一出自不同杂志社和编辑部的期刊的编排规范,并据此统计和发布各类评价数据。最后,期刊数据库逐渐垄断了学术期刊的数字化传播。

期刊数据库经营者之所以能实现对学术期刊传播的垄断,掌握并充分利用了新的传播技术当然是首要因素。如果仅从技术的角度考察,相较于纸本期刊的实物传输,数字化网络传播的优势主要体现在两个方面:其一,传播速率质的飞跃。纸本时代,学术期刊是学术传播无可替代的中心,学术传播

---

① "CNKI 即是中国知识基础设施工程(China National Knowledge Infrastructure)。CNKI 工程是以实现全社会知识资源传播共享与增值利用为目标的信息化建设项目,由清华大学、清华同方发起,始建于 1999 年 6 月。"("CNKI",百度百科,http://baike.baidu.com/item/cnki)

在空间上呈现出从中心（期刊）到边缘（读者）的放射状特征，传播的效率与中心到目的地的距离成反比。互联网时代，互联网的扁平化结构彻底改变了中心—边缘的传播模式，实现了共时空传播，在地域上也就没了中心与边缘的区分。"电子媒介克服了空间的隔离，不再使人们限制在一个给定的信息系统中。"① 其二，传播能力质的飞跃。纸本时代，学术传播依靠的是实物介质（纸张），只能传播有限信息，所依赖的印刷技术只能实现有限复制，故而读者阅读受到诸多限制。互联网时代，若凭借聚合型数字平台，可以汇聚天量的信息，复制和传播的成本极其低廉，可以轻而易举地实现无限制的阅读。的确，"网络传播将传播之外的干扰因素减少到最低"②。因此，新技术在介入学术传播之初就显示出了自身无与伦比的威力。

但是，我们同时也应该看到，仅仅凭借新技术，还成就不了中国知网等期刊数据库空前的成功，垄断局面之形成，除了技术因素外，期刊数据库经营者给自身的定位所显示出来的战略眼光也是一个重要原因。比如中国知网，尽管他们有时声称自己就是"出版平台"，有时又说自己是"数字图书馆"，似乎身份有些模糊不清，但他们将自己的业务范围严格限定在期刊出版之后到读者阅读之间，亦即是一种销售商和图书馆的合体。这样的不涉足真正的期刊出版业务的定位，当然不能排除其不具备期刊编辑实力的原因，但更主要的原因在于可以在确保赢利的同时，不仅能避开期刊体制的羁绊，而且还能得到官方的支持。如《中国学术期刊（光盘版）检索与评价数据规范》就得到了新闻出版总署等行政主管部门的首肯；③ 2007 年，中国知网《中国学术期刊网络出版总库》还获得了首届中国出版政府奖，《中国博士学位论文全文数据库》《中国年鉴网络出版总库》分获提名奖。④

以中国知网为代表的"期刊数据库模式"虽然没有触及期刊体制，但是，一个新的传播模式的诞生必然会带来对既有传播秩序的冲击，而冲击的

---

① 陈力丹：《试看传播媒介如何影响社会结构——从古登堡到"第五媒体"》，《国际新闻界》2004 年第 6 期，第 34 页。
② 赵云泽：《论网络传播对国际传播秩序均衡化影响》，《国际新闻界》2003 年第 3 期，第 42 页。
③ 参见中国学术期刊（光盘版）编辑委员会：《中国学术期刊（光盘版）检索与评价数据规范》，CAJ-CDB/T 1-1998，前言。
④ 中国出版政府奖评奖工作领导小组办公室：《首届中国出版政府奖名单公示》，中国政府网，http://www.gov.cn/gzdt/2007-11/05/content_796413.htm。

后果则表现为以下几方面的变化。

(1) 阅读习惯的改变：从读"刊"到读"库"

这要从人们对学术期刊的阅读习惯说起。由于中国学术期刊特殊的结构（综合性期刊多于专业期刊），纸本时代读者对期刊的使用主要有两种形式：一是通过日常订阅以获得具有引领性学术信息的必读期刊；二是研究课题确定后通过检索以获得具有参考价值的相关期刊。据此，我们可将期刊分为两类。前者是学术共同体认可的本专业权威期刊。所谓引领学术，说的就是这类期刊。阅读这类期刊，可以准确而及时地把握学术动态、捕捉学术热点，调整和推进自己的研究。后者大多不具有清晰的学科或问题边界，学术共同体与这些期刊没有多大关系，读者对这些期刊是否会发表自己感兴趣的论文无法事先知晓，也就不会有明确期待，故不会订阅，只是在确定了研究课题后为全面了解和比较已有研究成果时通过检索来查找。这样的阅读，对于研究来说也是不可或缺的，但其意义远逊于前者，真正吸引读者的，与其说是这本刊物，不如说是其中的某篇论文。因为检索，才有阅读，是这类期刊与读者"见面"的通常方式。综合性期刊特别是高校学报大多属于此类。

理解了阅读习惯，就不难理解期刊数据库何以异军突起。由于作为学术共同体共享平台的专业期刊严重缺乏，学者搜集散布于多种边界不清晰、内容不确定的期刊中的相关论文成为十分烦琐的工作，纸本时代尤其如此。因此，当期刊数据库将以综合性期刊为主体的众多期刊（包括"过刊"）拆解成单篇论文置于同一库中，读者利用数据库搜索引擎即可将这些分散于各个时期、各种期刊中的相关论文集中起来，原本十分困难的搜集工作已变得简单易行。这是期刊数据库带给读者的最大好处。不知不觉间，读者阅读学术文献的习惯发生了彻底改变：由读纸本的期刊变为读数据库。对于综合性期刊来说，期刊数据库取代纸本期刊，成为其传播的主要甚至是唯一的渠道，今天已是不争的事实。尽管许多期刊也建立了自己的数字传输网站（网页），但大都乏人问津。可见，缺乏学术共同体支撑的期刊各自独立的数字传输与信息聚合型的期刊数据库相比没有任何优势。期刊数据库满足的正是第二类阅读需要，但仅依靠这样的阅读，入库期刊永远也成不了引领学术的第一类期刊。

与综合性期刊不同，专业期刊特别是其中的权威期刊，其传播似乎不必依赖期刊数据库，但是，这样的期刊毕竟是少数，多数"单位制"的专业期刊因其开放度不够，或太深的"单位"烙印，很难归入第一类期刊，它们的传播也主要靠期刊数据库。而且，在读者读"库"的习惯养成后，即使权威期刊，读者也更愿意通过数据库阅读，数据库所具有的在线阅读、过刊阅读、即时下载功能皆非纸本期刊可以比拟。因此，读者阅读习惯的改变其实针对的是所有期刊。可见，期刊数据库之所以能够迅速垄断人文社会科学期刊的传播，为读者提供了更便捷的阅读体验也是重要原因之一。

（2）传播中心的转移：从期刊到单篇论文

随着期刊数据库这样的数字传播平台的出现，纸本期刊在传播领域的地盘正在急剧萎缩，甚至几近于销声匿迹。改变始于传播介质，却不限于介质；在介质改变的同时，更为根本的改变发生了，主要有二。

其一，期刊不见了，期刊这一在纸本时代不可拆解的传播单元在期刊数据库中已是支离破碎。"任何一家期刊，在这些库中都不再以独立的形式存在……以最常见的方式检索，如题名、作者名、关键词，所得到的是来自各种期刊的一篇篇论文。因此，这样的数据库对读者阅读方式的改变，已不仅仅是介质上的——纸本的还是电子的，而且，更是实质上的——期刊不见了，因期刊而存在的刊物特色、编辑思想、编排风格、专栏结构、各专栏间的呼应对话统统不见了。社科期刊这一独立存在的个体已迷失在网络的海洋之中。"①

其二，传播中心的转移。随着学术期刊被无情地拆解而在期刊数据库中不复显现，作为纸本时代学术传播基本单元的期刊，必然为新的传播单元所取代，而期刊数据库显然把重建传播单元这一不能省略的程序给省略了，只有拆解，而不事重构，直接以单篇论文作为传播的基本单元。当期刊数据库成为学术传播的主要甚至唯一渠道时，学术传播的中心也就从期刊移向单篇论文。

（3）传播主体的改变：期刊被虚化

由于以上两种变化的发生，必然导致第三种变化——期刊被虚化——的出现。由期刊数据库所垄断的数字传输，彻底改变了以学术期刊为中心的学术传播基本路径（见图1）。

---

① 朱剑：《徘徊于十字路口：社科期刊的十个两难选择》，《清华大学学报》（哲学社会科学版）2007年第4期，第87页。

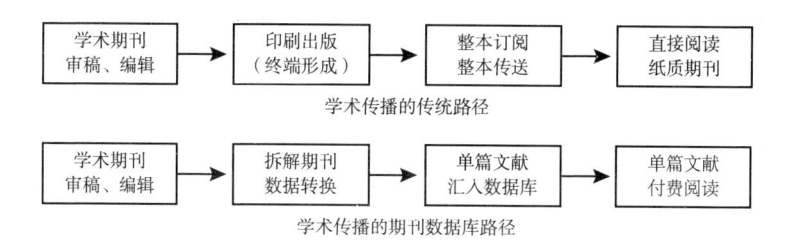

```
学术期刊      印刷出版      整本订阅      直接阅读
审稿、编辑 →  （终端形成）→ 整本传送  →  纸质期刊
              学术传播的传统路径

学术期刊      拆解期刊      单篇文献      单篇文献
审稿、编辑 →  数据转换  →  汇入数据库 →  付费阅读
              学术传播的期刊数据库路径
```

图1　学术传播路径对比

如图1所示，期刊数据库网络传播路径的开辟实际上是以虚化学术期刊为开端的，这就产生了一个问题，在这个平台上传播的还是不是学术期刊？或者说学术期刊在这样的平台上处于一种什么样的地位？一个产品辛辛苦苦被生产出来，还没到用户手中就被拆成了零件来卖，那么，为什么还要生产这个产品？事实上，学术期刊已经丧失了传播主体的地位，沦落为零件（单篇论文）的供应者，而期刊数据库却没有能力来重新组装这些零件，以重构传播的基本单元，整个期刊数据库也就成了一个堆满零件的硕大无朋的仓库。

（4）失衡的平台：丢失了前半程的期刊数据库

期刊数据库新的传输路径的开辟并赢得了读者，这是读者在比较了纸本期刊后做出的选择。但是，新的学术平台真正形成了吗？我们通常所说的学术平台，包含两层意思，一是发表平台，二是传播平台。在纸本时代，这两个平台是合一的，即学术期刊是集发表与传播两个功能于一体的公共平台。但是，由于期刊专业化、体系化建构的缺失，这个合二为一的平台存在着重大缺陷，就是大量期刊与学术共同体的疏离致使其传播效果不佳。"高校学报和各省市社科院办的期刊呈现出多学科的综合性和稿源的内向性特征，读者定位并不清晰……给读者的阅读带来了一定的困难……为解决这一问题，二次文献期刊应运而生。"[①] 实际上，二次文献期刊承担的是大量期刊本应具有的传播平台功能。由于传播功能不佳，必然影响期刊发表功能的正常发挥。可见，即使在纸本时代，多数学术期刊在学术平台的两层意义上都没有做到最佳。期刊数据库只是接过了纸本学术期刊的传播功能，而不是一个发

---

① 仲伟民：《缘于体制：社科期刊十个被颠倒的关系》，《南京大学学报》（哲学·人文科学·社会科学）2013年第2期，第24页。

表平台。这就形成了一种奇特的现象：学术论文必须在事实上已丧失了传播作用的纸本学术期刊上发表，而其传播又必须靠数据库来实现。也就是说，学术期刊的数字化仅限于后半程（传播），而没有前半程（编辑出版）的后半程必然不会完美，这就使新技术的效用大打折扣。

以上发生在传播阶段的变化无一不昭示了学术期刊传播中心地位的丧失，但这并没有直接危及学术期刊作为学术研究中心的地位，因为学术期刊对学术论文"发表"的专属权是体制所赋予并给予保护的，只要体制不改，学术期刊就仍能保有对信息源（学术论文）的垄断权，而传播中心地位的丧失只不过丢失了纸本的发行市场而已。作为并不靠市场收回成本的中国学术期刊，丧失纸本市场尚不致触发生存危机，而从某种意义上来说，期刊数据库实现了比纸本更好的传播，反而令学术期刊在研究中的中心地位更加巩固。这一点与大众传播截然不同。对于大众传播来说，信息源和传播渠道两者，只要失其一，就必然面临生存危机。所以，在传统大众媒体断崖式下跌的同时，学术期刊的地位仍然岿然不动。

由此我们不难看到"期刊数据库模式"的巧妙之处：学术期刊在科研中的中心地位保持不变的同时，实现了数字化传播；期刊数据库则因垄断了期刊传播而实现了高额利润；而现有期刊体制也能在编辑出版环节继续发挥规约作用，至于传播环节，并非期刊体制规约的重点，期刊体制规约的重心在于对信息源的控制，以保持学术出版的可控和稳定。然而，在这皆大欢喜的盛宴背后却已潜伏了危机。

首先，学术期刊因放弃了市场而失去了几乎所有的发行收入，永远也不可能成为市场主体。中共中央办公厅、国务院办公厅于 2011 年发布的《关于深化非时政类报刊出版单位体制改革的意见》曾指出包括学术期刊在内的非时政类报刊"存在数量过多、规模过小、资源分散、结构不合理、市场竞争力弱等突出问题"，并将改革的方向确定为"分期分批按照规范程序完成非时政类报刊出版单位的转企改制，使其成为能独立承担社会法律责任的市场主体"。[①] 期刊数据库模式与这一改革方向并不吻合。

其次，比市场主体地位更为重要的是学术期刊数字出版和传播的主体地

---

① 中共中央办公厅、国务院办公厅：《关于深化非时政类报刊出版单位体制改革的意见》（2011 年 5 月 17 日），中办发［2011］19 号。

位，期刊数据库模式实际上已使学术期刊这一地位也基本丧失了，从而也就阻断了中国学术期刊通过数字化转型实现体系化和规模化构建的道路。学术期刊虽然仍保持了对学术信息源的控制而保住了在研究中的中心地位，但那只是纸本时代的某种延续，数字出版和传播主体地位的丧失终将危及对学术信息源的控制。

再次，由于期刊数据库实现了对传播平台的垄断，为追求高额利润，势必利用其垄断地位不断提升价格，造成了传播的新的障碍。2016年3月，北京大学图书馆与中国知网续费问题谈判纠纷的消息所引发的轩然大波可谓最好的例证。[①]

最后，由于中国特有的期刊样态，面对如此之多的综合性期刊，建立与学科配套的专业化期刊数据库几无可能，随着汇集了各学科论文的期刊数据库平台信息量的激增，传播不可避免地陷入了无序和混乱。读者很快就发现，在搜集资料的难度大大下降之后，鉴别资料价值的难度却在不断增强。通过检索进行阅读，无论用哪种方法，高价值信息都会受到垃圾信息的干扰，甚至为垃圾信息所湮没。随着平台信息量的快速增长，阅读效率呈现出不断下降的趋势。[②]

期刊数据库的创设者并非出自学术期刊界，而是跨界进入的，他们所依凭的正是新技术，这完全符合互联网时代传统行业中新业态出现的特点。期刊数据库的存在及其在传播中作用的发挥，已用事实说明，通过对期刊的虚化是可以挑战并突破以学术期刊为基点的传统学术传播秩序的，但其所带来的危机也说明，突破传统秩序并不意味着数网时代新的传播秩序就此建立。构建新秩序，并非其不愿为——毫无疑问，这也是期刊数据库创设者的愿望，以单篇论文为传播的基本单元的建库模式的建立、统一的期刊编排规范的制定，以及为此而寻求行政权力部门的支持，都是为了能够构建符合其利益需要的传播新秩序而做出的努力，而是其不能为——作为新秩序的构建者

[①] 参见北京大学图书馆《"中国知网"可能中断服务通知》（http://www.lib.pku.edu.cn/portal/news/0000001219?from=singlemessage&isappinstalled=0）及相关报道。
[②] 仅以中国知网为例，在CNKI平台上，以单篇形式存在的文献规模十分巨大，达到了以亿计的量级："总量10190万篇。文献类型包括：学术期刊、博士学位论文、优秀硕士学位论文、工具书、重要会议论文、年鉴、专著、报纸、专利、标准、科技成果、知识元、商业评论数据库、古籍等。"（参见中国知网网站，http://www.cnki.net/indexv1.htm）

的资格条件,除了能力,还有身份,如前所述,构建学术传播秩序的主体理应是学术共同体,而现实中则是行政权力,但期刊数据库的创设者既不属于学术共同体,也没有获得体制所认可的学术期刊出版者的身份,加之商业公司对最大利润的追求,使其无论能力还是身份,都有欠缺。所以才会有其所制定的千刊一律的学术期刊编排规范,而无视不同学科期刊需有不同编辑规范的常识,才会有其所建立的以单篇论文为基本传播单元的传播模式,而不顾学术研究和学术传播的基本规律。因此,伴随期刊数据库运行的,是来自学界从未间断的批评和诟病之声。可见,期刊数据库虽然用事实突破了传统学术传播秩序,但对于构建数网时代学术传播的新秩序却心有余而力不足。如何构建学术传播新秩序于是就成了一个悬而未决的问题。

在回顾了这段学术期刊数字化历史后,我们似乎证实了,在学术传播领域,决定印刷技术的过时期和数网技术的诞生期传播样态的,的确,社会因素要重于技术因素,但是,如果就此认为新技术的作用不过如此,未免言之过早。新技术决定不了传播秩序的现象其实只是出现在体制可以比较严格地控制的学术传播领域,而在大众传播领域则是另一番景象。即使在学术传播领域,技术的作用也远非到此为止。

三 学术国际化时代:传统秩序难以为继

从印刷技术到数网技术,技术的发展无疑一直在推动着学术传播样态的改变,但在现实中,不管是在新技术的诞生期,还是在成熟期,技术似乎从来都没有起到决定性的作用;然而,我们又发现,在不同的传播领域,新技术的作用却有不同的表现,它在大众传播领域可令新媒体风生水起,而在学术传播领域却无法催生拥有独立信息源的学术新媒体。笔者曾撰文分析过学术新媒体难产的原因:"学术信息源与受众的单一性使学术期刊得以垄断信息源,学术期刊体制的特殊性使学术新媒体无法获得合法的学术传媒身份,学术评价机制的不合理使学术新媒体不能成为评价对象,故独立的学术新媒体始终没能产生。"[①] 除这些原因以外,还有一个必须考量的十分重要的原

[①] 朱剑:《学术新媒体:缘何难以脱颖而出?——兼及学术传播领域媒体融合发展》,《北京交通大学学报》(社会科学版)2015年第4期,第7页。

因，就是传播系统的开放度。作为相对独立的传播系统的学术传播，在纸本时代，基本是在以国度或地区为界域的范围内运行，具有鲜明的语言文化、历史传统、意识形态特色的人文社会科学更是如此。从体制设计来看，在一个封闭的环境里，只要控制了期刊的准入和退出，就能维持学术传播秩序的稳定。

但是，随着冷战时代的结束，全球化潮流的兴起，传统封闭领域的开放成为大势所趋，而恰逢其时问世的数网技术，无疑起到了推波助澜的作用。"如果说印刷术的普及有助于'民族—国家'在近代的兴起，那么当今互联网的普及，则让人们开始超越以'民族—国家'为单位看待历史发展的视角，看到了世界各个地区、各个文化之间的频繁互动和交流。这些交流和互动，借助互联网，常常突破了国家（边境管辖）的限制，甚至根本就不为国境所束缚。"[①]在学术研究领域，与全球化潮流相对应的是学术国际化和学术期刊国际化，而且又与数字化的潮流汇聚在一起。"1990年以来，国际主要期刊出版者的投资主要集中在数字出版领域。目前，Elsevier, Springer 等国际一流期刊出版机构已基本完成了由印本出版模式向数字出版模式的演变。"[②] 随着学术国际化和学术期刊国际化大幕的开启，原来相对封闭的国内学术传播领域出现了新的传播主体和传播方式的强势介入，从而为虽然因期刊数据库模式而遭遇了一定危机但仍基本稳定的学术传播秩序平添了诸多不稳定因素。

（1）国际学术传媒集团的"入侵"

与中国稳定的期刊体制下的学术期刊不同，国际学术期刊因其与学术共同体的紧密关系而保持了自身不断更新的活力。"例如，国外的办刊者只要有一定的经费、场地和学术号召力，就能申请ISSN号，聘请编辑创办一份科技期刊公开发行；当这份期刊经营几年后拥有一定学术影响时，就会有大型学术期刊机构与期刊所有者谈判进行收购，将其并入大型学术期刊机构的期刊群。但在这一过程中，大型学术期刊机构可以保证该期刊的主编和编委会以及学术编辑不发生人员变动，只是常规编辑因期刊收购而

---

① 王晴佳：《互联网的普及与历史观念的变化》，《史学理论研究》2011年第4期，第8页。
② 任胜利：《国际学术期刊出版动态及相关思考》，《中国科技期刊研究》2012年第5期，第703页。

发生变动。"① 西方发达国家的学术期刊由于与学术共同体关系比较紧密，早在纸本时代就已完成了专业化的体系构建，数网技术的引入可谓水到渠成，现大多已顺利地完成了数字化转型，并实现了规模化发展，数网技术使之进入了前所未有的更具竞争力的新时期，开始了世界范围的大肆扩张。

在改革开放前，除了少量自然科学论文发表于国际学术期刊，中外学术期刊几无交集，在人文社会科学领域，中外期刊之间更不存在稿源和发行市场的争夺问题。随着中国持续数十年的改革开放不断深入发展，中国学术国际化的步伐大大加快了，中外学术交流日益广泛和深入。在这一背景下，一方面，以输出中国学术、构建中国学术话语权为核心的中国学术国际化的冲动从来没有像今天这样强烈，在国际学术期刊上发表中国学者的论文成为国际化的一条捷径；与之相对应的是所谓国际化的学术评价标准，将在国际学术期刊发表论文作为评价学术成果优劣的重要甚至唯一指标。另一方面，历来重视市场的国际学术传媒集团当然不会放弃开放的中国这一具有良好前景的广阔市场。因此，其旗下的数字化专业期刊群吸引了来自中国的大量稿源。近年来，每年约有20万篇次出自中国学者之手的学术论文刊发于SCI期刊，而SSCI、A&HCI期刊的中国作者比例也在不断上升。与此同时，中国高校和科研机构开始大量采购国际学术传媒集团旗下的集群期刊及其数据库。可见，学术平台的国际化趋势已不可逆转，而重要的国际学术平台基本上都被国际学术传媒集团所垄断。"目前绝大部分有名的科学刊物都被施普林格•自然、爱思唯尔和威立三大国际出版集团瓜分"②，它们因此也成为当下国际学术传播秩序的制定者和维护者，尽管它们所制定的规则不断遭遇学界的抵制，但这种格局因其拥有强势的平台资源而一时很难改变。

这些国际学术传媒集团旗下的学术期刊绝大多数都是要向作者收取数额不低的版面费的，"保守估计，每年，（中国）学术界向国外出版商'进贡'的论文版面费总计有数十亿之多，惊心触目"③。但也有学者认为这样的现象仍属正常，天下没有免费的午餐，这些期刊毕竟因其权威而实现了更好的

---

① 何学锋：《学术杂志集约化时不我待》，中国科技网，http://www.wokeji.com/kjrw/kjzmr/201601/t20160113_2144240.shtml。
② 刘力源：《江晓原：学术出版"寡头政治"能持续多久？》，《文汇报》2017年5月5日。
③ 林贤祖：《学术界每年向国外"进贡"数十亿的论文版面费，惊心触目》，http://www.kunlunce.cn/ssjj/guojipinglun/2015-12-19/16630.html。

传播。比如，北京师范大学生命科学学院牛登科教授就认为："这些出版商、收费期刊是具有一定学术水准的，来稿不拒的现象不可能存在。"[①] 虽然不能排除国际学术期刊中有的纯粹以牟利为目的，甚至是利用中国不健全的学术评价体系而为中国作者应付科研考核和学术评价量身定制的，但是，从总体看，国际学术传媒集团旗下的专业化刊群，其学术质量大多是有保证的，且是得到国际学术界认可的。不管我们如何看待中国大量优秀论文外流这一事实，我们都无法低估国际学术传媒集团在中国学界的影响力。

在国际化大潮的侵袭下，随着大量优秀论文的外流，中国自然科学的国际交流程度较之改革开放前有了极大的提升，但中国自然科学原有阵地（自然科学期刊）却难以挽回地没落了。"自然科学国际化之所以迅捷，一个十分重要的原因是省略了自建有效的国际交流平台这一程序，而直接利用'国际公认'的交流平台——SCI，为此甚至不惜以自毁平台——中国自己的学术期刊为代价。"[②]SCI虽然只是一个引文数据库而不是学术期刊出版机构，但其选择来源期刊的标准还是把非西方国家期刊和非英语期刊基本排除在外，从而客观上强化了国际学术传媒集团对国际学术传播的垄断地位。这就使得在与国际学术传媒集团的竞争中，单兵作战的中国传统学术期刊处于明显劣势，高校综合性自然科学学报因语言原因和缺乏清晰的学科边界，几乎不可能进入SCI期刊目录，处境尤其艰难。在日趋激烈的国际竞争中，中国知网等国内期刊数据库建库模式的弊端更是暴露无遗，只有拆解，没有重构，只见论文，不见期刊，根本无法形成期刊集群和品牌效应，更谈不上帮助期刊提升竞争力了。令人忧虑的是，近年来人文社会科学的国际化，事实上已形成了对自然科学国际化的路径依赖，与SCI崇拜相仿，SSCI和A&HCI崇拜在人文社会科学领域也悄然兴起。如果中国期刊数据库模式不改，人文社会科学期刊要指望通过它们来参与并赢得国际竞争，无异于缘木求鱼。

面对国际学术传媒集团的垄断行为，中国学者和期刊人也曾试图创办属于自己的英文学术期刊，参与国际竞争，但结果却不理想，并非学者和期刊

---

① 《为发论文，每年"进贡"国外数十亿？》，《半岛都市报》2015年12月30日，http://bddsb.bandao.cn/data/20151230/html/23/content_2.html。

② 朱剑：《学术评价、学术期刊与学术国际化——对人文社会科学国际化热潮的冷思考》，《清华大学学报》（哲学社会科学版）2009年第5期，第133页。

人不努力，实囿于期刊体制。"由于国内一号难求，所以，中国机构不得已通过国外出版社的帮助来申办 ISSN 号。而因为刊号是外方申请的，所以，中国机构在版权谈判上往往处于不利地位；再加上国际出版的经验不足，所以许多中国机构最终放弃刊物版权，落得个'辛辛苦苦为谁忙，到头来为他人做嫁衣裳'。"[①] 美国物理协会（APS）期刊编辑部主任丹尼尔·库尔普曾言："仅从物理学角度而言，中国期刊的影响力还在婴儿期"，"中国科学家、研究人员以个体名义的投稿多起来了，但中国期刊作为整体的内容来源，还少之又少"。[②]

"互联网传播方式是人类迄今为止最为复杂的传播方式，它囊括了之前所有的传播方式并创造出新的传播方式，这使得互联网信息传播的秩序也变得复杂多样。"[③] 显然，由数网技术推动的学术国际化大潮导致的这一切变化都不是中国学术期刊体制所能规约的，纸本期刊实物传输的"国界"早已被数网技术武装起来的国际学术传媒集团所攻破，封闭的环境已不复存在，故而随着国际学术传媒集团的"入侵"，旧秩序与新模式的冲突必然出现，严把国内刊号既挡不住国际学术传媒集团进军中国学术市场的步伐，也不利于中国学术期刊走向国际。在这里，我们不难看到，在一个开放而不是封闭的环境中，新技术充分显示出了反制传统秩序的能力。掌握并运用新技术，成为争夺制定新规则、构建新秩序的权力的前提条件。

（2）开放获取运动的兴起

试图冲破传统秩序或体制约束的，并不仅仅是国际学术传媒集团。如果说，国际学术传媒集团凭借数网技术以体系化、规模化的刊群试图垄断和控制国际学术传播平台和渠道，那么，这种垄断就必然会遭到强烈的抵制和反抗，而抵制和反抗要获得成功，同样需要在技术上占据制高点，并突破传统，创立新的传播模式。方兴未艾的开放获取就是一场这样的运动。

1990 年代末，伴随着学术期刊数字化转型和国际学术传媒集团垄断企

[①] 李存娜、吕聪聪：《中国英文人文社科期刊的国际化研究》，《清华大学学报》（哲学社会科学版）2015 年第 4 期，第 174 页。

[②] 施晨露：《上海打造科技期刊高地，还有多少路要攀登？》，http://www.jfdaily.com/news/detail?id=51022。

[③] 余晓阳、盘石军：《网络论坛传播秩序研究——基于哈耶克自生自发秩序理论的视角》，《东南传播》2012 年第 6 期，第 18 页。

图的显现，开放获取（open access，简称 OA）运动在国际学术界萌芽。所谓"开放获取"，指的是："可以免费在公共网上得到，允许读者阅读、下载、复制、传播、打印、检索或者链接文章的全文，可以制作索引，把它们作为软件数据库，或者为了其他合法的目的使用而不存在资金、法律、技术障碍。对复制与传播的唯一约束就是，应确保作者有权利控制他们成果的完整性并使成果得到认可与引用。"故其要义在于"对用户免费以及无限制的合理使用"。[1] 开放获取理念的提出并付诸实施，实际上不仅是对国际学术传媒集团利用其垄断地位大肆提高售价行为的抵制，而且也是在实现人类一直以来的一个梦想——信息自由的梦想。"信息自由主要包括信息获取的自由、信息生产的自由和信息传播的自由三大要素。"[2] 当信息以纸张为载体时，出版是一种商业行业，各类出版商，营利是其主要目的之一，读者免费阅读出版物只能通过公共图书馆来实现，[3] 个人的无障碍的信息自由只能是一个梦想。当数网时代来临，技术的进步才让人类第一次有了实现信息自由梦想的可能，特别是公共信息和学术信息。开放获取就是为了实现信息自由的梦想而提出的信息传播的全新理念。

说到开放获取，就不能不提及"布达佩斯先导计划"（BOAI）。"BOAI 产生于 2001 年，由 OSI（The Open Society Institute）基金会在布达佩斯举办的信息自由传播会议上提出，并于 2002 年 2 月份正式启动，旨在促进和推动全球各学科领域研究论文免费获取的开展。BOAI 提出了实现开放获取出版的两种措施，即建立'自我存档'（Self - Archiving）和创办'开放获取期刊'（Open - Access Journals）。"[4] 开放获取运动由此发端，很快就遍及全球，不仅发达国家，许多发展中国家也纷纷加入了其行列。

开放获取运动建立了两种全新的学术信息的传播途径，"开放获取期刊及作者自存档，前者也被称之为金色通道，后者则为绿色通道。在这之后的十多年间，领先的出版机构也对这两种途径作了各种尝试。"两种途径均发

---

[1] 张敏：《开放获取发展概述》，《高校图书馆工作》2006 年第 2 期，第 12 页。
[2] 蒋永福、黄丽霞：《信息自由、信息权利与公共图书馆制度》，《图书情报知识》2005 年第 1 期，第 20 页。
[3] 诚如蒋永福所指出的，维护信息自由或知识自由是图书馆的核心价值（蒋永福：《维护知识自由：图书馆职业的核心价值》，《图书馆》2003 年第 6 期）。
[4] 张敏：《开放获取发展概述》，《高校图书馆工作》2006 年第 2 期，第 12 页。

展迅速，第一种即开放获取期刊，"根据瑞典隆德大学的开放存取期刊列表2014年最新数据显示，目前全球在列的开放获取期刊共9804种"。第二种即作者自存档，"该模式最早只是小范围的交流平台，因此作者自存档平台往往具有更强的专业性……随着开放获取理念的广泛传播，开放存档也逐渐成为学术成果传播的主要途径"。①

　　开放获取运动从兴起到今天，不过十多年的光景，两种基本模式都还远不够成熟，但其对传统学术传播秩序的影响却不容小觑。

　　首先是对传统期刊版权的挑战。纸本时代，期刊强调专有出版权，作者在向期刊投稿时，往往须将版权授予期刊，一稿多投或一稿多发被视为不道德的行为，期刊作为传播主体的身份是清晰和不可替代的。作者也会注重知识产权（著作权）保护，不经作者同意而使用其作品往往被视作侵权行为。开放获取运动兴起后，OA期刊不再要求作者让渡版权，即版权仍然属于作者，期刊所提供的只是一个数据平台，当然，专有出版权也就不复存在。对于学者来说，其作品是科研成果，迅速传播意义更大，当他们意识到OA期刊之于传播的效率更佳时，对知识产权保护的重点也就从版权保护转移到了对作品完整性的保护，不仅主动开放版权中的传播权，甚至不惜为传播而向OA期刊付费。

　　其次是对传统期刊商业模式的挑战。与传统纸本期刊相比，取第一种OA模式的大多数国际期刊都迅速实现了数字化编辑和出版，但其经营模式仍然是商业化的，只不过将原来向读者售卖期刊即读者付费改变为读者可免费下载阅读，但作者需向出版商付费，且作者原本需向出版商付的费用（审稿费、版面费等）不能免除。也就是说，期刊仍是用于营利的商品。OA模式首先向发行端的营利模式发起挑战，并致力向作者、读者均免费发展。

　　再次是对传统期刊中心地位的挑战。OA的第二种模式，即作者自存档模式，是一种不经过编辑和审稿程序，通过开放评论来实现先出版后评议的新的传播模式。因这种模式的存在，开放获取又被称为开放存取。在这类模式下，期刊虽犹在，但传统编辑的作用却被颠覆了。这类期刊已不乏成功的先例。与此相比，传统期刊在某种意义上已成为传播的障碍，因为审稿和编

---

① 宋启凡：《布达佩斯先导计划对科技期刊开放获取的影响》，《今传媒》2015年第3期，第114页。

辑耗费了大量的时间，影响了传播的效率。

最后也是对期刊数据库模式的挑战。期刊数据库虽然也是拜新技术之赐而兴起的新的传播模式，但商业化的经营下的付费阅读还是阻碍了传播。而OA期刊或网站对读者来说，是一场不折不扣的信息自由的盛宴。

在开放获取运动中，技术再次显示了威力，从期刊的审稿、编辑、制作到出版、发行、传播，可以说是对传统学术传播秩序的全面否定，甚至连期刊数据库近十多年来刚建立起的付费读库模式也一并否定了。

（3）随时准备跨界而入的其他办刊主体

由于学术传播对于学术研究的重要作用，而现今的学术期刊却不尽如人意，远远满足不了学术研究的需要，因而学术共同体始终有着创办属于自己的学术期刊的冲动；受益于新技术的自媒体在学术传播领域也日益活跃，许多在新媒体平台上广泛传播的学术作品可能从来没有此后也不会在学术期刊上发表；[1] 又由于国际学术传媒集团和国内商业化期刊数据库经营商近年来赚得盆满钵满，也引起了学术传媒之外的实力团体对学术出版阵地跃跃欲试的争夺。

在中国，阻碍学术共同体或其他实力集团进入学术出版领域的是期刊体制，尽管一次次碰壁，但他们寻求突破体制的尝试却从来没有停止过。我们可以看到，"以书代刊"的学术集刊在遭遇了一次次的禁令后，仍然顽强地生存了下来，目前正常出版的集刊有数百家，其中，被CSSCI数据库列入来源集刊目录的就达189种。[2] 这些集刊除了缺少一个正式刊号外，与学术期刊并无差别，且其与学术共同体关系之紧密远非综合性学术期刊可比，因为它们中的绝大多数都是某一学科领域的专业期刊，由知名学者担任主编，定期出版。我们还可以看到，一些学术团体甚至个人利用移动互联网技术创办的微信公众号拥有相当专业的固定读者群，其实也具备了一定的学术期刊功能。我们更应该看到，一些网络出版机构创办的学术传播移动数字平台日趋活跃，正在抢占学术传播的高地。比如2014年8月正式上线的中国人民大

---

[1] 比如，"2006年8月22日，佩雷尔曼被授予了菲尔兹奖。令人惊讶的是，佩雷尔曼根本就没把论文发表在任何正式的刊物上，而仅仅是提交给了ArXiv（一个收录科学文献预印本的OA在线数据库——引者注）"。（《论文未发表 先抢首发权》，http://www.kaixian.tv/gd/2016/0614/536519.html）

[2] 《CSSCI（2017~2018年）拟收录集刊目录》，http://mt.sohu.com/20170117/n478907831.shtml。

学数字媒体公司移动端学术科研平台"壹学者"就打出了"全新学术生活从这里开始"的宣传广告,该平台声称"整合阅读、科研、社交、传播四大基础模块,包含九大功能"[1],展现了新技术、新渠道、新平台、新聚合的优势。

无论是来自学术共同体还是来自其他新兴出版主体,其介入学术传播的目的可能有异,方式也不尽相同,但有一点是共同的,就是他们不再认可传统学术期刊的学术传播中心地位,要撇开传统学术期刊,直接与作者合作,直接与读者见面,最终取而代之。与传统学术期刊相比,他们或者在学术方面更为专业,或者在传播方面更为先进,或者在市场方面更为出色,而这一切都是因为有了数网技术,足见新技术之于他们,如虎添翼,赋予其强大的生命力,不仅传统期刊体制和秩序无法规约他们,而且他们还对学术期刊体制和秩序形成了倒逼之势。

从以上分析可知,在媒体交替更迭的时代,对于学术传播而言,信息聚合型的期刊数据库平台借助数网技术已彻底改变了以期刊为基本单元和中心的传统传播模式,陷原本就不尽合理的传统传播秩序于危机之中,而国际学术期刊的"入侵"、开放获取运动的兴起,以及新兴实力集团的跨界而入,则更加剧了危机。

四 结语:聚合平台与学术传播秩序的重构

自数网技术介入学术传播至今不过 20 年光景,即使在只有 350 多年的学术期刊历史上,也只不过短短的一瞬,但就在这 20 年中,学术传播的业态已发生了根本性的变化:纸本学术期刊基本退出了学术传播,只保留了"发表"的功能;封闭的出版环境被打破,来自境外和其他行业的传播主体正在或已在学术出版和传播领域登堂入室;新的传播媒体正在侵入传统学术期刊的领地;一场国际学术话语权的竞争已在数网技术的基础上全面展开。当我们回顾这段鲜活的历史时,不难发现史实远比理论精彩,脱离了一定的传媒环境和内容谈论传播技术的作用实际没有太大的意义。技术的作用永远

---

[1] 《"壹学者"上线给传统学术平台带来巨大威胁》,环球网,http://tech.huanqiu.com/net/2014-08/5120898.html。

不会是固定的和单纯的，在封闭或开放的空间里，技术作用的形态和结果可能截然不同。纸本时代已证明了这一点，数网时代还将继续证明。不管我们如何看待技术的作用，一个无法否认的事实是，我们所处的时代已进入了网络社会。"网络社会作为当前人类社会最为重大的历史性转型和新的社会形态，其核心特点在于产生了新的空间域态、新的社会结构和新的社会个体。在网络社会时代，社会信息更为充裕，生产合作更为远距离和跨时空，生存空间由现实空间向虚拟＋现实混合态共存，社会结构更加扁平，社会组成由简单静态结构向复杂动态结构转变。"①

学术传播同样正在"由简单静态结构向复杂动态结构转变"，面对这样一个消除了传播障碍、各种力量角逐的开放的国际空间，如果我们因循传统的惯性而总是试图以纸本时代的传统秩序和手段来予以规约，就会越来越力不从心；而当我们试图构建新的传播秩序时，却又发现，秩序的背后是权力的运作，而支撑权力的是传播实力，包括对新技术运用的能力。如今，不仅是学术话语权，而且学术传播的话语权也已为某些国际学术传媒集团所掌控，它们已成为国际学术传播秩序事实上的制定者和维护者。因此，我们只有两个选择：其一，退回到封闭的状态，将境外的学术传媒统统拒之门外；其二，坚持开放，积极参与国际竞争，构建起属于中国的国际化学术平台，并据此构建中国学术话语体系，在国际学术界争得属于中国的一席之地。

显然，选择前者，我们永远也不可能成为真正的学术研究和学术传播强国；选择后者，即选择积极参与国际竞争，也就意味着选择了一条充满艰难和挑战的道路，等待我们的将是一场并非势均力敌的遭遇战，其焦点必然是学术平台的争夺。如何运用新理念、新技术构建具有国际影响力的中国学术传播平台，并进而参与乃至主导国际学术传播秩序的重新建构，已是一个迫在眉睫的问题。对于中国学术期刊特别是人文社会科学期刊来说，历史已赋予其三大使命："其一，完成中国人文社会科学期刊的体系化构建，这既是完成历史所遗留的任务，也是为未来发展打下坚实的基础。其二，完成中国人文社会科学期刊的数字化转型和规模化发展，这是时代赋予学术期刊的任

---

① 何哲：《网络文明时代的人类社会形态与秩序构建》，《南京社会科学》2017年第4期，第74页。

务，也是数字化聚合平台构建的前提条件。其三，完成中国人文社会科学期刊的国际化建设，这是中国学术能够真正走向世界，获取中国学术国际话语权的必由之路。"[1] 要完成这三大使命，当然有待于良好的顶层设计，同时，学术期刊人也责无旁贷。现在的问题是：我们准备好了吗？

〔原载《北京联合大学学报》（人文社会科学版）2017年第3期〕

---

[1] 朱剑、王文军：《国家社科基金资助学术期刊的作用与前景——基于CSSCI数据的分析》，《社会科学战线》2017年第7期，第249页。

学术新媒体：缘何难以脱颖而出？

——兼及学术传播领域媒体融合发展

十多年前，面对数字技术和互联网技术对学术传播领域的介入，包括笔者在内的一些研究者就曾预言，纸本学术期刊必将为数字化学术期刊所取代。[1] 国际学术媒体的发展似乎已印证这个预言，近年来，不论是已有悠久历史的学术期刊还是新近创办的学术期刊，几乎都已告别了纸本，至少都不再以纸本为其主要形式和编辑出版工作的重心。[2] 而在学术传媒之外，随着移动互联网技术的成熟和平板终端的普及，各种形式的新媒体更是不断地蚕食着、攫取着传统媒体的领地，传统主流媒体正在陷入前所未有的困境。今天，大概已很少有人怀疑纸本学术期刊必然让位于数字期刊乃至学术新媒体这一前景。但是，当我们真正深入观察中国传媒领域时，却不无尴尬地发现，当新媒体在大众传播领域风生水起，传统媒体节节败退之时，[3] 在人文社会科学领域，传统学术期刊在学术传播中的中心地位不仅没有被新媒体取代，相

---

[1] 如笔者在 2000 年时就预言，"由于（学术期刊）同时发行印刷版、光盘版和网络版，必定使订户分散，最终可能导致某种版本的停出"。[朱剑：《计算机的介入与社科期刊的发展》，《南京大学学报》（哲学·人文科学·社会科学）2000 年第 5 期] 2005 年笔者进一步指出："传统的纸本形式的社会科学期刊虽然仍在出版，而且仍是各社会科学期刊社最主要的甚至是唯一的出版形式，但它终将让位于在互联网上传播的电子期刊，电子期刊将成为社会科学期刊传播的主要形式已是可以预见的结果。"（朱剑：《网络环境下社会科学期刊的迷失》，《吉林大学社会科学学报》2005 年第 4 期）

[2] "1990 年以来，国际主要期刊出版者的投资主要集中在数字出版领域，目前，Elsevier、Springer 等国际一流期刊出版机构已基本完成了由印本出版模式向数字出版模式的演变。"（任胜利：《国际学术期刊出版动态及相关思考》，《中国科技期刊研究》2012 年第 5 期，第 703 页）

[3] 刘奇葆曾这样描述传统媒体所遭遇的严峻挑战："当前，网络和数字技术裂变式发展，带来媒体格局的深刻调整和舆论生态的重大变化，新兴媒体发展之快、覆盖之广超乎想象，对传统媒体带来很大冲击……可以说，传统媒体已经到了一个革新图存的重要关口。"[刘奇葆：《加快推动传统媒体和新兴媒体融合发展》（2014 年 4 月 23 日），人民网，http://politics.people.com.cn/n/2014/0423/c1001 - 24930310.html]。

反，似乎越来越稳固了。显然，在遭遇数字技术和互联网技术挑战的大环境下，中国人文社会科学期刊与国际学术媒体以及大众媒体处境有所不同，而这个不同被我们忽略了，当我们将关注点集中于学术期刊的数字化转型之时，传统学术期刊却表现出了异乎寻常的生命力。应该如何解释这一"异常"现象？这一现象的持续给中国的学术期刊乃至学术研究带来怎样的影响？在媒体融合的潮流中，学术期刊应该选择怎样的发展路径？本文意在通过对学术新媒体难产原因的分析，提供对这些问题的一个解释，不当之处，还望方家指正。

代际更迭：纸质媒体与数字媒体

关于传播，虽然有各种各样的定义，但其最基本的意思是清晰而没有歧义的。本文且取其最通俗的定义："传播是指社会信息的传递或社会信息系统的运行。信息是传播的内容。传播的根本目的是传递信息，是人与人之间、人与社会之间，通过有意义的符号进行信息传递、信息接受或信息反馈活动的总称。"① 在这里，信息的传递、信息的接受和信息的反馈是所有领域传播的共同点。但是，在一个开放的社会中传递的信息从形式到内容都是极其丰富的，既没有可能也没有必要将所有的信息传播给所有的人，因此，传播是具有目的性和选择性的。不同的信息（内容）提供者，基于不同的传播目的，会选择最合适的载体和传播路径，以高效而准确地传递给预设的目标受众；而不同目标受众对通过专门载体和路径收到的信息的接受和认可（反馈）速度和程度（满意度）则成为评价信息质量和传播质量的重要指标。正是信息的多元性、传播的目的性和受众的选择性造就了各司其职的不同传播媒体，学术媒体只是众多媒体之一种，传播和交流学术是其最基本的功能和目的；又因为学术成果多以学术论文和学术评论的形式出现，故主要刊载学术论文和学术评论的学术期刊自诞生以来既是最主要也是最重要的学术媒体。

任何传播都离不开技术的支撑，在人类文明的历史长河中，直到数字技

---

① "传播"，百度百科，http://baike.baidu.com/link?url=_IC8MniPW1kJuud3O5oBDj_klB5uFbYBzonyWOSvDV3mLHi8r4G8N098L ganlgrnJbjgD4svYbmXdBbm2CHo8K。

术产生并应用于传播之前,平面图文信息的传播主要依靠的是印刷技术。印刷技术的历史至少可追溯到纸张的产生,有人甚至追溯到文字的产生,将印章和封印一类标记物的重复使用视为原始的印刷术。在经历了雕版印刷和(泥、木)活字印刷的漫长岁月后,金属活字印刷术于15世纪问世,辅之以手摇印刷机,现代印刷术自此奠定了基础。作为重要学术媒体的学术期刊之于17世纪诞生,固然缘于现代学术组织和学术研究的需要,但与印刷提供的技术支撑也是分不开的。学术传播有了期刊这一利器,一改此前"学者之间主要靠通信方式交流思想心得与科学发现"的点到点的传播为点到面传播,传播效率的提升当以千百倍计。传播方式的变革直接导致了学术研究格局的变革,"学者们如果想了解学术界正在关注和讨论什么,他们就可以期望在他们认可的期刊中找到踪迹",许多著名的学派即因学术期刊而产生,"近代学术史风起云涌,学派林立……其中也不乏以期刊或连续出版物而得名的,如代表18世纪法国启蒙思想的百科全书派和对当代学术思想和研究方法影响显著的年鉴学派等等。还有一些学派,即使不是以期刊命名,也往往围绕一两份学术期刊而形成,如法兰克福学派,其代表人物霍克海默在1932年创办了《社会研究杂志》,之后就将这份期刊打造成该学派的旗舰"。[①] 工业革命后,机器印刷的发明,更是大大提升了印刷技术的效率。20世纪下半叶,计算机照排技术的发明则使现代印刷技术臻于完善。历史上印刷技术的每一次革命性的进步,都带来了学术传媒的重大变化——新的媒体的诞生或原有媒体的跨越性发展,进而推动了学术事业的发展,传媒在学术发展史上居功至伟。

尽管印刷技术的演进波澜起伏,但以纸张为基本介质一直未变。"纸本时代"之得名,就是因为在传播领域所有文字、图表等平面信息,其载体几无例外,都是纸张,书、报、刊则是纸本时代最主要的传媒。印刷技术本质上就是一种以印刷机为工具、以纸张为介质的图文复制(拷贝)技术。但从1980年代开始,印刷技术因中文编码技术的突破而产生了激变,计算机照排技术在中国终于进入了实用阶段,铅字排版印刷就此成为历史。这一技术革命并未到此为止,纸张成了技术革命的下一个对象。

---

① 原祖杰:《学术期刊何以引领学术——兼论学术期刊与学术共同体之关系》,《澳门理工学报》2014年第1期,第114页。

如果说计算机照排技术实现了从"铅与火"到"光与电"的转变，那么，21世纪初的数字技术与互联网技术则实现了从"光与电"到"数与网"的转变。前一个转变在把印刷出版技术推到了最高阶段的同时，也因成功地以数字拷贝技术替代了纸张拷贝技术而开启了数字出版的最初阶段，信息载体由有形纸张向无形数据的转换，实现了信息与纸张的分离；后一个转变则以互联网上的数字传输取代了纸质出版物的实物传输，传输问题的解决让数字出版技术迅速走向成熟，成为传播领域新的技术支撑。

与纸本时代相比，数字技术和互联网技术对传播效率的提升已在多方面充分展示出来：时间上，传播与接受做到了共时态；空间上，移动互联网可以跨越任何地理障碍；形式上，不再限于平面信息，图、文、音、影均可自由地组合在一起并实现高质量地交互而非单向的传输；数量上，可以无限复制，而且，传播的成本和入门门槛都大大降低，更加切合现代多元社会对信息获取及时、多样、高效和互动的需求。如此全方位的媒介变革揭开了基于数字和互联网技术的传播新时代的序幕。数字技术与互联网技术的叠加所引起的技术革命的意义远远超越了任何一次印刷技术的变革。

如今，我们正处在一个因技术革命而引发的新旧媒体交替更迭的时代。传统媒体仍主要以纸本形式存在，这里所说的纸本形式，不仅仅指其载体，更指其制作理念、模式仍停留在纸本时代，编辑制作纸本仍是其工作的中心；新媒体则完全摒弃了纸张，不管其形式还是理念、模式、程序、方法等，全是基于数字和互联网技术。于是，传统媒体与新媒体的共存体现出了一种紧张：后者向前者发起了挑战。所有基于印刷技术、活跃于纸本时代的传统媒体，无论是大众媒体，还是学术媒体，概莫能外，都面临着以数字技术和互联网技术为依托的显在或潜在新媒体的挑战。正是基于历史的经验，我们预言了在学术传播领域纸本时代的终结，并呼吁传统学术期刊应尽快开启数字化转型的步伐。但是，新旧时代的交替并没有我们预想的那样简单，在不同的领域、不同的地域，呈现出了纷繁复杂的多种样态。

新兴媒体：不同领域不同样态

在中国传播领域，面对新技术、新媒体的挑战，与作为学术传媒的传统人文社会科学期刊主流地位岿然不动形成鲜明对照的是传统主流大众传媒

(各大报刊),后者的主流地位正在渐渐地丢失。我们不妨对两者做一比较,通过比较,也许更容易看清事物的本质。

数字技术和互联网技术对传媒的介入始于传播,这在大众传媒和学术传媒并无不同,也就是说,传统大众传媒和传统学术传媒都首先是在传输环节上引入了数字技术,在传输纸本的同时,也将纸本信息的内容转化为数字形式(如扫描成图形文件,或转换为 PDF 文件、文本文件等适合网络传播的格式),通过互联网传播。如今,仅就产品传输的主渠道而言,纸质媒介让位于数字媒介已从趋势变为现实,但这一转变对不同媒体的影响却不尽相同。

先看大众传播领域,始于传输环节的变化为传统大众传媒增添了新的传播渠道,但在初始阶段,数字传播并没有彻底改变受众获取信息的习惯,仍以纸本为中心的大众传媒并没有感受到来自数字传播的直接威胁,21 世纪的最初十年,正是都市报刊的黄金时期。但是,数字技术和互联网技术的介入并未局限于传输环节,新技术还造就了大众传媒的竞争者——新媒体。所谓新媒体,实际上是一个非常宽泛的指称,当指那些不再以传统媒体形式(如纸本)为主要媒介,而利用数字技术、网络技术制作产品,并通过互联网及移动网络,为用户提供信息和服务的媒体,新闻门户网站、专业网站以及自媒体(如微博、微信公众号等)皆可归入。由于摒弃了纸本,电脑、数字电视机,特别是手机、平板电脑(PAD)等手持终端遂成为受众接受信息的主要工具。

新媒体的产生和迅速扩张很快就直接威胁到了传统主流媒体的权威地位:"从媒体发展格局看,传统媒体的受众规模不断缩小,市场份额逐渐下降,越来越多的人通过新兴媒体获取信息,青年一代更是将互联网作为获取信息的主要途径。从舆论生态变化看,新兴媒体话题设置、影响舆论的能力日渐增强,大量社会热点在网上迅速生成、发酵、扩散,传统媒体的舆论引导能力面临挑战。从意识形态领域看,互联网已经成为舆论斗争的主战场,直接关系我国意识形态安全和政权安全。"[1] 可见,挑战不仅在于传输途径由纸媒变为数媒,更在于出现了新的信息发布者和传播者——新媒体。虽然

---

[1] 刘奇葆:《加快推动传统媒体和新兴媒体融合发展》(2014 年 4 月 23 日),人民网,http://politics.people.com.cn/n/2014/0423/c1001-24930310.html。

传统媒体从未间断信息的发布和传播,而且也都有自己的数字和互联网传播渠道,但受众,特别是青年受众已习惯于从新媒体接受信息,不再关注甚至不再相信传统主流媒体。显然,问题不在或主要不在传输渠道,而在媒体本身。传统媒体因在信息的内容和来源、信息的选择和处理、受众接受和认可的环节上出了问题而不敌新媒体。

新媒体因数字技术和互联网技术而生,从理论上说,互联网的交互性使每个人都可以制作自己的媒体产品,从而成为信息的发布者和传播者,这是新媒体的技术基础,但更重要的是,与传统媒体相比,成功的新媒体人不仅熟悉数字技术和互联网技术,而且更善于研究受众心理,更擅长满足受众需求,更注重赢得受众信任。这在信息源开发的不遗余力、表达方式尽可能地贴近受众(强烈的在场感,摒弃传统媒体的官腔官调)、传播渠道的灵活多样(特别是手持终端对时空限制的突破和对碎片时间的利用)和分众的细化及与受众的互动诸方面已充分地显现出来。传统媒体也许在硬件上可以优于新媒体,但在软件设计上已不是新媒体的对手。正是这样的新媒体使得传统媒体的主流地位岌岌可危。可见,源于数字技术和互联网技术的新媒体对传统主流媒体的挑战是全方位的。

再看学术传播领域,数字技术和互联网技术的介入也是始于传输环节,仅就传输环节而言,介入的力度和程度较之大众媒体有过之而无不及。早在1990年代中期,清华大学中国学术期(光盘版)电子杂志社就利用数字压缩技术出版汇集众多期刊的光盘连续出版物,各期刊社纷纷加入,这是学术期刊数字化传播之肇始。也就是说,人文社会科学期刊的数字化传输从起步时就交给了第三方。到21世纪初,随着中国知网的上线,数字传输的介质由光盘转变为网络,其对读者的影响真正扩展开来。除中国知网外,万方、维普、龙源等也是人们耳熟能详的期刊数据库。由于几乎所有的人文社会科学期刊都将数字传播的权利转授给了期刊数据库,完成了信息聚合的期刊数据库也就垄断了学术期刊的传播,这在大众传播领域并未出现。[1]

正是因为信息聚合型的期刊数据库的出现并提供相应的信息服务,彻底改变了学术期刊的传播途径,学术期刊面临的挑战方显得更为严峻。最突出

---

[1] 尽管一些数据库也集中收录了新闻报纸信息,但大多为分类信息而不是全部信息,且在时效方面,远不如新闻机构自办的网站。

的表现是阅读方式的改变。以中国知网为代表的大型期刊数据库给学术传播带来的最大变化是读者（学者）阅读学术文献的习惯发生了彻底改变——由读纸本的期刊变为读信息聚合型的期刊数据库。这一变化给予传统学术期刊的影响是致命的："考察一下各期刊数据库中社科期刊的存在形式，不难发现如下特点：任何一家期刊，在这些库中都不再以独立的形式存在，封面、目录已与正文割裂而基本消失，剩下的就是一篇篇论文，而这些论文也已被拆散而分置于各个专题库中，以最常见的方式检索，如题名、作者名、关键词，所得到的是来自各种期刊的一篇篇论文。因此，这样的数据库对读者阅读方式的改变，已不仅仅是介质上的——纸本的还是电子的，而且，更是实质上的——期刊不见了，因期刊而存在的刊物特色、编辑思想、编排风格、专栏结构、各专栏间的呼应对话统统不见了。社科期刊这一独立存在的个体已迷失在网络的海洋之中。"[①] 从传播效果看，因为信息聚合，给读者查阅文献资料提供了极大的方便，读者乐意为这样的数据库而改变自己的阅读方式。对于作者来说，期刊数据库让他们的作品传播得更广、更快，又何乐而不为？唯有期刊人，只能眼看着随着期刊数据库的风行，期刊纸本的发行量直线下降，却无可挽回。

如果仅从媒体传输和受众接受环节来看，传统学术期刊较之传统大众媒体处境似乎更加不妙，遭遇的挑战更加彻底——读者可以直接无视期刊，还有什么比这更可怕的？但是，从现实来看，来自数字技术和互联网技术的挑战却始终没能超越学术期刊的传输和受众接受环节，数字技术和互联网技术并没有打造出足以对传统学术媒体构成威胁的独立新媒体来，[②] 传统学术期刊仍然牢牢把控着学术信息源（稿件及其作者）。仅凭此一项，就足以说明，传统学术期刊作为主流学术传媒的地位并未改变，独立于学术期刊的学

[①] 朱剑：《徘徊于十字路口：社科期刊的十个两难选择》，《清华大学学报》（哲学社会科学版）2007年第4期，第87页。

[②] 至于中国知网等期刊数据库是否属于学术新媒体，颇难定论。从其对信息源进行编辑重组，并以在线阅读或下载后线下阅读的方式向受众提供信息服务来看，似应属于学术新媒体，但从其提供的信息内容来看，均是来源于已经或将要正式出版的学术期刊，并没有自己的信息源，既没有原发文献，又不具有媒体的基本要素，尚难归入独立媒体的行列。学术期刊界普遍视其为期刊数据发行商（类似于书店）。本文将其归为非独立准学术媒体。笔者以为，期刊数据库的这种身份不确定性恰恰说明了它们处在一种临界状态，最具跨界可能性。进，可发展出独立的学术新媒体；退，可成为纯粹的发行商。进与退，取决于政策环境和其自身的决策。

术新媒体如果有的话，也根本无力与传统学术期刊分庭抗礼，更不用说取而代之。这是学术传媒与大众传媒最大的不同。

一样的挑战，却带来了两样的结果，原因何在？这促使我们不得不回过头来，细细地分析在人文社会科学传播领域，"先进"的数媒为何难以撼动"落后"的纸媒的主流地位。

追根溯源：传统学术期刊何以仍处主流地位

传统学术期刊能保持主流学术传媒地位的原因是复杂的。为分析方便，我们先排除一些照常理最可能的原因。

（1）传统期刊人有针对性的对策。显然，这个原因是不存在的。当数字化和互联网大潮袭来之时，期刊人特别是人文社会科学期刊人可以说是毫无准备，学科知识的局限，对新技术的隔膜，都使得人文社科期刊人在数字化和互联网浪潮中始终处于被动地位。笔者曾分析过"期刊对数字化传播的集体不介入"使得期刊数据库与入编期刊的关系呈现出的特点："期刊原始数据几乎是白送给数据库网站……建库模式及服务模式的确定并没有期刊的参与……期刊在数据库中的形象和地位皆模糊不清……入编合同（或类似协议）都是由数据库一方单独拟定的格式化合同……上述四点足以使期刊的弱势地位显露无遗。"[①] 在把数字化的业务交给期刊数据库之后，很少有期刊专门探索数字化的对策。

（2）传统纸本的形式更得到受众的钟爱。这个原因同样是不存在的。虽然不排除有人只读纸本，坚拒数字传媒，但越来越多的走入学术媒体受众行列的年轻人，更愿意接受新事物，特别是这个新事物能给他们带来使用上便利的时候。读者之所以愿意改变沿袭了漫长岁月的纸本阅读习惯而去读数据库，正是因为数据库给他们带来了纸本期刊所无法给予的便利。

（3）传统学术期刊有着特别的传播渠道。这更是不可能的。在数字化和互联网的冲击下，传统学术期刊依靠纸本传播信息的渠道早已名存实亡，今天的学术期刊无一不依靠互联网来进行传播，这已是不争的事实。

[①] 朱剑：《高校学报的专业化转型与集约化、数字化发展——以教育部名刊工程建设为中心》，《清华大学学报》（哲学社会科学版）2010年第5期，第22页。

由此可见，传统学术期刊依然能保持主流学术传媒地位，靠的既不是媒体人的成功对策，也不是受众对其情有独钟，更不是传播渠道的优势。所有内生性的原因都不成立。那么，原因到底何在？这就需要我们从学术期刊的外部来寻找。尽管剔除了内生性原因后，外部原因仍是多种因素混合作用的结果，仍然呈现出了复杂性，但核心的原因不外乎学术期刊与学术传播内容（信息源）、受众、体制和评价的特殊关系，以下逐个做一简单的分析。

原因之一：信息源与受众的单一性

我们先来看信息源和受众。大众传媒的信息内容包罗万象，涉及政治、经济、社会、文化生活的方方面面，几乎没有边界，信息源也就没有边界，不同的信息（如新闻线索）来自不同人群，经媒体的记者、撰稿人或编辑之手，转变为丰富多彩的图文音像形式，通过媒体的中介而传播给非特别设定的人群（受众），因此，任何人都可以成为大众媒体的信息源和受众。得益于互联网的交互性，纸本时代传统媒体对传播渠道的垄断已一去不复返，握有信息源的任何人都可以通过新媒体和自媒体平台实现传播。传统主流媒体已不可能把控和垄断所有信息源和传播渠道，也不可能获得所有受众的信任；新媒体和自媒体不仅建立了新的传播渠道，而且具备了自己的信息源和忠实受众，从而有了与主流媒体打擂台的资本。

与大众传媒不同，学术期刊在信息的构成方面有着自己的特点。其一，学术期刊的信息内容是有明确限定性的，必须是学术研究的成果，至少也得与学术研究相关，专业边界和学术水准都是不可或缺的，因此，所有的重要信息几乎都来自学术界，而受众也以学术界为主，信息源与受众基本同一，这就使得学术期刊无论是信息源、信息量，还是受众的数量都是有限的，学术期刊只能是"小众传媒"。其二，信息形式、体裁都比较单一，以学术论文和学术评论为主，纯书面的形式，规范化的写作，标准化的版式，都是在长期的纸本时代形成的，更适合纸本的介质，即使进行数字化转化，在阅读终端上还是会以仿纸本的形式还原，新媒体丰富的表现手段在这里一时还难有用武之地。其三，作者投稿、读者阅读总是倾向首先选择权威期刊。"公信力是权威性资源之一，一旦受到损伤，便会造成较大面积的'信任危机'"[①]，公信力的建立则是一个相对漫长的过程，新媒体在起步阶段难以具备。

---

① 张耀铭：《重建学术期刊的公信力和权威性》，《澳门理工学报》2015年第2期，第115页。

传统学术期刊的信息构成特点也许已解释了学术新媒体为何不能与之争夺信息源的问题，正是以上特点造成了这样的后果。在学术传播中，尽管数字传播几乎已取代了纸本传播，但信息源的单一和有限以及现有信息源已被作者和读者认可的传统期刊所垄断，学术新媒体纵然问世，也是既难与传统媒体争夺信息源，又无法在学者之外开辟新的信息源，所以，其内容只能是来自纸本期刊，离开了纸本期刊，它们甚至无以生存，还谈何撼动传统学术期刊的主流地位？

但是，这一切都是针对"局外人"来办新媒体而说的，至于"局内人"，至少有两种人不受此限，即传统学术期刊人和学术共同体中人。作为现有学术期刊，特别是具备了来之不易的公信力和权威性的期刊是完全有能力创办新媒体或实行新媒体转型的；而学术共同体创办自己的新媒体更不存在信息源方面的障碍，为何难见他们创办的新媒体？这就不能不说到中国学术期刊体制设计的特殊性。

原因之二：学术期刊体制的特殊性

中国学术期刊体制成形于计划经济时代，并延续至今。"期刊体制可以解释为期刊体系和制度的简称，其核心内涵是审批制度、主管主办制度和属地管理制度。这里所说的体系主要指由期刊编辑部或杂志社、主办单位、主管单位、国家或地方出版行政管理部门四级组织或机构所形成的组织关联。"[①] 审批制度的核心是对刊号的把控，从而掌控了期刊准入的门槛。根据新闻出版总署颁布的《期刊出版管理规定》，"期刊由依法设立的期刊出版单位出版。期刊出版单位出版期刊，必须经新闻出版总署批准，持有国内统一连续出版物号，领取《期刊出版许可证》"。"国内统一连续出版物号"即我们通常所说的"刊号"。只有经过国家新闻出版行政主管部门审核通过的办刊单位才得以被授予刊号，没有刊号而出版期刊的行为不为法律所准许和保护。"本规定所称期刊出版单位，是指依照国家有关规定设立，经新闻出版总署批准并履行登记注册手续的期刊社。法人出版期刊不设立期刊社的，其设立的期刊编辑部视为期刊出版单位。"除了主办单位，还有主管单

---

① 李频：《数字时代社科学术期刊改革路径的思考》，《南京大学学报》（哲学·人文科学·社会科学）2014 年第 4 期，第 63 页。

位,"期刊的主要主办单位应为其主管单位的隶属单位"。① 主管和主办制度确保了对获批期刊纵向管理的顺畅。

对于学术期刊而言,刊号审批制度自有其道理,但要让刊号审批制度合理运行,仅有准入制度是不够的,它应该既保证随着学术的发展,学科交叉融合、新学科诞生所需要的新刊能顺利进入,又要保证过时的、不再需要的或质量不合格的刊物能及时退出,以使学术期刊保持整体结构与布局的合理,因此,需要有强有力的退出制度与之配套。只有在准入与退出制度均健全的情况下,体制才能为学术期刊的健康存在和发展起到保护作用。

然而,"追寻新中国期刊与社会发展的脚步,不难发现其两个方面的特征:系统功能由办刊资源调配整合向强化期刊管理转移;管理条规逐渐细密、执行益显刻板、期刊社业务行动空间受到挤压益显局促"。在这样的严格审批和管理的结构中,管理的重心在准入,而缺乏相对灵活的退出机制。期刊获批固然困难,但一旦获批,也即受到体制的保护而不会轻易退出。"经过近60年的运作,新中国的社科期刊系统以纵横交织的管理系统和传播系统为中心,成为超稳定结构。"在这样的"超稳定结构"中,在期刊总数达到一定的量级后,由于退出机制事实上的缺失,刊号的流动和调整就会变得异常困难,其表现就是新刊准入的门槛高企,刊号成为稀缺资源。学术期刊虽在纵向管理系统内处于底层,但在横向的传播体系中,却"成为从作者到读者、从学术研究机构到学术研究人员的中心"②。在这样的体制下,市场竞争的法则几乎不起作用,学术期刊中心地位的获得,既来源于体制,也受到体制的保护。

这样的学术期刊体制设计,考虑的是管理的实效和稳定,却未必符合学术发展和学术期刊发展的规律。即使如教育部、科技部,也无权调整高校和科研院所的学术期刊结构,更不用说学术界了。在长期缺乏合理调节机制的"超稳定结构"之中,原本就不合理的学术期刊结构与分布,随着学术研究状况的日新月异,变得更不合理,甚至已无法适应学术研究事业的需要,遭到了来自学术界的强烈批评。可见,学术期刊体制在事实上已成为学术期刊

---

① 《期刊出版管理规定》,中华人民共和国中央人民政府网站,http://www.gov.cn/gongbao/content/2006/content_ 369227. htm。
② 李频:《数字时代社科学术期刊改革路径的思考》,《南京大学学报》(哲学・人文科学・社会科学) 2014 年第 4 期,第 63 页。

发展的障碍。这方面，已有很多讨论，不再展开论述，只重复一点：如今，必须改革不合理的期刊体制已成为包括管理部门在内的各方共识。然而，在如何改革，即改革的路径问题上，顶层设计与底层期待之间，分歧和错位严重，至今难有实质性的进展。体制不改，意味着学术期刊准入门槛仍然高企，刊号的流动和调整仍然无法实现。

学术期刊的体制问题似乎已使学术期刊自身的革新陷入僵局，这样的局面对于学术新媒体来说，应该正是机遇，学术新媒体本可乘虚而入，大显身手，以满足学术界对符合学术研究需要的学术传媒的渴求，怎么反倒举步维艰呢？这就不能不说到当今的科研考核体制。在普遍推行的量化考核中，科研人员研究成果的数量及所刊媒体的级别是关键性指标。因此，当他们为发表成果而选择媒体时，该媒体是否具有体制授予的合法身份是首要条件，这关系到能否得分；其次是媒体的级别，这关系到得分多少。因此，新媒体要与传统媒体竞争，首先必须获得与学术期刊刊号相当的学术传媒身份，但到目前为止，还没有哪一个新媒体有此荣幸。所以，新媒体也就无法与传统媒体争夺信息源，只能是现有期刊的附庸（如微信公众号）或补充（如论文在线网站），传统学术期刊的主流地位也就难以动摇。

同样的体制也在制约着传统大众媒体，但在大众传播领域却是另一番景象。一方面，体制对新兴媒体网开一面，《互联网信息服务管理办法》规定："国家对经营性互联网信息服务实行许可制度；对非经营性互联网信息服务实行备案制度。"① 较之刊号审批制要宽松许多。另一方面，自媒体以社交平台的身份呈现于网络，既不需要报刊体制的授权，也不受其制约。比如自媒体性质的微信公众号一经推出即风靡一时，数量极速增长，2014 年 7 月时，即已超过 580 万个，② 从量上来说，已数百倍于期刊。

---

① 《互联网信息服务管理办法》，中华人民共和国中央人民政府网站，http://www.gov.cn/gongbao/content/2000/content_60531.htm。互联网出版许可制度比较笼统，并没有区分书、报、刊，到目前为止，既没有像纸本期刊那样严格的一刊一号的规定，也没有发放专门针对互联网期刊的刊号。由于没有与纸本期刊相对应的刊号，互联网期刊的身份就不明确。这对于走市场的大众媒体未必不是件好事，但对于仍然依赖于体制的学术媒体，就因缺少了一张"准生证"而无法与具有刊号的纸本学术期刊平起平坐。

② 黄锴：《微信公众号总数已超过 580 万或将公开阅读和点赞数》，《21 世纪经济报道》2014 年 7 月 25 日。

可见，在大众传播领域，体制并没有否认新兴媒体的合法身份，或者新媒体根本不在乎这个身份。新媒体大多是走市场的，至少不敢无视市场；自媒体的创办动机虽比较复杂，其中大部分是走市场的，即使不走市场，也不会靠体制吃饭。对它们说来，市场和受众才是最重要的，谁拥有更多的受众，谁就拥有更多的市场份额，这是硬道理。因此，它们展开了与主流媒体的激烈竞争，不遗余力地争夺受众，并取得了不俗的"战绩"：在如今的大众传播领域，传媒是否主流对实际传播效果的影响已不明显，甚至越来越多的人更倾向于从非主流的网络媒体获取信息。相对而言，倒是传统大众媒体常常因体制的制约而坐失争夺受众的良机。广告在各类媒体的投放量的变化往往被视为市场的晴雨表，近年来，传统大众媒体的广告量持续萎缩，"报纸广告在 2015 上半年的花费和面积分别减少 32.1%、33.9%，从 3 月份开始，报纸广告的花费和面积的月度同比降幅都超过了 3 成"。"杂志广告的花费减少 15.6%……连续 3 个月 28% 左右的下降，使得上半年整体的面积减少近 1/4。"① 传统媒体地位的迅速下滑于此可见一斑。

当然，是否具有合法的媒体身份只是制约新媒体在学术传播领域发展的一个因素，与此相关并同样重要的另一个因素则是现行的学术评价机制。

原因之三：学术评价机制的不合理

作为传媒，无论是大众媒体还是学术期刊，在启动传播程序之前，都有一个对其信息源价值的评判过程，只有符合其价值取向的信息才会进入传播程序，而这个判断又直接影响到媒体的声誉。作品一旦发表，对作品的评判权就不再属于媒体，而且，媒体还要接受管理部门和受众的评判。来自官方的评判从来都是重要的，但对于已在一定程度上实现了市场化的大众传媒，受众对媒体的信任、归依程度，已成为对媒体及其作品更为重要的评判，因为这直接影响到媒体的市场份额。普通受众即使没有评判话语权，也会"用脚投票"。传统主流媒体如果无视这一点，就会挡不住受众的背离。今天主流媒体在大众传播领域的败退，与受众"用

---

① 《2015 上半年传统广告市场分析：传统媒体现跌势》，法制节目网，http://www.law-tv.cn/a/gongzuodongtai/20150802/4933.html。

脚投票"就不无关系。

　　与大众媒体相比，现行体制下的学术媒体，特别是学术期刊尚不存在这方面问题。如果说，大众媒体追求的是"真相"，那么，学术媒体追求的则是"科学"和"真理"。虽然在某些时候，大众媒体追求真相的难度和代价并不亚于甚至远远高于学术媒体对科学和真理的追求，但是，判断科学成果的价值和真理比判断真相要困难得多。

　　学术媒体对论文价值的判断往往被视为学术评价之一种，但学术评价并不仅限于期刊对论文的评价。从传播的时序来看，学术评价可以分为三个阶段：其一是发表前的评价，这个权利为学术期刊所独占，而学术期刊实际上也只是承担了这样的最初评价。其二是发表后受众的评价，这样的评价既包括对期刊发表的论文的再评价，也包括了对期刊的评价，对期刊的评价往往来源于对论文的评价。其三是历史的评价，也包括对期刊和论文两方面。一项学术成果或一本学术期刊的真正价值，往往需要相当长时间的积淀才能盖棺定论，这期间会有多次乃至无数次的反复。这个历史评价也主要来自受众，只是需要经历几代人甚至更长时间，所以短时间内难以做出，也就难以即时起作用。尽管学术期刊承担的只是最初的评价，但在其居于中心地位的时候，其意义不可小视。一方面，对作者来说，学术期刊既是学术论文传播的最重要媒体，又是其被评价的前提，如果过不了期刊的评价，其作品根本无法传播，也就不会有后续的评价；对期刊来说，其所做出的评价是否公正和准确，不仅关系到作者的利益，更直接关系到期刊自身的利益——声誉和地位，因为第二阶段的评价实际上是对期刊初始评价行为的再评价，期刊的现时声誉和地位主要是由第二阶段的评价给予的。

　　第二阶段的评价理论上是应由受众做出的，但在现实中，受众对学术期刊的评价作用甚微，这与大众传媒的遭遇大大不同。原因在于：其一，与大众传媒的作者总是少数、受众范围既广且不具确定性不同，学术期刊的受众主要限于学术界，如果期刊的学科或问题边界清晰的话，其作者与受众（读者）就会高度合一，即来自同一学术共同体。对于这样的期刊进行评价，同行评议（即来自共同体的评价）被公认为最合适的评价方法。然而，在泛行政化的学术体制和学术期刊体制下，中国人文社会科学学术共同体并未真正形成，与此相对应，大多数人文社会科学期刊也没能成为某一学术共同体的中心，同行评议难以实行。① 其二，人文社会科学期刊基本远离市场，其传播既不靠纸本（纸本基本没有个人订户），也不靠自己的网站，而是依凭期刊数据库网站的包库发行模式，特别是占据了总数 2/3 左右的综合性期刊，作者和读者分布在各个学科，谈不上对期刊有何归依感。随着纸本发行量的不断下滑和在期刊数据库中独立形态的不复存在，受众即使想通过不予订阅来"用脚投票"，也因其原本就不订阅现在也不能选择性订阅而没了途径。

人文社会科学期刊之所以有拒绝市场的底气，得益于现行期刊体制的保护。但是，在现行体制之下，行政权力部门对期刊的管理也离不开评价，对于学术评价和期刊评价，由于行政部门不便作为，学术共同体不能作为，评价机构勇于作为，所以实际被采信的是专业评价机构的评价结果。关于评价机构的评价，笔者已有专文论述过，在这里不再予以评论，只是指出两点。

其一，所有评价机构的定量评价都是基于"刊"的，无论是"文摘量""文摘率"，还是"被引量""影响因子"，都是以刊为统计单位；其被行政权力部门普遍采信的"评价结果"，无论是"核心期刊"还是"来源期刊"，都是关于"刊"的排名表。这与评价机构依凭的评价理论，即英国文献计量学家布拉德福的"文献集中与分散定律"和美国文献计量学家加菲尔德的"期刊文献引用规律"，皆形成于纸本时代直接相关。由于专业的壁垒，文献情报学研究的专门人员组成的评价机构是没有评价各学科论文学术价值的能力的，只能通过按一定标准和规律组成的文献集合的外在形式数据的统计排名来评定这个文献组合的学术影响，而这个组合最合适的单元在纸本时代就是"刊"，所以，"评刊"成为评价机构的核心工作。各种评价机构所做的评价工作似乎并不相同，但实际上都是在用过去的文评现在的刊，以生成各种期刊排名表，给期刊定下等级；而行政权力部门采信这样期刊排名表，以刊的等级来确定此后其所发表的论文的质量，实际上是再用现在的刊去评未来的文，这就是广为诟病的"以刊评文"现象。可见，离开了"刊"，就评不了"文"。而不管哪一种学术新媒体，恰恰都不是独立于纸本

---

① 对于中国人文社会科学学术共同体没有真正形成、同行评议高度异化及其原因，李剑鸣有深入的分析，详见李剑鸣《自律的学术共同体与合理的学术评价》，《清华大学学报》（哲学社会科学版）2014 年第 4 期，第 73~78 页。

的"刊",皮之不存,毛将焉附?只能被排除在评价之外。

其二,几乎所有的评价机构的评价都是将为行政权力部门服务作为其主要任务或功能的。在现行的科研体制和期刊体制之下,只有具有正式刊号的期刊才能得到行政权力部门的承认,所以,几乎所有的评价机构的"评刊"都只涉及具有正式刊号的期刊,[①] 它的间接的"以刊评文"的功能也只及于这些期刊所发表的论文。这就造成了所有仅在网络新媒体上发表的论文都被排除在体制认可的评价之外的结果,也就是说,这些论文不管其在受众中的影响有多大,它们连作为学术成果参与评价的资格都不具备。如前所述,与学术期刊一样,今天的学者(学术媒体的作者和读者)大多是体制中人,其成果,如果得不到同行的认可,可能会影响其学术地位,但如果得不到体制的认可,则可能连饭碗都不保,因此,他们都会首选在具有正式刊号的纸质学术期刊上发表论文,而不会把论文交给不能进入评价系统的网络媒体。至于传播渠道,则多多益善,一般不会干涉。

由以上两点即可看到,在这样的管理和评价体制下,学术新媒体要开辟独立于传统学术期刊的优质新信息源是极为困难的,优质信息源只能来自传统期刊,最多也就是做到"提前在线出版",这还需要传统期刊的配合,所以只能成为传统学术期刊的附庸和补充,也就不可能威胁到传统学术期刊的主流地位。

媒体融合:新媒体的脱颖之机

如此说来,面对新技术、新媒体的挑战,人文社会科学期刊是否就可高枕无忧了?如果这样看的话,未免太过短视了。虽然纸本学术期刊作为主流学术媒体的地位未变,但纸本时代的"刊"与互联网时代的"网"之间还是形成了很大的张力。

首先,传统和体制所赋予学术期刊的中心地位在数字和互联网时代发生了位移。在纸本时代,学术传播的基本单元就是学术期刊。任何一篇学术论

[①] 南京大学中国社会科学评价中心制作的 CSSCI 收录了部分"以书代刊"的学术集刊引文数据当是个例外,学术集刊实际上是在刊号资源被人为地造成紧缺的情况下,学者们不得已用书号代替刊号的期刊出版行为,在出版物性质上,更接近于刊而不是书。不管其是书还是刊,它都属于传统纸本媒体,而不是数字新媒体。

文，若不经期刊发表，[1] 根本就进入不了学术传播的流程，既不可能得到学术同行的广泛阅读，更得不到学术圈特别是管理部门的承认。期刊的中心地位既是纸本时代传播技术决定的，也是对论文之为论文（论文的质量）的确认所需要的。期刊体制只是对这种现实的承认和维护。在纸本时代，体制的问题不在于对学术期刊中心地位的确认，而在于过于僵化，失去了原该具备的调节功能。在数字和互联网时代，学术传播的基本单元已由期刊变成了论文，也就意味着至少在技术上作者可以跳过期刊这一中间环节，直接连上读者，期刊的传播作用已不那么重要了，剩下的只是对论文质量的确认作用，这个作用因学术评价还停留在纸本时代而更加凸显。但是，期刊之所以独占了对公开发表之前论文的质量评审权（审稿权），正是缘于其所独有的发表（传播）功能，一旦传播可以绕开期刊，期刊就失去了独占评审权的基础，如今它在现实中依然握有的评审权就只能来自体制。如前所述，体制所承认的刊号仍仅限于纸本学术期刊，而不及于新媒体，以数字和互联网时代的视角来看，体制的滞后性就显露出来了。

其次，传统和体制所赋予的纸本时代学术期刊相对清晰的使命或责任在数字化和互联网时代变得模糊不清。被业界列为自己"使命"或"责任"的大概包括以下几项：（1）引领学术研究；（2）组织学术研究；（3）树立优良学风，抵制学术不端；（4）培养学术新人；（5）评价学术成果；（6）交流和传播学术。对此，笔者有过专门评论，这里不妨重复一下。"学术期刊之所以能将六大使命揽于一身，凭借的是在学术传播中不可动摇的中心地位。这是'位'与'为'的关系使然。但是，时代在变——信息时代来临了，原本无可争议的'位'，今天已变得不十分确定了……在学术期刊从传播的中心滑向边缘的情境中来考察学术期刊的使命，我们不能不看到，完成使命的根基正在发生动摇。"[2] 如果说，纸本时代期刊的使命和责任在引领和组织学术等，那么，这种说法即使成立，[3] 随着传播中心的转移，

---

[1] 某些报纸的学术专版，多为报纸的副刊，更接近期刊，但其所发文章的篇幅、题材受到诸多限制。
[2] 朱剑：《做最好的传播：信息时代学术期刊的使命》，《中国社会科学报》2013年3月20日。
[3] 关于学术期刊引领学术的使命，质疑者不乏其人（参见吴承学《编辑莫妄谈"引领学术"》，《光明日报》2009年6月22日；原祖杰：《学术期刊何以引领学术——兼论学术期刊与学术共同体之关系》，《澳门理工学报》2014年第1期），本文对此不做评论，拟另文讨论。

这些加在学术期刊身上的光环也正在黯然失色。在新媒体那里，单向度的"受众"概念已被多向度的"用户"概念所取代，从媒体到受众的单向度传播已转变为媒体与用户、用户与媒体、用户与用户间的互动，新媒体强调更多的是服务用户的使命，几乎所有的新媒体都在这方面做了功课，这一点在大众传播领域表现得尤为充分。这不仅是一种营销手段，更是一种新的传播理念。然而，囿于技术和功能，这却不是纸本期刊所能做到的。

从以上两点不难看出，在学术传播领域纸本学术期刊主流地位的持续是以学术新媒体的难产为代价的，但是，纸本时代的"刊"与互联网时代的"网"之间张力的持续扩大，终究会有让两者之间勉强维持的平衡被打破的时候。一方面，新媒体总在寻找机会脱颖而出；另一方面，跨界的势力也在寻找机会乘虚而入。"刊"与"网"之间张力的最有力的维持者无疑是期刊体制，具体说来就是刊号的审批制中对学术新媒体规制的缺乏。这在一定程度上是制度滞后性的体现。"从制度的供给和需求的角度来看，制度供给相对于需求而言总是滞后的，因为人们对制度的需求会随着技术进步、环境的变化和意识形态的调整而在较短时间内发生变化，但制度供给却是有一定刚性的。因为制度供给需要一个相对较长的学习、设计、实施和磨合的时间过程。"制度的滞后是可以理解的，而现代政治制度也会有自我纠错机制的设置。"在……旧制度的弊端已完全展现而旧制度的绩效已显著下降，这一时期对制度进行变革，既易于得到社会主流的广泛认可和普遍支持，而推动改革的调整成本和从制度滞后角度来考察的延误成本都还不是很大，所以是进行制度变革的最佳时机。"① 眼下，学术新媒体优势已经显现，而现行的期刊体制已经无法容纳学术新媒体，纠错机制启动的条件已基本具备。如果从 2011 年 5 月中共中央办公厅、国务院办公厅发布《关于深化非时政类报刊出版单位体制改革的意见》算起，学术期刊体制改革提上议事日程已有数年，其间经历了 2012 年 7 月新闻出版总署发布的《关于报刊编辑部体制改革的实施办法》所引起的广泛争议，顶层设计与底层设计之间的分歧正在逐步缩小，所以已到了进行期刊体制改革的最佳时机。

---

① 周冰、靳涛：《制度滞后与变革时机》，《财经科学》2005 年第 3 期，第 43～44 页。

自2014年起，属于报刊体制改革顶层设计的一系列举措颇为引人瞩目，特别是对"媒体融合"理念的接受和对"媒体融合发展"的部署。所谓媒体融合，指的是"包括一切媒介及其有关要素的结合、汇聚甚至融合，不仅包括媒介形态的融合，还包括媒介功能、传播手段、所有权、组织结构等要素的融合……资源共享，集中处理，衍生出不同形式的信息产品，然后通过不同的平台传播给受众"。① 这是一个互联网时代关于媒体发展的新理念。

2014年8月18日，中央全面深化改革领导小组第四次会议审议通过了《关于推动传统媒体和新兴媒体融合发展的指导意见》，这堪称规格最高的顶层设计了。笔者没有查阅到这个文件的原文，但从相关报道来看，这一顶层设计针对的主要是大众媒体，特别是新闻媒体。对于大众媒体来说，新媒体的威胁已迫在眉睫，唯有实现媒体融合，才能重建互联网时代传统主流媒体的中心地位。当然，媒体融合的前提是新媒体的存在，对于学术媒体，特别是学术期刊来说，学术新媒体还不成气候，主要需要解决的是"刊"与"网"的张力问题，但媒体融合同样具有不可替代的意义。一方面，要消除"刊"与"网"的张力，最好的办法就在于培育起更适应"网"的数字新媒体，而媒体融合可以为新媒体创造宽松的生存环境；另一方面，新媒体的问世，并不意味着旧媒体的立即消亡，新媒体之新固然在于它开发了旧媒体无法提供而受众又很是需要的新功能，但在新媒体的初始阶段，新功能往往难以全面覆盖旧媒体的所有功能，旧媒体的存在就仍有其意义，只有当新媒体完全覆盖了旧媒体的所有功能，旧媒体才会退出（毋宁说融入了新媒体）。因此，新旧媒体的交替，总会有一个"共生"的过程。② 这就是媒体融合的意义所在。没有新媒体，并非不需要新媒体；而有了新媒体，不等于立刻就该抛弃旧媒体。因此，媒体融合发展之于学术传播同样具有战略意义。

如前所述，数字新媒体的障碍主要在体制，只要创新体制，搬走障碍，新媒体就会应运而生。我们应该看到，国家层面的媒体融合战略已为体制创

---

① "媒体融合"，百度百科，http：//baike.baidu.com/link？url=UsvmdUSz6dDX6LIpMRZIMq6DWk_AiE_a3NCKHG7Qa4VgR3E6uPs_tlLQjfRMKcSk-JyeT1iy9gatw63QkWM8pK。
② 参见杜敏《不同媒介形态下学术期刊的共生与变革》，《澳门理工学报》2014年第3期，第111~120页。

新提供了一个难得的契机。2015年3月31日，新闻出版广电总局与财政部联合发布了《关于推动传统出版和新兴出版融合发展的指导意见》，在该文件"政策措施"部分明确承诺："加强相关法律法规修制工作。推动修订《中华人民共和国著作权法》，加快修订出台《网络出版服务管理规定》和《出版物市场管理规定》。制定新闻出版许可证管理办法、新闻采编人员职业资格制度暂行规定和网络连续出版物管理规定等。制定网络出版等新兴出版主体资格和准入条件，制定加强信息网络传播权行政保护指导意见，推动网络使用作品依法依规进行。通过逐步建立以法律法规为主体，以部门规章为配套，以规范性文件为补充的法律法规体系，规范、保障、推动出版融合发展。"[①] 这里所说的"网络连续出版物管理规定"、"网络出版等新兴出版主体资格和准入条件"等与学术新媒体能否顺利诞生直接相关。这些法律法规和部门规章如果能合理地制定并及时出台，不仅能使期刊体制不再成为学术新媒体出生的障碍，而且还能催生学术新媒体。至于学术评价，因其与体制密不可分的关系，体制的变革，必然带来评价方法的调整。只要学术新媒体具备了合法身份，运用于期刊的评价移植到新媒体评价只是个技术问题。而现行评价机制是否科学和合理，则是另一个问题，即使没有新媒体的产生，评价的改革也势在必行。

如此一来，传统学术期刊赖以维持中心地位的体制保护就不复存在了，"刊"与"网"的张力随时都有可能破裂，新媒体真的有可能取学术期刊而代之。但是，学术期刊并非一定束手无策，最好的选择就是，自己主动开发学术新媒体，让媒体融合与新媒体成长同步进行。在这方面，学术期刊应该具有充分的自信，因为期刊有着其他"新兴出版主体"所不具有的优势，核心的优势在于对学术信息源近乎垄断的控制和长期形成的品牌效应。尽管"内容为王"是一个纸本时代的观念，但在互联网时代，内容依然是"王"，只不过不是唯一的"王"罢了，传播技术可能成为另一个"王"，但技术是开放而非垄断的。所以，在开发学术新媒体方面，学术期刊理应成为最合适的主体。理论上的主体要成为事实上的主体，关键在于期刊人要勇于更新观念，并按照互联网时代媒体发展规律行动起来。唯有如此，传统学术期刊方

---

① 国家新闻出版广电总局、财政部：《关于推动传统出版和新兴出版融合发展的指导意见》，新广发〔2015〕32号。

能求得在互联网时代的新生。

当然，现在预言学术新媒体何时能真正成长起来还为时过早，因为控制性因素的不确定性仍然存在。我们只能说，当期刊体制实质性改革真正实现，期刊人或其他出版主体找到可行的学术新媒体方案并付诸实施时，学术新媒体脱颖而出的那一天就来到了，而学术传播领域的媒体融合也就真正开始了。

〔原载《北京交通大学学报》（社会科学版）2015年第4期〕

青年研究期刊与青年学的构建

一般认为，现代社会科学意义上的青年研究始于百余年前，但直到 1980 年代，青年研究都只是从属于社会学、政治学、教育学、心理学、历史学等学科的一个研究方向。1980 年代，作为一个独立学科的青年学的构建被提上议事日程，至今已过去了 30 多年，青年学却仍然没能得到确立。青年学的构建何以陷入困境？已有多位学者不失深刻地予以了剖析，但几乎无人关注到在学科构建中非常重要、不可或缺的一个条件，即学术期刊在青年研究的学科构建中是否起到了应有的作用。事实上，在 30 余年的构建过程中，期刊基本是"缺席"的。所谓"缺席"，并不是说没有这方面的期刊，也不是说期刊没有发表过相关文章，而是说期刊并没能在学科构建中发挥其应该起到的不可替代的作用。本文试图通过对这一现象的剖析，找出期刊"缺席"的原因，并在此基础上，揭示青年期刊参与乃至有条件地引导学科构建的可行路径。

一 青年学构建的困境

"所谓学科，指的是一种学术研究的领域，如同化学与英语那样，它构成了高等教育中教学与研究，以及学术共同体中的一个领域。同时，学科也是一种与研究科目紧密相关的知识分类……学科通常具有三个方面的含义：第一，学科是一种关于知识的分类体系；第二，学科涉及一套特殊的行为规范与方法；第三，学科关系到特定学术共同体的价值观念。"[①] 显然，要让青年研究成为现代人文社会科学分支之一，即意味着它必须满足作为人文社会科学体系一个自恰的子系统的基本条件，亦即需要自身具备比较完备的构

---

① 谢维和：《谈学科的道理》，《中国大学教堂》2012 年第 7 期，第 4 页。

成要素，这些要素包括：清晰的学科知识边界、特殊的规范与方法以及具有共同价值观的学术共同体等。所谓"学科构建"即是指这些要素的生成、积累直至完备的过程。

关于1980年代青年研究的学科化尝试，高中建曾做了这样的描述："80年代的中国是一个充满激情的中国，80年代的中国青年研究也同样充满了激情，加上西方青年研究成果的大量引进，人们迫不及待地要把青年研究变成一个系统的理论体系和完善的社会学科……如果说之前的青年研究只是学科化储备阶段的话，此时的青年研究则是正式登上了学科化学术史的舞台。"① 但是，那一场"迫不及待"的学科构建活动并没有结出人们热切期待的丰硕果实，诚如吴小英指出的："这些有关的青年学的讨论除了强调其跨学科、综合性、科学性的特点外，并没有多少实质性的论述，这种笼统抽象的青年学，类似于有关青年问题和青年群体的一种大杂烩或拼盘式研究，虽然头戴马克思主义的帽子、言辞间充斥着80年代从西方引进的许多新名词，但并没有形成自己独特的理论和方法体系，因此有'为学科化而学科化'之嫌……建立青年学的初衷——加速学科化进程、确立青年研究在学界的一席之地——并没有就此实现。"此后，又经过了1990年代的代际更替，"虽然'青年研究'名下的研究整体上走向衰落，但是散见于各个学科的有关青年问题的研究并不少见，只是更多地淹没在其它专业领域有关社会问题的研究中，没有获得相对独立的地位和影响力"，到2000年以来的再一次代际更替，"比起前两代有了更清晰的学术自觉，也更加深入和透彻。然而……真正参与其中的青年研究学者并不是很多，讨论的主题也在不断的重复和争论中裹足不前、难以达成统一共识"。② 所以，青年学的构建至今仍在曲折的进路上徘徊。

在回顾青年学建构以及陷入困境的历程时，学者们进行了诸多反思。沈杰对这样的反思总结道："这种知识再生产的反思性机制大致包括这样两个方面的内容：一个叫做'问题意识'，一个叫做'建构素质'。"③ 黄海也从

---

① 高中建：《回顾反思展望——中国青年研究学科化进程三十年》，《中国青年研究》2009年第5期，第70页。
② 吴小英：《青年研究的代际更替及现状解析（上）》，《青年研究》2012年第4期，第12~21页。
③ 沈杰：《"青年研究"何去何从》，《中国青年研究》2002年第1期，第43页。

大致相同的角度切入，只是用"结构意识"这一指向更清晰的词语替代了"建构素质"，指出："'问题意识'与'结构意识'的结合大概是任何一门人文社会科学理论都不能逃脱的'窠臼'，青年研究也不能例外。事实上，青年研究的学科范式称谓从'青年研究'到'青年学'的转变，已经在某种意义上暗合了这种趋势。"① 关于问题意识与建构素质的关系，沈杰认为："这两个方面是相互关联、相辅相成的。'问题意识'来源于我们深厚的学术修养和高度的社会责任感；以此为基础，在努力解决问题的过程中表现我们的'建构素质'。"② 显然，沈杰是从实践发生的时序上来描述两者关系的，但是，当我们衡量一个独立的学科是否已经形成时，也许应该倒过来，即考察"建构素质"或"结构意识"是否已能成为"问题意识"的基础，否则，纵然具有明确的问题意识，却缺乏结构意识这一学科基础，那么，再好的研究也只能从属于其他成熟学科，而难以成为独立的青年学诞生的标志。因此，黄海指出："严格意义上说，青年研究和青年学是两码事，不能混为一谈。前者是一种对青年的各个方面和角度的研究，带有明显的对象化与问题化研究思路，后者则是将其上升到一门学科的高度，带有明显的学科化和结构化企图。"所谓"学科化和结构化企图"，就包含了建构青年学独有的研究对象和方法体系。近30年来，从事青年研究的许多学者一直在努力进行这种尝试，但是，在黄海看来，"我们在进行青年研究——学科意识与问题意识相结合意义上——的时候，我们确实是把青年作为一个研究的对象性群体，运用多学科的方法分析青年中的种种问题，并最终试图开出种种'药方'，提出解决问题的方案，这大概就是这门学科的定义、方法和研究对象和（及）研究旨归。从一门学科的表层科学性来看，该具备的要素都具备了，这门学科确实也在这种意义上获得了生存和发展的理由。这种定义，毫无问题是对的，也是科学的，可事实上，也是毫无意义的。说了等于白说，说了等于什么也没有说。真正的核心问题就在这里"。③ 青年研究的"真问题"与"真学问"并没有真正地结合起来，或者说，构成一个学科所

---

① 黄海：《从青年研究到青年学——一种真问题与真学问相结合的文化人类学反思》，《湘潭大学学报》（哲学社会科学版）2005年第6期，第64页。
② 沈杰：《"青年研究"何去何从》，《中国青年研究》2002年第1期，第43页。
③ 黄海：《从青年研究到青年学——一种真问题与真学问相结合的文化人类学反思》，《湘潭大学学报》（哲学社会科学版）2005年第6期，第65页。

应该独立具有的只属于该学科的"真学问"并没有完成真正的构建,青年学还不具备自己系统的方法论。

方巍基于对托马斯·库恩"范式"概念及后人对这一概念的阐发的考察,提出了"学科确立的标准问题"。他认为:"学科的诞生既包括对研究对象独特的认识和研究方法的确立,同时也包括对于研究对象独特的概括抽象方式的诞生,并建立在这一基础上的一整套知识体系。"以此为标准,"大部分的研究并没有真正建立区别于其他学科青年研究的范式,在概念和理论体系上表现为一种简单的汇集,或如某些学者所说的'拼盘'。尽管青年学的学科化尝试对于20世纪80年代以来青年研究的发展有着重要推动作用……但在学科化方面依然有许多路要走……目前青年学则仍然处于库恩所说的前范式时期"。① 显然,青年学的构建仍然在路上。

针对种种反思,陆玉林指出:"我们反思改革开放以来的青年研究,首先要解决的问题,就是用什么样的标准来进行反思。标准是评价和反思的基本尺度,是反思的基础……反思我国的青年研究……需要具体梳理的是学科和方法标准。学科标准或从学科角度反思我国青年研究的学者,一般是从社会科学的理想化的学科范型出发,提出成为学科所应当具备的基本条件,包括研究领域、研究对象、研究方法、基本范畴、理论体系,然后据此判断青年研究是否已经学科化并提出青年研究如何学科化的问题。"② 的确,不管是黄海从"问题"与"结构"的关系角度,还是方巍从"范式"与"学科"的关系角度,说的都是一回事,即在由青年研究到青年学的跨越中如何满足"学科和方法标准"。不仅是以上列举的几位学者的观点,实际上,当反思和探讨青年研究学科化历程时,几乎所有的学者们都是从研究对象、研究方法的角度切入来分析学科构建困境的,③ 所以,沈杰用来概括"青年研究走向专业化的过程中"极其容易出现的"偏颇现象"的两句话,即"看到学科的地方看不到青年"和"看到青年的地方看不到学科",④ 似乎

---

① 方巍:《关于青年研究学科化的思考》,《当代青年研究》2007年第8期,第38页。
② 陆玉林:《青年研究:学科逻辑与问题意识——论对改革开放以来青年研究的反思》,《当代青年研究》2007年第5期,第2页。
③ 谢昌逵:《对中国青年研究的反思》,《当代青年研究》2007年第2期;高中建:《回顾反思展望——中国青年研究学科化进程三十年》,《中国青年研究》2009年第5期;何绍辉:《论青年研究的学科化》,《中国青年社会科学》2016年第2期;等等。
④ 沈杰:《"青年研究"何去何从》,《中国青年研究》2002年第1期,第43页。

已成为关于青年学构建困境的共识。

但是，与研究对象和研究方法的构建同样重要，甚至更为重要的是学科构建主体——学术共同体的自我建构，而这一点在近年来的反思中却很少被提及。其实，库恩在《科学革命的结构》一书中，除了提出了"范式"这一著名概念外，还提出了"科学共同体"这一同样著名的概念。这一概念被引申到人文社会科学领域后，人们更多提及的是"学术共同体"。新学科的诞生无疑是一场科学或学术革命的成果，其前提是一个科学（学术）研究集群所普遍接受的新的范式的产生。在新范式替代旧范式或前范式的过程中，因对范式的改造或重建而走到一起并形成共同信念的众多学者得以结成新的学术共同体，可见，新范式的产生与构建并认同这一范式的学术共同体的形成是一个相辅相成的过程。诚如方巍在《关于青年研究学科化的思考》一文中所引用的库恩在《科学革命的结构》一书再版后记中所言："一个范式就是科学共同体的成员所共有的东西，而反过来，一个共同体由共有一个范式的人组成。"因此，这个范式的构建主体只能是学术共同体，换言之，青年学的构建主体也只能是学术共同体。在新学科的构建中，我们不能只见范式而不见学术共同体，学术共同体与范式从某种意义上来说是一体两面，同样重要。

事实上，在长达30余年的学科构建过程中，属于青年学的新范式固然没能生成，而青年研究的学术共同体又何尝真正形成了？[1] 由此看来，构建主体的缺位才是造成困境的根本原因。如果我们从学术共同体的形成与新学科诞生的关系的角度来讨论问题，就有必要追问学术共同体未能形成的原因，这个原因当然是多方面的和复杂的，但在笔者看来，学术共同体赖以建立的公共平台——学术期刊的缺席，至少是主要原因之一，因为这是一种基础性的缺失。换言之，如果说造成青年学构建困境的根本原因是青年研究学术共同体的缺位，那么，作为学术共同体共建共享平台的学术期刊在青年学构建中的缺席就是一个不能忽略的重要因素。因此，在反思青年学构建问题时，不分析学术期刊、学术共同体、新学科三者的关系，很可能找不到问题

---

[1] 吴小英注意到了青年研究者的身份问题，并认为，即使到了2000年后，仍然"既没有形成自己的学术共同体也没有形成自己独特的研究范式"［吴小英：《青年研究的代际更替及现状解析（上）》，《青年研究》2012年第4期，第20页］。

的真正答案和解决问题的可行路径。那么，我们应该如何看待和处理这三者之间的关系，进而找到一条学科构建的成功之路？

二　学术期刊、学术共同体与新学科的构建

学术期刊的产生虽然晚于学术研究，但它一经问世，即与学术研究结下了不解之缘，并对学术研究的进展产生了独特而深远的影响，此后全部的学术史，与学术期刊都是拆分不开的。从内容来看，学术期刊所刊载的主要是学术论文，而学术论文则是学术新成果最好的载体，这是因为它不仅切合学术研究，而且有利于交流传播，故以学术论文为主要内容的载体——学术期刊就是最好的学术传播媒介。从形式上来看，作为连续出版物，学术期刊可以将固定的宗旨、风格、特色和内容不断地延续，是最合适的常设交流平台，这是它明显优于非连续出版的学术专著和论文集，以及虽然连续出版但呈碎片化的报纸的地方。从功能上看，由于满足了发布和交流的需要，学术期刊充分展示了在学术传播方面的强大功能，于是，终其纸本时代，学术期刊几乎垄断了学术论文的传播。当学术期刊一旦成为最新学术成果最重要的交流平台和传播渠道，甚至是唯一的平台和渠道时，它对学术研究的作用就不再限于此，而在学术生产的全流程中全方位地体现出来。与本文论题相关的就是学术期刊在学科构建和发展中的独特作用。

第一，通过发表和传播平台凝聚学者。在一个新学科开始建构之时，最初涉足该领域的研究者可能来自不同的学术共同体。当这些有着共同志趣的学者通过某些途径（如学术会议、学术访问）聚集在一起时，为了推进共同的研究，他们首先要做的事，一般说来，就是成立学会以及创办该领域的学术期刊和学术年会，以作为共同的组织和平台。"学会、期刊与年会，构成了'三位一体'的学术体制：有学会必有会刊，有会刊必有年会。学术社团之建立及其活动，学术研讨会之举办，为中国现代学者提供了学术交流的平台，促进了中国现代学术的发展。"[①] 学术史上，许多著名的学派即因

[①] 左玉河：《学科、学会与学术：中国现代学术共同体之建构》，《安徽史学》2014年第5期，第37页。

学术期刊而产生,而每一著名学派也大多有作为学派中心和旗舰的学术期刊。[1] 新学派如此,新的学科及与其对应的学术共同体也是如此。作为同一领域学者研究成果的共同载体,学术期刊这一平台是共建、共享、共有的,从而为新的学术共同体的形成奠定了基础。

第二,通过边界和中心的设定推动学术共同体的形成。学术期刊从诞生时起,办刊主体就是学者。与学术期刊相比,学术共同体的雏形也许早已存在,但实际上,学术共同体概念自提出到被广泛接受要晚于学术期刊的诞生,从某种意义上来说,学术期刊对于学术共同体的产生有着不可替代的意义。一方面,学术期刊划定了学术共同体的边界:"在组织层面,学术共同体主要包括学术期刊系统和专业学会系统。这二者是学者进入学术共同体、参与并建立正式学术交流网络的关键平台,在学者和'门外汉'之间划定了一条明显的边界,因此对学者的学术生涯和学术共同体的运行至关重要。"[2] 其实,"学术共同体并非严密的组织机构,而是基于某种学科、价值、理念或范式的认同而形成的结构松散的学者群体。如果说专业学会更具有某种组织形态,那么,学术期刊则更体现出对学术取向、学术方法、学术兴趣等学术精神方面的认同。所以,学术期刊之于这样的群体的作用就显得尤为重要,如果没有学术期刊作为组织的公共平台,那么,共同体就难以聚合,其边界也难以清晰,共同体在研究中的作用也就难以发挥"。[3] 另一方面,只要这个平台能够为具有共同学术关怀和兴趣志向的众多作者所拥有,它必定成为该学术共同体的中心。"一个有生命力的学术期刊背后一定站着一个思想活跃的学术团体,而这个学术团体应该是一个世界性的学术共同体的有机组成部分。"[4]

第三,通过批评与评价明确新学科构建的方向和路径。在学术成果交流和传播过程中,有一个必不可少的程序,就是批评与评价。学术批评和学术

---

[1] 原祖杰:《学术期刊何以引领学术——兼论学术期刊与学术共同体之关系》,《澳门理工学报》2014年第1期,第114页。
[2] 张斌:《我国学术共同体运行的现状、问题与变革路径》,《中国高教研究》2012年第11期,第9页。
[3] 朱剑:《学术共同体、学术期刊体制与学术传播秩序——以媒体更迭时代人文社会科学期刊转型为中心》,《澳门理工学报》2016年第3期,第101页。
[4] 原祖杰:《学术期刊何以引领学术——兼论学术期刊与学术共同体之关系》,《澳门理工学报》2014年第1期,第118页。

评价在学术发展中的作用是十分重要和不可或缺的，学术的每一个微小或重大的进步，都是在对前人或同时代人学术成果的继承、扬弃基础上的创新；继承和扬弃的过程，主要体现在学术批评，有了学术批评才有了学术创新。从这个意义上来说，没有学术批评也就不可能有学术进步，学术批评本身就是一种重要的学术研究。无论是学术批评还是学术评价，都是对学术成果质量以及学术研究趋势的某种评判，这是两者的共同之处。对于成熟的学科来说，批评和评价的行为主体都只能是学术共同体。但是，在学者的学术成果完成后，最初的批评和评价却往往来自学术期刊，因为这是学术成果进入传播必须通过的关口。只有过了这道关，学术成果才会迎来同行和社会的批评与评价。我们知道，期刊对学术成果的发布是有目的和有选择的，这个目的的设定和选择的标准就直接关系到相关学科的发展。这就是学术期刊必须由学者主办（往往是著名学者担任主编，甚至编辑也是由知名学者担任）和必须实行同行专家匿名审稿的原因所在，学者主办和同行专家匿名审稿制度是确保平台代表学术共同体意志的必要措施。可见，学术期刊能否把好这道关，取决于学术期刊与学术共同体的关系。但对于一个构建中的学科来说，学术共同体尚未最后成形，期刊的目的设定、内容设置、审稿标准对于该学科能否成功建构就更形重要，因为它必然地与新学科建构的方向和路径紧密相关，这直接涉及了期刊能否为这些学术成果所代表和呈现的新的学术范式的生成奠定坚实的基础，以及新的学术共同体能否在这一基础上通过对新范式的确认而形成。在这个意义上说学术期刊引领了新学科的诞生也不为过，当然，这个引领者——学术期刊必须内嵌于正在形成中的新的学术共同体。准确地说，所谓学术期刊对新学科构建的引领，其实指的是形成中的学术共同体的核心成员（而不仅仅是主编或编辑）通过学术期刊这一平台得以引领新学科的诞生。在这里，研究者、编辑人和平台（学术期刊）缺一不可。

第四，通过研究对象与范式的确立推动新学科的诞生。学术共同体的形成过程，其实也就是新的研究对象和范式的形成过程，继之而起的，即有可能是新学科的诞生。关于青年研究的独特对象，从学科构建的角度来探讨时，学界并无太多争议，有所争议的只是以青年为独特对象的研究能否构成独立的知识领域，对此若做出否定性的判断，则学科构建也就失去了意义，而成为另一个问题了（下文再做讨论）。与研究对象问题相比，关于青年研究竟应确立何种范式，学者们则观点纷呈。从学术史看，一个生成中的新学科，大多产生于成熟学科的交叉区域，因此，新的学术共同体和新范式并非无源之水、无本之木，形成中的学术共同体的核心成员一定是自其他成熟学科"跨界"而来的"先行者"，借鉴其他学科成熟的研究范式既是必要的也是可行的。田杰指出："引入现代史学研究范式，综合借鉴相关学科的研究方法、成果和理论路径，是克服青年研究缺乏对历史的必要关注和理解的理论缺憾的比较现实的选择。"[1] 黄海指出："从文化人类学的思路对青年研究进行学术反思，就会发现运用文化人类学的'他者'、'主位思考'和'文化的互为主体性'研究方法，进而在微观叙事、个别解释与生动白描中探询'真问题'，进而追求'真学问'，是我们实现青年研究中的'真问题'与'真学问'相结合，从作为政策研究的青年研究向作为学术研究的青年学转向的一条可靠路径。"[2] 吴鲁平指出："从研究所采用的理论范式看，青年研究经历了从现代化理论范式到后现代化理论范式的转变，目前正在向新型现代性或互构论范式转变。未来的青年研究应自觉地以互构论这类既具世界眼光又有中国特色的理论为指导，通过对处于快速转型社会中的中国青年进行经验实证研究，来检验、丰富、完善和发展已有学科的理论和知识，从而增强青年研究与已有学科间的学术对话能力以及青年研究依据青年的特性来建构新的学科知识的能力。"[3] 如果说，针对某一特定研究对象的新的研究范式的生成是新学科诞生的重要标志的话，那么，这个范式的生成就离不开学术期刊。诚如陆玉林所指出的："某些高度相关的研究，是否能够集合为独立的学科，基础条件是能够确定相对独立的研究领域、主题与方法、理论系列、规则与评价标准等。这是对研究能否成为学科、学科能否独立的合法性证明，也是学科的划界（demarcation）问题……学科的建立即研究的学科化，说到底是一种划界运动。"[4] 如果我们认同在学科构建问题上学术共同体与范式是一体两面的话，那么，新的学术共同体需要学术期刊来为它划定边界和确立中心，而所有的新范式的尝试，都需要在学术期刊这一平台上

---

[1] 田杰：《青年研究的史学范式与理论图景》，《当代青年研究》2009年第6期，第9页。
[2] 黄海：《从青年研究到青年学——一种真问题与真学问相结合的文化人类学反思》，《湘潭大学学报》（哲学社会科学版）2005年第6期，第64页。
[3] 吴鲁平：《青年研究的理论范式转型及其学科意义》，《中国青年政治学院学报》2014年第2期，第20页。
[4] 陆玉林：《青年研究：学科逻辑与问题意识——论对改革开放以来青年研究的反思》，《当代青年研究》2007年第5期，第3页。

展示并接受批评和检验，以达成共识。这个边界和共识生成之日，才是作为新学科的青年学诞生之时。

由此可见，从为学术成果的发表和传播提供合适的平台，到新的学术共同体和研究范式的生成，最终确立新的学科，哪一步也离不开学术期刊的参与和引导。学术期刊对新学科的产生来说，实为必不可少的前提条件。换言之，没有学术期刊的积极参与，新学科只能是空中楼阁。现在的问题是，我们并不缺乏青年（研究）期刊，而这些期刊为何却缺席了青年学的构建呢？

三 青年期刊缺席青年学构建的原因

要回答青年期刊为何缺席了青年学构建的问题，需要从历史与现实两方面着手来寻找原因。尽管青年学构建的历史只有 30 年，但在许多参与学科构建研讨的学者看来，青年研究的历史却可追溯到百年前。如何看待这 100 年和 30 年的关系，或者说前 70 年与后 30 年的关系？应该说，从作为两者分界的 1980 年代初开始，青年研究虽然进入了一个新的时代，但前 70 年的历史积淀还是在后 30 年的学科构建中打下了深深的烙印，后 30 年是整个百年历史的一个有机的组成部分。后 30 年学科构建陷入困境的原因首先还要从前 70 年中来找寻。"没有对历史的追问，就不会有理性的思考。这是社会科学研究的定律。对于现实问题的任何解释，答案都已在历史中。对青年的理解，应建立在对历史的深刻认识之上。"[①] 同样，对青年研究和青年学构建的理解，也要建立在对历史的深刻认识之上，从而寻找到历史性的根源。那么，历史上的青年研究有什么样的特点，它与学术期刊又有怎样的关系？

已有多位学者指出，最早的青年研究发端于新文化运动。如赵文、林升宝认为："20 世纪初，大批先进知识分子冲破专制主义的精神罗网，积极宣传民主与科学，倡导社会改革和文化进步，兴起了一场以启蒙为核心的思想文化解放运动。1915 年 9 月《新青年》杂志问世，以此为标志，我国的青

---

① 田杰：《青年、青年研究与历史》，《青年研究：新视野·新问题·新方法研讨会会议手册》，上海，2016 年 6 月。

年研究起步，大量关于青年的专论开始出现。"① 可见，早在百年前，"青年"似乎就已作为一个独立的研究对象为学界所关注，期刊的缺席似乎也不是贯穿整个百年历史的，青年研究从一开始就是以期刊为平台的，甚至可以说，没有期刊(《新青年》)就不会有百年前的青年研究，而且，主持这一平台的正是当时著名的知识分子，并且有一定数量的专业成果问世。但是，如果细究这段历史，就会发现事情并非如此简单。

王奇生早在十年前即已指出："陈独秀于1915年创办《青年杂志》时，其实并没有什么高远的志怀和预设路径。《青年杂志》没有正式的'发刊词'……创刊号中另有陈独秀答王庸工的信，声称'改造青年之思想，辅导青年之修养，为本志之天职。'一年以后，杂志改名为《新青年》，陈独秀遂撰《新青年》一文。该文常被后来史家当作'准发刊词'解读，其实除了要青年树立正确的人生观外，更无多少实际内容。可以说，早期《新青年》是一个名副其实的以青年为拟想读者的普通杂志。"② 1917年，陈独秀就任北大文科学长后，"一批北大教授加盟《新青年》，使杂志真正以全国最高学府为依托……《新青年》遂由一个安徽人主导的地方性刊物，真正转变成为以北大教授为主体的'全国性'刊物。如果说之前的'名彦''名流''名家'执笔，多少有些虚张声势的话，如今由'货真价实'的北大教授担任撰译，对一般青年读者之号召力，当不难想象"。③ 在思想界风起云涌的1910~1920年代，以《新青年》编辑人为代表的一批知识分子，他们的身份当然首先是学者，但已不是传统意义上的学者，不管是在思想文化领域还是在社会政治领域，他们都是领风气之先的新思潮的代表。他们的研究兴趣也不仅在青年，而是涉猎相当广泛，"《新青年》涉及的论题包括孔教、欧战、白话文、世界语、注音字母、女子贞操、偶像破坏、家族制度、青年问题、人口问题、劳动问题、工读互助团、易卜生主义、罗素哲

---

① 赵文、林升宝：《百年中国青年研究的演进与深化》，《中国青年社会科学》2015年第5期，第6页。
② 王奇生：《新文化是如何"运动"起来的——以〈新青年〉为视点》，《近代史研究》2007年第1期，第22页。
③ 王奇生：《新文化是如何"运动"起来的——以〈新青年〉为视点》，《近代史研究》2007年第1期，第26页。

学、俄罗斯研究以及马克思主义宣传与社会主义讨论等众多话题"。[1] 不难看出，这些论题都需要从学术的角度进行解读，同时，又都与社会现实紧密相连，刊布于《新青年》上论题广泛的各类研究大多有着学术以外动员民众"革新现实"的目的。换言之，《新青年》所涉及的青年论题与其说是其主办者的研究志业，不如说是其社会动员的学术工具。这是《新青年》的编辑人及其研究与传统学者和学术研究最大的不同，也是服务于这一目的的《新青年》与一般学术期刊最大的不同。

显然，《新青年》并不是一本单纯的青年研究期刊，以青年为主要读者与以青年为研究对象之间还是有着明显的距离的。但是，这似乎并不妨碍它仍以其广泛、深入和持久的影响为中国的青年研究传统定下基调，那就是，学术研究与启蒙、动员、运动、教化、规训的糅合。如果说前70年有关青年问题的著述属于青年研究的话，那么，这个以多重目的杂糅为"天职"的传统在《新青年》时代就已定下基调。限于篇幅，本文无法对自此之后70年间青年研究的历史做全面回顾，但从赵文、林升宝对其间青年研究的梳理，足以看出这个传统的分量。简略地说，民国年间，《新青年》的传统在中共根据地和国统区得到了不同向度上的承续。"在革命根据地，青年组织动员和思想教育是青年工作的主要内容，这方面的研究相对较多……与革命根据地相比，国统区的青年研究多为对青年本体的研究，涵盖的领域更加广泛，也显得更为学术化、专业化。"[2] 显然，前者主要在动员、运动、教化和规训的向度上继承了《新青年》的传统，而后者则相对偏重于对《新青年》学术研究传统的继承。

从新中国成立到改革开放前夕，当年根据地对《新青年》传统有选择地继承更是被发挥到了极致，"研究大多围绕青年思想政治教育、青年工作、共青团建设、青年运动史等展开"[3]。与泛意识形态化相对应，以思想政治工作为核心，青年作为被教育对象的角色变得更为清晰了，所有由官方

---

[1] 王奇生：《新文化是如何"运动"起来的——以〈新青年〉为视点》，《近代史研究》2007年第1期，第38页。
[2] 赵文、林升宝：《百年中国青年研究的演进与深化》，《中国青年社会科学》2015年第5期，第7页。
[3] 赵文、林升宝：《百年中国青年研究的演进与深化》，《中国青年社会科学》2015年第5期，第8页。

倡导的青年研究几乎都在为这一目的服务。事实上，随着将社会学视为"伪科学"而逐出高校，来自高校的学术意义上的青年研究已为思想政治工作所取代，共青团系统成为青年研究的主力正是在这一背景下形成的，但这样的研究难免与学术研究渐行渐远。研究人员与研究内容的窄化是值得我们在回顾这段历史时予以特别关注的。《新青年》时代教化和动员青年的传统虽然得到了继承，但由著名学者担纲的青年研究早已不复存在，更不用说由学者自由地结成学术共同体了。由此可见，《新青年》传统被如此单向度地继承，代价必然是传统的另一向度——学术研究被舍弃，当然，学术期刊对这样的"研究"也就没有多少用武之地了。

既有研究众口一词地将青年学构建的起点定在了 1980 年代，这固然是因为正是在这个时候构建学科的冲动化作了实际行动，而更深层的原因则需要通过追问冲动何以产生来揭示，这就不能不说一说那个特殊的 1980 年代。随着"文革"这样大规模的群众运动走向沉寂，作为昔日"革命主力"的青年不可避免地被逐渐边缘化，甚至引人关注的只剩下了"问题青年"，"青年与官方意识形态之间的对立和反叛情绪逐渐显现……年轻人那时一方面渴求解放思想，另一方面普遍处在一种思想的苦闷、彷徨或者'信仰危机'状态，不清楚未来的路该怎么走，并对主流价值观抱怀疑的态度"①。对官方说教的怀疑和在现实中的迷惘其实也意味着 1980 年代青年的自主意识开始觉醒，传统的教化逻辑日显苍白和陈旧。正是在这一特定的背景下，青年研究"复苏"了，②其标志就是得到官方支持的专业研究机构和青年期刊的创设。"青年研究无论从内容、形式上都与青年教育有着不可分割的关系，研究队伍主要来自共青团系统，最先成立的研究机构和研究会、刊物等等许多也都是在团的系统的名下合法化的。"③

冰冻三尺非一日之寒，延续了 70 年的传统并非一朝一夕即可告别，在改革开放后青年研究复苏之时，传统仍顽强地发挥着它的影响。在今天看

---

① 吴小英：《青年研究的代际更替及现状解析（上）》，《青年研究》2012 年第 4 期，第 13 页。
② 有学者认为，1980 年代才是青年研究的开端，而对前 70 年的"研究"，不仅不认同其学术价值，而且连其作为研究的性质也否定了。本文用"复苏"来表述 1980 年代的青年研究与前 70 年的关系。
③ 吴小英：《青年研究的代际更替及现状解析（上）》，《青年研究》2012 年第 4 期，第 13 页。

来，1980年代青年研究的"复苏"，实质上是在社会剧烈变革时期一味说教和灌输主流意识形态收效甚微的情况下，希望通过重启青年研究，以对成为"问题"的青年进行教化提供新的知识资源，故由官方发起并主导成为此次"复苏"的特点。吴小英不无尖锐地指出，这一时期的青年研究"从一诞生就带着共青团和青年工作的血统，跟政治和意识形态有着天然的联系，这在某种程度上影响了后来几十年这一研究领域独特的学术路径"[①]。正是从单纯的意识形态灌输转而向学术研究寻求知识资源引发了学科构建的冲动，为的是在社会科学领域圈得一席之地，并希冀得到学界的承认，但传统（血统）所规约的学术路径只能是对传统的路径依赖。吴小英曾指出一个"有趣"的现象："共青团和高校思想教育工作者系统更热衷于倡导和维护青年学或者其它'青'字头学科的构建，而来自社科院和高校研究系统的学者则更倾向于对青年学的盲目构建持批评和反对的态度，倡导建立符合学术规范的研究方法论，让青年研究的成果更加务实、更加为社会所认可。"[②] 透过这个现象，我们不难看到，已远离学术而又急于在学术领域"跑马圈地"的共青团系统和高校思政系统的研究者与学术圈已是如此隔膜，青年学的构建不仅成为前者的自言自语，而且其成果也为后者所诟病。在这里，我们看不到一个新的学术共同体形成的可能。

当青年研究在1980年代复苏之时，除了如何看待研究传统之外，还不得不面对的一个问题是如何看待研究对象。如果我们从学科构建的角度来审视青年研究的历史，就会发现一个吊诡的现象，在一个始终以"革命"和"建设"为主旋律的时代，一直作为"革命"和"建设"主力的青年似乎无时不在、无处不在，但当我们试图在青年研究学术史上捕捉一个在文化上独立的"青年"这样的研究对象时，却变得十分困难。在整个20世纪，传统社会中青年被规训的角色并没有本质的改变，只是规训的目的、内容和手段发生了变化，所谓"青年研究"在很多时候不过是变了名目的规训或为规训服务而已。事情的真相也许是，作为独立研究对象的"青年"几乎就没有在所谓的研究中存在过，甚至在现实中也没有被真正承认过，所谓

---

① 吴小英：《青年研究的代际更替及现状解析（上）》，《青年研究》2012年第4期，第14页。
② 吴小英：《青年研究的代际更替及现状解析（上）》，《青年研究》2012年第4期，第15页。

"青年",只是一个生理学上对同一年龄人群的划分,而不是文化学意义上特定群体的概念。所以,在青年被置于研究视阈后,剩下的似乎只有"问题"了。于是,传统的教化逻辑在学术研究的外衣下存续了下来。

可见,在1980年代青年研究复苏之始,青年学构建困境的伏笔就已埋下。青年研究和学科构建如此,那么,在1980年代以来30余年的青年学构建历程中,青年研究期刊又走过了怎样的历程,扮演了何种角色?

张华将30年间青年研究期刊的发展概括为:"伴随改革开放,我国青年研究学术期刊经历了起步期、蓬勃发展期、学术规范期三个不同的发展阶段。"[①] 这一过程与同时期的中国学术期刊的历程大致相仿。中国学术期刊虽然已有百余年历史,但民国年间的战乱、新中国成立后一个接一个的政治运动,都大大制约了学术期刊的发展,到改革开放前学术期刊实际上已凋零不堪,1980年代后才重新起步。所谓"蓬勃发展期",大约与1990年代末至新世纪初学术期刊的大扩容相当,学术期刊在数量上快速增长的同时,体制性、结构性的问题却更加凸显,突出的表现就是按"单位"分配刊号资源,期刊的创办与学科的发展基本脱节,引起了学界强烈不满。于是,在那以后,专业化、规范化的呼声四起。

与一般学术期刊相比较而言,青年期刊虽然其生也晚,但落入体制的陷阱却可能更深,表现在期刊分布、宗旨、内容等诸多方面。方奕、王桂琴曾描述了青年研究期刊大致分布状态:主要在三个系统之中,其一是共青团下属的各级院校,大多属于学报的性质;其二是社会科学院系统的研究所;其三是共青团所属的以中国青少年研究中心为代表的专门研究机构,包括各省市的青少年研究所。[②] 虽然三分天下,但实际上共青团系统的期刊占了绝大多数,其中,多数期刊均是在1990年代末学术期刊大扩容中正式问世的,其"单位制"的特征非常明显,而作为科研重镇的高校却几乎没有创办过青年研究期刊。刊号资源如此分配,使得青年期刊与青年研究一样,与学术圈几乎隔绝。如果说,1980年代以来的青年研究一直带有明显的"共青团和青年工作的血统"(或者说传统),那么,"血统"和传统对青年期刊的影

---

① 张华:《我国青年研究学术期刊发展的历史经验与可持续发展对策》,《青年探索》2009年第4期,第9页。
② 方奕、王桂琴:《我国青年研究类学术期刊发展的量化分析》,《中国青年研究》2010年第4期,第53页。

响不仅一点不比青年研究少，而且只有更甚，因为"单位制"给予期刊的束缚远甚于研究人员。

也许有人会提出质疑，关于青年学构建的提议和探讨几乎都是在青年期刊上发布的，怎么能说青年期刊缺席了学科构建？其实，期刊是否参与了学科构建，不在于其是否发表了相关论题的文章，而在于这些文章是否促进了学术共同体的形成，或是否代表了正在形成中的学术共同体的意志。期刊若打不破"单位制"的樊篱，只是作为本系统的"园地"和青年教育的阵地，在一个封闭的系统内运行，不管它发表了多少关于学科构建的文章，事实上都改变不了自说自话的格局。因此，以期刊对学科构建应起的作用来考量，青年期刊仍无法避免实质上"缺席"的考语。那么，青年期刊如何才能参与甚至引导青年研究和青年学的构建？

四 青年期刊内容与平台的重构

今天反思30年来青年学的构建历程，原本是为了加速青年研究的学科化进程，但结果却是，是否应该构建这个学科似乎也成了悬而未决的问题。[1] 这是因为一个新学科的构建，仅凭一时的冲动，或"浓厚的学科化情结"，是远远不够的，而必须具备一些基本的条件，只有当这些条件成熟时，新学科才可望诞生。具体到青年学来说，独立的青年研究的成立，当为青年学构建的先决条件。从多位学者的反思性论说来看，青年研究连一些最基本的问题尚未厘清，还远说不上成熟。[2] 在这样的条件下强烈的学科化诉求，正如陆玉林所言，"反映出研究者对研究的科学性焦虑、知识论焦虑和学术界与社会承认的焦虑"。[3] 与焦虑相对的当为自信。当有那么一天，我

---

[1] 陆玉林通过对英美青年文化研究个案的分析指出，超前的学科构建可能给并不成熟的青年研究带来画地为牢的消极作用（陆玉林：《论青年研究的学科与路径问题——以英美的青年文化研究为例》，《当代青年研究》2009年第6期）。

[2] 孟利艳、高中建指出："青年研究的学科化，首要解决的硬核是研究范式的形成。作为一门综合学科，青年研究自身的特质问题给学科范式的形成造成了困难：1. 多学科的理论分析尚未能形成论题共域；2. 不同的方法论研究进路都未能提供学科说明的整体图景；3. 学术共同体在青年研究的核心问题上未能达成共识。"（孟利艳、高中建：《青年研究学科化的范式困境及其范式革命》，《当代青年研究》2010年第6期）

[3] 陆玉林：《我国青年研究的学科化问题及其超越》，《中国青年政治学院学报》2009年第5期，第15页。

们对青年研究的科学性、知识论和学界的承认有了足够的自信后，青年学的构建也许就水到渠成了。问题是，我们如何跨越从焦虑到自信的鸿沟？为此，许多研究者分别开出了不同的"药方"，这些"药方"是否对症，能否得到预期的"疗效"，非本文主旨所在，暂不做评论。但是，有学者指出的两种"博弈"现象，却是值得关注的。

吴小英指出，21世纪以来，在青年研究领域，存在着"两种传统与两种话语"的博弈，即"意识形态化传统和学术规范化传统"的博弈，以及"主流话语对青年的建构和定位"与"青年自身的话语表达"的博弈。前一种博弈看似学术规范化传统取得了完胜，"意识形态化传统逐渐沦为某些青年工作的从业人员或者思想政治和道德教育者的专利，而在学术界则成为过时的、被人唾弃的东西"；后一种博弈的结果似乎也是官方落败，"官方意识形态和主流文化建构的青年话语形式渐渐失去自己的地盘，而以流行文化面貌出现的青年自身的话语形式则处于不断上升地位。尤其是2000年代以来网络文化的崛起，使得集草根化、平民化、娱乐性、原创性和批判性于一身的青年文化大行其道，青年话语第一次在大众文化中战胜主流话语，有了自己相对自主的生存空间，甚至反过来对主流文化进行渗透和反哺"。①另一位学者风笑天则以"青年亚文化与社会主流文化"的博弈来指称吴小英所说的后一种博弈："30多年来，中国社会的主流文化、特别是社会价值观，发生了巨大的改变。这种改变对这一代青年的影响是决定性的……他们无论是对待工作、职业、金钱，还是看待成才、成功、幸福，都有他们自己的标准，形成了多种不同的模式，发出了多种不同的声音……青年亚文化与社会主流文化之间进行着博弈和相互影响，展现出丰富多彩的社会图景。"②其实，许多研究者都注意到了教化传统与学术研究、主流文化与青年亚文化（主流话语与青年话语）之间的矛盾与冲突。但是，所谓看似"官方落败"并不等于另一方的实质性胜利，"青年研究并未出现想象中的繁荣景象……由于研究者对两种青年话语的变迁和博弈不敏感，对青年自身的话语表达也不熟悉，因此研究过程的理论框架依然很大程度上沿用了主流话语对青年的

---

① 吴小英：《青年研究的代际更替及现状解析（下）》，《青年研究》2012年第5期，第49页。
② 风笑天：《社会变迁背景中的青年问题与青年研究》，《中州学刊》2013年第1期，第71页。

那一套建构模式，使得青年研究在政治说教和道德教化的传统逐渐退场之后，始终未能建立起自己新的价值定位和坚实的知识传统。"[1]

尽管如此，博弈的意义仍然不能低估。仅从学科构建的角度来看这样的博弈，就至少可以说明两点：第一，两种话语和文化的博弈不仅表明了青年正在摆脱传统社会所给予的角色定位，而且更重要的是，它还表明了青年主体意识的觉醒和自我建构的开始。如果说在20世纪的青年研究史中我们难以捕捉到一个作为研究对象的独立青年的存在，那么，通过两种话语和文化的博弈，独立青年的形象已渐渐地清晰和丰满起来，从而也就为青年学的构建准备了可资独立研究的特定对象。第二，两种研究传统的博弈让我们看到今天的青年研究已不再是以教化和规训为目的的传统研究一统天下，青年研究正在向学术回归。如果说20世纪的青年研究基本是共青团和高校思政系统的专利，有着明显的"共青团和青年工作的血统"，那么，通过两种传统的博弈，新的"血液"正在源源不断地输入，来自高校和科研院所的学者，特别是社会学、文化学、历史学、人类学、传播学等学科的前沿学者正在重新进入青年研究领域，青年研究与学界隔绝的樊篱正在被拆除，融合可望发生，这就为青年研究学术共同体的建立和青年研究范式的确立奠定了基础。尽管博弈带给青年研究的实际效果尚不明显，但不可否认的是，正是这样的博弈让新世纪以来的青年研究出现了新的气象，从而重新燃起了人们对青年学构建的希望。

本文之所以特别关注这两种博弈：一是因为这样的博弈不仅是新中国历史上所仅见，而且也远没到尽头，博弈的结果将在很大程度上决定未来青年研究仍然是碎片化、内卷化、拼盘化的一盘散沙，还是能够逐渐地成熟起来，甚至走向一个新学科的构建；二是因为这样的博弈与青年期刊之间有着难以拆解的关系。博弈当然是在多个层面上展开的，但最终结果却在很大程度上取决于学理层面的研究（博弈）情况，而学理层面的研究（博弈）则主要以期刊为平台。若本文所论证的学术期刊与学术共同体和新学科构建的关系能够成立的话（即学术期刊通过发表和传播平台凝聚学者；通过边界和中心的设定推动学术共同体的形成；通过批评与评价明确新学科构建的方向和路径；

---

[1] 吴小英：《青年研究的代际更替及现状解析（下）》，《青年研究》2012年第5期，第49~50页。

通过研究对象与范式的确立推动新学科的诞生），那么，如今基本"缺席"的青年期刊要发挥这样的作用，可谓任重道远。青年期刊必须完成从共青团系统的封闭"园地"到青年研究开放平台的转型。只有完成了这样的转型，青年期刊才可能参与学术共同体的建构，从而告别"缺席"状态而不辱使命。

　　青年期刊能否顺利转型，固然关系到青年研究未来的发展，其实，同时也关系到期刊本身在未来的命运。这是因为，一方面，学术期刊体制改革终将推进，刊号资源分配方法势必改革，"单位制"有可能难以为继；而即使在"单位制"盛行的年代，当既有的学术期刊无法发挥其应有作用之时，学者们也会寻求自创平台的机会和寻找新的媒体合作者。尽管这在纸本时代是件非常困难的事，但由学者担纲主编的"以书代刊"的准期刊——学术集刊一直顽强地生存着，目前正常出版的集刊有数百家，其中，被CSSCI列入来源目录的就达145家。[①] 随着近年来越来越多的学者涉足青年研究，由前沿学者亲力亲为创办青年研究学术集刊乃至专业期刊并非不可能。另一方面，以上强调学术期刊在学术研究和学科构建中的作用是"不可替代"的，主要是针对纸本时代而言，如今已经进入了互联网时代，现代信息技术正迅速而深刻地改变着期刊出版传播的基本面貌，传统的纸质出版、实物传输已被数字出版和网络传播所取代，新媒体有着更多的功能选择和更好的用户体验，正在迅速崛起。学术传播也不例外，传统学术期刊在学术传播中的主流地位正面临着被颠覆的危险。当然，在互联网时代，对于新学科建构来说，交流平台与传播渠道仍是不可或缺的，但期刊可能已不再是唯一的平台和渠道了，新的媒体形式和办刊主体正在不断涌现，值得关注的是，奉行"信息自由"理念的开放获取运动，不仅对传统期刊的运作模式提出了挑战，而且为自媒体的兴起推波助澜，一些学术团体甚至个人创办的微信公众平台，已经拥有相当固定的专业读者群，某种程度上正在替代传统期刊的作用。一些出版机构创办的学术传播移动数字平台也正在抢占学术传播的高地，充分展现了新技术、新渠道、新平台、新聚合的优势。无论是来自学术共同体还是来自其他新兴出版主体，它们都会想方设法地撇开传统期刊，直接与作者合作，直接与读者见面，最终取传统期刊而代之。

[①] 《中文社会科学引文索引（2014~2015年）来源集刊目录》，http://cssrac.nju.edu.cn/news_show.asp? Articleid = 568。

因此，青年期刊正面临着双重的压力——僵化体制的掣肘和新出版模式的挑战。在这样的情形下，青年期刊要在青年研究和青年学建构中发挥作用，关键在于能否突破体制的掣肘，回到学者中间，并充分利用新的传播技术，真正为青年研究学术共同体的形成提供平台。如果说青年期刊在青年学建构中缺席的原因主要在于与学者的疏离，那么，我们就必须通过内容与传播平台的重构这一充满挑战的过程来实现与学者关系的重建。这不仅关系到传统青年期刊在学科建构中的作用能否发挥，而且也关系到传统青年期刊在未来能否"合法生存"。

其实，对于一个生成中的新学科来说，研究内容的建构或重构首先是学者的事，其次才是期刊的事。学科建构的主体是学者，这是毫无疑义的。但在内容重构问题上，期刊并不是完全被动的一方。因为组织什么样的研究，使用什么样的作者，发表什么样的文章，决定权在于期刊。这样的学术研究组织工作是有着鲜明的导向的。谁来决定这个导向，是依靠学者，还是编辑闭门造车，将决定期刊在青年研究和学科构建中发挥什么样的作用。特别是在目前，青年期刊受体制束缚已外在于学界的情况下，要在青年学构建中发挥组织和引领作用，明智的选择就在于通过期刊内容的重构改变与学者的疏离状态。期刊如何能够与学界融为一体，使学者能够通过一定的方式介入编辑工作，甚至让学者成为办刊主体，是对青年期刊编辑人特别是主编智慧的考验。如果学者特别是前沿学者中的领军人物得以通过期刊组织和引领相关的学术研究，那么，青年期刊在青年研究和学科建构中的作用就能得以显现。这不仅能推动青年研究学术共同体的形成，而且可以让青年期刊获得新生。

如果说内容的重构首先是学者的事，那么，传播平台的重构则首先是期刊的事。学术期刊的基本使命就是做最好的学术传播，没有好的传播，一切都无从谈起。在期刊有可能不再是唯一的学术传媒的互联网时代，所谓做最好的学术传播也就意味着必须在各方面都优于竞争对手。只有这样，才可能赢得学者，从而有可能在青年研究学术共同体和学科构建中发挥作用。面对体制的困境、新媒体和新的办刊主体的竞争，青年期刊如何才能做到最优？这是今天的青年期刊不能回避的问题。一方面，互联网时代媒体的竞争核心就是平台之争。与纸本时代以个刊为单元的平台不同，互联网时代的平台一定是信息聚合型的，这已成共识。因此，从传播理念和技术来说，青年期刊的平台重构就是要尽快地实现数字化转型和各种媒体手段的融合发展，构建信息聚合型学术传播平台应成为所有青年期刊的战略抉择。已具有一定组织系统的青年期刊就是一个天然的利益共同体，完全有条件和有可能打造共建共享的具有特色的青年研究聚合型平台。另一方面，或许更关键的还是要正确把握期刊与学者的关系，平台重构的目的仍然在于让平台回归学术共同体。从这个角度说，内容的重构与平台的重构其实是相辅相成的，是在一个共同理念下各有侧重点的共同行动。

只有通过内容和平台的重构，青年期刊才可望结束学科构建中的"缺席"状态，并在条件和时机成熟时推动青年研究适时地向学科构建迈进。

〔原载《中国青年社会科学》2017年第1期〕

中国高校学报传统析论[*]

——兼论高校学报体制改革的目标与路径

中国高校学报已有百余年的历史，这既是一部不乏辉煌荣耀的历史，也是一部充满坎坷曲折的历史。今天，高校学报又走到了一个新的历史关口：2011年7月，新闻出版总署正式启动了报刊体制改革，一年后的2012年7月，总署在其颁发的《关于报刊编辑部体制改革的实施办法》中约略规划了高校学报改革的路线图，改革的核心内容和方法就是"转企"，"不再保留报刊编辑部体制"，"并入新闻出版传媒企业"或"转为期刊出版企业"。[①] 这就意味着高校学报百年来将首次与学术研究这一母体相分离而走向市场化，成为企业。可以预见的是，如果这项改革切实推行，必定会给高校学报乃至高校学术研究带来重大影响。

包括高校学报在内的学术期刊体制改革的启动有着特定的背景，一方面，它是国家层面的文化体制改革的组成部分；另一方面，学报不尽如人意的现状也是其被纳入改制范围的重要原因。其实，这场正在到来的改革已酝酿数年，其间业界对学报改革的相关问题进行了热烈的讨论。讨论主要集中于两个问题：一是改革是否有必要；二是改革当如何进行。

讨论中的一个现象引起了笔者的注意，那就是中国高校学报的历史、传

---

[*] 本文与仲伟民合作完成。

[①] 该文件制定的学报改制的路线图是："对于高等学校主管主办的学报编辑部，并入本校新闻出版传媒企业；对于本校没有新闻出版传媒企业但具备建立期刊出版企业条件的学报编辑部，经新闻出版总署批准，可转为期刊出版企业；对于本校没有新闻出版传媒企业且不能转为期刊出版企业的学报编辑部，经新闻出版总署批准，以相同相近的专业和学科为基础，并入其他新闻出版传媒企业或专业性期刊出版传媒集团公司。"新闻出版总署：《关于报刊编辑部体制改革的实施办法》（2012年7月30日），新闻出版总署网站，http://www.gapp.gov.cn/cms/html/21/508/201208/761738.html。

统和特点常常被人们提起，持不同观点的人，都拿传统来说事，通过对传统的解说来表达他们对改革的立场。由此足见，学报的历史和传统与学报的现状和未来有着难以割裂的关系，以至于我们无法忽视它们的存在和作用。仅笔者所及，学报的传统虽然在业界屡被提起，但尚未有人对此做出比较全面和深入的研究，故在如何理解和看待传统的问题上众说纷纭，当然也就难以对学报改革达成共识。因此，应该如何看待高校学报的过去，如何理解、传承和发扬传统的问题，值得决策者和学报人共同思考。本文意在通过从传统的生成、内涵、演变到对学报发展所产生的实际影响的历史过程的回顾，尝试性地回答这些问题，并对学术期刊体制改革略抒管见，不当之处，敬请方家指正。

一 传统的形成

现代学术无疑是相对于传统学术而言，二者的细分学术界早有定说，不必赘述。有一点可能不为人所注意，即中国社会尽管自鸦片战争以后发生了剧烈变化，但学术思想并没有在短时期内发生相应的变化。这就是为什么在连续发生多次重大的中外事变后，中国依然采取科举取士、依然坚信中体西用为救国良方的重要原因。也就是说，中国尽管受欧风美雨的激荡较早，但多为枪炮和机器的接触，思想文化的变化要滞后很多。中国现代学术实发端于19世纪末20世纪初，这已是学术界公认的事实。确切地说开始于甲午战争后的救亡图存，尤其是在戊戌变法后，中国知识界逐渐意识到中国落后不仅仅在枪炮和机器，更在于科学技术和思想学术。因此，笔者倾向于认为，现代学术在中国生根并产生影响实际上是进入20世纪以后的事，严复、梁启超、王国维等著名学者有开山之功。其间，除了西方的理论和方法对中国产生影响外，现代学术体制——大学的建立尤其重要。

大学对20世纪初期的中国来说，仍然是一个新鲜事物。看一个大学是否能摆脱传统科举制度的影响以及衡量其办学水平，有两个最基本的条件：一是人才培养；二是学术水准。科举制度下人才培养的目标只有一个，即取得入仕的资格；现代大学则是根据社会需要来培养人才，而学术水准高低决定了学校能否培养高水平的人才。因此，有眼光的大学领导人无不把提高学术水平作为大学的要务。作为发表学术论文的重要载体和推广学术成果的重要平台的高校学报，正是在这个大背景下诞生的。在现代学术逐渐取代传统学术的过程中，学报起到了非常重要的作用。

关于学报的历史，宋应离先生早在1980年代就有专著问世，[①] 嗣后又有诸多学者屡有提及，本文不再专论，而把讨论的重点放在对形成学报传统至关重要的早期学术期刊和高校学报的特点上。尽管中国现代学术体系的创设深受西方学术的影响，但悠久的学术传统和近代以来的特殊经历，赋予了中国现代学术体系自身的特点，从而也形成了早期学术期刊特别是高校学报自身的特点。

（一）在办刊宗旨上，追求真理、交流学术、引领时代被确定为学报的使命

一般说来，一个刊物的宗旨都会集中表述在创刊时的发刊词中，我们不妨对最早的几家高校学报的发刊词做一比较。

1906年6月由东吴大学创办的《东吴月报》是中国最早的高校学报，创刊号名《学桴》。何谓"学桴"？其发刊词云：

> 学桴者，预备过渡时代器具之一部分也……而何不以兵桴，以商桴；而何不以政治桴，以宗教桴，而独取于学者？盖兵商政教皆备于学。则学者载种种桴之桴也。而又可谓合种种桴而所成之桴也。[②]

显然，主办者认为学术可以统合政治、经济、军事、宗教，期望《东吴月报》能在中国关键的过渡时代发挥自己的作用。同时，"桴"还是一种交通工具，"学桴"所要交通的当然是学术，如其发刊词所明言："表学堂之内容，与当代学界交换智识。"

1915年12月创刊的《清华学报》是一份文理综合性学术月刊。较之《学桴》，《清华学报》的发刊词对"学报"的功能和宗旨有了更明确的定义：

[①] 参见宋应离《中国大学学报简史》，中州古籍出版社，1988；另外，宋应离等主编的《中国期刊发展史》（河南大学出版社，2000）中亦有论及学报历史的内容。但其他有关出版史的著作较少提及学报，比如多卷本的《中国出版通史》（中国书籍出版社，2008）几乎没有涉及学报的内容。

[②] 《学桴》，《东吴月报》创刊号，1906年。

  学报者,交换知识之渊薮也。清华学子,以学报有益于学业者甚大,特于课余之暇,译述欧西有用之书报,传播学术,或以心之所得发为文词,或以平时所闻著为余录。虽零纨碎锦不为巨观,而别类分门,颇具条理。诸君子之苦心热力有足多者。语云:君子以文会友;又云:所以求乎朋友先施之。方今学理日新,文化日进,凡足以资考镜者几于美不胜收,且人之好学谁不如我。苟以此册与各界各校所出之伟著,互相交换,互相观摩,则此后诸君子之学识,日以增进,而本报亦继长增高,益求完备。学报之称庶能名副其实欤?①

创刊于1919年初的《北京大学月刊》,由校长蔡元培亲自撰写了发刊词,这不仅是他对大学理念最早、最完整的阐释,也是对高校学报办刊宗旨和原则最为系统的表述。《北京大学月刊》有三个目的:第一,"尽吾校同人力所能尽之责任"。什么责任?是学术研究的责任,因为"所谓大学者,非仅为多数学生按时授课,造成一毕业生之资格而已也,实以是为共同研究学术之机关"。这堪称中国人最早提出的关于研究型大学的理念,创办《北京大学月刊》的目的就是要发表优秀研究成果。"以从事于研究,要必有几许之新义,可以贡献于吾国之学者,及世界之学者。"第二,"破学生专己守残之陋见"。所谓陋见,包括两个方面,即"大多数或以学校为科举,但能教室听讲,年考及格,有取得毕业证书之资格,则他无所求;或以学校为书院,暧暧昧昧,守一先生之言,而排斥其他"。"而有《月刊》以网罗各方面之学说,庶学者读之,而于专精之余,旁涉种种有关系之学理,庶有以袪其褊狭之意见,而且对于同校之教员及学生,皆有交换知识之机会,而不至于隔阂矣。"第三,"释校外学者之怀疑"。蔡元培在这里提出了海纳百川、兼容并包的原则,指出"此思想自由之通则,而大学之所以为大也。吾国承数千年学术专制之积习,常好以见闻所及,持一孔之论"。《北京大学月刊》的任务就是打破门户之见,古今中外兼收并蓄,"今有《月刊》以宣布各方面之意见,则校外读者,当亦能知吾校兼容并收之主义,而不至以一道同风之旧见相绳矣"。②

---

① 杨恩湛:《小引》,《清华学报》第1期,1915年。
② 《蔡元培全集》第3卷,浙江教育出版社,1997,第450~452页。

比较上述三个发刊词，无论是冠名为《学桴》的《东吴月报》的"表学堂之内容，与当代学界交换智识"，还是稍后的《清华学报》的"学报者，交换知识之渊薮也"和《北京大学月刊》的"交换知识之机会"，"释校外学者之怀疑"，无一例外地都将学报视为交流学术的最佳平台和工具，而交流的目的则在于在古今中外学理的基础上，为构建科学的中国现代学术，以推进现代国家的建设而贡献学界的一分力量。这是学界历史使命之所在，由此也决定了学报的历史使命。概而言之，学报的使命即在追求真理、交流学术、引领时代。而正是在这一使命的召唤下，学报在学术发展史上起到了不可替代的独特作用。

（二）在刊物结构上，多学科综合性是高校学报的基本形式，但不是唯一形式

最早的高校学报是文理合一的，比如《清华学报》就是一本文理科综合性期刊，恰如其发刊词所言："虽零纨碎锦不为巨观，而别类分门，颇具条理。"不仅如此，它还是中国第一本中英文双语学术期刊，"在学术性、探索性和舍弃日本间接渠道传入西学而代之从欧美直接传入西方最新科技学术等方面开创了高校学报的先河"。[①] 随着学科的发展，文理分野逐渐显现，"中国科技期刊起源和发展的学科特点主要是由于科学技术的内在发展规律和阶段所决定的，有着从文理综合性期刊到综合性自然科学期刊，再到理、农、医、工程技术等分支学科期刊的明显阶段"。[②]

与自然科学期刊由综合到专业的清晰走向不同，人文社会科学期刊走的是综合性与专业性并存的道路，而综合性期刊始终占有重要地位，这也是由人文社会科学"内在发展规律和阶段所决定的"。尽管现代学术的体系构成、学科分类、研究方法等多源自西方，但中国传统人文研究并没有明确的学科分界，传统学问的分类方法与现代学术大相径庭，受此影响，文、史、哲这些传统人文学科在现代化过程中学科边界并不清晰，而当时社会科学则刚刚起步。因此，最早的几本学报选择以文史为主的综合性结构自有其道

---

① 姚远、杜文涛：《〈清华学报〉的创刊及其历史意义》，《编辑学报》2006年第2期，第90页。
② 王睿、宇文高峰、姚树峰、姚远：《中国近现代科技期刊起源与发展的特点》，《中国科技期刊研究》2007年第6期，第1091页。

理：更切合现代学术初创阶段学科发展的特点。

但是综合性毕竟只是一定阶段的选择，并不代表全部和永恒，也不是高校学报必不可少的特征。随着科研的推进，对于人文社会科学研究实力相对强大的著名大学来说，仅有综合性学报已不能满足学科建设和发展的需要，因此，一批由高校主办的小综合或准专业学报也应运而生，如北京大学的《国学季刊》、东南大学的《史地学报》和《国学丛刊》等。这些刊物本来都属于高校学报的范畴，除了已有比较清晰的学科边界意识外，在主办者身份、办刊宗旨、编辑组成、稿件来源等方面，特别在追求真理、交流学术、引领时代这一学报的本质特征方面，与早于其问世的综合性学报并无二致。然而，长期以来，人们在研究高校学报历史时，却常常有意或无意地忽略了高校学报的这个有机组成部分，而将其划入非学报的专业期刊，多学科综合似乎成了高校学报的唯一标识。笔者以为，这是对高校学报史的严重误读。

有学者以专业期刊较多的史学领域为例，探讨了早期专业期刊（学报）与综合性学报在促进学科发展方面各自的作用："专门性史学期刊对于史学自身有着其他学术期刊（或一般性期刊）所不具有的特殊意义，专门性史学期刊的出现对于现代的、科学的历史学的形成与发展产生了十分积极的影响，是中国史学科学化进程中的重要内容之一。""曾被称作'四大学术刊物'的《国学季刊》、《清华学报》、《燕京学报》和《中央研究院历史语言研究所集刊》，前三者均属高校学报，且都创刊于20年代。可以说，这些期刊代表着当时学术研究的最高水准，享有很高的学术声誉。其刊载的史学研究论文亦应标志着当时史学研究的最高水平。因此，高校学报类期刊之于历史研究的作用不可小视。"[①] 历史学期刊可以说是在中国传统学科走向现代过程中人文社会科学期刊嬗变的缩影。当今天的人们重读这段高校学报的历史时，不能无视综合性学报与专业学报并存且各自都发挥了不可替代的作用这一历史现象。

（三）在学报布局上，多以孤立的"个刊"而非协调的"体系"形式存在

早期学术期刊的一个鲜明特点是主办单位在期刊中的特殊地位。学术期刊的主办单位主要有高校、学术团体及学会、科研机构等。它们的共同点

[①] 张越、叶建：《近代学术期刊的出现与史学的变化》，《史学史研究》2002年第3期，第60页。

是，在将学术期刊视为学术交流最佳工具的同时，还将其视为展示本单位科研业绩的最佳"窗口"，即如《学桴》所言，"表学堂之内容，与当代学界交换智识"，故它们中的大多数又不约而同地将交流界定为主办单位对外界的单向交流。早期的高校学报无不如此：通过展示自己，实现互相交流。这在大学初创而学术成果和学术期刊的数量都十分有限的当时，的确不失为一种行之有效的方式，展示自己与交流学术的双重目的都在一定程度上得到了满足，故为学界所普遍接受。

早期学术期刊的另一个鲜明特点是"地域特征"，中心城市如北京、上海、南京、广州、武汉等是高等学校和科研机构的集中之地，也是包括高校学报在内的学术期刊的集中之地。学术期刊这种相对集中的存在本来可为体系化的发展提供方便，但体系化的前提是与学科发展相适应的专业期刊群的产生和协调发展。在人文社会科学领域，尽管也有专业学报问世，但体系特征并不明显，强势存在的综合性学报坚持本校立场的定位使得学报在展示本校形象的功能上无可替代，然而对学报自身的发展而言，却无法在整体上形成基于大学学科体系的期刊体系。综合性学报在学术界虽然有着其他期刊难以企及的地位，但其以孤立、分散的"个刊"而非协调发展的"体系"存在的特征越发明显，而少量专业学报的存在，并不能改变这一基本格局。

（四）在编辑组成上，多为编研一体

早期高校学报，无论是专业性还是综合性的，还都有一个独到之处，就是编研一体，编辑者的身份首先是学者，而且多为著名学者。身为校长的蔡元培不仅是创办《北京大学月刊》的倡导者，更是亲自担任了主编，亲自撰写了发刊词。胡适则担任了《国学季刊》的编委会主任，编委会由李大钊、沈兼士、钱玄同、周作人、顾孟余等组成，利用《国学季刊》，胡适发起了"整理国故"运动，一度甚至引导了学术研究的风气，影响深远。"《清华学报》的编辑部都是造诣较深的专家学者，陈达、浦薛凤、吴景超、朱自清曾先后担任学报的总编辑或编辑部主任，知名学者赵元任、吴宓、杨树达、冯友兰、杨振声、罗家伦、金岳霖、吴有训、陈寅恪、翁文灏、闻一多、王力、俞平伯等都是编辑部的成员。"[①] 由如此众多的著名学者担任主

---

① 宋应离：《中国大学学报简史》，第70页。

编或编辑，使得学报具有了超越其他任何期刊的优势，而大多没有清晰的学科边界，也使其得到了来自各学科学者的普遍关注。正是这种持续存在的普遍关注，让多数学报沿着综合性的路向继续前行，但总体来看能维持如此"豪华"编辑阵容而在这条路上成功地走下去的，只能是少数著名大学的学报。

（五）在期刊稿源上，呈现出明显的内向性

如上所述，高校学报的目的是双重的，除了学术交流外，还在于全面地展示本校学术成果。如此，稿源的内向性，即原则上只向本校研究人员提供发表机会遂成为学报的另一个鲜明特征。但也有例外，武汉大学在1930年决定创办学报时，王世杰校长亲自撰写的《创刊弁言》中就明确提出要把学报办成"全世界之公共刊物"，"不仅本校同仁能利用其篇幅以为相互讲学之资，即校外学者亦不惜以其学术文字，惠此诸刊"。[①] 显然，在最早的高校学报问世20多年后，后来者已意识到了内向性的办刊模式之不足。

中国早期学报的产生和发展孕育了最初的学报传统。所谓学报传统，无非历史上学报办刊经验的汇集。通过对早期学报上述诸特点的分析，我们可以总结出早期学报传统的要义，概而言之：（1）中国高校学报传统从形成的那一刻开始，其核心价值就是以开放的心态追求真理、传播学术、引领时代。这体现在：第一，本校学人间的交流；第二，校际交流；第三，国内外学界的交流。（2）本校学人的广泛参与。这体现在：第一，本校著名专家是办刊的主力；第二，师生合力办刊；第三，作者主要来自本校。（3）综合性、分散性、孤立性、内向性是最早创办的高校学报的主要外在形式或外部特征，但高校学报也已具有了一定的适应学科发展的调节能力，随着学科的发展和学者群体的增长，专业学报应运而生，已开始具有一定的学科边界意识，有效地补充了综合性学报的不足。总之，追求真理、传播学术、引领时代是学报的根本属性，而外在形式是为这一根本属性服务的。

需要指出的是，正是中国现代学术的早期状况决定了高校学报的早期特点，并进而形成了最初的传统。比如著名大学独立存在的内向性的人文社会

---

① 转引自刘道玉《再谈大学学报的使命——纪念〈武汉大学学报〉创刊80周年》，《武汉大学学报》（哲学社会科学版）2009年第3期，第295页。

科学综合性学报得以在学界占据重要地位,就是因为初创阶段的大学学科分野并不清晰,大学学者及其学术成果的数量极为有限,而著名学者身兼学报编辑这种编研一体的办刊方式保证了学报能够集中本校各学科的最优成果,由此构成了综合性学报基本可实现无障碍传播的必要条件。只要抽去或改变了这些条件中的任何一个,学报特别是综合性学报的地位就可能发生动摇。换言之,只要条件有所改变,综合性、内向性、分散性的外在形式与追求真理、传播学术这一核心价值之间就有可能产生矛盾。这也是在相对较多的综合性学报强势存在的同时,专业学报得以问世的原因。

在20世纪前半期,除了前文已较多提及的清华和北大学报外,还有《复旦》、《南开季刊》、《史地学报》、《法政学报》、《国学丛刊》、《燕京学报》、《辅仁学报》等学报,都对中国现代大学的建设和发展、对现代学术转型发挥了重要作用。至1937年抗战爆发前,学报增加到近百种,并逐渐从文理综合发展为文理分刊,综合性与专业性并存,编辑出版也渐趋规范化。

必须提及的是,1930年代,民族危机日重,学界忧国之情亦深,这在学报上也多有反映。如1933年《安徽大学月刊》创刊,校长程演生在亲撰的发刊词中,首先说明办刊的初衷在于"促进自由研究之精神",立校五年,"蓄而待发者,为量必宏,是本刊之诞生,亦势不容已"。这与同时期的学报并无不同,但接着他话锋一转,痛切陈言:甲午战后,日本"侵占我辽沈,轰炸我申沪,攫夺我热河,摇撼我平津,置人道正义于不顾,直欲尽占我版图,奴虏我族类。追溯其故,吾国之所以不竞,何尝非自食其果!其重要原因,尤在兴学之始,知效法欧西之为善,而不知欧西之所以善"。进而反思"今之世界,危机四伏,险象环生,曷尝非学术误致其用之过……旦暮营营,追索人后,颠顿长途,未有不终于自困者也!"在这里,他把拯救民族危亡与学术研究、学术创新、学术致用和学术期刊的责任联结在一起,"兹本刊之诞生,适值中华民族危急存亡之秋,演生心怵时艰,不能自已,故以斯意弁诸首,愿与当世明达共勉焉!"[①] 如果说,早期的学报注重的是追求真理、传播学术、引领时代,那么,在国难当头的1930年代,学报更是将之具体化为救亡图存的实际行动,民族的命运与学报的命运已密

---

① 程演生:《发刊词》,《安徽大学月刊》第1卷,1933年,第1页。

不可分。在学报的传统中，注入了忧国救国的情怀。

抗战爆发后，学报发展受到严重影响，大多数学报停刊，不过即使在战乱连年的岁月，学报作为学术期刊的中坚，仍顽强地存在，且有新刊问世。恰如1941年西迁的齐鲁大学创办《齐鲁学报》时的发刊词所云："夫学问研讨，本属平世之业，然兵燹流离，戎马仓皇之际，学术命脉，未尝无护持赓续之望……风雨如晦，鸡鸣不已，而大厦非一木所支，全裘乃众腋所成，作始虽简，将毕可钜，将伯之呼，嘤鸣之求，夫岂得已哉。"① 然而，战争毕竟严重制约了学术研究和学报的发展，至1949年，全国仅存学报不足30种。

二 传统的裂变

1949年后，中国学术期刊进入了一个新的历史时期。政权的更迭导致了旧时代期刊逐步消失，新的学术期刊格局逐步形成。1950年代各种新刊的创办，基本奠定了此后60年学术期刊的发展路向，而形成于20世纪前半叶的学术期刊特别是高校学报的传统于此时发生了影响深远的"裂变"。

1950年，中国科学院院长郭沫若宣布：

> 我们（中国科学院）将要出版各种的专门学报和两种综合性的科学刊物：一种便是《科学通报》，另一种是《中国科学》。这些学报和综合性的科学刊物，都希望中国的科学工作者们协力支持，视为我们建设新中国、建设新中国科学的共同事业……大体上《科学通报》的任务是接近于普及工作的，《中国科学》和各种学报将担任提高的任务。②

嗣后，一批中国科学院及其各研究所主办的自然科学专业期刊相继创刊。在人文社会科学领域，1950年代中后期，由中国科学院哲学社会科学

---

① 《发刊词》，《齐鲁学报》第1号，1941年，第1页。
② 郭沫若：《发刊词》，《科学通报》第1期（创刊号），1950年，第1~2页。从郭沫若对"各种的专门学报"的表述中不难看出，直到此时，"学报"尚不是综合性大学学报的专属名称，而是科研机构或高校所办学术期刊的泛称，而且，它也可以是专业期刊。"学报"特指高校办的刊物尤其是特指综合性学报则是后来的事了。

学部主办的《历史研究》、《哲学研究》、《经济研究》、《文学研究》（1959年更名为《文学评论》）等一级学科专业期刊也相继创刊。

郭沫若为《科学通报》撰写的发刊词可谓定下了中科院学术期刊的基调：（1）期刊体系化。这首先体现在刊物的命名上，不冠以主办单位的名称，而是以学科命名，以便清晰地厘定每本期刊的学科边界，从而为与学科发展相匹配的期刊体系的逐步形成打下了最初的基础。与此同时，充分考虑到了综合性期刊在期刊体系中的作用和占比，综合性期刊贵精不贵多，仅有的两本综合性期刊也有明确分工——普及与提高。（2）对学术界全面开放，不再拘泥于本单位的"窗口"和"园地"，所有中科院的刊物，"都希望中国的科学工作者们协力支持，视为……共同事业"。不仅自然科学期刊，社会科学期刊同样如此，比如《经济研究》在其发刊词中就明确提出："凡是经济科学范围以内的有学术价值的文章和资料都可在本刊发表。"① 再如《文学评论》在改刊名后第一期的编后记中就向"全国文学研究工作者和文学评论工作者们"发出吁请："我们很希望同志们把研究的成果寄给本刊陆续发表。"② 可见，中国科学院期刊公共学术平台的定位一开始就十分明确，且昭告天下。

与中科院相对应，随着高等教育事业的发展，新的学报也不断创刊，比如《文史哲》、《北京大学学报》、《厦门大学学报》、《南京大学学报》等。至1965年，全国学报共有160余家，但文理学报极不平衡，理科学报120余种，文科学报仅40余种。那么，这些新创办的高校学报又是秉持什么样的办刊宗旨和理念呢？

马寅初为《北京大学学报》撰写的发刊词是这样说的：

> 北京大学的社会科学工作者和自然科学工作者依照"科学服务于经济建设文化建设"的方针，在他们的岗位上，不再仅从个人兴趣出发，而极愿把自己的科学研究工作去配合国家的实际需要。学院式的生活，将成为过去的陈迹了……北京大学的教师们正在自愿的原则下，进行马克思列宁主义理论的学习……为了彻底解决我们的工作落后于人民

---

① 《发刊词》，《经济研究》1955年第1期，第1页。
② 《编后记》，《文学评论》1959年第1期，第132页。

需要的矛盾,我们应该迅速地认真考虑到培养下一代青年的问题……我希望上述的几点意见,成为我们《北京大学学报》的工作方向。①

在这里,服务国家、理论学习和培养青年被确定为《北京大学学报》的"工作方向",显然这个学报的学科边界并不明确,而作者身份倒很清楚,限定在"我们北京大学"。这一时期创刊的各名牌大学人文社科学报的办刊宗旨和理念与此大同小异。由于 1953 年后中央相继号召向苏联学习、向科学进军和"百家争鸣",多数学报还加入了这些内容。②

《文史哲》是个例外,与一般学报由学校主办不同,"本刊是由山东大学历史语文研究所和文学院的一些同人们组织出版的,我们的宗旨是刊登新文史哲的学习和研究文字,通过这写作的实践,来提高我们的理论水平,并藉以推进文史哲三方面的学习和研究。虽然主要是由山东大学的同人们组织成的,但我们欢迎从事于文史哲工作的朋友们,赐给我们稿件和批评"。③这种相对开放的理念与刊物学科边界比较清晰有很大关系,当主办者由服务于本校转向服务于学科时,其学术视野也自然地由单纯向内而转为内外兼顾了。《文史哲》后来声名鹊起且历数十年不衰,原因多多,但与此不无关系。可惜的是,这样的例外太少了。

随着中科院期刊和高校学报的创设,在学术界出现了两大期刊类群。其实,两类期刊原本不该有多大差别,如果说高校学报是"校之刊"的话,那么中科院期刊就是"院之刊",但现实中两类期刊的区别并不仅限于主办单位的不同,而是从刊物的命名到定位等一系列办刊理念的完全不同,由此也昭示了两类期刊对学术期刊(学报)传统的不同理解与继承。应该说,中科院期刊更多地立足于全国学术界来推进学科的发展,以承担起时代的责任。笔者无从得知中科院期刊体系的设计过程,但显然不会出于郭沫若个人,应该是集思广益的结果。笔者也无从得知中科院期刊的设计者们是否思考过与学术期刊(学报)传统的关系,但可以想象的是,在充满当家做主的豪情除旧布新的 1950 年前后,早期期刊的传统也许不会产生显性的作用,

---

① 马寅初:《发刊词》,《北京大学学报》1955 年第 1 期,第 1~2 页。
② 参见这一时期创刊的各家学报的《发刊词》,限于篇幅,本文在此不一一列举。
③ 《编者的话》,《文史哲》1951 年第 1 期,第 4 页。

但从旧时代过来之人总会受到传统潜移默化的影响（比如郭沫若很自然地把即将创办的专业期刊称为学报），加之自然科学家崇尚科学的精神，学术期刊传统的核心价值——追求真理、传播学术和引领时代的历史担当还是得到了传承。

与中科院期刊相比，学报传统对多数1950年代中期开始创设的新中国高校学报的影响似乎是显性的，具体表现在这些学报更拘泥于早期学报的外在形式：冠以校名的刊名、多学科集成的综合性、稿源的内向性、各学报之间没有关联等基本原封不动地照搬了高校学报初创时的模式，更多地着眼于当下本校的建设，而这样的模式在新时代是否还能承续传统的核心价值，似乎未多作考虑，至于像中科院期刊那样形成与学科发展相匹配的期刊体系更是无从谈起。即使一些专业性大学的学报，除了有一定的学科边界外，其内向性的特征与综合性学报并没有多少分别。比如创刊于1955年的《北京农业大学学报》的发刊词就是这样说的："我校刊行学报的目的，一方面是为了便于发表本校师生和工作人员的科学研究成果，推动本校教学与科学研究工作的前进；另一方面为了向校外报导我们的研究成果，供有关方面参考、研究与应用。"①

造成这一现象也是有历史原因的。中国科学院的历史可以追溯到民国年间的中央研究院和北平研究院，"在此基础上，在开国之前的政治协商会议上，科学家提出要建立新中国的科学院"。② 科学家们在提案中建议："设立国家科学院，统筹及领导全国自然科学、社会科学的研究事业，使生产及科学教育密切配合。"③ 1949年10月19日，中央政府任命郭沫若为中国科学院院长，11月1日，中国科学院作为政务院下的行政机构宣告成立。1955年6月1日，中科院正式建立了学部，在四大学部中，哲学社会科学学部名列其中。尽管中国科学院自此不再作为国务院行政机构的组成部分，从国家机构变成"独立的学术研究和领导机构"，但其作为国家科学研究中心的地位已不可动摇。因此，中国科学院在部署院内研究的同时，会更多地站在国家的立场看待学术研究，学部和分布于全国各地的专业研究所的建制更容易

---

① 施平：《发刊词》，《北京农业大学学报》1955年第1期，第1页。
② 周光召：《历史与定位 形势与机遇》，《中国科学院院刊》1996年第4期，第235页。
③ 张久春：《中国科学院章程制订的历史考察》，《自然辩证法通讯》2006年第6期，第70页。

催生向所有学者开放的专业期刊。与中国科学院相比,高校之间互不统属,刚刚动了院系调整大手术的名校急于完成自身的重建和形象的重塑,那种"表学堂之内容"的综合性学报形式当然更受青睐。

于是,从1950年代开始,学术期刊(学报)的传统在中科院和高校两个系统内在两个不同的向度上得到了继承,"裂变"就这样产生了。

"裂变"的后果在此后的30年中并没有清晰地呈现出来,这是因为这一时期的学报特别是人文社会科学学报的数量仍极为有限,一般大学图书馆的期刊阅览室可以毫不困难地将它们统统陈列出来,在学界基本没有传播障碍;更为主要的原因是30年中政治风云变幻莫测,政治运动接连不断,学术研究让位于政治斗争,很多学报自觉或不自觉地卷入了政治斗争的旋涡,与全国学术界一样,学报的学术性传统进一步受到冲击,而从为政治服务这一要求出发,综合性学报更切合那个时代的要求。① "文革"爆发后,伴随中国学术的沦落,从1966年到1973年,中国大学的社科学报出现了7年的空白。1973年后,少数著名高校的社科学报才得以与《历史研究》、《哲学研究》等著名专业期刊一起复刊,但所发表的文章,几乎都充斥着政治斗争的味道,很多学报几乎就成了"大批判"、"批林批孔"、"反击右倾翻案风"的阵地,真正的学术论文极少。

改革开放以来的30多年中,发生于1950年代的传统"裂变"的后果通过两类期刊的不同命运逐渐清晰地展示在人们面前。1977年5月中国社会科学院脱离中国科学院而独立,其在人文社会科学领域的影响迅速扩大,而它所拥有的专业期刊群为此贡献尤多。自中国社会科学院独立至1980年代中后期,其以专业期刊为主体的学术期刊体系渐臻完备,而一如既往的开放办刊的方针使其在整个学术界特别是在高校中的权威地位逐步确立。如该院独立后最早创刊的专业期刊之一——《世界历史》就在致读者的信中诚恳地表示,"出版一个世界史学科的专业刊物,在我国还是第一次",要办好该刊,"需要全国世界史工作者和爱好者的共同努力","衷心地希望广大作者和读者对本刊提出批评和建设性的意见,以便改进工作;同时欢迎大家

---

① 据对1957年到1965年间北京大学、东北师范大学、华东师范大学等6所大学文科学报所发表论文的统计,非学术性论文超过25%,如果再加上与现实密切相关且学术性不强的论文,则数量可能更多。参见孙义清《中国大学学报百年发展回顾》,《江西社会科学》2001年第1期,第167~170页。

踊跃投稿"。①

反观高校学报，随着学术研究和学科发展渐复正轨，与国际学术界的交往渐趋正常，一成不变的综合性、内向性和分散性格局让学报的使命与外在形式之间的矛盾开始显露并越来越突出，相应的，学报在学术界的地位也日益旁落。这一过程大致可以分为两个阶段。

第一阶段，从1978年到1998年。在这20年中，高校学报的数量有了一定的增长，1990年社科学报为388种，此后仍维持缓慢增长的态势；学报主要集中在名校和办学历史较为悠久、科研实力较强或办学特色较鲜明的高校；包括1980年代新创办的学报在内，绝大多数学报基本上都保持了综合性和内向性的特征。也正是在这一时期，学报是本校教学和科研"窗口"、本校各学科教师和科研人员"园地"的定位被普遍接受，故而内向性、综合性成为新创办学报的首选。比如创办于1984年的《上海大学学报》的发刊词说道："这个刊物（指《上海大学学报》——引者注）可以展示学校的科研成果，反映学校的教学、科研水平，推动和促进学校的教学与科研工作的开展；尤为重要的是，通过办好这个刊物，还可以发现和培养一大批中青年学术带头人……帮助他们健康成长，这是我校教师队伍建设中一个十分突出的问题，在解决这个问题中，学报应该、也可以发挥重要的作用。"② 由于这一时期学报数量仍然有限，故学报的学术交流作用尚能发挥，名校学报学术声誉良好。但此时学报所处的环境毕竟已不同于二三十年代，随着大学数量和研究人员成倍增长，学科分工逐渐精细，到这一阶段的后期，即1980年代末以后，综合性学报的问题开始显现，一批非高校的专业期刊的创设使学报固定读者逐渐流失，学报的学术交流功能开始萎缩。与此同时，著名学者逐渐远离了大学学报的编辑，这使得众多学报从稿源到审稿和编辑的质量变得难以保证。可见，到了第一阶段的后期，学报看似秉持了自身的传统，与历史上的学报似无两样，其实，学报传统中的学术交流功能已被弱化，而著名学者办刊的传统已然丢失，1980年代末1990年代初在学报界呼声渐高的所谓"编辑学者化"与此不无关系。

---

① 《致读者》，《世界历史》1978年第1期，第26页。
② 孟宪勤：《办好学报，积极推动和促进学校的教学和科研工作（代发刊词）》，《上海大学学报》1984年第1期，第1页。

第二阶段，大致始于 1999 年，一直延续至今。在这一阶段，中国学术研究的环境发生了巨大变化，至少体现在以下几个方面：第一，学术与政治的关系有了进一步的改观。第二，国家对学术研究的投入成倍增长，学术队伍不断壮大，研究体制也发生了深刻变化。第三，随着中国市场经济体制的确立，经济社会的转型对学术研究提出了更高的期望和要求。第四，改革开放加速了中国学术界与国际学术界的交流，国际学术期刊成为衡量中国学术期刊水平的参照系。然而，与学术环境已发生深刻变化不同，学报的体制、定位几乎没有任何变化，变化只是体现在数量上，学报在世纪之交进行了大扩容，至 2001 年社科学报达到了 1 130 种，占据了全国社科期刊总量的 2/3 以上，[1] 而今更达到了创纪录的 1 300 余种，但在其他方面学报则依然故我，造成了体制性与结构性问题空前突出。

第一，在学报结构方面，只有名校才拥有学报的格局被彻底打破，名校学报的数量几未增加，而一般院校均拥有了自己的学报，一校一综合性学报成为高校学报的固定格局。这样的扩容有其合理性，每个学校都有权利拥有自己的学报，这是毋庸置疑的。但随着精英教育向全民教育的过渡，大学的使命和功能已在发生变化，学报的定位与功能理应随之变化。然而，新增的学报基本沿袭了综合性的老路，这些学校在科研实力和学术声誉方面无力与名校抗衡，照搬名校学报的学术定位，使这些新的学报一诞生就输在起跑线上，更遑论与专业期刊竞争了。优质稿源和读者的缺乏使"全、散、小、弱"的特征如影随形，始终难以摆脱，进而使整个学报界声誉不升反降，在 1990 年代已显现的学报问题一下子被放大了许多倍，学术界对学报的批评之声开始出现。随着专业期刊的强势越来越显现，即使著名大学的综合性学报，其与学者的逐渐疏离也变得难以避免，并因此而显出了疲态，面临着如何进一步求发展的问题。可见，传统的"窗口"、"园地"固然得到了继承，但在综合性学报的数量达到一定量级变成"千刊一面"后，根本无法拥有自己的忠实读者，成了无人观望的"窗口"和专门留给本校教师自产自销的"自留地"。而中国社会科学院的专业期刊群则得到了学者们的无比青睐和重点关注，来自高校的最好的稿源纷纷涌向这些期刊，学报集中展示

---

[1] 参见姚申《高校社会科学学报的发展：挑战与机遇》，《吉林大学社会科学学报》2005 年第 4 期，第 19~22 页。

本校最优成果的特点也已不复存在。

第二，经过大扩容后，一校一刊的高校学报呈现更为分散而非聚合的样态，从而造成了制作的高成本和低效率；更严重的问题是，这样基本同质同构的学报根本无法形成与学科发展相匹配的合理的期刊体系，作者和读者都无所适从，也就无法形成以学报为中心的学术共同体。与此形成鲜明对照的是，中国社会科学院的专业期刊群周围，云集了全国最优秀的学者，而他们中的绝大多数均来自高校。

第三，新增的那些被深深打上主办单位学术烙印的学报不仅内向性的特点依然如故，而且成为法定形式，教育部和新闻出版总署都以正式文件的形式对此予以确认。① 如此一来，高校间原本存在的门户壁垒变得更加森严，学报作为学术交流平台的作用被大大弱化。刘道玉先生就曾尖锐地指出："今日我国有哪一个大学的学报敢说自己完全是'全体学术界之公共刊物'？依我看，大多数大学的学报还是'同仁'刊物。"②

第四，尽管产生了职业编辑队伍，但编研分离和综合性学报的编辑必须面对一个甚至几个一级学科使编辑的素质不可避免地出现了下降。当年《清华学报》、《北京大学月刊》那样堪称"豪华"的编辑队伍今天已不可能再现。

第五，与学报数量激增相伴随的是个刊发行量急剧萎缩，呈现出传播障碍，缺乏个人订户始终是学报的问题。

上述所有矛盾叠加后，造成了一个致命的问题——学者与学报日渐疏离。高校学报在总体上陷入了困境，这已是有目共睹的事实，来自学术界的批评可谓不绝于耳。学报僵化的体制、封闭的"自留地"式的办刊模式遭到了学者的痛批，甚至将学报指斥为"垃圾制造场"。这一切都明白无误地说明了学报早已告别了昔日的辉煌。

从以上分析可以看出，传统的"裂变"始于1950年代，但其消极后果

---

① 教育部1998年4月1日发布的《高等学校学报管理办法》第2条规定："高等学校学报是高等学校主办的、以反映本校科研和教学成果为主的学术理论刊物，是开展国内外学术交流的重要园地。"新闻出版署1998年2月13日发布的《关于建立高校学报类期刊刊号系列的通知》干脆直接规定："学报刊登的稿件，2/3以上是本校学术、科研论文或信息。"

② 刘道玉：《再谈大学学报的使命——纪念〈武汉大学学报〉创刊80周年》，《武汉大学学报》（哲学社会科学版）2009年第3期，第297页。

的显现却至少迟来了40年。这40年的光阴，足以让所有重新审视传统的机会流失殆尽。新一代的管理者和学报人多已不知什么才是真正的学报传统，而错把1950年代以来在僵化的学报体制下逐步固化的高校学报模式当成了传统，殊不知，学报传统中最有价值的核心理念早已在那政治风云激荡的年代被彻底丢弃了，学报传统只是留下了过去的躯壳而已。

三 传统与变革

高校学报曾经辉煌，但今天却陷入困境，造成困境的原因主要有二，一是对传统的片面理解；二是来自体制的困厄。两者之间又是紧密相连的，被割裂了的传统支持了僵化的体制，而僵化的体制则强化了传统的断裂。

管理者和学报人也许大多已忘却了早期学报的传统，但现实的困境还是促使他们中的许多人从现实出发开始思考学报陷入困境的原因，探讨脱离困境的出路。在2002年全国高校社科学报工作研讨会上，时任教育部副部长袁贵仁在主题报告中明确指出高校社科学报"目前总体上还处于全、散、小、弱状态"，并为学报改革设计了上、中、下三策，而且明确指出："学报是高校办的，但是并不意味着作者只是本校教师，读者只是高校学者，这是两个不同的概念。高校社科学报要为高等教育服务，也要为国内外学者服务，为一切对哲学社会科学感兴趣、有需要的读者服务。"[①]

在会后颁发的教育部文件中，袁贵仁提出的上、中、下三策被表述为：

> 倡导高校学报走整合之路，创办代表中国高校哲学社会科学学术水平的专业性学报；鼓励若干高校社科学报进行合作或联合，走联合之路，把刊物做大做强；支持高校社科学报在保持各高校主办的现有格局不变的情况下，根据各地和各校的实际和特色，创办特色栏目和名牌栏目，走内涵式发展之路，塑造各自刊物的学术个性和文化特征。[②]

[①] 袁贵仁：《新世纪新阶段高校社科学报的形势和任务》，《长沙大学学报》2003年第1期，第6页。
[②] 《关于加强和改进高等学校哲学社会科学学报工作的意见》，教社政［2002］10号。

在这里,"代表我国高校……水平"、"专业性学报"第一次写入了教育部的文件,而以往本校的"窗口"和"园地"不见了,这意味着教育部已意识到必须抛弃计划经济时代形成的学报体制,必须按学术发展规律来改革学报,"每一份高校社科学报最终都将经历一个凤凰涅槃的过程"。[①] 为了实现这一改革,教育部随后推出了"名刊工程",但是,在名刊建设的最初几年中,上策(专业化)没有实现的可能;中策(联合办刊)虽有尝试,却举步维艰;各刊基本上都在下策(内涵式发展)上做足了功夫。诚如袁贵仁所说,"这虽是下策,但是最实际,目前最普遍可行的",多少有些无奈。袁贵仁的无奈也是学报的无奈,其原因在于无论是各家学报还是教育部都无法真正撼动学报体制,批准新刊或撤销旧刊或改变已存在期刊的性质的权限在新闻出版总署!

尽管如此,从教育部到许多学报还是为早日走出困境做了很多努力。"特色化办刊"、"开门办刊"、"专家办刊"等新举措就是在这一背景下蔚然成风的。特别是2011年2月,17家入选"名刊工程"的综合性学报做出了具有开创意义的尝试——联合中国知网以对纸本学报进行同步重组的方式推出了数字化"中国高校系列专业期刊",包括《马克思主义学报》、《文学学报》、《历史学报》、《哲学学报》、《政治学报》、《经济学报》、《法学学报》、《社会学报》、《教育·心理学报》和《传播学报》共10种一级学科专业期刊。[②] 在"上策"无法在纸本学报落实的情况下,他们另辟蹊径,创办了数字化的系列专业期刊,得到了学术界的一致好评。

让人欣慰的是,并不是所有的学报人都已忘记了传统,1986年创刊的《清华大学学报》(哲学社会科学版)就走过了一条承续优良传统、面向当代学术、不断创新办刊模式的探索之路。清华大学本来是一所完整的综合性大学,1952年经大学院系调整,成了纯工科大学,30多年后,清华不再忍受断臂之痛,决心重振雄风,恢复综合性大学的传统,其中恢复文科科研和教学是最重要的举措。《清华大学学报》(哲学社会科学版)就是在这一背景下创办的。时任名誉校长刘达撰写的发刊词说道:

---

① 袁贵仁:《新世纪新阶段高校社科学报的形势和任务》,《长沙大学学报》2003年第1期,第4页。
② 参见"中国高校系列专业期刊"主页,http://www.sju.cnki.net/sju/default.aspx。

> 学校决定，把清华大学建成以工科为主，包括文、理和管理学科的综合性大学……清华大学学报的哲学社会科学版的出版，是在这方面采取的又一步骤……在清华大学设立文科的院系，出版学报的哲学社会科学版，其意义和作用，不只在于发展有关学科的学术研究和培养这些学科的专业人才，更重要的还在于提高整个学校培养人才的质量。①

显然，这样的定位基本未脱"窗口"说和"园地"说，但不同的是他更强调这个"窗口"和"园地"的高水准。在新建文科学科尚未成熟、综合性学报危机亦未显现、综合性和内向性已被普遍当作学报本来属性的当时，主办者这样为学报定位是很自然的事。在此后的10多年中，学报为清华文科重振雄风的确做出了很多贡献。不过，学报未能跟上清华文科崛起的步伐，至2000年代中期，在学界的影响仍然有限。这促使清华开始反思学报的定位，意识到学科拼盘式的综合性和稿源的内向性定位是阻碍再现昔日《清华学报》雄风的关键，而学报传统于此时给了清华学报人重新定位的灵感。在20世纪学术史上占有特殊地位的清华国学研究院，实际是以传统文史学科为重镇，梁启超、王国维、陈寅恪、赵元任四大导师全是文史教授，当年的《清华学报》能名列四大学术刊物之列，与其以文史为主的定位有直接关系；而当年的国学研究院，多少年来令清华人魂牵梦萦，它留下的学术遗产至今仍让学界享用不尽。因此，《清华大学学报》公开宣布，今后"本刊主要刊登文史哲方面的研究论文"，② 从而使学报的学科特色顿时鲜明起来。他们并没有拘泥于传统，时过境迁，随着学术的进步，当年国学大师集于一校的景象毕竟已不可复现，优秀的文史学者已遍及海内外的各种学术机构，因此，开门办刊，努力构建开放的公共学术平台成为他们的另一个选择。全新的定位给了《清华大学学报》全新的面貌和丰厚的回报。学报传统的作用于此可见一斑。

然而，恰恰是这些试图突围的举措，特别是特色化办刊和多家学报协同创办开放的系列专业期刊这一公共学术平台的尝试，让另一些学报人也想起

---

① 刘达：《发刊词》，《清华大学学报》（哲学社会科学版）1986年第1期，第1页。
② 《〈清华大学学报〉（哲学社会科学版）投稿须知》，http://qhdz.chinajournal.net.cn/EditorB/PromptPageInfo.aspx? t = v&c = 1。

了学报的传统,不过在他们眼里这些做法不仅不合传统,而且是反传统的。比较有代表性的观点有:"学报'特色论'有悖我国大学学报的优良历史传统"、"学术期刊与特色无缘"、"认清和完成使命才是大学学报的唯一任务";"大学学报的历史使命应该是完整地、科学地传播主办单位(抑或全社会的)的教学和科研的成果,而非去追求所谓'特色',不能'捡芝麻丢西瓜'";"学报转化为专业期刊后,学报的使命谁去担当?后果难以预料,甚至不堪想象"。[①] 此外,他们还搬出了当年《北京大学月刊》和《清华学报》曾经辉煌的例证,试图证明综合性和"窗口"、"园地"式的定位是学报获得成功的唯一原因。这样的论调正好印证了本文前已述及的新一代的"学报人多已不知什么才是真正的学报传统,而错把1950年代以来在僵化的学报体制下逐步固化的高校学报模式当成了传统"的现象。他们不懂得早期学报成功的秘诀不在其外在形式,而在其追求真理、传播学术、引领时代的办刊宗旨和理念;他们也不懂得学报的发展与学科的发展相辅相成的道理,根本无视在1920年代随着现代学科分野日渐清晰,开放的专业学报即已诞生的历史事实,一味地将综合性、内向性视为学报传统的唯一内容,不免胶柱鼓瑟、刻舟求剑。其实,无论是袁贵仁提出的上中下三策,还是学报人近年来所做出的种种努力,都是在向学报传统中最有价值的核心理念回归。当然,他们并不是简单回归传统,而更多的是出于对现实的理性判断,但他们的设想和行动与学报传统的精髓显然是相契合的。由此足见,学报的传统仍是今天学报人走出困境浴火重生可资借重的宝贵财富。

现在回到本文开篇所提出的高校学报体制改革的问题。"共和国期刊60年的发展,体制一以贯之,不变也没变。"[②] 脱胎于计划经济时代的学报体制与新的学术环境必然产生冲突,学报体制必须改革已成为学界和新闻出版总署、教育部官员的共识,多数学报人也已意识到改革的不可避免,因此,新闻出版总署推出报刊体制改革可谓适逢其时。但是,应该改革和如何改革

---

① 尹玉吉:《论中国大学学报现状与改革切入点研究》,《清华大学学报》(哲学社会科学版) 2011年第4期。对于尹文的观点,朱剑已撰文予以回应,指出尹的观点根本不能成立[参见朱剑《也谈社科学报的现状与改革切入点——答尹玉吉先生》,《清华大学学报》(哲学社会科学版) 2011年第4期]。此外康敬奎也专门撰文为特色化辩护,参见康敬奎《高校社科学报的特色化之路——兼评朱剑及尹玉吉先生的相关观点》,《清华大学学报》(哲学社会科学版) 2011年第6期。

② 李频主编《共和国期刊60年》,中国大百科全书出版社,2010,前言。

是两个不同的问题，认识到必须改革不等于就一定能成功地进行改革，改革成功与否取决于改革是否有清晰的目标和可行的路径和手段。具体到高校学报改革，新闻出版总署新近颁布的《关于报刊编辑部体制改革的实施办法》，就是个只谈手段不谈目标的办法，通篇都是"转企改制"，"转企"已成为目标与手段的二位一体。但严格说来，"转企"只是改革的路径或手段，但如今已被提升到了目标的高度，甚至取代了目标。那么，学术期刊改革的目标应该是什么，通过"转企改制"能否实现，这些核心内容在总署的文件中却没有说明。在笔者看来，这个问题尚有待严谨地科学论证，尽管改革是必要的，但在没有明确改革的目标之前，任何改革举措都难免盲目，效果甚至适得其反。

以下笔者将尝试从历史、传统与现实的角度予以简单解析。

首先，我们还是回到问题的本源：高校学报为什么要改革？从历史上看，高校学报在经历了早期的辉煌之后，走入了自我封闭的死胡同；从传统的演变来看，高校学报割裂了传统，没能承续其优秀的传统精髓，陷入了僵化的模式；从学报为学术事业服务的根本属性来看，"全、散、小、弱"的学报已不能满足快速发展的学术事业的需要。因此，改革是必要的，而改革的目标当从重新振作、再续传统以满足学术事业发展的需要出发来确定。在学术事业高度发达并呈现出国际化的今天，高校已成为学术研究名副其实的主力军，高校学报这一开放的公共平台更是不可或缺，以最优的方式高效率地传播学术研究的最新成果仍然是当今包括学报在内的所有学术期刊的使命所在。要做到这一点，合理的高校学报体系是不可或缺的，这个体系当主要由高度专业（专题）化的学报构成。目前高校学报之所以没能如学术界要求的那样完成其使命而多遭诟病，是因为它们深陷在结构性和体制性的矛盾之中，远未完成开放体系的构建，这是问题的关键。所以，改革的目标应该是建立起符合学术发展规律和需要的合理的、开放的高校学报体系。

接着，我们再来分析"转企改制"能否实现这一目标，亦即"转企改制"能否解决学报结构性和体制性的矛盾从而构建起合理的学报体系。为此，我们需要追问结构性和体制性矛盾的根源。公正地说，正如本文第二部分所分析的，这些矛盾的生成，根源不在学报，而在管理部门，今天一校一综合性学报的格局就是管理部门延续了计划经济时代的习惯性思维而一手造成的。许多有实力创办专业（专题）学报的高校，苦于拿不到办刊必需的刊号，只能另辟蹊径，出版"以书代刊"的学术集刊，尽管总署并没有查禁这些集刊，但其作为期刊的合法身份却始终未能得到确认，其作用也难真正发挥。应该说，总署已明确意识到这些结构性和体制性矛盾的存在，在提出"转企改制"这个"首要目标"（其实是手段）的同时，还提出了：

> 报刊编辑部体制改革必须按照中央有关报刊出版单位体制改革的总体部署和要求，与调整报刊业结构、转变报刊业发展方式相结合，与实现报刊业集约化经营、培育大型报刊传媒集团相结合，与推动传统报刊业向数字化、网络化现代传媒业转型相结合，与建立健全报刊准入和退出机制、科学配置报刊资源相结合。通过改革，解放和发展报刊生产力，破解报刊业"小、散、滥"的结构性弊端，实现报刊业转型和升级，推动报刊业又好又快发展，增强报刊出版传播能力。①

这与2011年总署启动报刊体制改革时柳斌杰署长向媒体发表的讲话中，将"转企改制"这一目标与"整合出版资源"、"调整结构和布局"、"建立健全市场退出机制"等另外三个目标相并列的精神是完全一致的。② 其实，与"转企"一样，后三者与其说是目标，也不如说是手段，而且是更有针对性的手段。但问题在于，总署不仅将企业化设置成了首要目标，而且还将其设定为通往后三个目标（或者说采取后三种手段）的前提。即没有"转企"，也就没了后三者。那么，离开了"转企"，后三者是否就不可行呢，或者说有了"转企"就一定能有后三者呢？并非如此。"转企"只是完成了个刊制作者身份的转变，而对后三个目标的实现，个刊是无能为力的，需要总署亲力亲为。将"转企"设定为学报改革的目标，实际上将本应由总署承担的责任推给了学报，而学报是无力承担这一责任的。换言之，纵然所有学报都完成了"转企"，合理的学报体系也不会自然建立起来，改革的目标仍难达成。可见，"转企"绝不是通向目标的唯一合理路径。

---

① 新闻出版总署：《关于报刊编辑部体制改革的实施办法》（2012年7月30日），http://www.gapp.gov.cn/news/1303/87163.shtml。
② 柳斌杰讲话见吴娜《非时政类报刊出版单位体制改革攻坚号角已吹响——柳斌杰接受专访介绍非时政类报刊出版单位体制改革的热点问题》，新闻出版总署网站，http://www.gapp.gov.cn/cms/html/21/1006/201108/721385.html。

总署改革学报的决心似已下定，但能否在"企业化"之外找到一条更为稳妥的改革路径？这是决策者和学报人都应该深入思考和探索的问题。如果体制改革的具体目标应该是合理的期刊（学报）体系的建立这一论断不谬的话，那么，就这一目标而言，笔者以为存在着比笼统地"转企"更为有意义的手段，这就是将纸本学报与数字化学报分开、将学报编辑与出版发行分开对待的"两分开"办法。

将纸本学报与数字化学报分开。学术界已很少有人怀疑纸本期刊必将为数字化期刊所取代这一前景。因此，改革可以从数字化期刊开始，把主要精力放在以专业（专题）学报为基础的数字化学报体系的建立上。真正的数字化学报目前基本上还是"一张白纸"，很少羁绊，可以从容构建分布和结构最为合理的学报体系。数字化学报不仅在传播上具有传统纸本无法比拟的优势，而且数字化技术可以使分布于不同地域的学报人合作编辑同一本学报成为可能，从而可以将传统体制中的编辑人最大限度地纳入改革后的新体制中去，长期以来困扰期刊改革的人员安置问题即可迎刃而解。

将学报编辑与出版发行分开。学报的编辑活动本质上属于学术活动，将其与学术研究相剥离而强制"转企"，是违背学术研究和学术期刊规律的。百年来的学报历史告诉我们，学报的编辑是离不开学术研究这一母体的，两者之间，是鱼与水的关系。当年学报之辉煌与编研一体的格局是分不开的。今天优秀的专业期刊之所以优秀，承续了这一传统是重要原因。因此，改革后的学报编辑应该继续留在高校和科研单位中，这对办好学报来说，是必不可少的条件，而出版发行则可交给大型出版集团或数字化网站，在明确双方责、权、利的基础上，可以使学报更好地走向并适应市场，实现编辑者与出版者的双赢，也可让市场来选择期刊，没有出版和发行价值的期刊将会自然退出。

笔者之所以提出"两分开"的改革设想，还基于"中国高校系列专业期刊"的成功尝试，该系列专业期刊就是在纸本综合性学报与数字化专业学报分开、数字化专业学报的编辑与出版发行分开的前提下创设的。对学报改革而言，这个尝试的最大意义在于为分散的综合性学报的专业化转型和规模化、集约化发展找到了一条可行的路径：第一，既顺利地实现了专业化转型，又不会割断与过去的血脉联系，而且编辑队伍可以保持稳定。第二，开创了高校学报跨地域、校域进行整合，以及与大型数字化传播企业分工合作之先河，为集团化和走向市场创造了条件。第三，传承了我国学术期刊（学报）传统中最有意义的核心价值，打破了主办单位的门户壁垒，造就了开放的公共平台，实现了高效率的学术传播。第四，为构建合理的高校学报体系奠定了良好的基础。如果国家能给予适当扶持，该系列期刊完全可以打造为高校高端学术期刊的"云平台"，并吸纳更多有发展潜力的高校期刊参与共建，最终完成全新的高校学报体系的构建。这既是对学术期刊（学报）传统核心价值的回归，也能从根本上满足学术事业发展的需要。

其实，"两分开"中后一个"分开"的办法在总署《关于报刊编辑部体制改革的实施办法》中也有所表述：

> 对于在国家基础学科和前沿学科中具有领先水平、能代表国家学术水准，并入新闻出版传媒企业或转为期刊出版企业条件不成熟的重点科技期刊和学术期刊编辑部，可暂时保留，但要建立由科研部门分别编辑、出版企业统一出版发行的运行模式，依托大型新闻出版传媒集团公司搭建学术出版经营平台。

这种将编辑归科研部门、出版发行归出版企业的做法显然比编辑部整体转企更符合学术研究和学术期刊的规律，也更与学报传统精髓相契合。但让人难以理解的是，这样相对来说更科学合理的方法为什么只适用于部分高水准的期刊？如果说只有条件成熟的期刊才能进行改革，那么，"在国家基础学科和前沿学科中具有领先水平、能代表国家学术水准"的期刊显然条件更充分、更成熟，当由它们率先进行转企改革才符合常理，为什么它们不改革而那些条件不充分、不成熟的期刊反倒必须改革？答案只有一个，那就是要让那些水平较低的期刊在改制时知难而退。但这样的退出机制有失公平公正，而公平公正是衡量一项改革举措是否合理的起码标准，也是改革举措得以顺利落实的基本保证。既然要进行市场化的改革，那么，对所有学术期刊都应该一视同仁，而对包括学报在内的所有学术期刊都实行"两分开"的办法，特别是让编辑与出版发行分开，可以真正实现让市场来选择期刊，这才不失为公平公正，在此前提下，才能建立健康的退出机制。

　　笔者以为,"两分开"的办法是一条既尊重历史和传统,又切合高校学报实际,更能满足学术发展需要的改革路径,如果按照这样的路线图进行学报改革,不仅"整合出版资源"、"调整结构和布局"、"建立健全市场退出机制"的目标皆可比较顺利地达成,而且更重要的是,构建合理的高校学报体系的这个真正的改革目标才可望在较短时期内实现,无论是对于高校学报,还是对于我国学术事业的发展来说,这样做都更容易到达理想的彼岸。

〔原载《清华大学学报》(哲学社会科学版) 2012 年第 5 期〕

如影随形：四十年来学术期刊编辑的身份焦虑

——1978~2017年学术期刊史的一个侧面

伴随百多年前中国学术期刊的诞生，学术期刊编辑、作者、读者也就诞生了。在此后的大半个世纪时间里，三者的角色虽有不同，但身份差异并不那么泾渭分明，这是因为三者的身份有着相当大的重合度，"编研一体"是学术期刊的常态，所以，尽管角色有异，倒也没什么身份上的冲突。

学术期刊编辑与作者的关系成为一个需要反复论说的话题，实际上只是近40年来的事。随着1980年代学术期刊体制的确立，历史上那种"编研一体"、编辑与学者身份可自由切换的情况渐渐消失，取而代之的是职业编辑人；学术期刊数量的不断增加，则使职业编辑队伍不断壮大，形成了一定的规模。学术期刊编辑作为一个群体从学者队伍中分离出来，归入了职业出版人的队伍，必然面临身份重建问题，如何重新定位其与学者的关系遂成为关键。

40年来，不管学术研究环境有何变化，不管科研队伍有何变化，也不管学术期刊有何变化，有关学术期刊编辑与作者关系问题的讨论始终热度不减。检阅中国知网可知，讨论这一问题的论文自1970年代后期开始零星出现，到1980年代中期之后，每年都有数篇到十多篇乃至数十篇相关论文公开发表，直到进入新世纪，这一题材的论文数量逐年增长的趋势还非常明显。每一次探讨，每一个解释框架的问世，似乎都在理论上解决了问题，然而，却又都免不了在实践中碰壁，于是，新一轮的探讨、解释、碰壁随即锲而不舍地展开。

如果留意一下这些参与讨论的论文作者，就会发现几乎都是编辑，高校学报编辑尤多。按说一个讨论两者关系的论题，应该双方都参与讨论才比较正常；与编辑队伍相比，作者队伍要庞大许多，参与讨论的人应该更多；但在实际讨论中，作者——其实也就是各学科学者——几乎不关心此问题，或者即使关心期刊，也很少从其与编辑的关系来切入，而更多地表现出对学术期刊的批评。只有编辑特别是学报编辑 40 年来始终热衷于此问题，恰恰印证了身份定位的困难以及由此引发的身份焦虑如影随形，挥之不去。

本文意在通过对 40 年来编辑与作者关系讨论的回顾与梳理，揭示其所表现出来的学术期刊特别是高校学报编辑身份焦虑的根源以及对学术期刊发展所产生的影响。

一　权利与规约：被唤醒的身份意识

让我们先回到 40 多年前的 1970 年代初。在那个特殊时期，为数不多的学术期刊早已停刊，编辑这一职业基本上只存在于各出版社和为数很少的时政和科普期刊之中。1973 年前后，学术期刊开始少量复刊，其中就包括一些著名大学的学报，但复刊是为了"批林批孔"、"评法批儒"等政治运动的需要，学术期刊名实并不相符。"不求有功，但求无过"是当时知识分子的普遍心态，编辑当然也不例外。不论是出版界还是期刊界，编辑都不可能有独立的职业地位，当然，也就说不到有何身份自觉。

"文革"结束后，在 1970 年代后期"拨乱反正"和"大干快上"的氛围下，知识的意义和知识分子的作用以及知识和学术出版的重要性被重新"发现"。编辑身份意识的觉醒就是在这一历史背景下发生的。1977 年 12 月中央召开了出版工作座谈会。1978 年，国务院批转了国家出版局《关于加强和改进出版工作的报告》（以下简称《报告》），主题就是"尽快把出版工作搞上去"。[①] 国家出版局随即召开党组扩大会，讨论对《报告》的贯彻和落实，陈翰伯局长代表局党组指出："要进一步解放思想，打破精神枷锁，解决心有余悸问题。要抓这样一个总题目：实事求是，一切从实际出发，理论和实践相结合。"[②] 由此，出版界展开了热烈讨论。

[①] 《国务院批转国家出版局〈关于加强和改进出版工作的报告〉》，《出版工作》1978 年第 12 期，第 1~6 页。
[②] 《国家出版局召开党组扩大会学习讨论和贯彻落实〈关于加强和改进出版工作的报告〉》，《出版工作》1978 年第 13 期，第 1 页。

回顾这场讨论,最值得关注的当是出版界对《报告》中"编辑人员的工作应该受到尊重"的表述所做的引申,提出了"尊重编辑的权利":"尊重编辑的权利,首先要尊重他们政治上应当享有的待遇……中央领导同志有关宣传教育方面的内部讲话,党政机关连传达室、司机班的同志都可以听到,出版社却只能传达到编辑室主任一级;有些重要会议明明同编辑出版业务关系较大,党政机关的一般科员、办事员均可参加,编辑人员却无门可入。""尊重编辑权利,还要尊重编辑在学术上的地位。"要重视作者,但是,"编者的作用也不容忽视……有些领导干部则不去这样想……似乎编辑低作者一级"。"尊重编辑权利,还要在编辑业务上尊重他们的审稿权,就是说编辑有权对书稿提出这样那样的意见或看法。""尊重编辑权利,还要舍得下大力、化(花)本钱积极培养、提高编辑的素质,采取多种形式提高编辑的思想业务水平。"只有这样,"'尊重编辑的权利'才不至成为一句空话"。①从《报告》要求各级领导尊重"编辑人员的工作"到编辑们提出自己拥有的权利,两者是有不同的。在这里,编辑应该拥有的权利被一一开列出来,计有政治待遇、学术地位、审稿权和接受继续教育的权利。前两者分别是政治和学术权利,明确这两项权利,是使编辑这一职业人得以与作家、学者等构成的作者群体处于平等的地位;后两者是编辑工作权利,特别是审稿权,可从职责与权利的角度界定编辑独特的地位。这些权利,有些是编辑原来拥有的,因"文革"而失去,有些则是过去没有或似有而实无的。

除了申明编辑的权利以外,这一时期对编辑职业作用的论述也颇引人注目,一篇题为《编辑的本领》的文章写道:"提起编辑,有人就想到抄抄写写,剪剪贴贴,因此讥之为'编书匠',这当然是一种误解。其实,编辑工作是一种特殊的本领,而学到这些本领是很不容易的。"②显然,编辑地位的模糊并不完全因"文革"这样的政治运动而造成,社会各界特别是学术界对编辑的"偏见"也是原因之一。还有人以国外的例子来说明编辑之重要:"美国编辑,特别是书局的编辑,在出版界占了很重要的地位……通常一个作家成了名后,都有一个在精神上受其鼓舞,在写作上受其引导的编辑。这类作家与编辑间关系如果密切了,往往造成作家随编辑而行的现象:

---

① 华然:《也要尊重编辑的权利》,《出版工作》1979年第11期,第10~15页。
② 熊向东:《编辑的本领》,《出版工作》1980年第2期,第15页。

即编辑如果换了书局，作家也随之而去。而书局如果要将一个红作家从另一家书局挖过来，最好的办法便是出高薪先将他的编辑聘请过来。"[1]

当然，对《报告》的阐述和发挥还很难说是对编辑身份的自觉建构，但对编辑职业独立性和应有权利的感悟已然生成，正是在这个意义上，我们不妨将其视为编辑身份意识的觉醒。需要指出的是，编辑身份意识是被"唤醒"的，在"心有余悸是一种流行病"[2]的当时，觉醒尚需推动。这首先要归功于那个时代。这场讨论与真理标准大讨论在时间上是重合的，解放思想是这个时期的主旋律。但正因为是被"唤醒"的，"余悸"犹存，所以讨论中表述出来的关于编辑权利和作用的所有观点都是以《报告》的第六条意见为基础阐述和发挥出来的。诸如编辑的政治待遇、学术地位、审稿权和接受继续教育的权利，《报告》均有涉及。换言之，与其说在讨论中编辑们提出了自己的权利主张，不如说是他们对主管部门授予的权利的理解和接受。但不可否认的是，这些权利一旦被理解和接受，编辑的身份意识就被唤醒了，而醒来后的编辑们不会以此为满足，必然走向对编辑身份的自觉建构，且经过讨论，建构的路径也已清晰：基点在于独立的地位，关键在于与作者、读者的关系中，编辑须是独立的一方。可见，编辑身份和其与作者、读者的关系，实为一枚硬币的两个面，不可切分。

所有这一切，都可以说明，至迟在 1980 年前后，出版界编辑的身份建构就已开始。当然，在今天看来，这种觉醒只是走出荒唐年代后开始向正常状态回归而已，所以，出版界编辑身份建构更多表现为对编辑身份的一种学理上的重新确认。

当笔者翻检 1970 年代末关于编辑权利和作用的讨论所留下的文献时，却鲜有发现涉及学术期刊编辑权利的，也未见学术期刊编辑参与讨论。[3] 他们为何缺席？如果说是因为《报告》所指的"出版工作"针对的是出版社，学术期刊编辑无缘置喙，那么，就在《报告》发布几个月后的 1978 年 11

---

[1] 董鼎山：《编辑与作家之间》，《读书》1980 年第 5 期，第 117 页。
[2] 《国家出版局召开党组扩大会学习讨论和贯彻落实〈关于加强和改进出版工作的报告〉》，《出版工作》1978 年第 13 期，第 3 页。
[3] 在讨论期间，作为讨论主要阵地的《出版工作》仅有一篇转载的文章专门谈论了"学术报刊"的作用，重新提出了学术报刊及其编辑是"伯乐"的观点，与编辑的权利基本无关。参见刘吉《编辑部与发现人才》，《中国自然辩证法研究会通讯》1979 年第 12 期（《出版工作》1980 年第 2 期转摘）。

月教育部颁发的《关于办好高等学校哲学社会科学学报的意见》（以下简称"《意见》"），则完全是针对高校学报的，而且，《意见》和《报告》从主旨到主要内容均可谓异曲同工，却也未见有学报编辑的热烈讨论，这又是为什么？

当然，原因似乎在于《意见》更有针对性和可操作性，不仅有对学报性质、对象、作用的设定，而且对办刊方针、内容、服务对象等的规定都已非常具体，无须通过讨论来明确。比如，首条意见即规定学报的性质为"以反映本校教学科研成果为主的综合性学术理论刊物"；再如，关于学报在学校的地位，规定"学报要在学校党委直接领导下，设立编辑部……学报编辑部一般应相当于系一级或校（院）属研究所一级的学术机构……按文、史、哲、经、教等专业配备一定数量的专职编辑以及必要的行政人员"；关于学报编辑的政治待遇，规定"编辑部的党员主任、副主任（主编、副主编）应根据工作需要，阅读发至校（院）党委常委一级的有关文件。党员编辑可阅读系、处一级干部能够阅读的文件"；关于学报编辑的工作、生活待遇，规定"编辑人员的职称、级别及其工作生活条件，均应按相应水平的教师办理"。① 学报的权利，《意见》能给的都给了，甚至已"超规格"地给予了。然而，更主要和深层的原因还在于，虽已有"专职编辑"的规定，但《意见》还不足以唤醒学报编辑"专职"的身份意识。因为他们大多是已有"身份"的人，特别是有着让出版界编辑羡慕和向往的身份——教师或科研人员（"学者"乃通称）。② 在这以前，教师和科研人员在个人的学术生涯中有一段时间兼职担任学术期刊编辑，或到编辑部工作数年后再回归教学科研岗位，是常见的现象。故在此时，他们尚未意识到编辑已是一种不能与教师或科研人员随时切换或兼而有之的独立职业，他们也没想到编辑的社会地位和工作待遇会有后来那么大的落差。这要归功于《意见》关于"编辑人员的职称、级别及其工作生活条件，均应按相应水平的教师办理"的规定。所谓"职业身份"，都是与一个独立的职业相关联

---

① 教育部：《关于办好高等学校哲学社会科学学报的意见》（1978年11月15日）。
② 《出版工作》评论员曾撰文指出："编辑部门知识分子的政治待遇和生活待遇，同教育、科研部门的知识分子相比，确实有一定的差距。这就使得有些编辑不大安心编辑工作，存在着'人心思所'、'人心思院'的现象，给编辑工作带来了不利影响。"参见本刊评论员《积极稳妥地开展评定编辑业务职称工作》，《出版工作》1983年第1期，第33~34页。

的，既然还可以把自己定位为学者的一员，对职业化的"编辑身份"也就处于一种集体无意识之中了。

《意见》的发布虽然波澜不兴，但影响之深远却远非《报告》所能比拟，盖因其将"文革"前学报对传统的某些承袭和编辑的职业身份首次以教育部文件的形式予以了固化。在"拨乱反正"的特殊时期，为了尽快恢复被"文革"毁坏的秩序，重申和强调"文革"前的传统，同时加强对学报的扶持和管理，无疑是争议最少、见效最快的方法，而其长远影响则要在若干年后才会慢慢显现。事实也是这样，《意见》发布后，"文革"中停刊的学报纷纷复刊，新创刊的学报也有问世，"从1978年下半年到1981年，全国恢复和新创办的……社会科学学报150多种"。[①] 与学报全面复苏相伴随的，是学报编辑群体在短时间内经历了一个几乎从无到有再到渐有一定规模的过程，而主要来自教师和科研人员的他们一时还很难有自觉的身份转变，[②] 他们作为职业编辑的身份意识是在此后一系列的管理规制亦即学术期刊体制的建设中逐渐被唤醒的。

首先是编辑出版系列职称制度的正式建立。与大学教师和科研院所的研究人员不同，编辑虽然被公认为知识分子，但"建国以来，教育、科研部门多次评过业务职称，而编辑部门过去从没有评过业务职称"。[③] 在"尽快把出版工作搞上去"的氛围中，国家出版局意识到建立编辑职称制度的必要性，在《报告》中即明确提出要"恢复编辑人员的职称"。[④] 1980年11月，国务院批转了国家出版局、国家人事局拟定的《编辑干部业务职称暂行规定》，编辑职称自此有了规范的名称和评定范围："编辑干部的业务职称定为：编审、副编审、编辑、助理编辑。""本规定适用于出版、新闻单位以及经国务院和各省、自治区、直辖市批准的刊物的现职编辑干部。"[⑤]

---

① 姚申：《高校社会科学学报的发展：挑战与机遇》，《吉林大学社会科学学报》2005年第4期，第19页。
② 到1988年时，这种情况还存在，"学报作为一项事业，由于历史短暂，多数编辑由其他岗位转来，因而对编辑工作的规律性的认识仍显得不足"［参见《高校文科学报研究会筹备工作商讨会纪要》，《兰州大学学报》（社会科学版）1988年第4期，第132页］。
③ 本刊评论员：《积极稳妥地开展评定编辑业务职称工作》，《出版工作》1983年第1期，第33页。
④ 《关于加强和改进出版工作的报告》，国发［1978］第141号。
⑤ 《国务院批转编辑干部业务职称暂行规定的通知》，《中华人民共和国国务院公报》1980年第18号。

编辑职称评定工作随即在出版界展开，这是出版界一直盼望的，但对学术期刊编辑来说，在转岗为编辑之前，已大多拥有职称，而在转入之后，一般也还可以继续参加教师或研究系列的职称评定，并不存在职称问题。不过，从1980年代中期开始，因"刊物的现职编辑"已被列为编辑系列职称参评对象，学术期刊编辑因逐步转入编辑系列职称的评定而不能参评教师系列职称了。这对于学术期刊编辑职业身份意识的觉醒起到了重要作用。

其次是以统一审批制为特征的期刊体制的形成。从1970年代末到1980年代末是中国现行期刊体制形成的最重要时期。在教育部1978年的《意见》中，就根据中共中央宣传部关于期刊审批办法的通知精神对学报审批和管理做出规定，将长期以来基本属于学校内部事务的学报创办权收归了教育行政部门，在提升了学报地位的同时，客观上也使学报加速走向一个统一管理的独立行业。至1980年代中期，报纸和期刊虽然没有实现全国统一管理，也没有全国统一刊号，但审批制度已经实行，各刊的出版，须经所在各省、自治区和直辖市有关部门批准，并申领刊号。值得一提的是，1985年，中国宣布加入国际连续出版物数据系统（International Serial Data System，简称ISDS），并决定建立ISDS中国国家中心，翌年，国家出版局下发了《国际连续出版物数据系统中国国家中心开始分配ISSN的通知》，从而在实行国内统一刊号之前，部分期刊，特别是学术期刊就领取了国际连续出版物ISSN号。1987年，取代国家出版局的新闻出版署宣告成立，开始统一管理报刊出版工作。1988年，新闻出版署发布了《期刊管理暂行规定》，该文件规定："凡经新闻出版行政管理部门审核批准、履行登记注册手续，领取'报刊登记证'，编入'国内统一刊号'的期刊，即视为正式期刊。"而创办正式期刊"应当具备"的条件之一就是，"有健全的编辑部、有符合本专业要求的专职主编及一定数量的专职编辑"。[①] 由此，不仅实现了全国统一刊号制度，而且，"专职主编"和"专职编辑"的规定，也成为所有期刊编辑必须职业化的法律依据，从而使学术期刊编辑出版成为一个与出版社相类似的独立行业。

编辑系列职称制度的建立和《期刊管理暂行规定》的颁布，是学术期

---

① 新闻出版署：《期刊管理暂行规定》（1988年11月24日），http://baike.baidu.com/view/13068453.htm。

刊编辑职业化之路上的两个"里程碑",不同于教师和科研人员的职称和管理体系逐渐唤醒了编辑们的职业身份意识。虽然同样是被唤醒的,但与出版界的情况并不相同。对于出版界来说,被唤醒的首先是对过去的记忆,所以只是对编辑身份的重新确认;而对于学术期刊编辑来说,被唤醒的却是必须与过去告别,而从学者队伍里分离出来的意识,面临的是无法回避的身份重构问题,而且对职业化的认同是身份重构不可改变的前提,如何在这个前提下重建与学者的关系以及承续学术期刊的传统,都是需要重新论证的问题。

需要指出的是,学术期刊编辑职业化,当时并没有令学术期刊编辑感到失落,而是感受到了一份责任和荣誉,原因就在于职业化的制度设计在分离了编辑与学者的同时,也将学术期刊与学者分离开来,而将独立掌控权授予了编辑,这种前所未有的制度化的授权是学术期刊编辑责任和荣誉的来源,而学术期刊编辑身份意识的自觉也是与这份责任和荣誉分不开的。缘此,他们不得不思考一个问题:在独立掌控了学术期刊后,如何以职业编辑身份来与学者打交道,即这个身份该如何定位?[①] 身份焦虑此时即开始显现,而焦虑的种子其实在《意见》发布的1978年就种下了。从此,这个问题一直萦绕于他们头脑中,通过辨析与作者和读者的关系来确立自己的独立身份,遂成为他们努力的路径和目标,而这样的路径和目标恰恰是出版社编辑在身份意识觉醒时所开辟的。至此,学术期刊编辑所进行的身份重构与出版界对编辑身份的重新确认终于殊途同归。正缘于此,学术期刊编辑自1980年代中期即纷纷汇入了出版界关于编辑身份的讨论之中。但是,重新确认与重新建构还是有着很大差异的,这种差异在随后关于编辑学的研究中逐渐显露出来。那么,他们此后又进行了怎样的身份建构呢?

二 创设编辑学:身份的自我建构

如果说体制为编辑独立于学者的职业身份奠定了基础,那么,就编辑而言,对体制规约的身份的认同最终还是要落实到身份的自我建构上来。在出

[①] 潘国琪先生在回忆学报编辑生涯时就曾说:"长期的编辑实践让我懂得,作为编者,要做好编辑工作……一定要正确处理好和作者、读者的关系……我在编辑工作中,从不因自己握有发稿权而傲视作者,相反,而是十分尊重作者,紧紧依靠作者。"[潘国琪:《缘结学报三十年》,《北京师范大学学报》(社会科学版)2006年第5期,第7页]

版界，这样的身份建构经历了1970年代末关于编辑权利和作用的论述，到1980年代初过渡到了自觉的理论阐释阶段，其主要表现就是试图通过一门新学科——编辑学的建构，全面确立编辑的独立地位，在理论上彻底解决编辑的身份问题。

编辑工作古已有之，但在现代出版技术传入中国之前，从来都不是一个独立职业，编辑首先得是学者；即使在现代出版业在中国兴起之后的百多年来，出版虽然已成为独立的行业，但出版社中的编辑特别是著名编辑，往往都兼有学者或学科专家的身份，故很少有人想到要以编辑工作为研究对象建立一个独立学科——编辑学。所谓"编辑无学"不仅是一般学者的看法，而且许多编辑也是这样看的。但在经历了1970年代末出版界对编辑权利和作用以及独立地位的反复论证后，将编辑研究学科化的冲动也就萌生了。在关于编辑权利的讨论中，1980年，就有人为编辑学设计了一个"不小的体系"。[①] 其实，"对于编辑界来说，编辑学的提出也许比编辑学本身意义更大……即向社会表明编辑工作的价值和意义，彰明作为社会成员的编辑在社会中的独特地位"。[②] 在学术期刊编辑尚未全面介入讨论的1980年代初、中期，出版界的相关研究即已为编辑学的理论建构做了铺垫，主要表现在以下两方面。

其一，论述了建构编辑学的必要性。"为什么长期以来没有编辑学，也无人呼吁建立编辑学呢？最重要的……原因，是出版领导部门抓编辑自身建设太少……编辑工作的重要性、艰苦性和它的不平凡之处，不为人所知，不为社会所承认，以至编辑社会地位不高……另一方面的原因，是编辑工作是专中有杂，杂里有专……由于对编辑工作宣传不够，人们往往只看到编辑杂的一面，以致逐渐形成了人们对编辑的偏见，说编辑是无学的杂家……编辑当然没有地位，也就自然无学了。"[③] 显然，建构编辑学的直接动因在于从理论上明确编辑的权利和地位，而现实的需要也是原因之一。1981年4月，上海出版工作者协会召开的专业研究委员会会议即拟定了关于编辑学的研究项目，之所以开展此项研究，是因为"目前编辑队伍很大，新手很多，亟

[①] 陈仲雍：《科学地编辑和编辑的科学》，《出版工作》1980年第4期，第18页。
[②] 刘龙伏：《论编辑主体的人格冲突问题》，《编辑之友》1991年第2期，第3页。
[③] 伍杰：《关于建立编辑学的意见》，《编辑之友》1985年第1期，第6页。该文并非出自出版界编辑之手，作者时任中宣部出版局副局长，从管理者的角度可能将问题看得更清楚。

需有些系统讲解编辑工作的书,以提高业务水平"。①

其二,对编辑学的基本定义和构架做了初步探讨。1981年,上海出版工作者协会编写的《书籍编辑概论》的引言中说:"编辑工作有一套业务知识和修养要求,应该研究、总结,加以系统化、科学化。世界上有那么多'学',也应该有'编辑学'。"②此后几年,编辑学的基本概念、编辑业务知识和编辑史成为编辑学研究的基本内容,发起编辑学研究的初衷也在一定程度上实现了。编辑工作得到了各级主管部门的重视,编辑的社会地位和基本权利得到了一定的提升,一批编辑实务的教材问世。

当然,出版界并不以此为满足,在对编辑实务有了较多研究和阐述后,到1980年代中期开始寻求理论上的突破。比如,林慧文指出:"编辑学的研究内容是极为丰富的……纵向的研究是从微观方面剖析编辑工作。这是实际的、技术的总结和探讨……横向的研究是从宏观方面分析比较,建立起理论科学体系。主要是编辑学的对象和性质,编辑的规律和特点,职能和作用这些方面的问题。"③ 封苇也指出:"所谓编辑学决不只是摆在面前的种种日常工作的办事细则,而是要具有学术意义,并且主要是把一些原则性的、理论性的、思想性的东西总结出来。"④ 寻求理论上的突破是编辑学建构到一定阶段的必然,但意识到必须突破到实现突破并非一蹴而就,"难免使人有高不可攀之感"。⑤

正是在这个时候,学术期刊特别是高校学报编辑开始介入。促使他们介入的原因前已述及,即通过理论探讨建构自己作为职业编辑的身份,而于此时介入,还因为高校开始着手筹建编辑专业,以为出版界培养专业人才。"1985年,首先在北京大学、南开大学、复旦大学试办编辑专业,招收了本科生。1986年,清华大学、河南大学、西安交通大学、四川省社会科学院新闻研究所招收了编辑学专业硕士研究生。从此,把培养较高层次的专门编

---

① 《上海版协专业研究委员会讨论开展出版专业研究工作》,《出版工作》1981年第7期,第40页。
② 转引自尚丁《"编辑学"小议》,《出版工作》1982年第4期,第24页。
③ 林慧文:《编辑学的丰富内容》,《编辑之友》1985年第3期,第10~11页。
④ 封苇:《编辑学刍议》,《编辑之友》1985年第1期,第8页。
⑤ 沈嘉:《编辑学断想》,《编辑之友》1985年第2期,第8页。

辑人才列入我国的教育计划,开创了我国编辑史上的新纪元。"① 高等教育编辑专业的开设也成为学报编辑介入编辑学研究的一个契机。

与更多地埋头于实务的出版社编辑不同,身处高校和科研院所的学术期刊编辑对理论建构有一份天然的敏感和自觉。初入之时,他们对出版界编辑学建构已有成果虽予肯定,但并不满意,诚如《复旦学报》主编王华良先生所问:"从现有条件看,编辑学研究首先在实用编辑学上突破(成果比较显著)是十分自然的。但是这是否意味着编辑学研究只能到此为止,以至不可能进一步实现理性的升华并最终促使普通编辑学或理论编辑学的形成呢?"② 答案显然是否定的,而使编辑学的建构实现理论升华的正是与王华良先生同时代的从学者群体中半路出家的各学报主编和编辑。

从1980年代中期开始介入,到1980年代后期,高校学报的主编和编辑即已成为编辑学研究中最活跃的群体,与此同时,编辑学研究也有了更多的专门阵地,《河南大学学报》主编宋应离先生1994年撰文回顾这一时期的编辑学研究时曾说:"继1985年和1986年《编辑之友》和《编编(辑)学刊》创办之后,《中国出版》、《出版发行研究》、《出版史料》、《编辑学报》相继创刊。另有《河南大学学报》、《中国人民大学学报》、《南京大学学报》等十几家学报开辟了编辑学研究专栏。据不完全统计,上述刊物,十年来共刊发编辑学的论文1200篇左右。"③ 在这篇文章中,他将编辑学称为"一个正在崛起的新兴学科",并从"什么是编辑学及其研究的对象"、"编辑概念及编辑工作的社会本质"和"编辑的作用及劳动特点"三个方面综述和评论了十年来的主要成果。④

当笔者重温当年的这些论文时,一个强烈的感觉就是编辑学理论建构与编辑身份建构是分不开的,或者说,参与建构的学报主编和编辑都明确意识到,编辑身份建构是编辑学之能成为一门独立学科必须解决的问题。并且,

---

① 宋应离:《编辑学研究的新成果——编辑学研究十年来的回顾与展望》,《周口师专学报》1994年第1期,第96页。
② 王华良:《编辑学的研究对象与学科性质》,《编辑学刊》1989年第4期,第12页。
③ 宋应离:《编辑学研究的新成果——编辑学研究十年来的回顾与展望》,《周口师专学报》1994年第1期,第96页。
④ 参见宋应离《编辑学研究的新成果——编辑学研究十年来的回顾与展望》,《周口师专学报》1994年第1期,第95~102页。本文因论题所限,主要涉及编辑学研究中与编辑身份建构相关的内容。

他们也明白，要解决这个问题，仅有感性认识和经验总结是不够的，还需理论的阐释和证明。首先要在理论上将编辑与作者和读者明确地区分开来，其次要论证编辑与作者和读者的关系是稳固的，编辑是不可或缺的。因此，从他们试图进行理论建构的那一天开始，就接续了出版界此前已开辟的通过辨析与作者、读者关系来确立编辑身份的路径，而且使其成了整个建构过程中一个最具理论色彩的中心问题。对此，王华良先生说得非常清楚："编辑与作者和读者的关系确实是编辑活动中最基本的矛盾关系……能从中发现有关编辑活动的丰富的内在和外在的必然联系，从中发现探索编辑活动规律的广阔天地。"① 《中国人民大学学报》主编杨焕章先生也指出："编辑学以编辑主体和编辑客体及其矛盾为内容，着重分析作为矛盾双方的编辑主体和编辑客体各自的特点及其相互联结，分析编辑主体和编辑客体矛盾的性质和解决的途径。"②

《文史哲》主编刘光裕先生发表于1985年的《论编辑与作者和读者的关系》是学术期刊人较早的编辑理论建构论文。该文强调编辑在作者与读者之间的特殊地位和作用，认为"从社会精神活动中的情况看，编辑是作者和读者这两者关系的中介"，因为"作者和读者实际是一对矛盾"，"编辑作为中介，就是在两者矛盾中发挥协调作用和净化作用"，"编辑作为社会分工出现是有必然性的。编辑的特殊地位是既与作者又与读者都有密切联系，社会上具有这种地位的，可说是唯编辑而已"，所以编辑的作用是不可取代的，而作者由于种种原因"造成精神产品的质量普遍存在着很大的不稳定性"，所以需要编辑加以"净化"。③ 在这里，刘光裕先生从社会分工的不同，论证了职业化的必要，并由此着力建构编辑的独立身份。他在几年后又进一步论述了这个问题："在利用传播工具的思想文化活动中，存在着两种结构关系，一是传播者—编辑—接受者的交往关系，另一种是作者—编辑—读者的创造关系。在这种结构关系中，编辑都是中间环节。处于这种中间环节地位，编辑表现出两种功能：一是发挥导向功能，以限制交往活动中的盲目性；另一是发挥协调关系和节制矛盾的功能，以维系创造活动中的同

---

① 王华良：《编辑学的研究对象与学科性质》，《编辑学刊》1989年第4期，第11页。
② 杨焕章：《谈谈编辑学的研究》，《呼兰师专学报》1994年第4期，第60页。
③ 刘光裕：《论编辑与作者和读者的关系》，《河南大学学报》1985年第6期，第113~116页。

一性。这两种功能在编辑那里是统一的。"①

王华良先生在"编辑中介说"、"作者读者矛盾说"的基础上，从编辑劳动性质的角度，又向前推进了一步。他认为，虽然编辑劳动必须依附于作者提供的精神产品和读者的需要，"但是编辑劳动所依附的两个方面又是具有对立统一关系的矛盾双方，既相互依存，又相互转化，处于中介地位的编辑劳动正好通过自己的双向传导，为矛盾双方建立互补关系或实现相互转化不断创造条件；又使自己在充当桥梁和纽带的过程中实现某种程度的超越；避免矛盾双方难以摆脱的某些盲目性和局限性；对矛盾双方施加有利于社会利益和全局需要的影响。这就使编辑劳动的依附性不是消极、被动的从属性，而是一种独特的创造性"。② 在这里，王华良先生试图通过对"从属性"、"依附性"、"被动性"的编辑劳动的特殊作用的论述说明其也有不可替代的主动性的一面，并将其界定为"一种独特的创造性"劳动，以突显其主体性意义。《南京大学学报》主编蒋广学先生顺着这个思路指出："编辑出版劳动是社会化的、扩大的著作劳动形式，它兼有精神生产和物质生产两种属性，但本质上是再生性精神生产的劳动，是将学者变成作者并以新的精神力量创造作者的劳动，是将一般人变为读者、并将其带入新的精神境界的劳动。"③ 强调了编辑劳动"再生性精神生产"的性质以及对作者和读者的"创造"。

始于1980年代初，经过1980年代中后期的努力，作为一门新兴的独立学科的编辑学尽管远未臻成熟，但关于编辑独立身份的理论建构已取得了阶段性的成果。概而言之，在已经建构的编辑学理论体系中，编辑独特的地位，即编辑在与作者和读者关系中的主体地位已经建立，编辑的独特作用也得到了论证，主要有：编辑是作者和读者这对矛盾双方之间的中介（姑且称之为"编辑中介说"）；编辑对于作者及其作品和读者具有引导、协调和净化作用；编辑看似带有依附性的劳动其实质是精神再生产；编辑在发现、

---

① 刘光裕、王华良：《编辑学论稿》，山东教育出版社，1989，第21、55~56、85页（该书为刘光裕、王华良两位先生个人论文的合集），转引自宋应离《编辑学研究的新成果——编辑学研究十年来的回顾与展望》，《周口师专学报》1994年第1期。

② 刘光裕、王华良：《编辑学论稿》，第85页，转引自宋应离《编辑学研究的新成果——编辑学研究十年来的回顾与展望》，《周口师专学报》1994年第1期。

③ 蒋广学、傅江：《论编辑出版劳动的本质》，《南京大学学报》（哲学·人文科学·社会科学）1992年第1期，第175页。

培养和创造作者及作品的价值、在有效传播精神产品方面的作用无可替代（姑且称之为"编辑再创造说"）——当然，这些都是理论上的。那么，通过这样的理论建构，现实中编辑的身份焦虑还会继续存在吗？

三 独特的个性：无以安放的身份

在加入编辑学研究之后，学报主编们的确贡献了很多理论上的建树，然而数年后他们仍然觉得，"从总体看，对编辑学的研究还不够深入……一些关键性的问题急待深入讨论"。[①] "有意义的突破还觉少，'老生常谈'犹感多。"[②] 其实，真正令他们沮丧的是，他们的理论建构在进入实践层面后对解决学术期刊编辑身份问题的帮助并没有期望中那么大。其中很重要的原因在于他们的理论建构，特别是在论述编辑与作者和读者关系这一核心问题时，是以出版界已有成果为基础的，或者说，他们只是在沿着出版界开辟的路径向理论建构拓展。

应该说，这样的选择在学科建构刚刚起步的当时是很自然的。"学科通常具有三个方面的含义：第一，学科是一种关于知识的分类体系；第二，学科涉及一套特殊的行为规范与方法；第三，学科关系到特定学术共同体的价值观念。"[③] 建构一个新学科，无非从这三个方面通过具有特色的建构与其他学科区分开来，"学科的建立即研究的学科化，说到底是一种划界运动"。[④] 因此，首先需要在宏观上维护编辑学科的整体性，即强调研究对象、方法体系和价值目标的共性，以与其他学科相区别而独立于学科之林，加之高校编辑专业的设置也是面向整个出版界的，故在理论建构时，适用于该学科的一般性原理自然被置于优先的位置，而无暇顾及学术期刊编辑以及作者和读者的特点，将所有出版物的编辑、作者和读者不加区分地纳入同一个理论框架内予以分析，不同性质的出版物编辑及其作者与读者的差异性不得不

[①] 宋应离：《建设具有中国特色的编辑学理论体系——全国编辑学学术讨论会在郑州召开》，《编辑学刊》1988年第1期，第74页。
[②] 刘光裕：《更上一层楼——关于深化编辑学研究的思考》，《出版发行研究》1990年第6期，第9页。
[③] 谢维和：《谈学科的道理》，《中国大学教学》2012年第7期，第4页。
[④] 陆玉林：《青年研究：学科逻辑与问题意识——论对改革开放以来青年研究的反思》，《当代青年研究》2007年第5期，第3页。

被忽略了。这为理论建构带来了方便，却也带来了学术期刊编辑身份定位的某种尴尬。当这一整套理论被建构起来并被用于指导学术期刊编辑实践的时候，才发现不像针对出版界那样适用，特别是关于编辑身份建构的两个基础性的预设都在学术期刊那里遭遇了挑战。

编辑身份建构的第一个预设是，作者与读者之间不仅有清晰的边界而相互隔阂，并且还因为隔阂的存在而成为一对天然的矛盾。因为作者不了解读者和市场，而读者和市场恰恰又与作者的利益息息相关，所以需要编辑联结双方来解决这一矛盾。换言之，只有"作者读者隔阂说"和"作者读者矛盾说"成立，在编辑身份的理论建构中最重要的基础性理念——"编辑中介说"才能成立。

将"编辑中介说"置于传统出版界，大致是说得通的。出版社编辑和作者、读者三者的边界是比较清晰的，他们的确分属于不同的群体，作者与读者之间基本是单向度的供给—接受关系，很少相互对话。这是因为作者与读者在人数上根本不成比例，一位畅销书作家拥有的读者可能数十上百万甚至更多，也许遍布全世界，与读者一对一的对话根本不可能，出版社从其属性上来看也不是一个平等对话的平台。作者的确不可能充分了解市场和读者的需求，所以作者与读者的隔阂乃至矛盾确实存在，并构成了编辑要处理的主要矛盾。编辑的角色实际上是在作者面前代表读者、在读者面前代表作者的"中介"。以面向大众的图书出版为主的编辑置身于市场环境之中，立足于对作者和作品的发现、选取、加工、制作、包装并推向市场。在这个过程中，编辑对作者所起的作用在于帮助作者了解读者的需求亦即市场的需求，使其创作出读者也是市场需要的作品；编辑对读者的作用则在于经过其设计、编辑和制作，将作者的作品按读者最容易接受的方式出版，优秀的编辑还会通过对作品的加工而成功地引导读者，提升读者的阅读和欣赏品位。故而在完成供给—接受这一过程中，编辑确实发挥了无法取代的"中介"作用，编辑在与作者和读者关系的建构中也完成了身份的确立，实现了自身的价值。

然而，"编辑中介说"在学术期刊那里却免不了碰壁。学术期刊的本质属性是学术传播和交流平台，与出版社单向的传播平台是不一样的。作者在撰写论文时心中实际上都有目标读者群，早已深知他们的兴趣和需求，无须通过编辑的"中介"来知晓。事实上，他们往往比编辑更了解读者。作者通过平台展示和传播自己的新作品,这一点与出版社平台的功能相仿,但这只是学术期刊的部分而不是全部功能。读者对这些作品的阅读,并不是单向的传播—接受即告终止,另一向度的接受—反馈(批评)对于学术发展至关重要,故而其属性是双向的学术对话和学术批评平台。学术期刊正是依凭这一属性而成为学术研究和学术传播的中心。在这个平台上活动的大多数学者都是身兼作者和读者双重身份的,不同的学者之间固然存在着学术观点不一致而看似矛盾,但这个矛盾并不是因为相互不了解而产生,恰恰相反,他们正因为彼此了解但观点不同才产生了学术上的分歧(矛盾),对话和批评是为了辨明是非,消弭分歧,故常常表现为一种理性的互补,而无须编辑来"中介"。因此,学术期刊编辑身份的自我建构无法像出版社编辑那样完全定位于联结素无交集的作者与读者。认为学术期刊作者与读者因隔阂而产生矛盾只是将大众出版的属性投射到学术期刊之上,是一种假设或虚构,在学术研究活动中并非真实存在。这就使得仅仅定位为处理作者与读者因相互不了解而引起的矛盾并不能体现学术期刊编辑的价值,需要解答的是作为编辑为何以及如何嵌入本为一体的作者与读者之中,并发挥怎样的不可替代的作用,"中介说"显然回答不了这一问题。

编辑身份建构的第二个预设是,作者及其作品初始时总是价值与缺陷并存的,其价值需要编辑来"发现",其缺陷需要编辑来"净化",只有经过了编辑劳动,作者的作品才能以最好的状态面世。这是编辑对作者的"发现"和"培养",体现出编辑的"精神性再创造"。换言之,只有"编辑发现和培养作者说"成立,"编辑再创造说"才能成立。

同样,"编辑再创造说"在出版界,大致也可说得通。对于需要社会和市场来检验的作品来说,编辑的作用的确可以体现在:首先,发现其价值,做出对出版发行后可能达到的社会效益和经济效益的预判;其次,发现其潜在的价值,对作者虽未达到但经过修改有可能达到的理想效益做出预判,并提出有价值的修改意见;再次,对作品原稿中的瑕疵进行"净化"。将所有这些作用统称为"再创造",似也不为过,但要强调的是,编辑的这些作用的发挥固然需要有一定的学养和技术,但更需要丰富的市场经验和独到的读者意识,而这正是出版界优秀编辑应该具有的职业素质。因此,这种作用和价值存在的前提仍然在于作者与读者和市场的隔阂。编辑在与作者的关系中,实际上更接近经纪人的角色,前述"作家随编辑而行的现象",就是这种角色的最好体现。当然,这也足以使编辑在与作者关系中确立自己的身份。

但是,当"编辑再创造说"用于学术期刊编辑时,编辑对学者及其作品的"发现"、"培养"和"再创造"并非想象中的那样简单,而在编辑学理论中较少被正面描述的因编辑自身的原因(比如学养不够)而产生的与作者的矛盾相反凸显出来。其实,在编辑学理论建构中,这一矛盾早已隐性存在,遮蔽这一矛盾的正是关于编辑"发现"、"培养"和"再创造"的论述——编辑不仅是技术处理者,而且更是优秀作者的"发现者"和"培养者",是作者作品的"评判者"和"传播者",是对作者和作品的"再创造",编辑给予作者的都是作者本身所不具备却又是最需要的。所以,在这种单向的供给—接受关系中,施予者(编辑)与接受者(作者)即使有矛盾,也是因为作者没有认识到编辑的作用而引起的,比如视编辑为"编辑匠"的偏见。似乎只要根除了这些偏见,编辑与作者的"再创造"关系就能建立,却很少自省。当这样的预设用于学术期刊实践时,编辑作为学术作品"传播者"的身份当无可置疑,但"发现者"、"培养者"和"评判者"的身份确立并不能像大众出版那样基于对市场信息和读者心理的了解,而是需要满足其他条件的:"对于学术期刊来说,编辑要能'发现'作者或其作品的独特价值,至少要在两方面比作者高明或不亚于作者:一是学术鉴别能力;二是写作鉴别能力……如果说凭借自身过硬的文字功夫和丰富的实践经验,编辑可以准确地鉴别作者的写作能力,那么,仅凭这些是不足以胜任作者科研能力和作品学术质量判断的……在这方面,编辑很难强于同行专家。说到底,一个作品学术质量的高下,取决于能否得到学术共同体的承认,这是最根本判断。"至于编辑对作者科研能力的培养,"科研能力是综合而不是单一的能力,至少包括作者的学术根底、学术视野、问题意识、分析能力、方法选择、资料搜集等等,只有在这些方面都具备了一定的基础之后,才谈得上学术研究或科研能力。可见,作者学术能力的养成首先要依靠其授业导师、学界前辈和同行以及作者自己",[①] 编辑充其量也只能起到辅助作用,而不可能独据"培养"之功。显然,这一预设也是十分可疑的。

[①] 李记松:《匿名审稿制下的编辑与作者关系——以人文社会科学期刊为中心》,《南京大学学报》(哲学·人文科学·社会科学)2015年第1期,第153、155页。

由此可见，刚刚建构起来的编辑学理论所遭遇的挑战的根源还在于理论上的共性不能覆盖现实中的个性，学术期刊与出版社有着诸多不同：首先，虽然同属基于印刷技术的纸质媒介生产者，但两者的性质是不同的，前者属于学术出版；后者则属于大众出版。其次，虽然都奉行"内容为王"的准则，但两者的内容和评判的标准是不同的，前者是十分专业的、探索性的，以学术共同体的认可为标准；后者则以明确的、普及性的知识为主，以社会效益和经济效益为标准。再次，虽然同样需要通过市场来传播，但两者所面对的市场是不同的，前者是一种针对特定读者的小众出版物，从来不依赖市场发行收入来维持生存，其作者对发行量也没有太多关心，检验其成功与否的标准是看其在学术界的地位；后者完全面向市场，从一个出版社的总体出版物来说，可谓品种多，涉及广，读者可能来自各行各业、各种文化层次，作为检验其成功与否的重要指标的"码洋"，不仅关系到出版社的效益，也直接关系到作者的利益。最后，也是最大的不同在于，虽然都是面对作者和读者，但作者与读者的构成及相互关系是不同的，前者的作者和读者并不分属两个截然不同的群体，而是高度重合，甚至都在同一学术共同体内，专业读者其实都是潜在的作者；后者的作者和读者则有明确区分。由此足见，与在中国出版界占据绝对多数份额的出版社相比，学术期刊的体量也许微不足道，但却是个性十足的。所以，如果说编辑学理论的建构基本解决了出版社编辑的身份问题，那么，在学术期刊界，这一建构远未完成。这是学术期刊的特殊性所致。

显然，在编辑学理论建构中，学术期刊与学者关系的特殊性被忽略了，随着学术研究和学术期刊的迅速发展，这种忽略了特殊性的理论建构的缺陷也就逐渐显露出来。编辑学兴起的1980年代，正是中国学术研究大发展和学术空气最为活跃的时代，来自西方的各种学术流派和思潮涌入国门初开的中国，令人应接不暇；老一代学者重新焕发了青春，而恢复高校本科和研究生招生后培养出的学术新人走向了学术研究的前沿；国家对学术研究的投入也有空前增加。所有这一切，都有力地推动了学术研究的繁荣和科研成果的产出。作为最主要和最重要的学术平台的学术期刊也进入了大发展的时代，其标志就是数量的激增。学术期刊增量最大的当为高校学报，继1980年代初全面复苏后，到1980年代中期，即迎来了新创学报的第一个高潮。学报的总量"1985年为277种，1986年为360种，1987年为393种，1988年达

440种",增幅接近60%。这与同期高校的迅速发展(亦即教师和科研人员的快速增加)是相辅相成的,到1988年,"全国普通高校达到1063所,各类成人高校1399所,教育学院、教师进修学院268所。在这些学校中特别是普通高校,相继办起了学报"。[①]伴随学术期刊数量激增的就是学术期刊编辑队伍的壮大。这些编辑当然主要还是来自教师和科研人员,但也不乏刚刚毕业的大学生和研究生,职业化使他们与编辑学理论所强调的"不同的社会分工"似乎是吻合的,但"编辑的独立地位"是要靠"再创造"来支撑的,在越来越多的脱离了学者队伍和学术前沿的"前学者",甚至从未有过学者经历的年轻人成为学术期刊编辑后,他们从事"再创造"的"资源"从何而来?已建构的编辑学理论对此却没有令人信服的解释,甚至都没有触碰这一问题。

所以,这样的身份建构既无法让转岗而来的编辑走出身份焦虑,也无法让新入门的编辑避免陷入身份焦虑。那么,接下来的理论建构又是如何来应对的呢?

四 "编辑主体意识":摆脱焦虑的尝试

"编辑中介说"和"编辑再创造说"并不能完满地解决迅速扩张中的学术期刊编辑的身份问题,对此,最迟在1980年代后期学术期刊编辑就已有觉察。此时,加入这一问题研究的编辑开始增多,他们的一个共同特点是对编辑职业化的认同较之先前的研究者更为明确。职业化的直接好处就是使他们在事实上成为独立的群体,剩下的就是在学术体系内为自己确立一个能得到公认的与学者对等的独立地位。在这样的视角下,既有理论的缺陷就非常明显,"编辑中介说"和"编辑再创造说"离不开对作者的依附和依赖,也就不可能有所谓独立地位可言。因此,他们意识到只有确立"编辑主体意识",才能揭示编辑的真正作用和确立编辑的独立地位。"编辑同仁精心营造编辑学,培育自己的主体意识,寻求新的社会角色定位……编辑学所张扬

[①] 姚申:《高校社会科学学报的发展:挑战与机遇》,《吉林大学社会科学学报》2005年第4期,第19页。

的是编辑的生命意识,广大编辑同仁倾其心血构建的编辑学是编辑的生命文本。"① 略显煽情的文字却也不失为建构者心理的真实写照。

其实,"编辑主体"的概念在 1980 年代中期甚至更早即出现于相关讨论中,且被纳入了编辑学的框架设计之中。1986 年,湖北人民出版社胡光清即以《论编辑主体》为题阐述道:"在编辑学的研究中,有的同志只是把编辑过程作为编辑学的对象,忽略了对编辑本身,以及编辑作用于编辑过程产生的实践形式的研究。这对构筑编辑学知识体系的框架是不利的。实际上,编辑过程在编辑学中作为认识的客体,编辑作为认识的主体,主体作用于客体产生的实践形式,这三方面都具有编辑学对象范畴的意义。"② 在学术期刊特别是学报编辑介入编辑学研究后,经历了从对"编辑主体"的重视到正式提出编辑主体意识的过程,并对编辑主体意识赋予了更积极的意义,比如,较早专门阐述"学报编辑主体意识"的李耕夫在 1987 年就指出:"所谓主体意识,就是强调人的自觉的能动性,强调人的意志、能力、创造性,充分发挥人的主体力量,实现主体价值……所谓编辑主体意识,简单地说,就是编辑人员个人潜能得以充分发挥的主动性、积极性、创造性。"③

"编辑主体意识"的概念提出后,得到了学术期刊界一定程度的响应。的确,没有主体意识,谈何独立地位?但编辑主体意识包含哪些内容,初始时,研究者有多种说法,比如,李耕夫提出,强化编辑主体意识,应突出"战略意识"、"创新意识"、"竞争意识"、"质量意识"、"整体协调意识"。④ 显然,如此将主体意识泛化对编辑身份和独立地位的建构并不能提供直接的帮助。随着讨论的深入,逐渐呈现出两种均值得分析的指向。

其一,将审稿权作为确立编辑主体意识的基点。

在这一向度的研究中,编辑独立审稿权被视为其主体地位的标志和象征,为了证明编辑独掌审稿权之意义,编辑主体独特的知识结构成为主要论据。范军以"先结构"的概念来指称编辑独特的知识结构:"编辑也是阐释

---

① 任火:《编辑主体意识与编辑学研讨》,《编辑学刊》1994 年第 2 期,第 8 页。
② 胡光清:《论编辑主体》,《出版与发行》1986 年第 1 期,第 22 页。
③ 李耕夫:《论学报编辑主体意识》,《齐齐哈尔师范学院学报》1987 年第 2 期,第 107 页。
④ 李耕夫:《论学报编辑主体意识》,《齐齐哈尔师范学院学报》1987 年第 2 期,第 107~111 页。

者，作为文章的第一个特殊的读者，也是第一个权威的批评者，他需要理解、阐释和把握文章的思想意蕴和形式结构等，直至最后对文章作出总体的评估，决定取舍。无疑，编辑也是在一定的时空环境中，以自己既有的思想、观念、方法、兴趣等'先结构'为基础，来从事其工作的。编辑没有也不可能消除自己的'先结构'，以一片空白的头脑去评审稿件。正是'先结构'的积极介入，才使编辑的主体性、创造性得以充分展现。"[1] 林植汉用的是"智能结构"的概念："编辑的主体智能结构，应当是一个健全而合理的系统结构。它主要由评价能力、思维能力、自学能力、研究能力、表达能力、社交能力与实现能力等诸要素（子系统）构成。"而"评价能力，即通常所说的审稿能力，是指学报编辑主体在审稿过程中所表现出来的鉴别力、判断力……审稿，就是对稿件的学术理论价值的判断。这是编辑工作的中心环节，是一个对评价对象进行'辨彰清浊，掎摭利病'的认识过程。而且，这是一项学术性很强的工作，一个编辑的学术素养，最集中地体现为审稿能力。"[2] 卢华文则用了"编辑主体思维的超前性"这一概念："学报编辑主体思维具有超前性的特性，学报编辑主体的实践活动和学报自身发展的内在规律性是其超前性思维产生的前提。"[3] 尽管概念不同，但要表达的意思是相近或相同的，即编辑之所以拥有审稿权，是因为其具有卓越而超前的知识结构。

以审稿权作为"编辑主体意识"建构的基础之所以成为众多研究者的共同选择是有原因的。因为从编辑活动的全流程看，审稿的地位是十分独特的。一方面，以审稿为界，学术期刊的编辑流程可以划分为两个不同的阶段。审稿及其前绪程序——策划选题、组织研究、筛选作者、组约稿件，直至审稿，都是有相当学术含量的主导性程序；审稿的后续程序——编辑、加工、校对、出版、发行、传播等，基本属于凭借"编辑技术"对作品进行加工，是从属性程序，编辑被视为"编辑匠"或"为人作嫁"，主要是这些后续程序给人留下的印象。另一方面，在审稿及其前绪程序中，审稿又是决定性的程序，其前绪程序完成情况如何，需要通过审稿来

---

[1] 范军：《试论编辑主体的"先结构"》，《华中师范大学学报》1990年增刊第1期，第141页。
[2] 林植汉：《论学报编辑主体的智能结构系统》，《河南大学学报》1988年第6期，第109页。
[3] 卢华文：《论学报编辑主体思维的超前性》，《娄底师专学报》1989年第1期，第76页。

鉴定。换言之，谁掌握了审稿权，谁也就自然成了所有前绪程序的主角。于是，审稿就成为所有编辑程序的核心。在"编研一体"时代，担当审稿及其前绪程序主角的，其身份毫无疑问是学者，至少这些程序不会被视为编辑的专利，因为"编研一体"的制度设计就决定了编辑身份的从属性和次要性。可见，抓住了审稿这一核心程序或环节，似乎也就抓住了建构"编辑主体意识"的关键，唯有牢牢掌握了审稿权，编辑才能真正摆脱对作者（学者）及其作品的依附和依赖，而成为与作者平起平坐甚至超越作者的独立主体。

正因为要建立编辑的独立审稿权，其设想的对手就是学者，所以，必须与"编研一体"的传统决裂，"那些在学报活动中盲目地受别人支配，丧失了自己的主观能动性，他人意识至上，不具备主体人格的编辑则无超前思维可言"。[①] 同时，还必须全面超越学者，这也就意味着对编辑能力的要求更高了。对此，研究者无法回避，他们不得不对这个主要以知识结构来体现的能力提出一系列设想。仅举一例，提出"编辑主体思维的超前性"的卢华文在同一篇文章中是这样描述"超前思维"的："建立科学的知识结构，是学报编辑主体超前思维产生的前提……学报编辑主体科学的知识结构包括基石、核心、外围、边缘四个部分，基石是指基础知识、哲学、马克思主义基本原理、历史学、语言学、文章学、美学、心理学等，核心指原有的专业学科知识和从事学报工作所必需的专业学科知识，如编辑学、出版学、校对学等；外围知识是核心知识的必要延伸，如编辑心理学、编辑美学、计算机编排技术等，边缘知识是指与核心知识有关的存在某种横向联系的知识，它的范围很广，其中包括审读稿件前对稿件的有关知识学习。有了以上的知识结构，就能促进知识的动态发展，把握事物发展的因果链，超前思维才有产生的可能。"这已不啻对一个极为理想的全能型学者和优秀编辑合体人的描述了，也就难免会给这一指向抹上一缕空想的色彩。

其二，以对学术媒介和学术传播的控制为确立编辑主体意识的基点。

在这一向度的研究中，掌控媒介和传播本身的意义第一次进入了编辑身份建构的视阈。出于对前述著名学报主编只是在承认编辑劳动"依附性"、"间接性"和"再生性"前提下试图以"精神产品的再创造"不认可编辑

---

① 卢华文：《论学报编辑主体思维的超前性》，《娄底师专学报》1989 年第 1 期，第 76 页。

身份定位，当时还是河南大学编辑学研究生的沈志宏认为，不能将编辑劳动"停留在这样一个层次上"，他明确主张："编辑和作者在文化建构的不同环节中同为创造主体，各自具有不可替代的意义。"他是这样论证的："编辑的创造性精神劳动是一种高级形式的认知活动。在编辑创造这一环节中，编辑是居于主导、支配地位的认知主体，而作者创造的精神产品原坯件则是编辑主体的一个认知对象。"他还以考古学家对文物历史价值的发现等例子来比喻编辑对文稿价值的发现。文物挖掘和发现者并没有参与文物的创造，但其发现的意义同样重大。他强调："在人类文化建构过程的不同环节，创造的本质意义反映在作者劳动中，是作者对人类新知识领域的发现；反映在编辑劳动中，则是编辑通过鉴审对精神产品的社会文化价值的发现……编辑的主体性创造，不仅使作者的精神产品转化为社会文化积累，同时也是对作者创造才能的一种创造……人类杰出的思想成果，如不及时地经由编辑创造而纳入社会文化传播体系，转化为人类共有的文化积累，必将极大地延缓人类文明的进程。"[①] 沈志宏直接否定编辑的"依附性"和"再创造说"，尽管他有意忽略了不能说话的文物与在场的作者之间的区别，但他敏锐地察觉到编辑的优势在于其作为传播媒介控制者的独一无二性，从媒体对其客体传播价值的发现的角度来强化编辑作为"认知主体"的"创造性"，这是学者（作者）所无法具备和染指的，据此，可建构起编辑的独立地位。这确实是一个非常有创意的视角。

《浙江大学学报》编辑部的宗贤钧、郭少波指出："从社会精神生产的角度看，编辑也发挥着主体作用。他是精神产品生产的规划者和组织者。对整个社会文化来说，精神产品的著作者只是自在的个体建设者，要建起雄伟的文化巴比伦塔，就必须动员和指挥全社会的力量，只有编辑才能成为这项工程自觉的组织者。他的主要功绩不在于那种溶化在著作物中的劳动转移价值，不是它的中介性或隐匿性，而是指对整个社会文化成果一体化生产中所作出的包括发掘、整理、积累和创造等方面的独特贡献……在某种意义上说，一个民族的出版文化的成就，取决编辑的规划与组织。他们既是新思想、新理论的激发者和助产士，又是社会文化需求的代表者。"[②] 在这里，

---

① 沈志宏：《论编辑的主体性创造》，《编辑学刊》1989年第1期，第6页。
② 宗贤钧、郭少波：《现代编辑主体意识的探讨》，《编辑之友》1989年第5期，第24~25页。

他们明确否认了"劳动转移价值"以及"中介性"和"隐匿性"是编辑的"主要功绩"的观点，强调"精神产品生产的规划者和组织者"才是编辑真正承担的角色，而这样的角色并非单一作者能够承担，只有编辑才能胜任。同样是以编辑对传播媒介的控制优势为基础来确立编辑的地位，他们较沈志宏又进了一步，不仅强调编辑是媒介的控制者，更强调编辑还是传播的组织者。

在阐述"编辑中介说"和"编辑再创造说"局限性的原因时，上述两文都指向了"编研一体"的传统。沈志宏即言："由于编辑活动在其早期阶段大多数表现为编、著集于一身且延续至今仍不乏其例的特点，由于编辑活动相对于作者的有形创造而表现为'无形'创造的特点，编辑孕育于发现之中的主体性创造一直未能获得应有的重视，这不能不说是一种令人遗憾的偏见。"① 宗贤钧、郭少波则指出："在早期编辑史上，编、校、教、写往往集中在一个机构甚至一个人身上。后来，随着经济发展和社会分工的逐渐专和细，编辑出版才成为独立的机构，并出现了专职的编辑人员。但是，相对独立的编辑活动的功能远未充分体现出来，编辑人员也有未摆脱编著合一、著书为上的传统意识，他们往往把编辑活动当作副业，当作著书立说的场所和晋身学者的阶梯。"而该文所要确立的"精神产品生产的规划者和组织者"的"这种主体价值的自我实现与编辑'为他人做嫁衣裳'的观点并不能十分和谐地共存……编辑的主体意识与荣誉感不会来自这种'陪嫁'的观念，它们只能在编辑实现了自身的文化价值之后才能油然而生，它只能来自创造性的编辑实践"。② 显然，不与"编研一体"和"为人作嫁"的传统决裂，编辑主体意识和独立身份就无从确立。

值得一提的还有宗贤钧、郭少波对编辑主体意识在编辑学科建构中的作用的解说："首要是应该具有一种强烈的学科意识，专注于学科的理论研究和实践探索，致力于发现、认识编辑活动本身的独立价值和重大意义，这种在思想观念上的开拓，表现为编辑主体意识的强化。这种主体意识包括两个方面：一、对编辑活动在社会文化生产中主体性特征的认识；二、对编辑主

---

① 沈志宏：《论编辑的主体性创造》，《编辑学刊》1989 年第 1 期，第 4 页。
② 宗贤钧、郭少波：《现代编辑主体意识的探讨》，《编辑之友》1989 年第 5 期，第 25 页。

体在编辑活动中主体作用的认识。"① 在他们看来,"发现、认识编辑活动本身的独立价值"才是编辑学建构的意义之所在。

以上两个路向虽不尽相同,但仍能说明,到 1980 年代末,确立编辑主体意识在一定程度上还是达成了共识,② 这与学术期刊职业化的确立为学术期刊编辑独立掌控审稿权或者独立掌控学术媒介和学术传播提供了前所未有的契机直接相关。至此,职业化不仅在学术期刊编辑中得到了普遍认可,而且已被自觉地视为学术期刊编辑身份建构的前提。如果说,此前那些半路出家的主编们还因与学者身份"藕断丝连"而摆脱不了依附性、依赖性,那么,编辑主体意识则彻底否定了依附性、依赖性乃至"编辑再创造说",并构想了能与作者(学者)这一学术研究主体相对等甚至统摄前者的独立的编辑主体。这确实将编辑的地位提升到了"中介说"、"再创造说"所无法比拟的更高地位,编辑的独立身份似乎已呼之欲出。

但是,无论是对审稿权还是对媒介和传播的独立掌控,这样充满自信的宣示也都是预设了前提的,即编辑在摆脱了对学者的依附和依赖后,完全有能力以独立的主体身份完成这些使命。这个预设要能成立,就必须回答以下问题:如何让学者认可编辑的独立审稿,仅对媒介和传播的掌控如何让学者服膺于编辑组织的学术?这些问题都需要用编辑本身的实际能力来回答。地位高了,权力大了,责任就大,对能力的要求就高,这是必然的,编辑的能力遂成为决定这条路径成败的关键。对此,提出"先结构"概念的范军有比较清醒的看法:"'先结构'未必都是尽善尽美的,错误的、不完善的先结构对编辑工作又常常起负作用,因此,不断充实完善自己的先结构,也是编辑修养的一个重要环节。"③ 看来,在大多数学术期刊编辑把自己修炼成全能型学者和优秀编辑合体人之前,"编辑主体意识"的建构仍然只能停留在理论上,并不能立竿见影地消除学术期刊编辑的身份焦虑。那么,他们又是选取了怎样的路径来实现从理想到现实过渡的呢?

---

① 宗贤钧、郭少波:《现代编辑主体意识的探讨》,《编辑之友》1989 年第 5 期,第 24 页。
② 到 1990 年代中期,即有人糅合了编辑主体意识建构中的两种路向,比较全面地论述了涵盖整个编辑流程的编辑主体意识建构的必要性、可能性及其内涵。参见刘青《论编辑的主体意识》,《编辑学报》1994 年第 1 期,第 1~3 页。
③ 范军:《试论编辑主体的"先结构"》,《华中师范大学学报》1990 年增刊第 1 期,第 141 页。

五 "编辑学者化":摆脱焦虑的再尝试

在"编辑主体意识"提出的同时,与此相关的另一个问题"编辑学者化"也成为编辑学建构中学术期刊特别是高校学报编辑讨论的热点,似乎正好回答了学术期刊编辑如何把自己修炼成全能型学者和优秀编辑合体人的问题。而无论从炒热"编辑学者化"命题的时机,还是所包含的具体内容和所要实现目标,或是论证逻辑和重点来看,"编辑学者化"与"编辑主体意识"都是相关却又不尽相同的。

与"编辑主体意识"的提出一样,"编辑学者化"的首倡者也不是学术期刊人。"学者化"的文本源头可以追溯到王蒙发表于1982年的一篇文章。在该文中,王蒙指出:"为什么当代还没有出现鲁迅、郭沫若、茅盾、巴金那样的大作家?……原因之一,我们不重视作家的学问基础,我们的作家队伍明显地呈现出非学者化的趋势。"所谓"非学者化的趋势",就是"我们的作家队伍的平均文化水平有降低的趋势",而没有像学者那样广博的知识,是不可能产生"文化巨人式的大作家"的,所以,他倡导中青年作家"在思想、生活、学识、技巧几个方面下功夫……学习、学习、再学习"。[①]这就是王蒙提出的"作家学者化",其含义简单而清晰,就是让中青年作家补上因"文革"而耽误了的文化知识学习。王蒙的这一倡议不仅得到了已成名的中青年作家的认可,[②] 而且很快得到了各界的呼应,戏剧界、美术界乃至中医界都提出了"学者化"的主张,其指向和目的都是一样的——只与不同年龄人的知识结构相关,而与身份无涉。

"学者化"的热潮也影响到了出版界,1984年,湖北人民出版社胡光清即以《试论编辑的专业化与学者化》为题予以论述,成为"编辑学者化"最早的文本源头,甚至比他提出应重视"编辑主体"还早了两年。胡光清显然是受到了王蒙的启发,但他的"编辑学者化"与王蒙的"作家学者化"

[①] 王蒙:《一个值得探讨的问题——谈我国作家的非学者化》,《读书》1982年第11期,第17~24页。
[②] 比如邓友梅就说:"我们这一代,比起老作家,最大的不足就是知识差……而年青的这一代,有的三十岁的同志比我们还差……这不能怨他们,但是要补课。"(邓友梅:《谈自学成才》,《山东文学》1983年第12期,转引自《文论动态》,《文艺理论》1984年第1期,第134页)

说的并不完全是一回事。王蒙的"学者化"是让作家补充广博的知识，而在胡光清看来，对编辑而言，仅有广博的知识（即所谓"杂家"）是不够的，因为编辑首先应该是某一学科的专家，要"以专为主，以杂为辅"。"基点在于要求编辑本人为自我发展趋向进行自我设计。换句话说，就是要求编辑本人在承担某一学科编辑工作的基础上，对这门学科中某一分支，有治学成为专家的企望。有专业特长的编辑更应如此。"在胡光清看来，这似乎已"涉及到编辑学者化的问题"，但这样的"专业化"能否叫"学者化"，胡光清尚有顾虑，"编辑以编书为天职，谈论学者化问题，似乎大言不惭"。所谓"天职"，背后就是"身份"，可见他担忧的是，"学者化"若以"专业化"为特征，就有可能导致编辑与学者身份的混淆。显然，他是有着强烈的编辑与学者职业分野意识的，故从提出"编辑学者化"之始，就对此保持了足够的警惕，只是"考虑到自身素质与书稿质量、出版事业的发展息息相关，又不能不探讨这个问题"。①

其实，以"专业化"为标志的"编辑学者化"早已有人在探索，《出版工作》1986年第8期报道了"春风（文艺出版）社的几位同志提出来的一个口号：'编辑学者化，出版社学术化'"。这个口号实出自该社资深编辑林辰先生，"六年来，他查阅了二百多部书籍，书写了近百万的文字，奔波了上万里的路程，发排了六百余万字的稿件"，终于使《明末清初小说选刊》丛书问世，填补了从《金瓶梅》到《红楼梦》一百多年间中国小说史料的空白。无论是这套丛书，还是他个人的研究成果，都得到了学术同行的一致肯定。他正是从这段经历中悟出了编辑必须"学者化"的道理。所谓"编辑学者化"，"只不过是知识广博与学问精熟的同义词"②，不会因此而改变编辑的身份。对此，林辰说得很明白："编辑就是编辑，既不是某一学科的附庸，也不是什么多学科的杂烩，我们应当理直气壮地指出，编辑的发展方向和前途，就是编辑家。"③ 可见，"学者化"是编辑能力的一种表现，是优秀编辑的一种境界。

从两位出版人"编辑学者化"的主张中，不难发现，他们考虑的是

---

① 胡光清：《试论编辑的专业化与学者化》，《编创之友》1984年第2期，第76~82页。
② 本刊记者：《一个有意义的动向》，《出版工作》1986年第8期，第3~5页。
③ 林辰：《从编辑实践到理论的思考——编辑明清小说的体会（三）》，《出版工作》1986年第10期，第24页。

"自身素质与书稿质量、出版事业的发展"之关系。对此,时人亦有评论:"'作家学者化'含义广泛,尽可讨论;'编辑学者化',则无需讨论,事属必然。不是学者能编出在历史上站得住的大书,好书,可能性几等于零。"① 虽然"编辑学者化"提出之初即与编辑身份建构有关,但这个身份明确地指向了"编辑家"。这对于出版社编辑的身份建构是非常重要的。无论在体制上,还是在学者或编辑心目中,出版社都外在于学术体系,如其从事学术出版,就必须有与学者沟通的桥梁,而以"编辑家"为指向的"学者化",正是通过提升编辑的学术素养来建构这样的桥梁。因此,"编辑学者化"可视为对适用于出版社编辑身份定位的"中介说"和"再创造说"的一种补充,但对于原本就在学术体系之内的学术期刊,事情就不是如此简单了。

1988年,《苏州大学学报》编辑部王英志以《学报编辑学者化略论》为题,在学术期刊界也是高校学报界率先提起这一问题。王英志指出:"学报编辑应该学者化"当为"学报编辑自身的改革与建设的一个重要方面",这是因为学报上经常有滥竽充数的"次品","从编辑角度来考察,这与学术素质较低、知识结构陈旧等自身条件有直接关系"。"要改善这种现状,把学报办得更好,我们必须加强编辑自身的改革与建设,这就要走学报编辑学者化的必由之路。"那么,王英志的"学者化"内涵是什么呢?他提出了五个层次,其中最重要的是第一和第四层次,即:"对自己所负责的学科……有相当深入的研究,具有比较专门系统的学问……在某一学科方面有发言权、有学术建树。这要求编辑学术素养具有精深的一面";"编辑不仅要动手编稿,而且应该从事学术论著的写作实践……这也是由学报编辑部是'学术机构'的性质决定的,著文立说本是分内之事"(其他三个层次分别是广博的知识、学科历史与趋势、编辑学知识)。他的理由是:"大凡优秀的或称职的编辑不仅可以出色地处理他人的精神产品;而且亦具备直接'生产'精神产品的能力,原因就在他们对某一门科学具有颇深的造诣。"②

可见,从王蒙开始直到王英志,"学者化"的必要性都是一样的——从业者的学术素质较低,但"学者化"的内涵却在不断地扩展。如果说,胡光清的扩展只是在"广博知识"的基础上将"专业知识"纳入,而把"治

---

① 蓝翎:《编辑异话》,《编辑学刊》1987年第2期,第22页。
② 王英志:《学报编辑学者化略论》,《河南大学学报》1988年第3期,第115~118页。

学"作为一种"企望"的话，那么，王英志则明确地将"相当深入"的"研究"和"发言权"、"学术建树"以及"著文立说"这些学者才具备的内涵作为"学者化"的"标准配件"一概纳入了。可见，"学者化"内涵每扩展一次，与学者的身份重合就增加一分，经过王英志的扩展后，编辑身份与学者身份不仅重合，甚至已覆盖了后者。与胡光清和林辰对混淆编辑与学者身份充满警惕不同，王英志视此为十分自然和正常的事。在他看来，"编辑与教师享有同等的权利"，教师是学者，编辑同样可以成为学者，"编辑水平的提高如同教师的科研写作与课堂教学相互促进一样，编辑的科研写作与编辑工作亦是相长的"。不过，他还是意识到这样的"学者化"必然会与某些流行观念相冲突，于是对"甘当无名英雄"、"为人作嫁"、"老黄牛精神"和"杂家"等观念进行了解析，一一指出其负面影响。王英志指出："学报编辑只有走学者化的道路才有可能掌握编辑的主动权，其编辑工作才能游刃有余。"他预期，"学报编辑学者化"能在选题、审稿、与作者合作等方面均获得效益，还"顺便提及"了有利于提高编辑的社会地位。在文章的最后，他申明："提出这一目标旨在激励广大学报编辑自觉主动地提高自己的学术素质与编辑工作的质量与效益，并倡导学报编辑在编辑工作与学术研究方面都取得长足的进步，对社会作出更大的贡献。"①

需要指出的是，王英志的文章不仅首次在学报界提起"编辑学者化"议题，而且此后近30年里该议题讨论所涉及的方方面面，几乎都没有超出该文。那么，一个在30年前已充分论说的问题，相关讨论何以持续至今？这是因为讨论的重心后来发生了明显的位移。王英志提出"学者化"的重心虽然在于提升编辑素质，但他关于编辑与学者身份同一性的论述还是为重构编辑身份提示了一条新的路径。在后续讨论中，他"顺便提及"的"学者化"可以提高学报编辑地位成了中心议题，于是，提升编辑素质的目的成了提高编辑地位，编辑与学者身份的同一性成了编辑可与学者平起平坐的独立性，编辑独立审稿权则成了编辑独立地位的保证。就这样，作为针对特定时期、特定问题的一个具体解决方案的"学者化"终于演变成为解决编辑身份问题的唯一路径，诚所谓失之毫厘，差之千里矣！然而，这样的位移及其影响，不管在当时还是在后来的讨论中均未引起足够的注意，所以，要

---

① 王英志：《学报编辑学者化略论》，《河南大学学报》1988年第3期，第115~118页。

特别提出。

出现讨论重心的位移有其必然性,"'编辑学者化'……颇有振奋人心的作用……因为这一口号的提出而有了新的身份感,于是,编辑与学者之间的无形距离仿佛开始拉近,鸿沟有了填平的可能,教授与编审之间,除去分工外,再无不同之处,能不激动人心,能不顺时而动?"① 虽然语带嘲讽,但所言也是事实。只不过,期望太过迫切时就更易选择捷径,相关讨论也就直奔维护编辑审稿权和提升编辑的地位而去了。

1989年,《编辑学刊》为"编辑学者化"开辟了专栏,第1期刊发的《科技期刊编辑"学者化"的思考》一文,将"编辑学者化"的讨论引入了科技期刊。同期刊发的《文科学报编辑"学者化"的问题》一文的论述中心就是把"学者化"视为改变轻视学报编辑那种"片面的、陈旧的观念"的举措,并由此展开全篇的论说,而"学者化"对于维护编辑审稿权的意义则得到了重点突出:"准确评价自己所负责的学科(无论是文、史、哲、教、政、法)来稿选题的意义和价值,是编辑人员第一重要的、最关键的基本功底。"② 可见,重心向以审稿权为基础的编辑身份建构的位移此时就开始了。

进入1990年代后,讨论的指向就更加明确了。都媛发表于1990年初的《学报编辑学者化之我见》开篇即言:"学报乃学术刊物,学报编辑学者化理所当然,势在必行。"之所以"理所当然",就在于"学报编辑乃是科学事业神圣而至诚的法官","每天做着'文以择优,人以拔萃'的工作"。在论及"学报编辑学者化的实际效益"时,认为"显而易见"的是:"会大大地增强编辑自身实力,使其在学术界占有一席之地……对稿件处理自然会成竹在胸,高屋建瓴,练就一副较高的学术观察、评价、判断的慧眼。"③ 显然,论述重心已完全移位到审稿权和编辑的地位上来了。

1992年召开的全国高校文科学报研究会第二次代表大会可视为"学报编辑学者化"讨论中的一个标志性事件。在这次大会上,理事长杨焕章先生的工作报告明确地将"学者化"指为"必由之路":"我们学报工作者都

---

① 真漫亚:《职业本份与专业发展——有关"编辑"及其"学者化"的札记》,《北京大学学报》1998年第5期,第120页。
② 吴颖:《文科学报编辑"学者化"的问题》,《编辑学刊》1989年第1期,第77页。
③ 都媛:《学报编辑学者化之我见》,《昭乌达蒙族师专学报》1990年第1期,第72~74页。

应当迅速学者化……编辑队伍学者化是一条必由之路。"[①]此后的相关讨论基本都在这个路向上。

"学报编辑学者化"讨论重心的位移还有一个值得一提的例证，那就是颜帅发表于1994年的《论学术期刊编辑学者化》一文。作为自然科学期刊编辑，他在谈论"学者化"对提升编辑地位、重建编辑身份时有更深的体悟，因为"（自然科学）学术期刊……在不断的演变过程中，逐渐形成了学术质量由评审人来把关的'传统'"，使得"编辑已陷入一个两难境地，完全依靠评审人造成自身地位低下，以'杂家'身份出现又不现实，学术期刊的编辑究竟应是什么样的呢？"可见，失去了审稿权，编辑连身份也失去了。那么，如何重建身份？"答案很简单……学术编辑应是学者化的编辑。"但关于"编辑学者化"，颜帅说出了一番与众不同的话："编辑不是大学一毕业就能当的，他应是在学术上有一定成就后才能当的……学术编辑也不是编辑学校或大学编辑专业可以造就的。"此话虽然隐晦，但还是表露出了几分对编辑职业化的怀疑。因此，他提出了一种别样的"学者化"："真正的编辑都应由学者来当……真正意义上的编辑恰恰应是'半路出家'的。"[②]这甚至已颠覆了"学者化"。这是讨论中极少见的超越了王英志文章的观点。

其实，"编辑学者化"讨论重心的位移，正是编辑学研究中关于编辑身份建构一路发展下来的逻辑结果，恰如董娟所评论的："虽然都在倡导'学者化'，然而仔细考索就会发现，与其他领域相比，编辑出版界对'编辑学者化'的倡导多了几分话语权的意味和身份认同的焦虑。"笔者以为，所谓编辑的"话语权"在讨论中反映出来的实际上就是审稿权，而"身份认同的焦虑"的背后恰恰是职业自信的缺乏。因此，只有确立了职业自信，身份焦虑方可望化解，而"学者化"就是建立自信的灵丹妙药。当确立"编辑主体意识"迫切需要解决编辑能力问题时，"'编辑学者化'的口号适逢其时地为处于主体性认同危机的学报编辑界提供了一个解决方案"。[③]只不过，两者之间的关系并非如此简单。

---

① 杨焕章：《努力开创学报工作的新局面》，《中国人民大学学报》1993年第1期，第115页。
② 颜帅：《论学术期刊编辑学者化》，《编辑学报》1994年第4期，第229~232页。
③ 董娟：《"编辑学者化"的历史语境考察》，《重庆第二师范学院学报》2015年第2期，第39~40页。

虽说"编辑学者化"将一条新的重构学术期刊编辑身份的路径展现在了人们面前，但与此前每次新路径出现后得到普遍拥护不同，这回质疑的声音可谓接踵而至。然而，就是这样一个充满争议的路径，却又几乎中止了重构编辑身份的新尝试，自"编辑学者化"提出之后相当长的时间里，竟然再也没有人提出过有影响的关于学术期刊编辑身份建构的新方案。为何会出现这样的现象？答案还需要从旷日持久的争论中寻找。

回看这场争论，质疑的声音主要在两个向度上展开。其一，"编辑学者化"的路径将通往何处？概而言之，"学者化"了的编辑还是编辑吗？[①] 其二，"编辑学者化"即使方向正确，但实现是否具有可能性？直白地问就是"编辑非要学者化吗？"[②] "大多数编辑能做到吗？有这个必要吗？"[③]

"编辑学者化"本不是一个严谨的学术概念，加之经过了演绎，遭遇质疑并不奇怪，耐人寻味的是赞同者的"反批评"，影响最大的当数杨焕章先生。继"学报编辑学者化"写入全国文科学报研究会工作报告后，他又以多篇文章反复阐述"编辑学者化"的必要和可能，并数次回应质疑。在他看来，"学者化"对学报编辑只是个"最起码的要求"："从道理上说，审稿人的水平在稿件所涉及的问题上应当略高于撰稿人的水平，否则，从何审起……一个称职的学报编辑，应当能够独立地制定选题计划，应当能够独立地鉴别稿件，应当能够独立指出稿件的不足以帮助提高稿件的水平，应当能够跟作者就稿件进行磋商。这些都是最起码的要求，而这每一项要求都需要编辑成为相应专业的专家学者。"[④] 在这里，"独立"和"称职"关联在一起，要想既独立又称职，"学者化"不仅方向正确，舍此也无他途。数年的编辑生涯已使学者出身的杨焕章先生想明白了其中的道理。

一个"最起码的要求"如何引起质疑？从杨焕章先生的回应中不难发现个中原因。他的论证逻辑与编辑学建构以来编辑与作者关系的论证可以说一脉相承，都建基于编辑审稿权之上，但为何此次就不灵了呢？奥秘就在于此前关于学术期刊编辑身份每一次新的建构，其实都是在原有基础上将预期目标再提高一个层次；相应的，掌控审稿权的条件也必须较此前提高一个层

[①] 参见彭彬《编辑学者化质疑》，《编辑学刊》1990年第2期，第35页。
[②] 刘国荣：《编辑非要学者化吗》，《编辑学刊》1993年第1期，第39页。
[③] 余ందprene勇：《实事求是看待"编辑学者化"》，《编辑学刊》1995年第5期，第53页。
[④] 杨焕章：《谈谈学报编辑学者化问题》，《华中师范大学学报》1994年第6期，第124页。

次，这就意味着现实与理想的距离将更加遥远，通往目标的路径将更加艰难。如果说此前随目标而提高的条件对大多学报编辑来说，努力似乎尚可企及，而这一次被杨焕章先生称为"最起码的要求"竟然上升到了由编辑来当专业学者、学术水平还要"略高于"专业学者的地步，这就使得这个看上去"高大上"的目标和这条看上去很美的路径很有了些镜花水月的味道，招致同行的质疑也就在所难免了。至于自此之后长时间没有新的身份建构的目标和路径来取代"学者化"的原因也就在此，难道还能提出更高的目标和更难的路径吗？当后来更高目标果然出现时，大多学报编辑干脆置之不理了，此乃后话。

当然，"编辑学者化"长时间没有被取代，除了其本身已很是"高大上"以外，非严谨表述也是一个原因，这使它成为一个颇具开放度的概念，在遭遇质疑后可适时做出调整，每个人都可以按自己的理解和偏好做出符合自身条件的变通解释。最重要的调整就是随着讨论的深入，数年后它由一个对学报编辑"起码的要求"变成了一个不懈努力的方向，或者通过不懈努力可以实现的梦想。连杨焕章先生到1995年和1998年再写文章力挺"学报编辑学者化"时也说："'学者化'是一个方向。我认为，每一个学报编辑都应当朝着这个方向努力，都应当成为学者。""学报编辑应当朝着这个方向努力……事实上，为了达到这个目标需要做的事情很多，需要克服的困难很多，需要做出很多的努力，需要很长的时间，现在的关键是要确定这个方向，不要动摇。"他还说："'学者化'作为一个方向，很难提出一个明确的、量化的标准。'学者'这个概念本身就有某种模糊性，不是容易量化的。"[①]

但是，在"学者化"由一个"起码的要求"蜕变为一种带有强烈梦想色彩的"方向"之后，其对解决编辑身份焦虑的现实作用就被大大地弱化了。即使有朝一日梦想成真，学术期刊编辑的身份真的成了专业学者那般"高贵"，也是未来的事了，远水解不了近渴，现实中学术期刊特别是学报编辑的身份焦虑依旧。当然，理想在，希望就在，故而在世纪之交，随着高

---

① 杨焕章：《论学报编辑学者化的必要和可能》，《中国人民大学学报》1995年第6期，第111页；《再论学报编辑学者化的必要和可能——兼答"学报编辑学者化"口号的质疑者》，《中国人民大学学报》1998年第5期，第116页。

校学报的空前大扩容，一大批新人走入了学报编辑队伍，"编辑学者化"的议题仍然热度不减，直到 2008 年后，才渐渐冷却下来。直接原因就是专家匿名审稿制度逐步刚性化，给了"学者化"路径致命的一击。其实，受到打击的不仅仅是这条路径，自编辑学建构以来，几乎所有关于学术期刊编辑身份建构的路径都再难成立。因为从"中介说"开始，直到"学者化"，概以编辑审稿权为基础，对审稿权的过度依赖，使得这个基础一旦被抽离，整条道路也就崩塌了。在此之后，虽然"编辑学者化"的声音还不时响起，但与有现实意义的编辑身份建构已渐行渐远，成为那段不算遥远历史的一种回声了。那么，真的还会有新的声音响起吗？

六　"引领学术"：身份建构走向极致

约在 2004 年，一个新的学术期刊编辑身份方案终于出现，那就是"学术引领者"。这个说法是从"学术期刊引领学术"转化而来的，历史上似乎也不乏某种学术新潮起自某个期刊这样的先例。与"编辑学者化"一样，"学术期刊引领学术"也不是一个严谨的学理化的表述，可有多种解读，而可能产生的最大歧义在于，学术期刊是物，引领学术的是人，那么，究竟是学术期刊的主编和编辑通过其编辑行为在引领，还是学术期刊的作者通过学术期刊这一平台在引领，抑或基于某种机制的双方共同引领？在"编研一体"时代，当然不会有这样的疑问，因为那个时代，学术期刊属于学术共同体，编辑更是学术共同体中不可分割的一员。但职业化后，学术期刊及其编辑都已外在于学术共同体，谁在"引领"也就成了一个需要辨析才能说清楚的问题。

当"学术期刊引领学术"的声音在新世纪初引起关注时，预设的"引领者"是谁呢？就笔者目力所及，当时首先将"引领学术"与"学术期刊""编辑"、"学者"（研究者）联结在一起的是中国社会科学杂志社孙麾 2004 年 4 月发表在《光明日报》上的一篇文章。他在文章中指出："学术期刊不能仅仅满足于尽量发表水平高的学术成果，它同时还要自觉担当起学术组织和学术引导的重任……在学术编辑具有远见卓识的倡导与精心组织下……在'以问题为中心'的编辑思想统领下，一些经过充分论证和研究的专题能够集中显现并形成影响，这反过来又使学术期刊本身成为吸引相关研究者的中心并形成刊物自身的特色。"① 文章明确指出了学术期刊负有"学术组织和学术引导"的重任,而编辑参与甚至主导"引领"的意思也已表达得比较清楚,但毕竟没有明确提出"编辑引领学术",所以,文章发表后并没有引发公开的讨论。不过,业界内部的讨论此时已经展开,因为在此前后的几次综合性社科期刊主编会议上,孙麾也提起过这一议题,引起了同行的热烈讨论。讨论中,看似对"学术期刊引领学术"争议颇多,实则焦点在于由谁引领和如何引领。故在此后一段时间里,有多位主编"接力"阐发。限于篇幅,这里只涉及与编辑身份相关的部分。正是在这些阐发性文章中,"引领学术"与编辑身份问题直接联系了起来,并引起了公众的关注。

2004年9月2日《社会科学报》刊发了对时任《河北学刊》主编田卫平的采访录,在这篇题为《学术媒体与引领学术发展》的采访报道中,田卫平告诉记者,学术期刊可以"通过对学术资源的开发、加工、整合与调控,引导推动学术研究向着规范、健康、繁荣的目标迈进",而承担这一重任的当然是主编和编辑。面对记者尖锐的提问:"在实际操作中,往往却容易遭到这种质疑:编辑不过是个'万金油',怎能比专家知道得更多、更何况要来引领专家的学术发展方向呢?"田卫平答道:"作为一名合格的现代媒体的编辑,他本身得自觉去扮演双重角色:既是'杂家',即所谓的'万金油',又是某一领域的'专家'……学术媒体的从业者之所以能够调动媒体充当了引领学术发展的'引路人',是因为他们的站位与各学科各领域专家的站位有着很大的不同。"虽不比专家更专,但"万金油"角色使他的知识面比专家宽,且不受学术门派和既定框框束缚,"使他容易敏锐地捕捉到学术界正在关注或即将关注的一些问题的'火花',经过他的组织与策划,再邀上其他感兴趣媒体的参与,新的学术热点就有可能形成……学术媒体在这之中所起的'引领'功能凸显无疑。而这一点,单靠某一领域里的专家是做不到的,因为他的专业和他的角色是有局限性的"。② 就这样,田卫平将"学术期刊引领学术"向着"编辑引领学术"大大推进了一步。

在同年10月于昆明举办的第四届全国综合类人文社会科学期刊高层论

---

① 孙麾:《学术期刊的使命》,《光明日报》2004年4月29日。
② 田卫平:《学术媒体与引领学术发展》,《社会科学报》2004年9月2日。

坛上，中国社会科学杂志社柯锦华在发言中指出了学术期刊三个层次的功能：一是"展示学术思想的窗口"；二是"搭建有序的思想碰撞的平台"；三是"自觉主动引领学术"，这是"学术期刊最高层次的功能"，并强调，"能够称得上是'一流'、'名刊'的只能是综合发挥上述不同层次功能的期刊"。① 虽然她说的没有田卫平那样直白，但读了上下文不难明白这个"自觉主动引领学术"的行为人就是编辑。《江西社会科学》余悦主编接着跟进，他在同年年底的一篇文章中提出：除了刊载学术论文以外，"学术期刊还有更深层次、更为本质的功用，就是引领学术走向、推动学术发展。这就需要对学术资源辨析、整合、调控和加工、开发，需要由被动地筛选来稿到主动地策划、特约稿件，需要体现出刊物的编辑思想和经营理念，需要表现出刊物的个性特色和发展战略。在当前，更应关注和强调学术期刊的引领功用、推动功能"。② 与柯锦华一样，余悦谈论的似乎都是学术期刊引领学术的"功用"，但从"资源辨析、整合、调控和加工、开发"、"主动地策划、特约稿件"到"编辑思想和经营理念"，无一不是在说编辑，而不是作者。当然，孙麾、柯锦华和余悦都是从学术期刊及其编辑的使命来说的，体现了作为编辑的责任感，但责任感从来就是与身份定位联结在一起的，诚所谓，不在其位，不谋其政。

实际上，由孙麾最初提出，经过田卫平、柯锦华和余悦等这样的接力阐说，已大致将"学术期刊引领学术"转化为"编辑引领学术"了。2007年，已出任《学术月刊》总编的田卫平又专门撰文论述了"学术期刊从业者"何以能引领学术，除了重述此前的观点外，又做了两点重要的补充：其一，关于"引领"的内涵："'引领'大致包含6方面内容：对学术研究的引领；对学术规范的引领；对学术评价的引领；对学术审美的引领；对学术人才的引领；对学术道德的引领。"其二，关于"引领"的凭据："说学术期刊能够充当引领学术发展的'引领者'，并不是说专家的作用可有可无。其实，学术发展的主力军还是各学科各领域的专家们，学术期刊与学者在推动学术发展方面也是互为依存的。只不过在信息化社会的背景下，学术

---

① 本刊编辑部：《办好学术期刊　繁荣社会科学——第四届全国综合类人文社科期刊高层论坛综述》，《云南社会科学》2005年第1期，第133页。
② 余悦：《人文社会科学期刊面对的十大问题》，《江西社会科学》2004年第12期，第207页。

期刊的发言更能吸引人们的注意力，因而它具有专家们所不具有的话语权，能够影响受众、打动读者。"① 这两点补充非常必要，不仅说明了"引领"的全方位性，而且更重要的是说出了"期刊从业者"之所以能够"引领"的凭借——对"话语权"的掌控。在这里，此前作为编辑身份建构基础的审稿权已被虚置，取而代之的是对学术媒介的掌控，而掌控了媒介，也就掌控了话语权。至此，一个新的学术期刊编辑身份——"学术引领者"，终于打破了自"编辑学者化"提出以来编辑身份问题长时间的沉寂而登场了。

"学术引领者"的新身份并非凭空提出，而是由来有自的，从一定意义上来说，它是对此前学术期刊编辑身份设计思路的承续和推进。从田卫平与记者的最初对话中关于"杂家"与"专家"关系的辨析，就不难看到"编辑学者化"讨论对他的影响；而他对期刊"话语权"的重视，也可视为是对"编辑主体意识"讨论中部分观点的承续，但并未将编辑身份与专业学者的身份错开，而是要让编辑在信息化时代这一特殊背景下承担起"编研一体"时代学者与编辑集于一体的双重身份，这又是对"学者化"的承袭，并将其推进到了"学术引领者"。所以，我们对这个新身份论证的逻辑并无违和感。不管怎么说，就在一般编辑看来已不可能有比"学者化"更高目标的时候，目标已被推向了极致——不仅要超越学者，还要引领学者。

不难想见，这样的身份建构必然会引起更大的争议。尽管不乏赞同者，比如《中国流通经济杂志》陈建中主编提出了"专业学术期刊要引领本学科学术理论研究"；②《中国社会科学院研究生院学报》马光副主任以专文作了"编辑学术地位新论"，③ 都把编辑定位为"引领者"，但质疑也应声而起。从"学术期刊编辑引领学术"的最初提出至今的十多年中，相关争论时断时续，其间还夹杂着各级主管部门对学术期刊引领学术的殷殷期望。

《文史哲》主编王学典并不反对"学术期刊引领学术"这一提法，但他同时指出："期刊引领学术潮流……在于能否更自觉更主动地提出学术话

---

① 田卫平：《重"展示"轻"引领"：学术期刊发展的缺位》，《重庆大学学报》2007年第4期，第63~64页。
② 陈建中：《专业学术期刊要引领本学科学术理论研究》，《中国出版》2008年第12期，第39~41页。
③ 马光：《编辑学术地位新论——编辑在学术发展中的主动作用》，《中国社会科学院研究生院学报》2009年第6期，第115~120页。

题，从而对学术界起到所谓的'引领'作用。学术话题当然首先或主要由学者提出，但编辑部在这方面也并非无能为力。"① 在王学典看来，学者是"首先或主要"的引领者，编辑部充其量也只是次要的引领者甚至是配合者，而且，他还给这样的编辑部定下了颇高的标准："首先要求编辑部能看清方向，把握学术发展的脉动、甚至把握社会和国际学术的走势。编辑部可以通过自己提出的或自己感兴趣的话题和主题，把相关学者吸引和团结到自己的周围，从而推动学术的进步，如果这样做久了，就有可能形成以某一期刊为核心的学派。"归结点也在于形成由学者主导的学派。

如果说，王学典主编的批评尚算温和，那么，《中山大学学报》吴承学主编的批评就更直接了："如果编辑把用不用稿作为一种个人权力和资源，那是很危险的。我们要求编辑对作者绝不能有一种居高临下的心态，不要妄谈'引领学术'，而是要敬畏学术，理解学术，服务学术。"② 更严厉的批评则来自《四川大学学报》原祖杰主编："职业编辑无视学术研究基本规律而单方面强调期刊引领学术，不仅颠倒了期刊与学术群体之间的关系，所透出的还有学术期刊对其所依归的学术共同体的傲慢。如果职业编辑以学术领袖自居，将其所服务的期刊当作一种权利资源，一种学术指挥棒，只会使不健康的学术生态进一步恶化。"③

面对如此严厉的批评，若仍要坚持"学术期刊编辑引领学术"，唯有证明他们确实全方位地比学者高明，柯锦华做了这样的尝试。她在2013年的一篇文章中，不再以"学术期刊"这一模糊的身份，而直接以"学术期刊编辑"来指称"引领者"："从'旁观者'到'参与者'再到'引领者'，标志着学术期刊编辑办刊理念的成熟和办刊境界的提升，意味着其编辑思想的自我超越与主体意识的自觉。一流学术期刊编辑有勇气有能力不断超越自己，不断接近学术引领者的最高境界和理想目标。"相应的，她把原先对"引领者"身份的限定——"一流""名刊"，改成了"一流学术期刊编辑"。那么，应该具有怎样的学识和能力才能算作"一流学术期刊编辑"呢？她指出："真正意义上的学术引领，即一流学术期刊的编辑团队秉承优

---

① 王学典：《学术期刊如何引领学术潮流》，《中国政法大学学报》2007年第2期，第88页。
② 吴承学：《编辑莫妄谈"引领学术"》，《光明日报》2009年6月22日。
③ 原祖杰：《学术期刊何以引领学术——兼论学术期刊与学术共同体之关系》，《澳门理工学报》2014年第1期，第121页。

良的学术传统，拥有自己的研究力量和研究课题，已形成成熟的编辑思想和深厚的学术积累，其敏锐的学术判断力、训练有素的学术组织能力和较强的号召力，使其能够凝聚各方面的研究力量，有效地开展各种学术活动，策划具有前瞻性的选题，编发高水准高品位的文章。因而，这些一流的编辑团队能站在学术潮流的前沿，把握学术发展的脉络，引领学术的发展。"① 这个标准的确远远超过了王学典为承担配角的编辑部所开列的标准。柯锦华并没有提及已拥有"一流编辑团队"学术期刊的数量，但根据她提出的"一流编辑团队"的学识构成要素和能力标准来推断，这样的"一流"团队为数应该极少，甚至根本就不可能存在。试想，除了编辑思想以外，要在科研实力、学术积累、学术判断力、学术组织能力等方面，全面超越各专业学者，在告别了"编研一体"时代后，哪里还会存在？因此，至少可以说，她已把绝大多数期刊编辑团队划在了"引领者"的圈子之外。如此一来，"学术引领者"对于作为整体的学术期刊编辑身份问题的解决也就变得没什么意义了。

　　其实，即使某一个身份建构的目标和路径得到了绝大多数乃至所有学术期刊编辑的一致赞同，也仅是身份建构完成了第一步，剩下的路仍然漫长而艰难，最艰难的还在于学者的认可。因为职业化后学术期刊编辑身份的建构是必须以其与学者的关系定位得到双方一致认可为前提的。那么，学者们又是如何看待学术期刊及其编辑"引领学术"的呢？前述王学典、吴承学和原祖杰三位主编都是半路出家，在担任主编前，都已是知名学者，在学术圈内享有很高的声誉，即使在担任主编之后，他们的学者生涯也并未因此而中断，而是处于一种体制虽不认可，事实上却就是的"编研一体"状态。可以说，他们是能够在很大程度上代表大多学者看法的。如果这还不够，我们不妨再举个例子。就在2004年雄心勃勃的"学术引领者"的身份建构如火如荼之时，复旦大学俞吾金先生即以《文科学术期刊建设之我见》为题，针锋相对地说出了这样一段话："必须清醒地意识到，编辑人员素质的提高是有限度的。目前大量的文科学术期刊是以综合性作为自己的特征的，这样就产生了一个矛盾，假如一个编辑人员只熟悉一个二级学科（其实要做到

---

① 柯锦华：《学术期刊编辑三境界：从旁观者到引领者》，《中国社会科学报》2013年7月12日。

这一点也是十分困难的,他可能至多只能熟悉一个二级学科中的某个研究方向)的话,那么,他又如何去判断来自人文社会科学其他一级学科、二级学科的论文的质量呢?这就启示我们,任何一个编辑人员,哪怕他再有天赋,也无法通晓整个一级学科,更不要说其他一级学科了。"① 俞吾金先生的看法大概代表了学术界中许多学者对学术期刊特别是多学科综合性期刊编辑的印象,对编辑的审稿能力都不认可,又怎能指望他们服膺于这样的编辑"引领"呢?当然,也是可以举出一些相反的例证来的,比如从某些知名学者在某些期刊的刊庆仪式上热情洋溢的贺词中就不难找到。不过,笔者以为,对此还是当作与领导讲话一样的殷殷期望来解读比较好。

因此,对于历史上确实存在过的学术期刊引领学术的现象,我们只能这样看:"期刊对学术的引领总是受到其背后的学术团体左右的,是学术团体引领学术的表象。"② 而对于现实中可能存在的学术期刊引领学术的现象,我们只能说,除了编辑有超常能力之外,一定还有非学术的因素在其中起作用,比如科研体制和学术评价机制,这已超出本文讨论的范围。这里要强调的是,凭借非学术因素的所谓"引领",并无助于合理的学术期刊编辑身份建构,更不可能获得学者的真心认可。只要摆不正自己与学者的位置,就不可能获得真正的职业自信,口号喊得再多响亮,自信心看上去再怎样"爆棚",也只不过是身份焦虑的另一种表现而已。

那么,已走到极致的学术期刊编辑身份建构之路还能通往哪里?

七 "回归杂家":从极致到原点的跌落

"学术期刊编辑引领学术"虽然高调登场,你来我往讨论也很热闹,但只要看一下参与讨论的人员,就会发现,从最初提出这一主张到跟进阐述或予以质疑的,基本都来自比较有影响的学术期刊杂志社或编辑部,而那些非著名学术期刊,特别是其中的"弱势群体"——高校综合性学报,除了几位主编提出质疑以外,基本没有参与。出现这样的情况,并非偶然。此时的

---

① 俞吾金:《文科学术期刊建设之我见》,《文汇报》2004 年 12 月 12 日。
② 原祖杰:《学术期刊何以引领学术——兼论学术期刊与学术共同体之关系》,《澳门理工学报》2014 年第 1 期,第 119 页。

高校学报正面临着较之以往更加艰难的困境：随着20世纪末学术期刊的空前大扩容，仅社科学报，就迅速超过了1000家，但"在学术影响和社会影响上反而有所下降，甚至不如上世纪七八十年代"。① 就这样，编辑身份的焦虑与期刊出路的困惑交织在了一起。对他们而言，"学者化"已是一个可望而不可即的目标，更不用说有底气来"引领学术"了。当然，对"引领学术"提出质疑的几位主编所主持的期刊均为高校学报中的佼佼者，② 更因为他们都是刚刚转入学报不久，其质疑应该基于个人的学术经历，而与学报的困境无直接关系，但更多的学报编辑，则自觉地成了这场讨论的旁观者。

正是在这样的情形下，2004年，《南京师大学报》编辑部的蒋永华继多人对"学报编辑学者化"提出质疑之后，直接以《回归杂家——就"学报编辑学者化"与杨焕章先生商榷》为题。该文涉及的问题其实并不止编辑要不要"学者化"一端，作者显然更希望通过对"学者化"利弊得失的分析来辨明学报应该选择的发展路向，并据此来为编辑身份进行定位。所以，文章重点论述了编辑与学者之间的"内在张力与现实错位"，强调"学报编辑学者化"将导致"职业角色错位"，"评价标准迥异"，从而"使编辑无所适从"。文章主张通过强化职业化来消除张力，"重要的一点，要严格执行职业资格准入制度。近年来，国家新闻出版总署推行了一套旨在加强编辑队伍建设，全面提高编辑素质的重要举措，出版专业资格证书考试制度的建立可谓是用心良苦"。呼吁学报应回归"展示教学科研成果的窗口"的定位，"这无论在其创刊初期，还是在当前开放的年代，我以为都是无可非议的"。最后的落脚点实则回到了身份建构的起点——"杂家"："编辑成长的根本出路和职业境界在于让编辑回归'杂家'，确立以'编绩'为核心理念的学报编辑工作评价体系并出台相关政策从制度上保障和确认编辑的价值。"③ 这是学术期刊编辑身份建构开始以来，经过对目标身份一步步拔高之后，第一次明确地返身回走。这样的"窗口"+"杂家"+"职业

---

① 姚申：《高校社会科学学报的发展：挑战与机遇》，《吉林大学社会科学学报》2005年第4期，第20页。
② 这三家期刊均为教育部"名刊工程"入选期刊和"CSSCI来源期刊"，在各种期刊排名中均名列前茅，即使在所有的社科期刊中，说其为佼佼者也不为过。
③ 蒋永华：《回归杂家——就"学报编辑学者化"与杨焕章先生商榷》，《学术界》2004年第5期，第146~155页。

化"+"制度保障"的学报及其编辑身份定位,显然是要回到编辑身份建构的起点之时——1980年代。

那么,回到1980年代这条路能走得通吗?1980年代无疑是中国学术期刊发展的重要年代,同时无法否认的是,学术期刊编辑的身份焦虑却也是从那时开始的。事实上,1980年代与编辑身份焦虑之间是存在着某种因果关系的。其原因在于,1980年代虽然不是中国学术期刊的起始,但在那个特别的年代做了一件特别的事——确立学术期刊体制,即制定一系列法规来规约学术期刊及其编辑的未来发展。这些法规都是有其渊源的,其中之一就是约80年来形成的学术期刊传统。从与传统之间的渊源关系来看,1980年代期刊体制的确立,在制度层面上既是对某些传统的固化,也是与另一些传统的告别,从而奠定了此后近40年学术期刊的基本格局。然而,学术期刊体制只是整个报刊体制的一个组成部分,由于学术期刊独特的个性,不具针对性的体制就不免与学术研究和学术期刊规律有相冲突之处,传统也不会因为体制的确立而自动地不再对学术期刊及其编辑产生影响,特别是在体制与规律相冲突之时,编辑总会从传统中寻找解决冲突的资源,而传统也会以各种方式发挥其潜移默化的影响,这就造成了体制想固化的未见得真正固化了,而决意告别的却总是藕断丝连。

如果我们顺着始自1970年代末的来路再走一遍,就会发现,传统早已深植于许多编辑的心中,传统的身影从来都没有远离。从1970年代末以来始于出版界、学术期刊编辑稍后跟进的各种关于编辑身份建构的方案中,几乎都可以见到传统的身影。虽然后一方案与前一方案不免有所抵牾,但似乎并不妨碍各自都能从传统中找到依据。这是因为学术期刊特别是高校学报的传统有一个特点,即其形成过程呈现出一种层叠式累积。简单地说,"学报传统可以追溯到20世纪初……其核心价值是以开放的心态追求真理、传播学术、引领时代,综合性或专业性则是其外部形式特征。1950年代,传统发生'裂变',中国科学院传承了传统的核心价值,着手建构以开放的专业期刊为主体的学术期刊体系;高校学报则拘泥于传统的综合性学报的外在形式,并坚持稿源的内向性。"[①] 因此,在学术期刊传统中,有两个时代贡献

---

① 仲伟民、朱剑:《中国高校学报传统析论——兼论高校学报体制改革的目标与路径》,《清华大学学报》(哲学社会科学版)2012年第5期,第20页。

最大：其一是20世纪初并延伸至1930年代；其二是1950年代并延伸至1960年代。由于形成的时代环境不同，两个层次之间充满了张力。所以，40年来的编辑身份特别是学术期刊编辑身份建构中，传统的作用显得有些扑朔迷离。

如果仅从学术期刊编辑身份角度来看，第一层传统概括起来就是"编研一体"，学者与编辑身份没有体制规定的硬性区隔；第二层传统则可以"编辑职业化"为标志，体制给了编辑以独立主体的身份，而与学者（教师和科研人员）完全区隔开来。至少从形式上来看，第二层传统是对第一层传统的否定。这样做的好处在于，"政府就通过对作为横向传播系统中心的期刊的管理达到动员资源、组织学术生产、管控学术成果发布，进而维护社会安全运行的目的"[①]，但管理说到底是为学术研究和传播服务的，若服务不好，管理就会事倍功半。不过，管理者明确意识到学术期刊体制存在一定的弊病需要改革则是进入21世纪之后的事了，那时因体制而引起的期刊问题，特别是高校学报的布局和结构问题已呈尾大不掉之势。

对于高校学报来说，除了必须职业化以外，期刊体制还有一个更重要的影响，就是综合性和内向性的制度化。这是1950年代中期形成的高校学报传统的核心部分，直到"文革"之前，学报的数量都极为有限，"文革"初期即全部停刊，影响并不显著，所以，1978年"拨乱反正"时教育部的《意见》直接固化了这一传统。如果说，1950年代的传统只是以不成文的惯例形式影响了学报的实践，那么，自《意见》发布开始，惯例即被固定了下来，成为必须遵守的规则。其中就包括学报是"综合性学术理论刊物"，其内容以"本校教学科研成果为主"，应配备"一定数量的专职编辑"这些非常具体的规定。1998年，教育部发布《高等学校学报管理办法》，再次重申了这些规定。新闻出版署全盘接受了教育部对学报的这些规定，不仅如此，1998年在同意学报大扩容时，还进一步细化，规定须遵守"学报刊登的稿件，2/3以上是本校学术、科研论文或信息"[②]的规则。这就使得综合性、内向性、分散性和同质化成为学报最显著的特征。可见，早在1980年

---

① 李频：《数字时代社科学术期刊改革路径的思考》，《南京大学学报》（哲学·人文科学·社会科学）2014年第4期，第63页。

② 新闻出版署：《关于建立高校学报类期刊刊号系列的通知》（1998年2月13日）。

代,学报今天的格局就已确定,后来的扩容特别是20世纪末的大扩容更是把这些特征放大了呈现于学术界面前。

当"职业化"和"综合性"、"内向性"、"分散性"、"同质化"一起加诸学报之时,其实也就决定了学报编辑的最好出路,只能是"杂家"。只是在当时,无论是体制的制定者还是被管理者,并没有意识到这样的期刊体制会对学报造成怎样的不利影响。在1980年代学报编辑开始进行身份建构时,对学报独立掌控权的获得足以抵消与学者身份分离的失落,故无一例外,都是自觉地以职业化和综合性等特性为前提,而学报编辑的身份建构实际上也是因为期刊体制的确立而直接推动的。我们可以看到,从"编辑中介说""编辑再创造说"到"编辑主体意识"的提出,透出的不仅是对职业化的自觉,同时还有几分对职业化的自信。其中,"编辑主体意识"论者又是最坚定地主张职业化和与"编研一体"传统决裂的。但如果从1980年代前期刘光裕等先生思考并提出"编辑中介说"时算起,这个自信也就维持了三五年的时间。其实,当1988年王英志首倡"学报编辑学者化"时,对职业化的自信就开始动摇了。其标志就是在前几年论述中鲜见的关于民国年间著名学问家兼编辑家的例子,在"学者化"论述中已经常出现。原因在于,从"编辑中介说"到"编辑主体意识"坚守的是1950年代开始形成的职业化传统,偏重的是职业化之下编辑身份的目标设计,路径实际上是被虚化了的;而"编辑学者化"则是兼有目标和路径的设计,当高企的目标一旦落实到具体实现路径问题时,从职业化的传统中很难找到这样的资源,于是,向更早的传统寻找资源就成了顺理成章的事。

王英志对"学报编辑学者化"必要性和可能性的论证就是从引用熊复先生的话开始的:"熊复同志曾说:'编辑可以同时是作家与学者'",接着又列举了"文学编辑而兼为作家"的鲁迅、巴金、叶圣陶、刘心武、张志民等,"革命家、思想家而兼做政治理论编辑"的马克思、恩格斯、列宁、陈独秀、李大钊、毛泽东等人的例子,并一直追溯到了"我国第一个大编辑"孔子。他将这些例子称为"既编辑典籍亦著书"的"编著合一",由此认定:"许多文学编辑作家化、学术编辑学者化已是一个客观存在。"[①] 所谓"编著合一",亦即"编研一体"。王英志通过对历史事实的描述将它与"学

---

① 参见王英志《学报编辑学者化略论》,《河南大学学报》1988年第3期,第115页。

报编辑学者化"画了等号。这种间接的定义,已在一定程度上表现出了他对编辑职业化的困惑。实际上,他的"学报编辑学者化"与试图恢复"编研一体"的传统是紧紧地联系在一起的,当然,他只是点到为止。在王英志之后,讨论重心发生了位移,更多的类似上述身兼两职人物的例子出现在了参与讨论的文章中。之所以说引用这些例子标志着职业化自信的动摇,是因为这些被列举的人物中绝大多数都只是在自己的学术或革命生涯的某一个时间段兼做了编辑而已,既然身兼学者或革命者的他们在编辑方面取得的成就已远远超过了一般的职业编辑,那么,学者或革命生涯与他们的编辑成就也就有了直接的因果关系,他们出色的编辑工作恰恰说明了"编研一体"的意义。从坚守职业化并将"编研一体"视为编辑身份建构的障碍,到对"编研一体"的肯定甚至向往,参与讨论者对传统的态度发生了微妙的转变。

需要指出的是,从更早时期寻找资源并不等于对1950年代传统的放弃,而是试图糅合两者。"学报编辑学者化"的主张者既无意挑战职业化,又无法丢弃"编研一体"的传统,糅合两者就成了最好的选择。他们要以编辑的身份覆盖学者的身份,通过将自己打造成具有学者素质的职业编辑来实现两者的糅合,这就是"学报编辑学者化"的旨归。而这一目标指向,官方也无法否定。事实上,即使在推行编辑职业化的时候,官方一直也都是把这些被列举的人物奉为编辑楷模的,这也使"编辑学者化"论者无须担心会有被指为对抗体制的风险。这是"学者化"方案超越此前所有建构方案的高明之处。从对待传统的态度来看,"编辑学者化"与此前所有的编辑身份建构路径,特别是倡导"编辑主体意识"路径的最大不同,就在于从宣称与"编研一体"决裂到主动对其有所吸纳,其间当然编辑与学者的身份分野也不可避免地变得模糊起来。由此可以看到,对职业化的动摇和对更早传统的回归实际上从提出"编辑学者化"并得到多数编辑赞同的时候就已开始了。

但是,这种试图以早期传统来柔化编辑职业化的"学报编辑学者化"方案并未能阻挡职业化更趋刚性的步伐,新世纪以来,如蒋永华所愿,这一职业化制度愈加严苛,比如,从教师和科研岗位转任学术期刊编辑,必须放弃原职称而转评编辑系列职称,即使教授、研究员接受了相关编辑业务的专门培训,若不转评编辑系列职称也不能获得相应的编辑资格,以至于不能担任编辑;而一旦转为编辑,要想返回原岗位将十分困难;等等。这就从制度设计上彻底阻断了学者与编辑间的人才交流，使得原本可到期刊编辑部工作的学科专家望而却步。如此，则不可谓不刚性，但结果如何呢？结果就是，编辑与学术界的疏离越发明显，编辑的地位越发下滑、刊物的质量越发下降。可见，职业化不但没能提升编辑的地位和刊物的质量，实际效果还适得其反。

　　回顾这段历史，我们知道，学报编辑自从加入身份建构的讨论之后，一直是建构的主要力量，在"引领学术"口号提出之前的所有编辑身份建构方案，主要出自学报编辑，从中也可看出他们身份焦虑的程度的确超过了其他所有学术期刊的编辑。只不过，身份建构靠的不是想象，编辑身份离不开其所属的期刊，从教育部文件中"全、散、小、弱"[①] 的判语到著名学者"学术垃圾场"[②] 的讽喻，新世纪初时的学报形象已如此不堪，编辑的形象又如何能真正地提升？恐怕连起点时都不如。因此，在几家非高校期刊喊出"引领学术"口号的同时，在学报界却响起"回归杂家"的声音也就不奇怪了。主张"引领学术"的主编的优越感未尝不是在与学报的比较中生出的，而呼应者也多少有些与学报这样的学术期刊"切割"的味道。从"引领学术"和"回归杂家"这两条完全背向而行的路径几乎同时于 2004 年出现于学术期刊界，也可以看出学术期刊的分化，有些在日益走强，有些则在苦苦挣扎。走强的未必真正强，但学报一直在苦苦挣扎却是不争的事实。所以，我们也不得不承认另一个事实，至少对于学报来说，编辑身份建构经过了这么多年的努力之后，似乎又回到了起点。从某种意义来说，"回归杂家"不过是看破了这些年来身份建构的空想之后的无奈选择——要生存，只能寄希望于体制的特别保护。所以，蒋永华才深有感触地领悟到了"国家新闻出版总署推行……出版专业资格证书考试制度的……用心良苦"。但是，仅仅是"回归杂家"，并无助于那些原本就存在今已更严峻的造成编辑身份焦虑的问题的真正解决，不然，又何必从这个起点出发？

八　"名刊工程"：身份建构的重新出发

　　除了"引领学术"和"回归杂家"的声音同时在 2004 年响起以外，这

---

① 参见《教育部高校哲学社会科学名刊工程实施方案》，教社政［2003］12 号。
② 司振龙：《大学学报何以是"学术垃圾生产地"？》，光明网，http://guancha.gmw.cn/content/2007－10/23/content_ 687396.htm。

一年，在学报界还发生了一件有很大影响的事，那就是"教育部哲学社会科学名刊工程"的正式开建。"名刊工程"与此前所有的学术期刊编辑身份建构都不是一回事，其本身并不是一个解决编辑身份问题的方案，而是一场自上而下发动的学报改良工程，但"名刊工程"的启动为缓解乃至解决编辑身份焦虑提供了前所未有的机会。为什么这样说？这要从"名刊工程"的特殊性说起。

首先，"名刊工程"是在一个特殊的时机设计和推出的。设计这样一个以学术期刊为实施对象的工程，在教育部历史上还从来没有过，这个很有创意的设想实始于对进入新世纪后学报陷入困境的警觉。2002 年，教育部召开了全国高校社科学报工作研讨会，袁贵仁在主题报告中，将学报存在的问题归纳为四个方面，其一是对学报的作用和地位认识不足；其二是改革创新意识不强，办刊理念、办刊模式和办刊方法跟不上时代发展的要求；其三是定位不清，选题雷同，内容重复，个性、特色不够鲜明；其四是不同程度地存在求生存、图发展的突出问题。[①] 所有这些都不是枝节的或某个环节的问题，而是带有全局性的问题，正是这些问题比较普遍地存在于学报之中，才导致了学报的困境。所以，教育部下决心要改变学报的面貌，"名刊工程"就是重要措施之一。可见，"名刊工程"实际承担着救困与复兴的双重使命，要通过"名刊工程"建设，为高校社科学报找到一条走出困境、重现辉煌之路。

其次，"名刊工程"设立的目标与此前教育部和新闻出版总署对学报的定位存在着明显冲突。2003 年，教育部发布《高校哲学社会科学名刊工程实施方案》，宣布："通过国家（包括新闻出版总署、教育部和主办单位）的支持和学报的改革，在五年时间内滚动推出 20 家左右能反映我国高校学术水平和学科特点、在国内外有较大影响的社科学报及其特色栏目。其中，培育出 5 至 10 种国内一流、国际知名的社科学报。逐步改变目前高校社科学报'全、散、小、弱'的状况，实现'专、特、大、强'的目标。"[②] 从这个目标来看，无论是"国内一流、国际知名"还是"专、特、大、强"，

[①] 参见袁贵仁《新世纪新阶段高校社科学报的形势和任务》，《长沙大学学报》2013 年第 1 期，第 3 页。

[②] 《教育部高校哲学社会科学名刊工程实施方案》，教社政〔2003〕12 号。

都是对学报原定位的颠覆。"专"意味着每个学报都应该有清晰的学科或问题边界,这是对多学科综合性定位的颠覆;"国内一流、国际知名"意味着每个学报都应该是开放的公共平台,这是对学报为本校"窗口"和"园地"内向性定位的颠覆;"专、特、大、强"还意味着学报在整体上必须走向体系化和规模化,这是对"一校一刊"分散性和同质化模式的颠覆。

最后,酝酿中的报刊体制改革为"名刊工程"建设局部性地突破体制约束提供了不仅免受惩罚而且还可得到某种鼓励的条件和机会。对于学报存在的问题,作为行政审批部门的新闻出版总署也是很清楚的,时任副署长李东东即言:"从整体上看(学报)仍存在三方面问题:一是封闭办刊、理念落后……二是缺乏专业特色,同质化现象严重……三是资源分散,出版力量单薄,对一流学术论文和创新性研究成果缺乏吸引力。"同时指出:"这些问题都需要在下一步报刊业改革中加以解决。"并承诺在即将到来的改革中,将"优化高校期刊结构和布局,改变配置刊号的资源方式"。① 这无疑给入选"名刊工程"学报的探索创新提供了至少是道义上的支持。

以上三者,实际上都使"名刊工程"为学报编辑身份定位开辟了一条与以往完全不同的路径。以往编辑身份建构都是在期刊体制许可范围内的理论推衍,即从未考虑通过改变期刊的定位来寻求身份定位的突破,比如学报,总是在职业化、综合性、内向性、分散性、同质化不能有任何改变的前提下来论证编辑与作者关系,等某种解说理论上似乎推衍成立了,再拿到一成不变的编辑实践中来检验,从"编辑中介说"到"编辑学者化"无不如此,怎能不碰壁?"名刊工程"并非为编辑身份建构而启动,恰好给身份建构一个将以往顺序颠倒过来的机会,即首先考虑的是学报如何突破困境,而突破体制的种种不合理束缚是突破学报困境必然面对的问题;又因为身份建构与学报出路是交织在一起的,编辑身份离不开其所属的期刊,如果学报的突破成功了,身份问题的突破也就有了希望。"名刊工程"对传统学报定位的颠覆性理念,无一不与编辑身份定位相关,对传统理念的颠覆实际上也就为编辑身份建构更新了基础,而教育部和新闻出版总署对"名刊工程"创新的鼓励,也给编辑身份建构提供了相对宽松的制度环境和空间。可见,体

---

① 李东东:《高校学术期刊要集约化规模化发展》,新闻出版总署网站,http://www.gapp.gov.cn/cms/html/21/367/200912/695710.html(该贴现已撤下)。

制对编辑身份的限制如果有所松动,那么,编辑与学者的关系也许就此可以拉开重建的序幕,编辑身份建构就有望获得实质性进展。

2004年2月,教育部与首批入选"名刊工程"的11家高校学报签订建设协议,"名刊工程"建设正式开始,2006年和2009年,分别又有第二批8家、第三批12家高校学报相继入选。教育部虽然为"名刊工程"制定了一个堪称宏伟的目标,但对于实现这个目标的难度也是有预计的,一方面,每个主办学校、每个学报编辑部都要转变观念,以开拓创新的精神来进行名刊建设,"每一份高校社科学报最终都将经历一个凤凰涅槃的过程";另一方面,对期刊体制的突破将是件十分困难的事,能否突破,既不取决于教育部,也不取决于办刊单位和编辑部。袁贵仁曾为学报改革设计了上、中、下三策,上策是办高校社科学报各专业专刊;中策是鼓励若干高校社科学报合作,组成联合编委会,进行相对集中的学科专业分工;下策是走内涵式发展的道路。可在实施过程中,上、中策都只能束之高阁,各入选学报都只能围绕下策做足功夫,对此,袁贵仁也有预料:"这虽是下策,但是最实际,目前最普遍可行的。"① 然而,仅凭下策,"名刊工程"的宏伟目标自然是无法实现的。而要实现这样的目标,不仅学报编辑的观念需要彻底更新,整个学报的现有格局也必须全部改变,要建构起规模化、体系化的以专业期刊为主体的刊群,如果没有与之配套的学术期刊体制改革,几乎没有可能。从这个角度来说,"名刊工程"多少也是件明知其不可为而为之的事。

尽管如此,"名刊工程"仍会以其特有的意义而载入学报史册。在新中国学报史上,还从来没有像"名刊工程"实施以来那样,对学报的办刊体制、办刊理念、办刊方法进行全面反思,特别是对职业化、综合性、内向性、分散性和同质化的弊端有了比较充分的认识,并在力所能及的范围内进行了创新和改造。虽然受到体制的羁绊,改造不可能彻底,但观念的更新和办刊方法的改进还是为学报未来的发展做了必要的准备。最值得提出的有以下三个方面。

第一,致力于公共平台的建设。学报是本校"窗口"、"园地"的定性在学报界已深入人心,然而,在学者们看来,这不过就是某一学校肥水不流外人田的"自留地"的另一种说法而已。如此定位之下,学报与"国内一

---

① 袁贵仁:《新世纪新阶段高校社科学报的形势和任务》,《长沙大学学报》2013年第1期,第7页。

流，国际知名"基本不会有什么关系，因为所谓"一流"或"知名"都需要来自学术共同体的认可，同一学术共同体成员分布于各个高校和科研院所，他们怎能认可一个对他们中绝大多数人都不开放的刊物为"一流"？这就决定了必须把"自留地"转变为对学术界开放的公共学术平台，从而得以回归学术期刊应有的属性，而不再是学者眼中的另类。"名刊工程"建设启动后，入选学报大多自觉地确立了开放平台的观念，至于具体开放的步子，则有大有小。开放平台属性的确立，对于学报编辑身份建构是极为重要的，这是获得学术界承认的前提。

第二，致力于学报特色的建设。学术期刊的发展理应与学科发展相配套，但在中国现代学科体系形成和发展的同时，学报虽然数量不断上升，与学科配套的体系并没有形成，而是走的"单位制"办刊的路径，即不以学科发展为依据，而以主办单位为核心，创办了众多的同质化综合性学报，这就违背了学术期刊发展的基本规律。这是学术期刊体制使然，非学报努力即可改变。在无法改变综合性的情况下，只能以"特"代"专"，以边界清晰的特色专栏来与学术共同体对接。对于"名刊工程"来说，这是一种无奈的选择。几乎所有入选学报都开设了特色栏目，虽然无法与专业期刊相比，但通过开放的专栏，公共平台的属性得以基本落地，这对于编辑身份的构建也是一条变通之路。

第三，致力于与学者关系的重建。除了边界模糊和封闭办刊以外，刚性的职业化是造成学报与学者疏离的另一个原因。要办好一家期刊必须有优秀的主编和编辑，这是共识，因为选题和稿源都取决于主编和编辑的眼光和能力。在期刊与学术共同体疏离的状态下，外在于学术共同体的主编和编辑已很难做到坚持在学术前沿，确定选题难免闭门造车，即使选题有意义，也未必能拿到合适作者的论文，这是告别"编研一体"必须付出的代价。在全面恢复"编研一体"没有可能，而"编辑学者化"也是镜花水月的情况下，唯有通过特殊途径，让前沿学者重返编辑部，参与学报特色栏目的编辑工作，才能与相应的学术共同体建立比较牢固的对接。"名刊工程"入选学报大多通过设立专栏主持人或类似办法，让前沿学者特别是某些领域的学科带头人走进编辑部，以其独到的学术眼光主持选题的确定，以其广泛的人脉选择合适的作者，从而使得开放的特色专栏成为学术共同体公认的平台，并由此开启了期刊及其编辑与学者重建关系的过程，而编辑身份建构的关键就是与学者关系的重建。

从以上三个方面来看，观念的突破远远领先于实践，因为观念的变革来自对造成学报困境原因的分析，上述的所谓新观念，也不过是对学科发展和学术传播规律的体认和尊重而已。但以这些观念来改革办刊方法时，却处处都存在与现行期刊体制的冲突，比如，要破除学报的内向性，把学报建设成为开放的公共平台，要破除与学者之间的樊篱，实现从编辑办刊到专家办刊的转变，就与1978年以来教育部和新闻出版总署历次关于学报性质和学报编辑职业化的规定相冲突；而更大的困难还在于要破除学报的综合性和同质化，就不仅与体制完全冲突，而且即使体制许可，也有着操作方面的重重困难，如前所述，经过40年来的发展，分散于上千所高校的同质化的综合性学报已呈尾大不掉之势，以此为基础建构与学科发展相适应的学术期刊体系根本无从下手。好在从教育部到新闻出版总署都已意识到学报的困境与体制之间存在着某种关系，对"名刊工程"建设中某些突破体制的创新之举，给予了宽容和鼓励，因此，局部的改观还是实现了，比如对公共平台建设的肯定、对学者参与办刊的宽容等，从而使"名刊工程"建设取得了一定的成效，入选学报的学术质量和学术影响力在几年时间内有了明显的提高，特别是"名刊工程"产生了很好的示范效应，其影响甚至超越了学报界，而及于整个社科期刊界，因"名刊工程"建设而创新的办刊理念、办刊方法也在一定程度上得到了推广，创办特色专栏、引入专家办刊等成为学报以及社科期刊普遍采用的办法，学报的整体质量也有了明显提升，学报的形象有了一定的改善。

但是，仅仅依靠"名刊工程"不可能解决学报面临的所有问题，诚如时任教育部副部长李卫红在"名刊工程"实施8年后的2011年所指出的："我们要清醒地看到，高校社科期刊仍然存在着一些制约发展的深层次矛盾和问题。高校社科期刊'全、散、小、弱'的局面依然存在，'专、特、大、强'的发展目标远未实现。"[①] 其实，在"名刊工程"建设过程中，入选学报已几乎穷尽了作为主编和编辑所能使用的所有的办法，而"目标远未实现"的根源还在学术期刊体制的羁绊。正如2011年5月中共中央办公厅、国务院办公厅发布的《关于深化非时政类报刊出版单位体制改革的意

---

① 《高校社科期刊改革座谈会纪要》，《全国高等学校文科学报研究会通讯》2011年第1期。

见》所指出的："非时政类报刊出版单位的现行体制制约了报刊出版业发展，存在数量过多、规模过小、资源分散、结构不合理、市场竞争力弱等突出问题……迫切需要深化改革。"并特别指出："科研部门和高等学校主管主办的非独立法人科技期刊、学术期刊编辑部，另行制定具体改革办法。"[①]

面对体制的困境，"名刊工程"入选学报并没有坐待体制改革的顶层设计，而是采取积极姿态进行了"底层设计"并付诸实施，试图以诱致性变革推动改革从实际出发并朝着遵循学术规律和学术期刊规律的方向前进。2011年，入选"名刊工程"的17家学报联合推出了网络版"中国高校系列专业期刊"共10种，这是融纸本期刊与网络传播于一体，按学科进行重新组合而成的新型期刊，据此，提出了期刊体制改革可走"两分开"路径的建议：将纸质期刊与数字化期刊分开，从容构建合理的数字化学术期刊体系；将学术期刊编辑与出版发行分开，编辑回归"编研一体"的传统，而出版发行则可交给大型出版集团或数字化网站。[②]《武汉大学学报》叶娟丽副主编对这个"底层设计"有一段十分到位的评论："表面看是源于大学学报主编们对未来发展的深层次的危机感；但从本质上，它仍然是出于各位主编对自己生存利益的一次理性算计。因为，任何制度变迁本质上都是理性选择的结果。"[③]的确如此，这个"底层设计"的理性就在于："在不抛弃现有学术期刊的前提下……实现学术期刊的规模化、集约化和专业化，以达到构建合理期刊体系的目标"的路径。[④]

遗憾的是，这一"底层设计"并未被顶层设计所接纳，2012年，新闻出版总署发布《关于报刊编辑部体制改革的实施办法》，在这个《实施办法》中，"转企"成为改革的唯一目标和路径，不仅令各期刊翘首以待的"另行制定具体改革办法"没见到，而且原先承诺的"优化高校期刊结构和布局，改变配置刊号的资源方式"也是只字未提，至于如何应对已经到来

[①] 中共中央办公厅、国务院办公厅：《关于深化非时政类报刊出版单位体制改革的意见》，中办发［2011］19号。

[②] 参见仲伟民、朱剑《中国高校学报传统析论——兼论高校学报体制改革的目标与路径》，《清华大学学报》（哲学社会科学版）2012年第5期，第20~34页。

[③] 叶娟丽：《中国大学学报：制度变迁与路径选择》，《南京大学学报》（哲学·人文科学·社会科学）2013年第1期，第70页。

[④] 朱剑：《我国学术期刊的现状与发展趋势——兼论学术期刊改革的目标与路径》，《传媒》2011年第10期，第10页。

的数网时代,更是付诸阙如。这个改革办法理所当然地遭遇了学术期刊界的一致抵制,而设计本身的不合理也使其根本不具有操作性,五年多来未有多少实质性进展。纸本时代编辑身份建构的最后机会随着重建中国纸本学术期刊体系的最后机会也悄悄地流失了。从 2012 年到 2017 年,又有一批学术期刊编辑与学者关系的论文问世,论述的背景已逐步转向了数网时代,而在新的时代,是否存在新的机会?

九 结语:作为纸本时代"遗产"的身份焦虑

本文所谓"学术期刊编辑的身份焦虑",指的是 1970 年代末以来学术期刊编辑对自己的权利、职责的内容是什么、边界在哪里等问题,一直没有一个得到学术期刊界及相关各界普遍认同的清晰的描述和界定,因此无法准确地定位自己的角色而经常性地陷入某种焦虑状态。在工作中常表现为不知什么该做、什么不该做,以及如何做好该做的、如何避免不该做的而举措失当和无所适从;在情绪上则有着或者自卑、不安、惶惑,或者自负、狂妄、傲慢的忧虑或焦躁的某些倾向,自卑与自负实际上是身份焦虑的两极,但有时也会因工作对象或环境的不同而在同一群体乃至同一个人身上交替出现。

所谓"编辑身份建构"则指通过对编辑身份的准确定位使其从这样的焦虑状态中走出来,回归一种有着良好秩序的工作状态。当然,从事身份建构工作的只是同行中身份意识较为敏感而又具有强烈的责任心和探索精神的那部分人。他们的探索对于整个行业的意义是十分重大的。如果他们的探索成果能够得到从业界到社会各界的普遍认同,那么,全行业的从业者据此就能自立自强,并在相关的学术链或产业链中发挥出不可替代的作用。但当他们的探索缺乏社会认同,乃至连业界都不予认同时,整个行业的从业者就很难准确地定位自己的身份,就会出现集体性的身份焦虑,与此相对应的是,该行业会经常遭到各种诟病和批评,而这又会进一步强化从业者的身份焦虑。近 40 年来,学术期刊特别是高校学报的情况大致如后一种情况。编辑身份建构历经了几代人的努力,从未止息,但也从未真正定型。

尽管近 40 年来的编辑身份建构不尽如人意,但探索历程仍然有其特殊的意义,亦可视为一份堪称丰厚的纸本时代的"遗产"。从中不难看到学术期刊一路走来所遭遇的艰辛,以及学术期刊人不懈的追求。正是在这个意义上,可以说40年来的编辑身份建构从一个特殊的角度书写了学术期刊史上一段不平凡的岁月。笔者以为,从中能给我们最大启发的,应该是如何看待传统及其对今天的意义。如果说职业化这一层传统对编辑身份建构的影响是显性的,那么,另一层传统——"编研一体"的影响则是隐性的,看似对立的两种传统,在编辑身份建构的讨论中却往往呈现出某种渗透和融合,这是我们解开40年来学术期刊特别是高校学报编辑身份焦虑的缘由及其演进轨迹的钥匙,同时,也能为我们探索学术期刊编辑今后的发展和编辑身份定位提供诸多有益的启发和借鉴。

(一)编辑职业化与学术期刊编辑身份焦虑的关系

产生身份焦虑的原因,既可能来自社会对某个人或某类人的"偏见",也可能来自某个人或某类人职业环境的变化。当一个行业的人集体出现身份焦虑之时,则这两种情况很可能同时存在且相互影响。对于学术期刊编辑来说,1970年代末就是这样的时候,导致身份焦虑的直接原因是1978年开始逐步走向刚性的编辑职业化。关于这一点,早在1980年代就已有人指出了:"建国前后编辑虽不少,但大多不是职业编辑……而现在恰恰相反……大多数编辑是职业编辑……就观念而言,建国前后的编辑……把自己编出的书籍、刊物视为自己理想或事业上的一部分,因此他们编发书籍、刊物同时就在进行自己的学术研究,或者编辑工作与学术活动相伴而行。但现在就不同了,人们常常把编辑这个行当看成是'为她人作嫁衣'或是'一支笔、一把剪刀、一瓶浆[糨]糊'的简单劳动,即使编辑自己对此想不通却也无可奈何。"[①] 显然,制度层面的职业化改变了编辑与学者的传统关系,对"编研一体"传统的否定直接导致了学术期刊编辑全面退出了学术研究领域而与学术共同体分离。这一改变迫使编辑必须通过重构与学者的关系来明确自己的职责及其边界,以确定自己的身份;而身份建构的迫切性还在于,因为不再以学术研究为基本职责而导致的社会对编辑

---

① 陈素川:《编辑学者化:一个古老而新颖的话题》,《上海师范大学学报》1995年第4期,第155页。

的"偏见"和编辑学术形象的"矮化",出于为自己正名的需要,也必须进行身份建构。

身份建构成功与否的标准在于能够获得多大范围和程度的认同(认可),如此,学术期刊编辑身份的建构除了需获得业界的认同以外,至少还需要得到两种完全不同的认可,即体制的认可和学术界的认可。然而,40年来这两种认可之间却充满了张力:一方面,体制使学术期刊编辑成为一种固化的职业身份,目的在于更有效地对学术期刊进行管理,与此相对应的是向职业化的编辑赋权,由其掌控学术期刊整个生产流程,并向行政和业务主管部门负责。在这样的制度设计中,编辑实际上获得了学术裁判者的权力,即学者学术成果价值的第一评判人,不能得到编辑认可的成果都不可能进入传播领域。这就决定了编辑与学者之间只能是支配与被支配或指挥与被指挥的关系。另一方面,学术界对学术期刊的定位,一是从学科化的学术研究需要出发,要求学术期刊应与学科同步发展;二是从权威评价应该来自学术共同体出发,要求学术期刊应内嵌于学术共同体,故对外在于学术共同体的编辑独立掌控学术期刊的能力很难予以认可,即使在传播领域,也不可能心甘情愿地接受编辑的支配。这与体制的设置是矛盾的。学者们无力改变体制,于是,在不得不屈从于体制而受制于编辑的同时,从不吝惜其对这样体制下的学术期刊的批评。

当我们回顾 40 年来学术期刊编辑身份建构的历史时,可以清楚地看到,在这样的张力之下,要同时得到体制和学者两方面的认可几乎是不可能做到的,学术期刊编辑的身份建构其实从一开始就陷入了难以自拔的困境。在实际的身份建构中,建构者几乎无一例外地选择了服从体制的安排,其原因不仅在于体制是难以对抗的,而且从编辑的利益来看,在这样的制度设计中,编辑是获益者,体制赋予了编辑在历史上从来没有的权力——对学术平台(期刊)的独立掌控权。因此,编辑身份建构的重点就在于如何在理论上和实践中均能证明,自己不仅具有出版技术方面独特的能力,而且在学术上,特别在学术评判和组织引领能力上也有独到之处甚至能够全面超越学者,从而能与体制所赋予的学术平台独立掌控者的身份相符。从"编辑中介说"、"编辑再创造说"到"编辑主体意识",再到"编辑学者化",直到"编辑引领学术",无一不是在做这样的论证。但即使他们几乎从来也没有公开要求或明确阐述所要建立的与学者的关系是一种支配与被支配的关系(除了个别人在论述中用过"支配"一词外,[①] 即使作为极端诉求的"引领学术"也只是委婉地表达了支配权),仅要求学者承认他们是一个独立的办刊主体。遗憾的是,对于这些看似很有说服力的理由,学者们却不买账。因为仅凭常识即可知道,在疏离了学术共同体后,学术期刊编辑在学术评判和组织引领能力上超越学者是不可能普遍发生的事。体制虽然在 40 年前就已向学术期刊编辑正式赋权,但当绝大多数编辑在独立行使这个权力的时候,都难以得到学术共同体的认可,故而 40 年来,如何在坚持职业化(即独立掌控学术平台)的前提下重建与学者的关系成为一个横亘在编辑面前几乎无法逾越的障碍,而不能跨越这个障碍,学术期刊编辑的身份焦虑就永远也得不到真正的化解。于是,在体制授权和学术共同体不予承认的张力之下的学术期刊编辑的身份焦虑,就会表现出在自傲和自卑之间摇摆,自傲还是自卑往往取决于期刊背后所依托的"单位"的实力和他们面对的学者的声誉。

之所以如此,还因为编辑职业化只是学术期刊"单位制"的一个配套措施。所谓"单位制",指的是学术期刊的创建者是"单位"而不是学术共同体。"单位制"当然大大方便了对学术期刊和编辑的管理,但却背离了学术期刊发展的一般规律。在编辑职业化之前,学术期刊大多由学者或某些学术组织(比如学会)创办,所以主编和编辑自然来自并属于学术共同体,期刊也是学术共同体的公共平台。学术共同体与"单位"是两种完全不同的结构体,关键的不同在于两者与学科的关系。学术共同体以学科为基础超越"单位"而形成,当学术期刊内嵌于学术共同体时,其发展与学科必然是同步的;而一个学科不可能只存在于某一"单位",一般"单位"特别是综合性大学也不可能只有单一的学科,如果将审批制下有限的刊号资源不论"单位"的科研实力而实施平均分配,创办多学科综合性期刊(学报)就会成为每个单位最"优化"的选择,再施之编辑职业化,其结果,不仅必然与学科发展脱节,而且必然成为本单位的"自留地",也就必然会丧失作为学术期刊本应具有的学科边界清晰的公共学术平台的功能和属性。20 世纪末学术期刊大扩容后,这样的学报终于遍布所有高校,又怎能不陷入困境?

[①] 比如沈志宏曾使用过"支配"这一词:"在编辑创造这一环节中,编辑是居于主导、支配地位的认知主体,而作者创造的精神产品原坯件则是编辑主体的一个认知对象。"但当时他还只是河南大学的研究生,也不是特别针对学术期刊说的(沈志宏:《论编辑的主体性创造》,《编辑学刊》1989 年第 1 期,第 3 页)。

但是，在学术期刊编辑身份的自我建构中，却很少有人反思学术期刊体制存在的问题，而寄希望于体制所赋予的对学术期刊的独立掌控权，所以，编辑身份才会每每依凭或围绕审稿权来建构。其实，身份建构的关键不仅在手中握有何种权力，更在于依凭这个权力能够做出何种贡献。当权力与贡献不相符时，权力的危机就会到来，危机的表现就是期刊声誉的下降。在近40年编辑身份建构的大部分时间里，学术期刊特别是高校学报的声誉并没有因身份建构而有明显上升，相反在某些时期，下滑倒是非常明显，比如说在新世纪初，高校学报声誉就出现了普遍下滑，甚至到了不仅学术界，而且连官方也都已觉得不能容忍的地步。对学报体制存在问题的认真反思，实始于"名刊工程"建设，但这样的反思，最终并没能为体制的顶层设计所认可和接纳，甚至在学报界，也没有得到普遍认同，坚持认为综合性、内向性、同质化、不成体系的学报没有任何问题，学报本该如此的，仍然大有人在。这就提醒我们，不从期刊体制的层面改变刊号资源配置的办法，编辑的身份焦虑是不可能得到真正化解的。

（二）无须也无法告别的"编研一体"传统

与"编辑职业化"相对的是"编研一体"，后者的传统可要比前者长了太多，世界上最早的学术期刊于17世纪中叶诞生时，采行的就是这一模式。学术期刊之所以产生，盖因学术研究的需要，故而学术期刊历来都是由学者创办，从而保证了期刊的发展与学科发展紧密相连，期刊的专业化、体系化、国际化都与这一传统直接相关。这一传统一直延续到今天的国际学术期刊。尽管国际著名学术期刊的版权大多已归国际出版集团，实现了规模化的集群出版，但就某一期刊来说，主编和编委及学术编辑无一例外，均为学术界中人，而这些人一般也不会因为在期刊担任职务而脱离学术研究和学术共同体，因为学术期刊离开了学术共同体也就缺失了学术生命力的来源。

中国学术期刊于百多年前诞生时采行的也是"编研一体"的模式。虽然1950年代开始逐步走向职业化，但在大多高校和科研院所，编辑与学者的身份切换并不困难。即使到1980年代学术期刊编辑职业化制度日趋刚性之后，在各主办单位的实际操作中，"编研一体"也从未真正绝迹。当然，普通编辑与教师和科研人员身份切换的难度大大增加，但主编以及骨干编辑的身份切换还是有着一定余地的，特别是教育部"名刊工程"启动以来这十多年中，通过种种变通途径将学科专家引入编辑部参与办刊，逐步实现由编辑办刊到专家办刊的转变已成为并不少见的现象；入选"名刊工程"学报凡有主编更换，人选大多直接来自院系的位居学术前沿的著名学者，他们中鲜有人因为担任主编而转评编辑系列职称的，也鲜有因当了主编而不再从事教学和研究工作的，已成为事实上的"编研一体"。对此，主管部门也给予了理解和宽容。

当然，笼统地坚持"编研一体"即意味着学术期刊编辑不可能成为一个独立的职业，这与现代科学和企业的发展分工日益细密的趋势是不相吻合的。随着规模化的学术期刊集群的出现，编辑的分工也是大势所趋。在一些大型期刊出版集团，学术编辑与技术编辑的分工已是一种潮流，但"编研一体"并未因此而消失。所谓"编研一体"指的是学术编辑，而技术编辑则无须坚持在学术前沿，甚至无须专属于某一学术共同体，而是专攻编辑技术，逐步走向了职业化。显然，这样的职业化的技术编辑是无法取代"编研一体"的学术编辑的，而且，这样分工的前提是学术期刊出版的体系化和规模化。这样的职业编辑与1980年代以来中国学术期刊编辑职业化远不是一回事。在不具备体系化和规模化这一前提的中国学术期刊界，特别是高校学报界，40年来的职业化并非建立在编辑分工的基础上，职业化后的编辑仍然集学术编辑与技术编辑于一体。事实上，因脱离了学术共同体和学术前沿，他们作为学术编辑的能力很难得到学者的认可，他们中的多数人只能退而求其次，将主要精力放在编辑技术方面，所谓"回归杂家"其实也就是练就好编辑技术而基本放弃了学术编辑的职能，这对于仍然外在于学术共同体的学术期刊的发展显然是不利的。然而，现实就是这样。近年来从新闻出版总局到各类编辑协（学）会所举办的编辑业务培训，大多局限于编辑技术；所进行的评奖，除了引入评价机构的排行榜外，很难做到深入内容层面的学术质量评价，从而使得所谓"一票否决"的编校质量成了举足轻重的评价指标，评奖实际上也就是一场评价机构的数字游戏和编辑的技术竞赛以及"长官意志"的叠加。这是编辑职业化必然带来的后果。编辑技术固然重要，然而，学术质量更为重要，这是不可本末倒置的。仅仅依靠"编校质量"，永远也不可能造就出"国内一流，国际知名"的学术期刊来。

"编研一体"传统之形成是由学术期刊的性质决定的。"编研一体"并不意味着从事学术期刊编辑的学者就没有编辑意识，须知编辑意识不等于编辑技术，对于学术期刊来说，编辑意识是以编辑必须是学者为前提的，而编辑学术期刊也是学术研究的一部分而不能与之割裂。学术期刊是学术成果展示、交流的平台，同时也是学术批评的平台。这一平台掌控者的身份首先是学者其次才是编辑，其学理依据恰恰在于他们必须是学术共同体的成员，而且是其中的佼佼者。所谓编辑意识，并非一定要职业编辑才会具有，尤其是学术期刊，编辑若疏离了学者，那么，编辑意识也就无法落地生根，就会只有技术，而缺乏"意识"，所编辑的刊物也就失去了灵魂。大概正是在这个意义上，颜帅才深有体会地说出"真正的编辑都应由学者来当"这样的话来。

实际上，不管在学术界、期刊界还是在管理部门，对于优秀的学术编辑都是有着共同的理想楷模的，那就是像鲁迅、茅盾、巴金、叶圣陶等这样的人。当然，即使在"编研一体"时代，大多数学术期刊编辑也不可能都像他们那样杰出，所以，与其说这些楷模是衡量优秀编辑的标准，不如说编辑应有与他们类似的知识结构和工作方法，至于学术水准和工作能力当然因人而异，无法苛求。然而，这些编辑楷模无一不是从"编研一体"的模式中走出来的。没有学术研究的经历和经验，是不可能造就优秀的学术期刊编辑的。楷模们已为"编研一体"传统的意义做了最好的证明。因此，即使体制的设计者（管理者）在使编辑职业化越来越刚性之时，即使编辑身份的自我建构者（学术期刊编辑）在以职业化为前提进行建构之时，他们也都没有否认这些楷模特殊的学术和编辑经历，相反还都是倍加推崇的，可见"编研一体"的传统也都已深潜其心中，是很难轻言告别的。

可以预见的是，不管通过什么样的路径，中国学术期刊终将走向体系化和规模化。因为在一个开放的国际化时代，我们正面临着来自早已实现了体系化和规模化的国际学术传媒集团的强力竞争，要在这样的竞争中立于不败之地，学术期刊的体系化和规模化都是必由之路，也就是说，像国际学术传媒集团那样的编辑分工迟早也会出现，这大概要在数网时代才能实现，本文暂且存而不论。但无论是体系化还是规模化，其基本构成单元都是期刊或类似物，编辑分工出现后，学术编辑仍是不可或缺的，其来源不仅不会有改变，而且只会更加灵活，只会让更多的学者以更多的方式参与到学术期刊的编辑中来，"编研一体"的传统不会因此而中断。由此可见，不从编辑与学者关系的层面改变编辑外在于学术共同体的现状，编辑的身份焦虑也不可能得到真正的化解。

(三) 回归学术共同体是学术期刊发展以及编辑身份建构的根本途径

其实,"编研一体"不仅意味着编辑是学术共同体的成员,学术期刊也应是属于学术共同体的。学术期刊之于学术共同体的作用是不可或缺的,这种作用表现在两个方面:其一,学术期刊为学术共同体划定了边界;其二,学术期刊是学术共同体的中心。同时能起到这两方面作用的学术期刊必定是学科或问题边界清晰的专业或专题期刊,并内嵌于学术共同体。而学术期刊要实现体系化和规模化,作为其基本单元,必然是这样的学术期刊。显然,学术期刊的"单位制"和编辑职业化人为地切断了学术共同体与学术期刊及其编辑的天然联系,同时造成了学术共同体的发育不健全、学术评价的不科学和学术期刊的各种"体制病",编辑的身份焦虑不过是其后果之一,更严重的后果还在于制约了学术研究和学术平台的发展,并引起了学术界的普遍不满。

尽管学术期刊的职业化实行了几十年,但出于对学术期刊现状的不满,学者们亲自创办学术期刊的愿望从未因此而磨灭。最能说明这一点的例证就是,近二三十年来,非书非刊、亦书亦刊的"学术集刊"的顽强存在。所谓学术集刊,其实就是以书籍名义面世的连续出版物。从外观上看,它们与期刊的差别仅在于缺少一个由国家审批的刊号,但实际上,还有三个更为重要的差别:其一,学术集刊均由著名学者,一般都是某一学科方向的学术带头人担任主编,由学者担任编委和编辑,比较典型地承袭了"编研一体"的传统;其二,学术集刊绝大多数为边界比较清晰的专业或专题期刊,与学术共同体有良好的对接,符合学术期刊的一般规律;其三,学术集刊大多交由出版社出版,采行的是比较典型的编辑与出版相分离的模式。显然,学术集刊的创办、编辑和出版模式与现行的学术期刊体制是相冲突的,因此,自其问世以来,一直处于相当艰难的办刊状态:不为出版行政管理部门承认,新闻出版总署在多次集中查处违规出版行为时,都将"以书代刊"的学术集刊出版行为列入查禁的违规行为之列;在行政主管部门主持的种种学术评价中,学术集刊所发表的成果一般也不会被承认;除了CSSCI以外,所有的评价机构也都拒绝将其列入评价数据源和评价对象。可以说,学术集刊的出版,一直是"非法"的,其生存环境比起学术期刊来,不知要困难多少倍。

但即使如此，仍挡不住各种学术集刊的不断问世，至今不下数千种，而顽强生存下来的至少有数百种，且后继者络绎不绝。

学者们为何如此热衷办学术集刊？陈思和在其与王德威共同主编的学术集刊《文学》创刊时所说的一席话也许能为我们揭开谜底："《文学》是一本定位于前沿文学理论的刊物。摒弃目前社会流行的办刊思想，不朝所谓核心刊物、权威刊物去靠拢，不接受所谓学报体的论文，也不发那些短平快的报章体，力求走高端的学术道路，寻找真正的学者发表积累多年、有深刻思想内涵、有学术含金量的学术研究论文，目标就是反映文学理论前沿的各种探索和思考，从而打造其独具特色的权威性。"① 在这里，陈思和特别提出"摒弃目前社会流行的办刊思想"，"不接受所谓学报体的论文"，他并没有解释何为"社会流行的办刊思想"和"学报体的论文"，但可以从他所推崇的"积累多年、有深刻思想内涵、有学术含金量的学术研究论文"反推出来。我们可以不认同有所谓"学报体"的存在，但我们无法否认，在诟病"学报体"及其办刊思路的背后，是学者对学报的不满以及与学报疏离这样一个事实促使他们要创办属于自己的学术期刊。这才是最值得我们深思的。它至少说明了学者因与学报之间存在着某种隔阂而对学报产生了不信任，或者说，学报的公信力出了问题。其实，不仅是学报，所有学术期刊，只要疏离了学者，就只能凭手中掌握的媒体发布权来支配学者，其公信力必然会出现问题。② 尤其应该引起学术期刊界警惕的是，学者们创办学术集刊并艰难经营的努力已有了回报，近年来，部分口碑较好的学术集刊已获得了新闻出版总局颁发的正式刊号，而成为名副其实的学术期刊。这些刊物的编辑身份与职业化的编辑是完全不同的，他们很少有后者那样的身份焦虑。

英国学者阿兰·德波顿在《身份的焦虑》一书中指出："身份的焦虑是一种担忧。担忧我们处在无法与社会设定的成功典范保持一致的危险中，从而被夺去尊严和尊重，这种担忧的破坏力足以摧毁我们生活的松紧度，以及担忧我们当下所处的社会等级过于平庸，或者会堕至更低的等级。"③ 虽然该书主要讨论的是当代社会中个人的身份焦虑问题，但以此来形容 40 年来

---

① 蒋楚婷：《前沿文学理论丛刊〈文学〉创刊》，《文汇读书周报》2013 年 6 月 21 日。
② 参见张耀铭《重建学术期刊的公信力和权威性》，《澳门理工学报》2015 年第 2 期。
③ 阿兰·德波顿：《身份的焦虑》，陈广兴、南治国译，译文出版社，2007，第 6 页。

学术期刊编辑的身份焦虑似也无不可,体制为学术期刊编辑设定的成功典范对于职业化的编辑来说是可望而不可即的,据此,终究难以通过身份建构使职业编辑能够有自尊和自信地独立于学术社会之中,编辑的身份焦虑必然如影随形,挥之不去。在同一书中,阿兰·德波顿还引用了美国学者威廉·詹姆斯的一个公式:"自尊＝实际的成就/对自己的期待"①。这也提醒我们,编辑的作用终究是有限的,在身份建构中,试图把自己定位为全能型学者和优秀编辑合体人或者"学术引领者",无疑是在无限地加大对自己的期待,最终受到损害的必然是编辑的自尊和自信。因此,明智的选择只能是:学术期刊应主动打破与学者间的樊篱,积极向学术共同体回归。只有期刊回归了学术共同体,编辑才能真正成为学术共同体中的一员,这是解决学术期刊编辑身份焦虑的根本途径。

以上所有的讨论,都是基于纸本时代的学术期刊,而今天的我们已跨入了数网时代。当然,编辑的身份焦虑不会因为数网时代的到来而自动终结,相反,数网技术对印刷技术的取代、人工智能的应用、传播媒介和传播路径的变化、国际竞争的加剧等,都对学术期刊提出了新的挑战,更增加了编辑的危机感和编辑身份的不确定性。但我们也要看到,在遭遇新的挑战的同时,也展现出了更多的机会和进路方向,比如在以往身份建构中较少被关注的知识服务的理念、传播的意义、技术的作用等已开始凸显出来,从而为编辑身份建构增添了新的元素和提供了新的契机。

〔原载《清华大学学报》(哲学社会科学版) 2018 年第 2 期〕

---

① 阿兰·德波顿:《身份的焦虑》,第 50 页。

后　记

　　一向调侃出版自选文集的人都有"自恋"情结，所以，几年前《清华大学学报》常务副主编仲伟民教授说起以后要给我出本文集时，我只是一笑了之，既没当真，也没上心。没成想伟民兄一诺千金，于是就有了这本小书，"自恋"也就成了自嘲。

　　其实，若不是伟民兄，不要说结集成这本小书，大概连其中的任何一篇文字也不会写下的。虽然30多年编辑生涯的起始与"新兴学科"——编辑学的初建在时间上大致重合，但我基本是置身事外的，间或有过三两篇所谓"编辑学论文"，不是为了满足编辑职称的要求，就是为了参加在某个想去的地方召开的研讨会。变化始于13年前与伟民兄相识。当时他正谋划着调往清华大学主持学报工作，自然会问起一些学报的"内情"；而在他正式走入学报，亲身感受了与他刚离开的中国社会科学杂志社强烈的反差后，追问造成学报现状的原因和探讨未来出路更成了我们之间经常谈论的话题。也许因为我对学报这一特殊期刊存在的合理性和前景的怀疑，让他觉得与大多信心满满的主编有些不同，于是鼓励我，何不把这些看法写下来。我是一个懒散的人，说说可以，但却迟迟不想动笔。这时，就感受到了伟民兄锲而不舍的韧劲，记得整个2006年都是在他不断地催逼中度过的，最后让我觉得不写点什么实在对不起这位热心的新朋友，于是在认识他一年多后的2007年初动笔写下了《徘徊于十字路口：社科期刊的十个两难选择》一文，把平时我们交流的问题一一罗列了出来。之所以一下就写了十个问题，想的就是既可对伟民兄有个交代，以后也不用再写了。

　　然而，伟民兄并没有放过我。今天回头来看，这篇不算短的文字，写作的重点却只在于描述一些长期困扰学报的问题，强调解决这些问题的"两难"，所以，仅有这点东西，还是搪塞不了的。接下来几年在《清华大学学报》上发表的几篇文字的写作过程，也都是伴随着伟民兄不断催促的声音，多数题目也是伟民兄选定的。这与他不仅有想法，而且更有行动有关。比如，初入学报的他对学报所执行的编排规范之奇怪感到不可思议，在将就了一段时间后，终于忍无可忍，于2007年夏天发起了"综合性人文社会科学学术期刊编排规范研讨会"，这场关于规范的讨论实际上是在"一个新的层面上展开"的："制定规范的目的是什么，规范应为谁服务？"这场研讨会的成果，一是共有15家与会期刊发布了《关于修改编排规范的联合启事》，宣布废弃原"光盘版规范"而实行《综合人文社会科学学术期刊编排规范》；二是《清华大学学报》刊发了会议发言集萃《为了共同的学术事业》，陈说了执行新规范的理由。作为此次会议的参与者，我自然得写篇发言稿，这就有了《颠倒关系的再颠倒——学术期刊编排规范与"评价权力"关系辨析》一文。此文虽不长，但却是我继《十个两难选择》后第一次将其中的"一难"——"执行编排规范还是评价规范"单独拎出来细说，也是我第一次描述在学术研究和学术期刊中无处不在的"评价权力"现象。此后的多篇关于学术评价的文字其实都是在此文基础上的不断推衍，如收入本文集的《学术评价、学术期刊与学术国际化》、《科研体制与学术评价之关系》、《重建学术评价机制的逻辑起点》、《歧路彷徨：核心期刊、CSSCI的困境与进路》等。

编排规范的改革无疑获得了很大的成功，此后即有越来越多的期刊抛弃了"光盘版规范"而改行尊重各学科传统和特点的"新"规范。这件在今天看来也许是天经地义的事，在最初推动时的阻力却是难以想象的。此事的成功使学报界感受到了伟民兄这个"外来和尚"的活力与能量，此后由他发起的一连串标新立异之举在平静的学报界掀起了一次又一次的波澜。在此之前，我虽对学报现状不满，但只参与过一些很小范围的行动，值得一提的是与《南开学报》姜胜利主编的"南南合作"——南开、南大联合创办"当代西方研究"专栏，开了跨校合作的先河，胜利兄对这个合作贡献尤多。因此，对伟民兄发起的创新行动，我自然不会置身事外，但我与伟民兄的作用是无法同日而语的。与只会纸上谈兵的我不同，伟民兄总是以行动派的形象示人，实际上，在他行动的背后有着对学术研究、学术期刊和学术评价本质的深刻认知，所有的行动方案都是在他召集下众人讨论的结果，而我所做的只是将大家的智慧记录并串连起来，敷衍成文而已。于是有了收入本文集的《高校学报的专业化转型与集约化、数字化发展》、《构建互联网时代学术传播的新秩序》、《学术共同体、学术期刊体制与学术传播秩序》、《传播技术的变革与学术传播秩序的重构》等。

除了伟民兄的催逼和为了配合伟民兄发起的行动，让我在近十年来一直维持着要写点什么的冲动的，还有几个于我而言亦很重要的原因。

其一，二次文献媒体的眷顾。自《十个两难选择》开始，每每有文字发表，大多会有二次文献媒体或全文或部分转载。不管我们如何评价二次文献在今天的意义，但在网络和新媒体还不算发达的十年前，二次文献对传播的作用和评价的影响是毋庸置疑的，对作者声誉和自信心的提升也是不言而喻的。对我来说，更多的收获是与几位文摘总编的友谊，值得在此记下。认识《新华文摘》张耀铭总编和认识伟民兄是同一天，那是2005年的事，他们都是作为教育部"名刊工程"的专家来敝刊做中期检查的。会后看到了耀铭兄刚刚杀青尚未发表的《中国学术期刊的发展现状与需要解决的问题》一文，深以为然，遂引为同道。此后，如耀铭兄所说，"从相识到相知，我们对学术评价、学术期刊的改革发展、媒介融合的理念及进路在大逻辑上都有着很多的共识"，终成无话不谈的朋友。特别是耀铭兄从总编岗位退下之后，有了更多的时间参与学报界的活动，交往就更为频繁了。已记不得与《高等学校文科学术文摘》姚申总编、人大书报资料中心高自龙总编相识于何时，每一次在相关研讨会上相见，我们之间几乎都会有学术期刊、学术评价现状与前景的讨论，而且每次都会觉得意犹未尽。坦率地说，我不知道与几位总编的友谊是否造成了他们对拙文的错爱从而多有转载，但我能说的是，他们作为文摘总编的特殊视野对我的启发才是我越来越看重的。

其二，专题研讨的邀请。收入本文集的几篇发表在《清华大学学报》以外期刊上的文字，都与此相关。比如，每年一度的《澳门理工学报》编委会期间的专题研讨，刘泽生总编为此逼起稿来的巧劲、韧劲和狠劲，比起伟民兄来，都是有过之而无不及，而且泽生兄咬文嚼字，心细如发，加之其手下陈志雄、桑海两位仁兄，尽提些刁蛮的问题，每次在该刊发点文字，都是一番脱层皮般的痛苦经历。但一旦拿到样刊，比照着初稿读一读，就会由痛转向快乐，曾经的痛也就值了。同样是每年一度的上海大学期刊社承办的上海期刊论坛，每当收到秦钠社长的邀请，同时都会收到她下达的一个专题发言的指令，每次都是热点或前沿问题，这就逼着我必须关注热点和前沿并有所思考。再如,《中国青年社会科学》周晓燕主编主持的青年期刊年会,连续应邀参加多次了,从最初只要求谈论学术期刊到后来必须针对青年期刊发言,也逼得我不得不关注青年期刊的历史与现状。此外,还有幸受邀参加了全国高校文科学报研究会部分专业委员会及一些省市学报研究会主办的研讨会,由衷地感谢蒋重跃理事长和陈颖、叶娟丽、李宏弢、康敬奎、王泽龙、罗骥等老师,给了我许多交流学习的机会和写作的灵感。感谢崔月琴、叶娟丽、周小华、刘越、吕晓东、刘宏森、陈维新等老师的约稿和辛苦编校,给了我写作的动力,并为拙文增色。在此,也要感谢曾向我约稿而我却没能践约的各位老师,并说声抱歉。

其三,来自研究者的引用。不管因为什么原因而写作,既然发表了,总希望有人读,这是人之常情,我自然不能免俗。其实,我是一直很注意拙文发表后被引情况的,一般都会下载施引论文并认真阅读,尤其注意批评性的引用。因为从施引论文中,不仅能读出自信,更能读出应该继续下工夫的方向,从而维持了写作的冲动。感谢引用者!

说到引用,就与评价相关,而收入本书的篇目中,有一半谈论的是学术评价问题,所针对的又多是学术评价机构。对于这些机构,我在肯定其所挖掘的数据的价值的同时,对其以排行榜为标志的所谓量化评价方法和结果则是基本否定的。近年来,评价机构的老总们也是学术期刊研讨会上的常客,与他们的交往也不时激起我写作的冲动,前述收入本文集的关于学术评价的文字多是因此而起。尽管对于我的批评,他们很少有过正面回应,但从他们部分观点表述的变化中,还是看到了批评的作用。值得记下的是,在多个评价机构中,《中国人文社会科学核心期刊要览》总编姜晓辉老师给了我很多鼓励,他曾邀请我参加他主持的学术评价研讨会,在计划撰写《歧路彷徨》一文时,我曾告知姜老师,他坦然地表示欢迎争鸣,并鼓励我写出来;在该文发表后再见到《中文核心期刊要目总览》总编蔡蓉华老师时,她亦如以前一样的友好。而近年来我在写作中所涉及的数据,几乎都是由南京大学社科评价中心王文军主任提供的,很多关于评价的观点也都是先征求文军兄意见后才落笔成文的。真诚地感谢他们!

这本文集能顺利出版,还要感谢社会科学文献出版社资深编辑徐思彦编审和责任编辑李丽丽老师。思彦是老朋友了,当初刚写下《十个两难选择》时,心中甚是没底,遂先请时任《历史研究》主编的思彦过目,在得到她的认可后，才稍稍放下惴惴之心，投向《清华大学学报》。此后，每有新的文字在《清华大学学报》露面，大多能听到她的点评，即使只言片语，于我亦是莫大的鞭策。此次结集出版，思彦更是直接过问，给予了很多关心和指导。李丽丽老师对本书亦倾注了很多心血，从全书的编排设计到文字编校，皆一丝不苟，而她对作者的热情和尊重，更让我如沐春风。

出版文集虽不免"自恋"之嫌，但也是对朋友情谊的重温，每篇小文的背后，都有一个令我感动的难以忘怀的故事。这些年来，有太多朋友要感谢，请恕我无法在此一一列出姓名，你们给予我的友情和帮助，我会铭记在心。

在整理这些文字时才发现，关于学术期刊和学术评价不知不觉间竟然已写下了几十万字，尽管不算少了，但有一点心里是清楚的，那就是，这些文字，与其说是研究论文，不如说只是围绕"学术研究 谁人评说"和"学术期刊 何以定位"两个问题，记录下了一个学术期刊编辑的感想，充其量也只是一些评论性的文字。诚所谓"不识庐山真面目，只缘身在此山中"，囿于一个编辑有限的职业眼界，再多的文字，也仍不能彻底解开心中的纠结，故有本书的定名。

还有一点需要说明的是，虽然常常被定位为一个"编辑学的研究者"，但比起1980年代编辑学开始建构之时，心中对这个学科的不认同却只有增加，并无减少。对于很多学术期刊编辑倾力打造的编辑学，收入本文集的这些文字恐无任何"建构"之功，只有"解构"之嫌，尤其是最后一篇《如影随形：四十年来学术期刊编辑的身份焦虑》。在我看来，至少"学术期刊编辑学"很难学科化，这与离开了自己所依托的学科，学术期刊及其编辑都很难有一个辉煌前景的道理是一样的。对此，我也很遗憾。这本文集，将这些散落在各处的"解构"文字集中到一起，为批判者提供了方便，我乐于见到对它的学理性批判，因为，这可以为本文集的出版找到一个更有意义的理由。

朱　剑
2018年3月2日

图书在版编目(CIP)数据

雾里看花:谁的期刊 谁的评价/朱剑著.--北京:社会科学文献出版社,2018.4
 (清华学报·独立精神丛书)
 ISBN 978-7-5201-2495-9

Ⅰ.①雾… Ⅱ.①朱… Ⅲ.①学术期刊-期刊工作-研究-中国 Ⅳ.①G237.5

中国版本图书馆 CIP 数据核字(2018)第 059695 号

·清华学报·独立精神丛书·

雾里看花:谁的期刊 谁的评价

著　　者 / 朱　剑
出 版 人 / 谢寿光
项目统筹 / 李丽丽
责任编辑 / 李丽丽
出　　版 / 社会科学文献出版社·近代史编辑室(010)59367256 地址:北京市北三环中路甲 29 号院华龙大厦　邮编:100029 网址:www.ssap.com.cn
发　　行 / 市场营销中心(010)59367081　59367018
印　　装 / 三河市龙林印务有限公司
规　　格 / 开本:787mm×1092mm　1/16 印　张:27.25　字　数:457 千字
版　　次 / 2018 年 4 月第 1 版　2018 年 4 月第 1 次印刷
书　　号 / ISBN 978-7-5201-2495-9
定　　价 / 98.00 元

本书如有印装质量问题,请与读者服务中心(010-59367028)联系

△ 版权所有 翻印必究